Jens Poenitsch

munich sounds

better with you

HIRSCHKÄFER verlag

NEW YORK
LONDON
PARIS
MUNICH

EVERYBODY TALK ABOUT POP MUSIC

Textzeile aus: **»Pop Muzik«** von **M**
aus dem Album »New York • London • Paris • Munich«
Veröffentlichung: 9. März 1979 | Länge: 3:21
Autor: Robin Scott | Produzent: Robin Scott
Platz 1 der Charts in:
Australien, Dänemark, Deutschland, Kanada, Schweden, Schweiz, Südafrika, USA
Platz 2 oder 3 der Charts in:
Belgien, Großbritannien, Irland, Neuseeland, Niederlande, Österreich

»POP MUZIK«
VON M AUF YOUTUBE

Mein Name ist Jens Poenitsch.

Ich arbeite als DJ, Sänger, Songschreiber, Texter & im Goethe-Institut.
Kam schon früh weltweit herum, blieb dennoch München stets treu.
Spielte & feierte in den besten Clubs dieser Stadt, arbeitete mit vielen bekannten Namen & behielt dabei den Kopf.

Dieses Buch entstand, weil ich mich eines Nachts auf Facebook mit dem Verleger des Hirschkäfer-Verlages, Martin Arz, wegen discomusikalischer Feinheiten scherzhaft in die Wolle bekam. Ich war ziemlich forsch, aber muss offenbar Spuren hinterlassen haben, denn am Folgetag fragte er mich, ob ich nicht Lust hätte, ein Buch über den Sound der Stadt, den Munich Sound, zu schreiben.
Ich hatte!
Ich wusste genau, wie ich das Buch strukturieren & präsentieren würde: Die Grafik sollte angelehnt sein an die damaligen Fanzines, die New Wave & Disco-Ästhetik. Es würde drei Teile haben. Erstens meine subjektive, assoziative Beschreibung des Munich Sounds mit Musikern, DJs, Produzenten, Orten, Clubs, Studios & Stilkunde von damals bis heute. Zweitens meinen Lieblingsteil, eine Parade von Persönlichkeiten von der Bardame zur Journalistin, vom Clubbetreiber bis zum Produzenten, nicht immer zwingend prominent, aber immer interessant. Ich danke hiermit allen Mitwirkenden für ihre großartigen Beiträge. Leute, die in meinen Augen den Sound dieser unserer Stadt in verschiedenen Funktionen prägten oder immer noch prägen oder lesenswerte Ansichten zum Phänomen Munich Sound haben. Drittens eine Autobiografie, die ich möglichst kurzweilig hielt, indem ich sie aus leicht abgewandelten, knappen Social-Media-Beiträgen gestaltete, die ich hauptsächlich während des schicksalhaften Jahres 2020 aus purer Langeweile postete, da damals sämtliche Clubs & Studios geschlossen waren.

Ich rechnete nicht mit den Abenteuern, die mir während des Schreibens widerfuhren: Ich fing an, mit meinem langjährigen DJ-Kompagnon Bernd Jakopic nach Jahren

des Clublebens nach der Zwangspause regelmäßig in einem charmanten Wirtshaus, dem Ludwig's, aufzulegen. Ein alter Kollege, mittlerweile erfolgreicher Filmkomponist, fragte mich, ob ich mit ihm eine neue Discoband, Two Men And A Machine, gründen wolle. Ich begann, mit meinem alten Zero Zero Kumpel Gerald Klepka nach 40 Jahren Pause wieder an neuen Liedern zu arbeiten.
Die Idee meines Buches gewann vor der offiziellen Veröffentlichung überraschend einen Verlagspreis des Freistaates Bayern. Und ich musste vielen Leuten, die ich mir für den zweiten Teil des Buches aussuchte, mit riesengroßem Elan hinterherlaufen, um überhaupt die versprochenen Beiträge zu erhalten.
Mein oberstes Ziel beim Schreiben dieses Buches war, die Geschichte des Munich Sounds kurzweilig neu zu beleuchten, die Leser zu unterhalten & auf keinen Fall zu langweilen.

Zum Thema Zensur & political correctness:
Ich fand es passend, die Beiträge nicht zu zensieren. Manche Erzählungen sind auf Englisch. Einige Autoren nutzen noch altmodische Begriffe oder Namen, die man heute so nicht mehr sagen würde. Selbst wenn diese Worte oder Inhalte nicht meine persönliche Haltung widerspiegeln & ich sie auch nicht verwende, sah ich keinen Grund, sie zu zensieren. Ich möchte Authentizität. Bestes Beispiel: Bonger Voges berühmte 80er Kunsthalle mit einem heutzutage nicht mehr gängigen Namen.
Ich möchte mich hiermit vorsorglich bei allen Damen & Herren bedanken, die mich inspirierten, die mich liebten oder die ich liebte. Mein Dank gilt ebenfalls allen Musikern & Musikerinnen, Sängern & Sängerinnen, Labelchefs & Labelchefinnen, DJs, Produzenten, Tonmeistern, Managern, Verlegern, Clubleuten & Veranstaltern, mit denen ich arbeiten, Erfolg & Spaß haben durfte. Außerdem möchte ich meiner Familie Liebe & Respekt zollen.
Danke, Felix Haibach, für die Inspiration kurz vor dem Finale dieses Projektes.

INHALT

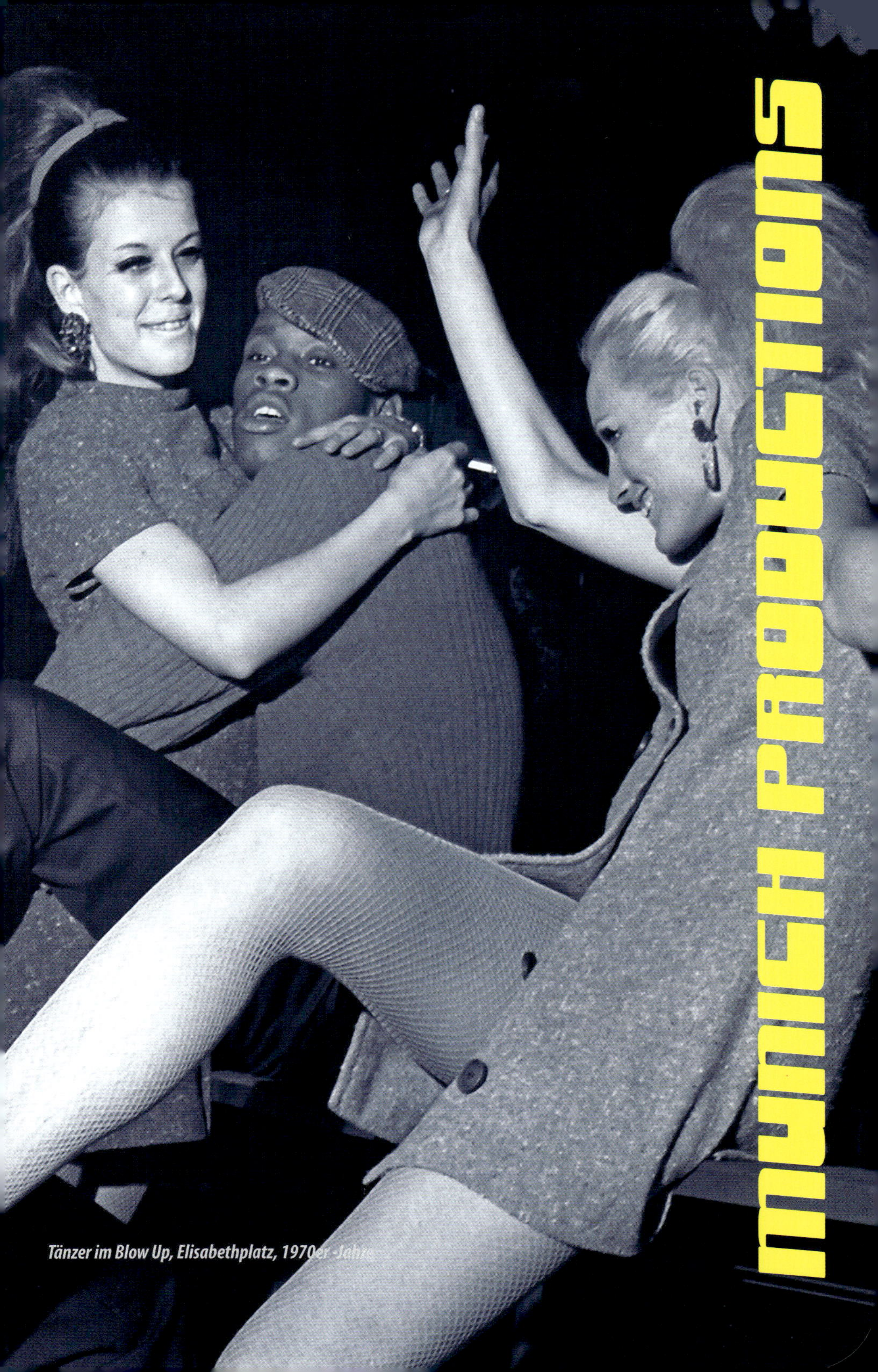

Tänzer im Blow Up, Elisabethplatz, 1970er -Jahre

Hier geht es um
Zeitgeist, Sound & Vision, Kunst, Umsatz, Freiheit, Ikonen

Um alles, was im weitesten Sinne mit Munich Sound zu tun hat – statistikfrei, nicht chronologisch, sondern assoziativ aus der Hüfte, aus der persönlichen Sicht des Zeitzeugen. Die Stories entstammen den späten 70ern, den 80ern, 90ern bis heute. Die Aufzeichnungen sind parteiisch, sie sind unvollständig & keinesfalls makellos, vielleicht egozentrisch, auf jeden Fall kurzweilig. Voller Liebe zu meiner Stadt, beseelt vom Wunsch, Pop-Geschichte unterhaltsam zu präsentieren.
Ja, ich war an all diesen Orten, arbeitend, feiernd, zusammen mit den genannten Leuten, zu einer Zeit, als es noch keine Handys gab. Es gibt keine nachbearbeiteten Selfies, sondern hart erarbeitete Erinnerungen. Komische Details sind mir wichtiger als trockene Fakten.

Ich Glückskind wuchs als 1960 Geborener in einem München auf, das genau während meiner Jugend die goldenen Jahre des Munich Sounds erfuhr. Plötzlich war meine Stadt über Nacht Hotspot der internationalen Pop-Landkarte. Hoher Pop- & Rockadel sowie heiße Newcomer nahmen in den weltberühmten Musicland Studios auf. Diese Leute lebten auf einmal wie selbstverständlich im pittoresken & dörflichen München als sei es London, Tokio, Paris oder New York. Als ich während der Achtziger anfing, ein bisschen zu reisen, war Munich Sound überall, wo ich als Musiker arbeitete, ein Begriff.

»New York, London, Paris, Munich
Everybody talk about pop muzik«
M – Pop Muzik.

München damals & heute ist:
Internationaler Glam & ländliche Enge
Anarchisches & Katholizismus
Puff, Wirtshaus & Kirche
Strenge Provinz & Münchner Weltoffenheit
Eitelkeit & Fleiß
Geld & Hedonismus
Barock & Avantgarde
Wirtschaftsstandort, Touristenfalle, Mode-, Film- & Kulturstadt
Punk, Hip Hop, Rave & Musikantenstadl

Zeitgleich mit dem damaligen High End Munich Sound entstand in den späten Siebzigern, den frühen Achtzigern auch so etwas wie eine rege Münchner Underground Szene, beeinflusst von Punk, Volkstümlichem, New Wave & Disco, mit etwas Nachhall der frühen Münchner Hippies, der Kommune 1, der ersten Münchner Krautrocker. Das erste goldene Zeitalter des Munich Sound.
Der zweite Höhepunkt sollte Mitte der Neunziger folgen: Als Techno & House die globale Nachtkultur revolutionierten, mutierte München mit Clubs, Bars, Hallen, Studios & Labels über Nacht zu einer schillernden, riesigen, erfolgreichen Clubmeile.
Bis zum heutigen Tage existiert in dieser Stadt Traditionelles Seite an Seite mit der Moderne. Jedes Jahr findet das größte Volksfest der Welt, die Wiesn, das Oktoberfest statt, ebenso seit 1980 der CSD. Auf der Wiesn gibt es seit den Eighties mehrere queere Veranstaltungen, auf dem CSD gibt es schwule Schuhplattler & jede Menge draller Drags im Dirndl.
Hier in diesem barocken Pop-Universum & Underground Biotop war & ist immer Platz für schräge Individualisten, für Big Business, für unzerstörbare Dynastien, für brave Tra-

ditionalisten, für kluge Futuristen & gestrandete Weltstars.
In meiner Erzählung kommen Leute vor – Produzenten, Macher, Stars, Eigenbrötler, Rebellen. Es werden Orte beschrieben, Clubs, Bars, Cafés, Discos, Hallen, Studios, Geheimtipps. Labels, Geschäfte & Verlage werden erwähnt. Falls etwas fehlen sollte, kommt es garantiert im zweiten Teil dieses Buches vor, oder gar im dritten. Diese Geschichte ist eine Zeitreise. Viele Menschen & Plätze gibt es nicht mehr.
Enjoy the ride:

Musicland Studios

Der heilige Gral des klassischen Munich Sounds.
Das erste Mal sah ich das Studio nur von außen. Eine Freundin zerrte mich mit. Sie war bedingungsloser Queen-Fan & wollte Freddie Mercury unbedingt von Nahem sehen, da sich das Gerücht hielt, dass Queen ein neues Album »The Game« in München aufnahmen. Social Media existierte noch nicht, aber Unerhörtes sprach sich privat wie ein Lauffeuer herum: Freddie hatte sich plötzlich von seiner langen Mähne getrennt, trug ratzekurzes Haar & zum Entsetzen aller einen Schnauzer! Skandal! Vor dem Studio im modernen, kühlen Arabellahaus befand sich ein fast brutalistisch anmutender Hausgang, in dem eine Handvoll Hardcore-Fans auf die Ankunft der Band wartete. Die Autogrammjäger waren ziemlich forsch, als die Band, normal gekleidet, alle mit Sonnenbrille, gegen 14 Uhr eintraf, aber zu meiner großen Überraschung verhielten sich alle Queen-Mitglieder relaxed. Ich wollte kein Autogramm, sondern von Freddie wissen, ob er Noten lesen könne. Er sah mir interessiert in die Augen & antwortete kurz lächelnd: »Good question! Yes, but very, very slowly.« Ich, neugieriger Teenager, erhaschte einen Blick auf den kleinen, unauffälligen Studioeingang: Eine clubartige Treppe führte in die Tiefe, es gab keine Security. Aber es wummerten vielversprechend heiße Bässe hoch, als Mercury mit seinem neuen, coolen Look die Stufen hinunter verschwand.

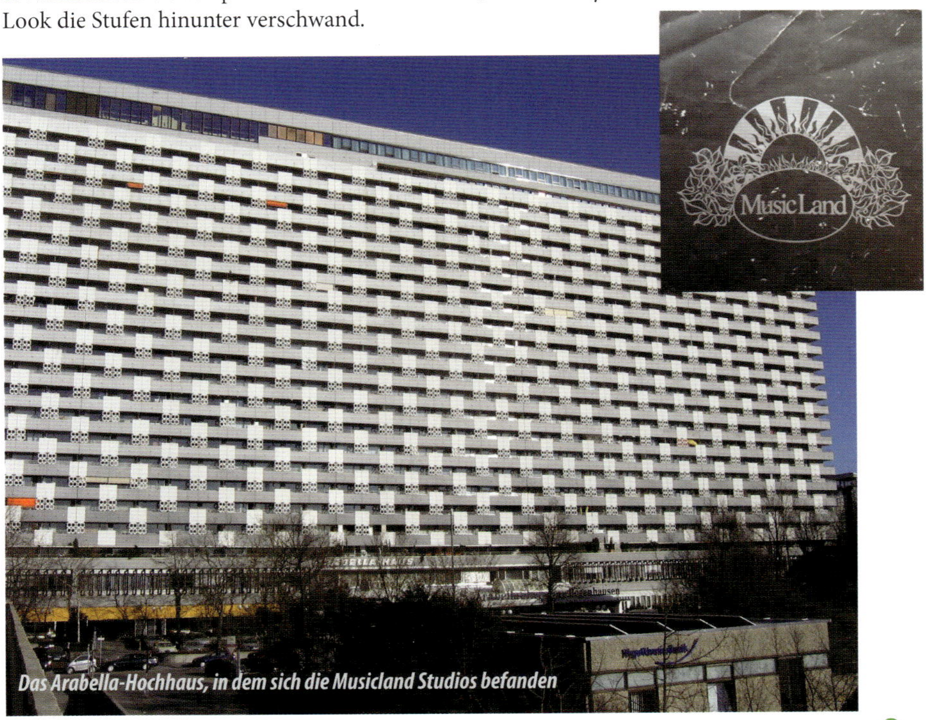

Das Arabella-Hochhaus, in dem sich die Musicland Studios befanden

Das zweite Mal betrat ich die Musicland Studios ein paar Jahre später, 1981, diesmal als Kunde, als unsere New Wave-Band Zero Zero Songs für das kleine Label Reflektor aufnahm. Wir hatten wenig Zeit, waren gut vorbereitet & spielten große Teile des Albums »Herzklopfen« an nur einem Tag live mit ein paar Overdubs ein. Wir produzierten selbst, zusammen mit unserem Manager & Verleger. Der Studiokomplex war technisch auf allerneuestem Stand, die Ingenieure lässig & erfahren, die Einrichtung zwischen geschmacklos futuristisch & sexy discomäßig. Ich dachte nur: Das ist ja ein Arbeitsplatz, kein Partyraum. Ich war gleichzeitig enttäuscht & erleichtert.

Das dritte Mal war ich drei Jahre später unter dem Disco-Pseudonym Don Juan für Virgin Records im Musicland, diesmal betreut von Queen-Produzent Mack. Manchmal waren auch Freddie Mercury oder Queen zugegen, die hier zeitgleich an Soloprojekten oder am neuen Queen-Album »The Works« arbeiteten. Sie waren freundlich, höflich, kollegial. So hatte ich mir arbeitende Weltstars nicht vorgestellt. Ich war als Newcomer schüchtern & abweisend, sie dagegen zuvorkommend & neugierig. Plötzlich stand der ehemalige Fan mit Rockgrößen im selben Raum & arbeitete in einem legendären Umfeld, als wäre es das Normalste der Welt. Es war das Normalste der Welt.

Mack war ein angenehmer, aber auch wortkarger Producer. Ich durfte den Ablauf der Produktion selbst bestimmen, die Songs, die Sounds aussuchen, arbeiten, so lange ich wollte. Er war schon da, wenn ich kam & saß noch am riesigen Pult, wenn ich ging. Ich war mit dem Luxus entspannter Freiheit fast überfordert. Mack beruhigte mich, ließ mich alles zusammen mit meinem Projektpartner Florian Anwander selbst machen, selbst einspielen, bis ich später an Grenzen stieß & holte erst dann einen Gastmusiker dazu. Ich durfte auch Leute aus meiner Größenwahn-Clique als Privatpublikum mitnehmen, bis es an die härtere Arbeit ging: Dann empfahl mir Mack, alle rauszuschmeißen. Ich war hin & weg von den modernen Synthesizern. Ein damals völlig neuer, angesagter Fairlight stand monströs herum. Von Queen waren Brian May, Roger Taylor & vor allem John Deacon die Technik-Freaks. Über allem schwebte die unbesungene Präsenz Giorgio Moroders. Obwohl er während meiner Aufenthalte nicht zugegen war, war das Musicland sein Revier. Er bestimmte, wo es langging. Ich durfte, ohne um Erlaubnis zu fragen oder Rechte abzutreten, eine Moroder Nummer einspielen & einsingen. Erst später begriff ich, was der damaligen Disco-Mafia gefiel: Ich hatte unter meinen zeitgeistigen Don Juan Solo-Demos ein älteres Moroder-Cover »You Can« eingebaut & mit Electro- & Flamenco-Elementen aufgepimpt. Später holten wir die Amon Düül-Legende Chris Karrer ins Musicland, um ihm ein spanisches Gitarren-Solo zu entlocken. Er spielte konzentriert & virtuos, aber fühlte sich in dem modernen High-Tech-Studio offensichtlich unwohl, was man auch hörte. Spontan entschieden wir, seine alte, perfekte Demo-Spur für die Produktion zu verwenden, anstatt ihn weiter zu quälen. Die Musicland Sessions werde ich niemals vergessen. Dieser Ort, zunächst ein knallharter Arbeitsplatz, hatte dennoch Flair wie eine angesagte Disco. Alle Menschen, die ich dort kennenlernen durfte, waren Profis auf höchstem Niveau, gleichzeitig völlig frei von Allüren.

Harold Faltermeyer

Über ein Volontariat für ein kleines lokales Label kam ich zufällig 2000 an ein Faltermeyer-Demo. Ich wollte den Song gerne für meinen damaligen Act Blauephase aufnehmen. Harold Faltermeyer entpuppte sich beim ersten Gespräch als unkompliziert & interessiert. Da er aus meinem Heimatort Baldham/Vaterstetten stammte, hatten wir sofort einen gemeinsamen Nenner. Er testete mich kurz, indem er mich am ersten Produktionstag sehr früh in seine Aufnahmeräume einberief, um mich an den Flügel zu setzen & die Songs

live singen zu lassen, die wir mit ihm erarbeiten sollten. Dann standen uns seine Türen offen.
Harold, mein Musikpartner Bernd Jakopic & ich verstanden uns so gut, dass er uns irgendwann den Schlüssel zu seinen Studios übergab & uns ein paar Songs alleine produzieren ließ. Eine lässige Geste, die wir zu schätzen wussten. Im Gegenzug verhalf Bernd ihm mit seinem technischen Wissen zu einem digitalen Studio-Update. Am letzten Tag unserer Produktion holte Harold spontan einen alten Moog Synthesizer hervor & spielte live ein paar typische Disco-Sequenzen, die in ihrer Klangfülle schon fast wie eine fertige Produktion klangen. Es war für uns ein geschichtsträchtiger Moment. Harold hingegen war ein Pragmatiker & völlig unprätentiös. Ein Vollblutmusiker, der als junger Mann die Welt bereist hatte, aber fernab der Öffentlichkeit bei sich zu Hause lieber in aller Ruhe produzierte. Er erzählte im Laufe unserer kurzen gemeinsamen Zeit kleine Anekdoten von Stars, mit denen er früher zusammengearbeitet hatte. Donna Summer, für die er als Moroders Arrangeur »Bad Girls« & »Hot Stuff« co-komponierte, muss er vermutlich gemocht haben. Er erzählte schmunzelnd von einem Abend in L.A., an dem er sie in ein feines Restaurant ausführte & sie kaum ihre Köstlichkeiten anrührte. Danach brachte er sie zu einem Fast Food Shop, weil sie doch noch Hunger bekam – auf Pommes! Die Pet Shop Boys, mit denen er das Album »Behaviour« produzierte, beschrieb er als gebildete, zurückhaltende, typisch britische Zeitgenossen, das exakte Gegenteil von Rock 'n' Roll. Zu Donna Summers & Barbra Streisands Duett »No More Tears (Enough Is Enough)« schilderte er einen strengen Konkurrenzkampf zwischen den beiden Super-Diven: Wer hielt den langen, hohen Anfangston der erfolgreichen Disco-Operette länger? Faltermeyer lachend: Natürlich Streisand.

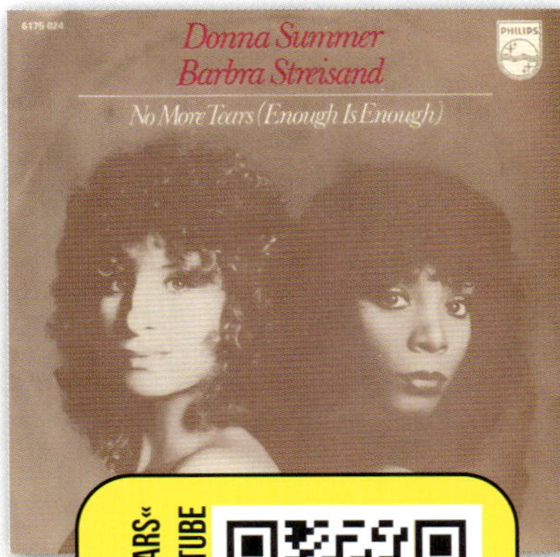

»NO MORE TEARS« AUF YOUTUBE

Freddie Mercury

Sein Name gehört mitterweile zur festen Legende Münchens. Der auf Sansibar geborene Brite mit parsischen Wurzeln verliebte sich Ende der Siebziger zuerst in die Musicland Studios unter Mack, dann in die blühende queere Münchner Clubszene & später bis über beide Ohren in den stämmigen Wirt Winnie Kirchberger. Mercury nahm zwischen 1979 & 1986 in München insgesamt fünf Queen-Alben & ein Solowerk auf. Eigentlich lebte er hier auch, in Hotels, bei Barbara Valentin, meistens jedoch bei seinem Freund Winnie. Er genoss diese Jahre, denn in München ließ man ihn in Ruhe.
Obwohl während dieser Zeit München fast überquoll vor internationalen, hochkarätigen Gästen wie Elton John, Spandau Ballet, Meat Loaf, ELO, Sparks, Falco & Donna Summer, benahm sich der Durchschnittsmünchner ihnen gegenüber folgendermaßen: Er ignorierte diese Riege an Weltstars gekonnt, denn er fand sich selbst eigentlich viel geiler. Wir jungen Szene-Münchner hätten uns eher wortlos in die Isar gestürzt, bevor wir unsere Fassung wegen irgendeines langweiligen Weltstars verloren hätten. Mercury fand genau diese Münchner Arroganz herrlich & praktisch. Hier konnte er nicht nur fernab von fordernden Fans & penetranter Presse neue Platten aufnehmen, sondern auch ungestört das überbordende schwule Leben in den Clubs & Bars genießen. Mercury bewegte sich innerhalb kürzester Zeit so selbstverständlich in unserer Stadt, als wäre er ein Einheimischer. Da Winnie kaum Englisch sprach, lernte Freddie ein paar Fetzen Bairisch. »Mileckstamoasch!«

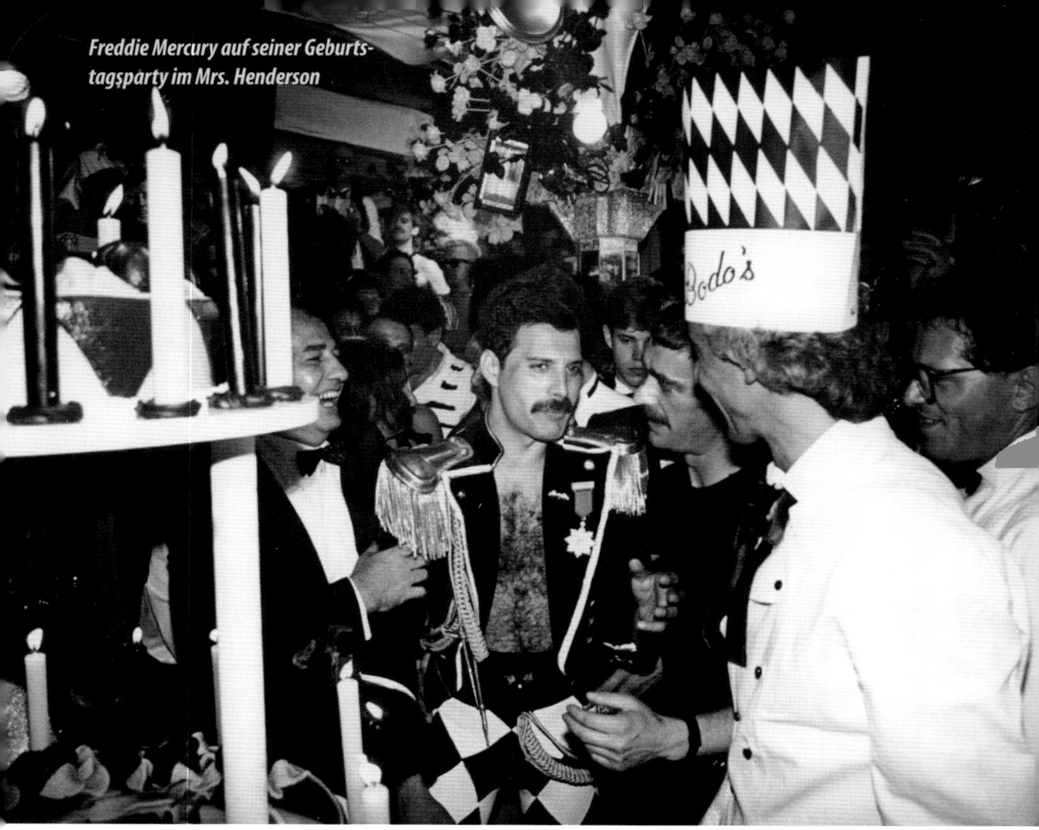

Freddie Mercury auf seiner Geburtstagsparty im Mrs. Henderson

Viele Biografien & Autoren behaupten bis heute unverdrossen, dass Mercury offenbar in allen schwulen Lokalen Münchens dauerhaft Stammgast gewesen sein muss. Das stimmt nur bedingt bis gar nicht: Die meiste studiofreie Zeit verbrachte der Musiker im Lokal seines Geliebten, im Sebastianseck, genannt Sebastiansstubn, einem urigen, kleinen Wirtshaus am Münchner Stadtmuseum. Mit seiner Clique feierte er am liebsten im New York an der Thalkirchner Straße. Klar besuchte er auch mal den Ochsengarten, das Pimpernel, die Eiche, das Henderson, das Frisco, aber am regelmäßigsten traf man ihn tanzend im New York oder in Winnies Wirtshaus. Da mein damaliger Freund Toni auch ein guter Bekannter Winnies war, sah man sich immer wieder. Im auf den ersten Blick biederen Sebastianseck gab es einen berüchtigten Stammtisch, der oft schon ab Mittag besetzt war. Barbara Valentin & gelegentlich auch Elisabeth Volkmann waren fester Bestandteil dieser schwulen Feiergesellschaft. An diesem exzessiven Stammtisch saßen Stars, Starlets, Diven, Arbeiter, Erben, Szenemacher, Hallodris & Halunken. Ich war als Neuling fasziniert & gleichzeitig distanziert. Wenn Freddie zu Gast war, benahm er sich wie ein Gentleman, nie wie ein Superstar. Als Queen eines Tages in Münchens Olympiahalle spielte, ließ sich Freddie danach sofort zur Sebastiansstubn fahren, um Winnie beim Aufstuhlen zu helfen. Barbara Valentin war ihm während seiner Münchner Jahre gleichzeitig Partyfreundin, Vertraute & Querulantin. Sie hatte Zugang zu allen wichtigen schwulen Events, hatte oft Stimulanzien dabei, war immer in Bewegung & hielt ihr gesamtes Umfeld konstant mit Kommandos auf Trab. Sie, wie auch Winnie, ließen nie etwas anbrennen. Freddie ließ sich gerne mitreißen & schien die Ausschweifungen gut wegzustecken. Einerseits hielt er als Party-Animal mit Barbara, Winnie & der restlichen Feierfamilie Schritt. Andererseits war er überraschend diszipliniert, wenn Studiotermine oder Konzerte anstanden. Ein Profi

durch & durch. Dann konnte er nur Wasser trinken, während die anderen sich betäubten oder er schaffte es, früh heimzugehen. Falls er doch mal versumpfte, konnte es passieren, dass Brian May oder Roger Taylor im Sebastianseck aufkreuzten, um freundlich, nie inquisitorisch nach ihrem Sänger zu fragen.
Freddie selbst hatte trotz aller Lebenslust auch überraschende Momente. Wenn er im New York mitbekam, dass seine Begleiter sehr jungen Leuten Drogen anboten, ging er, selbst kein Kostverächter, sofort dezent mit einem Nein dazwischen. Sexuell stand er auf rustikale, erwachsene Männer, aber er war grundsätzlich immer interessiert am Wohlergehen aller Leute seines Umfeldes.

Anthony Monn

Als junger Musiker an Gitarre, Bass, Keyboards & Gesang bekam ich in den Achtzigern die meisten Jobs wahrscheinlich wegen meiner kantigen Frisur, nicht, weil ich es konnte. Können war selbstverständlich. Bis heute gilt: Langweilige Profis gibt es in meinem Geschäft wie Sand am Meer. Man muss herausstechen. Eines Tages musste ich zu Anthony Monn, dem Produzenten von Amanda Lear & Fancy. Ich sollte eine Akustik-Gitarre für ein Demo einspielen. Im Luxus-Studio in einer geräumigen Münchner Villa roch alles nach einem schweren Parfum, ein Tape lief & Amanda Lears sonore Stimme füllte den Raum, lebendig wie ihr Duft, obwohl sie gar nicht zugegen war. Ihre Stimmlage fühlte sich an wie Bass & klang tiefer als die aller Männer im Raum. Sehr sexy!

Leslie Mandoki

Wir liefen uns während der Achtziger ein paar Male über den Weg. Auf Partys, Konzerten, Events war es in München normal, lokale Prominenz, Weltstars & Avantgardisten gleichzeitig zu treffen. Der stadtbekannte, freundliche Dschinghis Khan-Tänzer Louis Potgieter stellte uns einander vor. Mandoki war damals Sänger bei der bekannten Siegel-Truppe, backstage überraschend cool & souverän. Er war daran interessiert, mich als neuen Dschinghis Khan Sänger abzuwerben, weil offenbar Änderungen im Raum standen. Ein Treffen mit Siegel verlief angenehm, aber folgenlos. Mandoki hatte offenbar bei Ralph was zu melden, denn er konnte in dessen Studio Songs aufnehmen. Nachdem er mit mir englische, eher rockige Gesangsdemos produzierte & Siegel weiterleitete, gab es ein nettes Vorstellungsgespräch inklusive Vorsingen mit mir am Flügel vor dem Patriarchen. Der Casting-Raum war beeindruckend, der ganze Siegel-Komplex war es. Label, Proberäume, Studios & Wohnräume in einem. Siegel war höflich: Ihm gefiel meine Stimme, aber mein Image, Wave Haartolle, ausrasierter Nacken, schwarze Balletthosen, klobige Boxer Boots & enger Frack missfielen ihm. Er machte ein gutes Angebot unter der Bedingung, dass mein Style weichen müsse. Ich dachte kurz nach, hörte auf meine innere Stimme & sagte undramatisch ab. Mandoki blieb dennoch beeindruckt. Ein paar Monate später machte er sich selbstständig, gründete sein eigenes Studio Red Rock Production, damals noch in Giesing. Die Firma war von Anfang an professionell geführt, inklusive Verlag & Management: Mandoki hatte seine Lektion bei Siegel gelernt. Er löste sich vom Schlager & wandte sich als Artist dem Fusion Rock zu, als Produzent machte er Pop. Ich wurde gefördert, indem ich mich im Studio als Musiker austoben konnte: Ich lernte, mich als Künstler selbst zu produzieren, indem ich Spuren selbst einspielte oder Musiker anwies, danach am Pult die Tontechniker instrumentalisierte. Mandoki war nicht nur Sänger, sondern auch Geschäftsmann, Musikhändler & Produzent. Als Gegenleistung für meine experimentelle Studiozeit sang ich als Guide-Vocalist Demos für Mandoki-Kunden ein, spielte solo live am Klavier auf Red Rock Partys, als Backgroundmusiker in deutschen TV-Shows oder in Budapest auf einem Festival mit Mandokis Band. Irgendwann gab es auf einem kleinen

Schweizer Label eine gelungene Red Rock Disco-Produktion, ein Moroder-Cover, »Son Of My Father« unter dem Pseudonym Castro. Ein Name, den Falco-Manager Horst Bork für mich erfand. Es gab eine Tournee durch Schweizer Clubs, ein bisschen glitzernde PR in WOM-Shops, das war's dann. Damals, gegen Ende der Achtziger, wollte ich lieber elektronischen House machen, den neuesten heißen Scheiß. Mandoki sah mich eher als old school Popmusiker – die Wege trennten sich friedlich.

Wolfgang Dorsch

Der Musikverleger Wolfgang Dorsch ist neben Zero Zero Kumpel Gerald Klepka, DJ Bernd Jakopic oder Komponist Andreas Helmle bis heute mein langjährigster treuer Partner im Münchner Musikzirkus. Als junger Mann war er Manager für Amon Düül, später machte er zusammen mit Jürgen Korduletsch, Produzent aus Düül-Tagen, mit Claudja Barry handfesten, ziemlich erfolgreichen Munich Disco. Grauzones »Eisbär« wurde mit seinem Verlag Ervolksmusik ein Überhit, der bis heute nachhallt.
Als blutjunger Musiker beriet er mich als Manager, Verleger & Co-Produzent immer ehrlich & konstruktiv. Ich konnte während der frühen Eighties eine Zeit lang zusammen mit ihm, seiner Lebensgefährtin, Kollegen aus Musik & Film in einer großen, kreativen WG in der Schwabinger Georgenstraße wohnen. Jedes Mal, wenn er das Gefühl hatte, ich bräuchte zeitgeistige Inspiration, schenkte er mir sehr smart zusammengestellte Tapes mit ausgesuchter Flamenco-Musik, New York Electro, der Gruppe Chic oder einen Motown-Querschnitt. Ich muss hier erwähnen, dass diese Gaben 1. niemals unter Druck & 2. jedes Mal genau zur richtigen Zeit stattfanden.

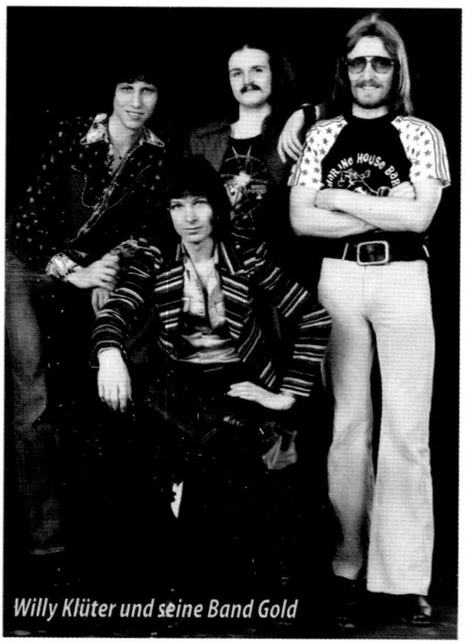
Willy Klüter und seine Band Gold

Willy Klüter

Willy Klüter besaß in den Achtzigern ein gut eingerichtetes, kleines Studio an der Isar, in der Eduard-Schmid-Straße. Zusammen mit anderen jungen, modernen Musikern wie Florian Anwander, Gerald Klepka oder Henning Hoffmann-Heyden konnten wir proben, produzieren & lernen. Hier konnten wir uns musikalisch mit New Wave, Electropop, Eighties Funk & Disco die Hörner abstoßen, bevor wir danach gemeinsam ins Tanzlokal Größenwahn gingen, um zu feiern. Manchmal konnten wir Aufträge aufreißen mit Produktionen für Lisa Fitz, Werbung & Filmmusik. Projekte, mit denen wir später ins Musicland oder zu Leslie Mandokis Giesinger Red Rock Studio gingen, hatten hier ihren Ursprung. Die Produktionen mit Klüter selbst verliefen immer harmonisch & gut gelaunt. Später zog Willy Klüter mit seinem vergrößerten Studio nach Ramersdorf, fing an, erfolgreich mit Leuten wie Bernd Meinunger, Patrick Lindner, Ross Antony & Prince Damien zu arbeiten.

Gerhard Augustin

Gerhard Augustin war, als ich ihn zum ersten Mal in München auf einer Party traf, bereits Legende: In den Sechzigern einer der ersten deutschen DJs, moderierte er mit Uschi Nerke den Beat Club, produzierte in den Siebzigern die angesagten Krautrocker Can & war Manager von Ike & Tina Turner. Im gefiel, was ich im Musicland aufgenommen hatte. Kurzerhand beschloss er, seine Kontakte spielen zu lassen & stellte eine Band für Falco zusammen, der zu dem Zeitpunkt mit dem Hit »Rock Me Amadeus« ein globaler Superstar war. Augustin suchte Musiker, die selbstverständlich live spielen konnten, wollte aber unbedingt eine videotaugliche, moderne Band. »Ihr müsst einfach immer geil aussehen, mehr will ich gar nicht. Dass ihr die Songs könnt, ist doch selbstverständlich!« Es war das Zeitalter von MTV, Prince, Madonna. Außer mir an der Gitarre waren neben wechselnden Mitgliedern noch die aparte Victoria Miles als Backgroundsängerin & Ali Khan als Drummer im Boot. Meistens gab es glamouröse TV-Show-Jobs, unter anderem bei Biolek. Highlighs waren Auftritte im Film »Geld oder Leber« oder ein echter Live-Gig in der Stuttgarter Schleyer-Halle. Augustin machte seinen Job gut: Gage & Organisation waren immer top. Ich lernte Falco & seinen Münchner Manager Horst Bork kennen. Bork war durch & durch Geschäftsmann, Falco durch & durch Künstler. Er hatte sich ein distanziert-ironisches Alter Ego geschaffen, um sein verletzbares Ich zu schützen. Falco ein cooler Star, Privatperson Hansi Hölzel ein lieber, hochbegabter, manisch-depressiver Kollege. Ich habe in diesem Geschäft außer Mercury keinen reineren, zugänglicheren Charakter kennengelernt. Nach der Falco-Phase arbeitete ich noch kurz für ein kleineres, nicht unähnliches Projekt mit Ali Khan & Lisa Fitz für zwei Songs & ein paar regionale Fernsehauftritte.

Größenwahn

Das Café Größenwahn in der Lothringer Straße, Nähe Ostbahnhof, war 1979 das erste Café Münchens, in dem man rohen Punk, New Wave & New Disco hören, moderne Leute jenseits Kommunarden oder Bourgeoisie betrachten konnte. Danach entstand das legendäre Tanzlokal Nähe Gärtnerplatz, einer der wichtigsten Orte Münchner Subkultur & Popkultur der Achtziger: Hier wurde Zeitgeist in Echtzeit gelebt. Hier sah man die bizarrsten, mutigsten, glamourösesten Nachtgestalten, hier hörte man die gewagtesten DJs zwischen Underground & Pop, machte die spannendsten Bekanntschaften. Nächte im Größenwahn waren giftig & heilsam zugleich. Auf einmal war München doch keine Provinz mehr. Avantgarde, Arbeiter, Bohème, Studenten, Models, Rockstars, Gastronomen, Gestrandete & Etablierte trafen sich hier, um sich erotisch aufgeladen gegenseitig möglichst fotogen zu ignorieren. Oder zu tanzen, bis das Wasser von der Decke tropfte. Die später folgende Wunderbar, das Iwan's, das Baader sowie das Morizz entstammten dieser modernen Münchner Gastro-Dynastie, deren Alleinstellungsmerkmal musikalische & menschliche Diversität war bzw ist.

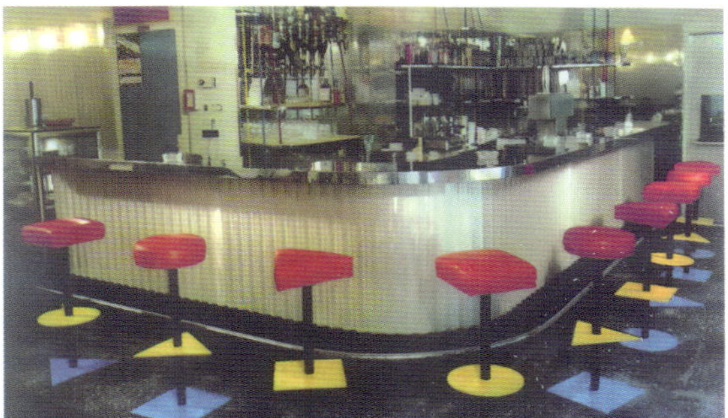

Die Bar im Tanzlokal (o.), das Baader (u.)

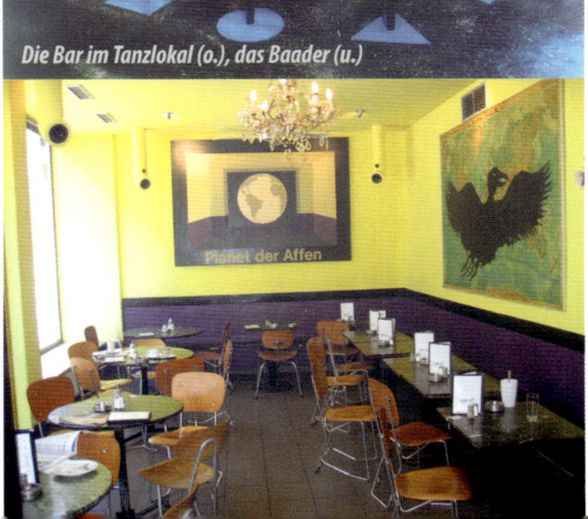

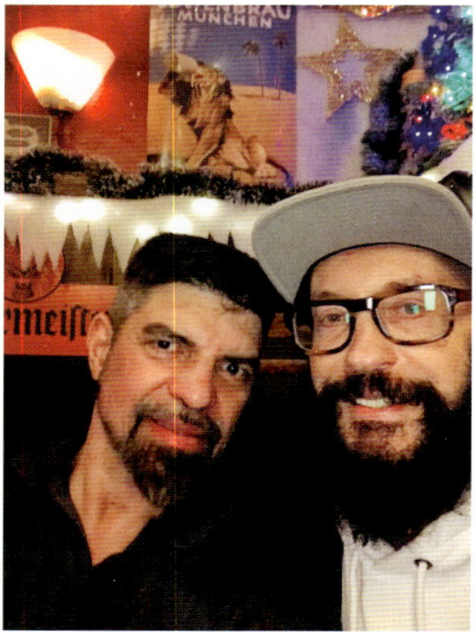

Jens Poenitsch & Ken Koch

New York/NY.Club

Der wichtigste & älteste, eigentlich einzige schwule Club Münchens bis heute.
Die erste Variante des New York erlebte ich in der Thalkirchner Straße, nachdem die Disco von der Rumfordstraße in die größere Location umzog. Die Achtziger tauchten alles in Neon & Glitzer: Mein Spezl Uwe Mehringer war einer der besten & angesagtesten DJs der Stadt, spielte eine Mischung aus früher House-Music, Electropop, Funk, Disco & New Wave. Nicht nur der damals omnipräsente Freddie Mercury tanzte & feierte hier, sondern auch andere Prominente wie Divine, Limahl, Pet Shop Boys, Jimmy Somerville, der charmant, aber vergebens, meinen heterosexuellen Verleger anflirtete, Jean Paul Gaultier, Rupert Everett, Barbara Valentin, Fassbinder, Udo Kier. Gegen Ende der Dekade zog der Club in die Sonnenstraße, wo er lange blieb. In diesen Räumlichkeiten veranstaltete Klaudia Tot, heute erfolgreiche Fotografin, eine der ersten offiziellen After Hours der Stadt, unter anderem mit DJ Karotte. Ken Koch übernahm 2005 die Regie, liebevoll, familiär, warmherzig & hart feiernd, manchmal selbst Disco & Techno auflegend – bis heute. Mittlerweile residiert der Club unter dem Namen NY.Club in der Elisenstraße. Der Sound der Stunde ist moderner House, Progressive House & Techno. Für diesen Club spielten neben Residents & modernen internationalen DJs während der letzten Jahrzehnte immer wieder große, alte Namen wie Eartha Kitt, Amanda Lear, Weather Girls, Flirts, Village People, Sister Sledge & Sharon Redd, die während ihres Auftrittes ihr Gebiss verlor, aber dennoch unverdrossen weitersang.
Ein Club, der queere Geschichte schrieb und dennoch so lebendig bleibt wie eine Neueröffnung.

Ochsengarten

Der Ochsengarten ist das älteste Lederlokal Münchens, ja Deutschlands. 1890 trafen sich hier schon Arbeiter vom Ross- & Rindermarkt auf ein Bier oder mehr. Die wildeste & lustigste Zeit hatte ich ab 2012 im Ochsengarten, wenn ich nach meinen offiziellen elektronischen DJ-Gigs im Harry Klein, in der Registratur Bar, im Café am Hochhaus, in der Bank, im Kooks meine Ochsengarten-Freunde Barmann »Rumpelstilzchen« & Türmann Roland besuchte, um noch einen Gang härter weiterzufeiern. Manchmal legte ich selbst Hand an & spielte hinter der engen Bar Musik von einem uralten PC: Glamrock, Queen, Punk, Disco, Wave, Dietrich, Debussy oder House & Techno.

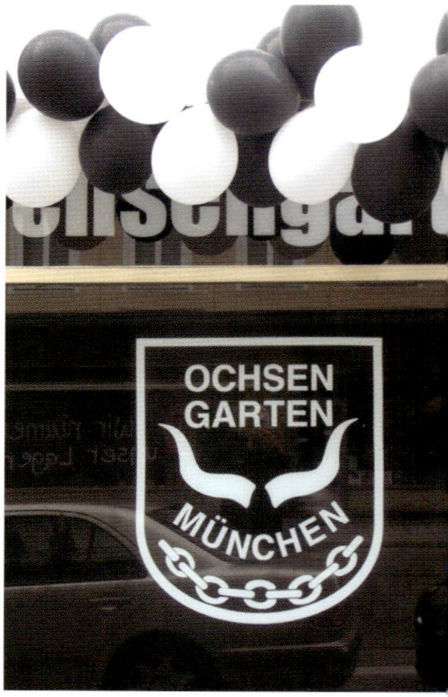

Ultraschall & Café Reitschule

Das Ultraschall, der erste echte Techno-Club Münchens, zuerst ab 1994 in Riem, dann ab 1996 im Kunstpark Ost, bleibt zu Recht legendär. Als jemand, der elektronische

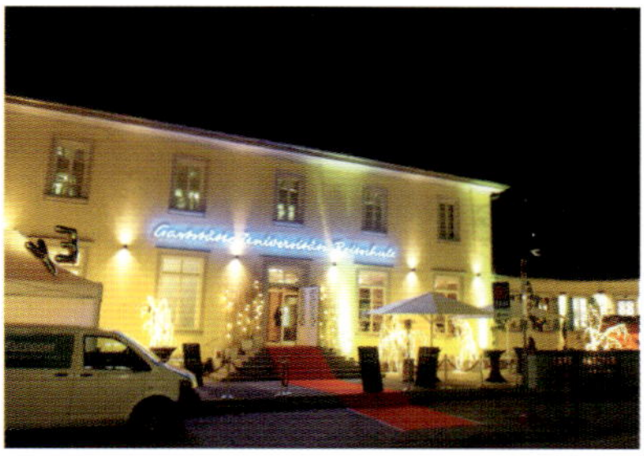

Café Reitschule und Café Reitschule Crowd (r.)

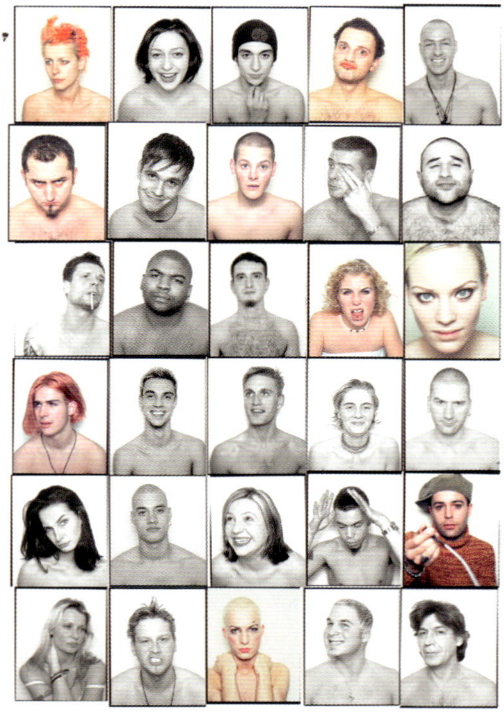

Musik liebte, eröffneten sich mir nach Jahren des popkulturellen Stillstandes plötzlich völlig neue Möglichkeiten. Zunächst waren mir Musik & Einrichtung zu minimalistisch, aber mein damaliger Freund Florian lockte mich zu oft auf das dystopische Gelände in Riem, um nicht doch dem Ruf der geraden Bassdrum vollständig zu erliegen. Hier lernte ich im Ultraschall-Dunstkreis feiernd & tanzend einige Menschen kennen, mit denen mich bis heute weit über Hedonismus hinaus Freundschaft & Kollegialität verbindet. Es entstanden Kontakte, die irgendwann in Projekten im Café Reitschule, im Harry Klein, im Café am Hochhaus & in der Registratur Bar mündeten.
Meine Lieblingsparty war der Flokati im Grünen Raum des zweiten Ultraschalls im Kunstpark Ost. Im Grünen Raum sah ich Laurent Garnier direkt nach einem Auftritt Andreas Doraus, eine verrückte aber geglückte Kombination, die den künstlerischen Mut der damaligen Zeit zeigt.

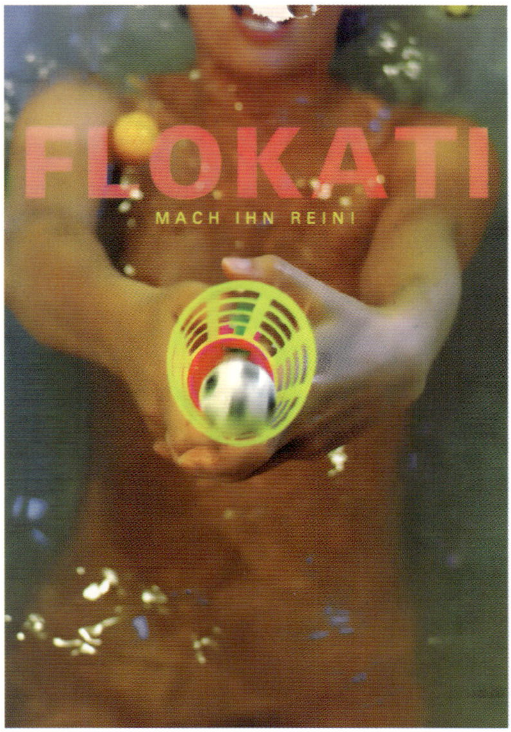

Das Café Reitschule, idyllisch am Englischen Garten gelegen, war Mitte der Neunziger gleichzeitig Treffpunkt Schwabinger Schickeria & neuer Rave Prominenz. Sven Väth, Markus Löffel (Jam & Spoon), DJ Hell, Tom Novy, Da Hool (DJ Hooligan), Die Fantastischen Vier, Tic Tac Toe, Heike Makatsch, Heino Ferch, die Belegschaft des Labels Kosmo, Sängerin Zoe Mazah & viele andere kehrten hier ein. Ich ging als Gast einmal recht forsch mit einem namhaften DJ um, welcher der damaligen Chefetage nahestand. Ich fand, dass moderne DJs im Vergleich zu echten Musikern massiv überbezahlt seien. »Ihr seid verloren, wenn der Strom ausfällt. Ich hingegen kann immer noch in Tasten oder Saiten greifen oder ohne Verstärker singen. Ihr spielt doch nur Musik anderer Leute & fallt später auch noch zu allem Überfluss prall in die Platten!« Er reagierte amüsiert & verständnislos. »Woher nimmst du dein Selbstbewusstsein? Du bist ganz schön frech. Und kein DJ.« Er verschwand im Büro & kam mit Neuigkeiten zurück, die mich fast in Ohnmacht fallen ließen. Denn ein paar Stunden später hatte ich meinen ersten offiziellen DJ Gig im angesagten Café Reitschule an einem Samstag vor vollem Haus. Ich besaß genügend Platten & Mut, aber bewegte mich auf dünnem Eis, denn ich hatte keinerlei Erfahrung als Plattendreher. Ich mogelte mich mit unperfekten Übergängen durch den Abend, doch meine Trackauswahl schien zu gefallen. Ich, der nie DJ werden wollte & insgeheim den Berufsstand belächelte, wurde wieder gebucht. Und wieder. Und noch mal. Und abermals. Irgendwann fing ich an, den Job zu mögen. Ich übte voller Elan & wurde allmählich technisch besser. Es war die Zeit des deutschen Hallentechno. Ich hingegen spielte Drum & Bass, Electro, Trip Hop, jede Menge House-Music, Disco. Das Management vom Café Reitschule ließ mir freie Hand, solange es nicht zu krass oder zu laut wurde. Danach sollten immer mehr Bookings folgen, in anderen angesagten Läden. Bernd Jakopic stieß zu mir, wir gründeten ein DJ Team, tourten & nahmen Musik auf. Dem Café Reitschule habe ich die ersten Schritte in diese Richtung sowie alles, was folgen sollte, zu verdanken.

Harry Klein & Café am Hochhaus

Anfang der Zweitausender gab es einen Einschnitt. Als Bernd Jakopic & ich unsere erste eigene House-Party in München bespielten, die immer gut besuchte, immer gut gelaunte Glashausdisse im Eisbach (Peter Bleyle) am Marstallplatz, im Schatten der Münchner Oper, waren wir über Nacht auf dem

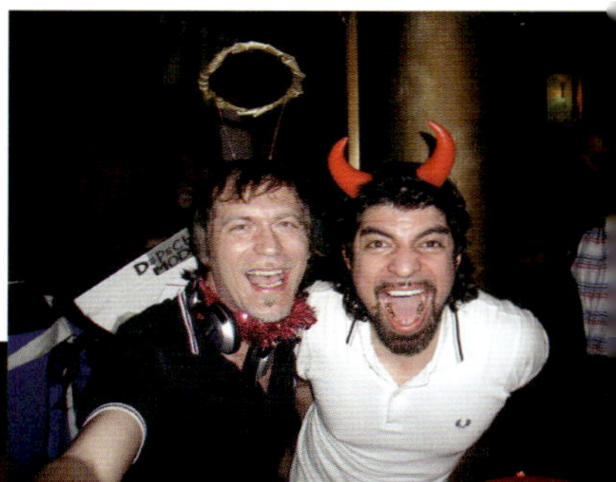

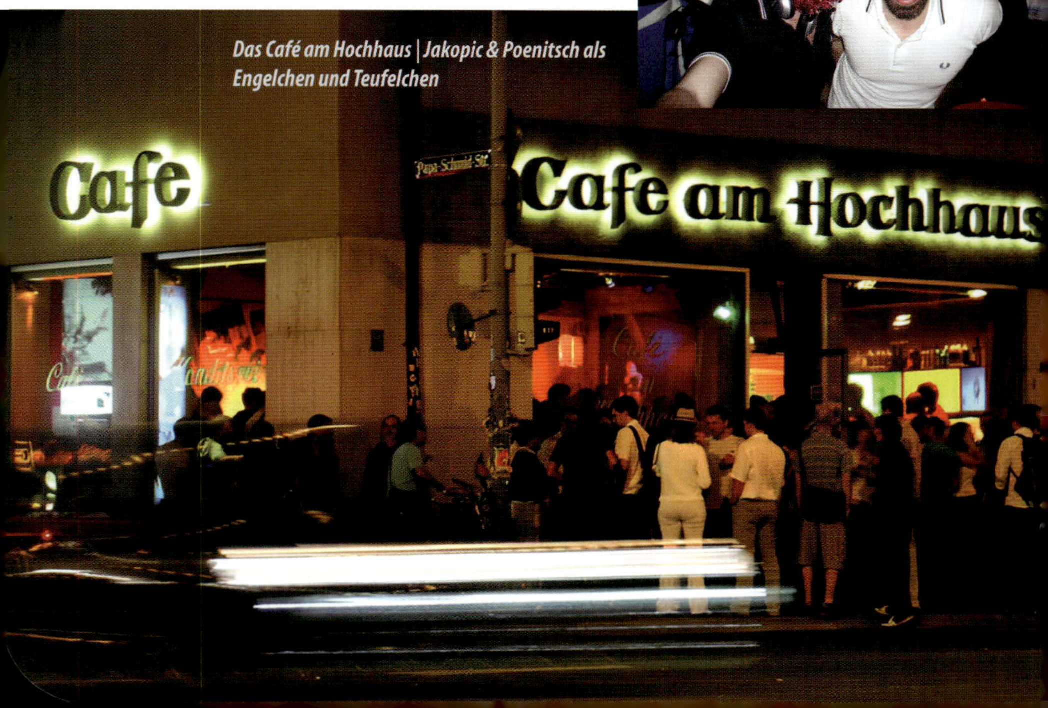

Das Café am Hochhaus | Jakopic & Poenitsch als Engelchen und Teufelchen

ernst zu nehmenden Münchner Club-Radar. Unsere Flyer waren so schrecklich trashig, dass wir sofort maximale Aufmerksamkeit im damals einheitlich schicken München erzwangen.
Zeitgleich gab es im Underground wohlbeachtete Electroclash-Produktionen (Label Media Spirit/später Disco Art) von Blauephase, später Poenitsch & Jakopic, auf dem Markt, ich hatte einen CD-Shop für Clubsounds im Trendladen KARE, das Tagesgeschäft funktionierte. Im Zuge dieses Schwunges fingen wir an, mit dem Harry Klein der Optimolwerke zu flirten, erfanden zusammen mit Booker Peter Fleming die queere Party Discoarsch, auf der wir mit Leuten wie Justus Köhncke zusammenspielten. Aus Discoarsch wurde Discoarzt, als wir 2004 mit der ausgelassenen House-Party in das zentral gelegene Café am Hochhaus von Michi & Lio Dietzel zogen. Es war ein Glücksgriff. Ein paar Jahre später wurde ich zeitweise selbst Booker im Café & erlebte eine herrliche Zeit des künstlerischen Austausches: Je mehr Künstler aus konträren Clubs & Cliquen ich in das kleine Café buchte, desto wilder & attraktiver wurden der Stilmix & das Publikum. Oft kamen DJs, auch internationale Namen, aus anderen Clubs als Gast vorbei & legten einfach umsonst auf, weil sie von dem außergewöhnlichen Ort hin & weg waren. Supamario (Haus 33, Pinkmonkeys, Nürnberg), damals fest gebuchter Hochhaus-Gast, ist bis zum heutigen Tage mein DJ Amigo.
Der queere Sonntag des ehemaligen Oma-Cafés entpuppte sich bis zum Ende dieser Ära zum absoluten Dauerbrenner. Es gab Partys wie die Turbokommunistische Porno-Partei mit Balkan-Beats, Disco & House. Darüber hinaus entstanden später tolle Regulars mit wechselnden DJs wie das Garry Klein im neuen, technisch bombastisch ausgestatteten Harry Klein an der Sonnenstraße, noch später das Hochhouse in der schicken Registratur Bar (entstanden aus der ewig kultigen Bank) sowie ein paar DJ-Gastspiele von uns in der unkaputtbaren Roten Sonne.

Parkcafé & P1

Das Parkcafé, das ich als Zeitzeuge erleben durfte, war geprägt von der Ära Norbert Schmitz. Schmitz war schon im alten P1, auf der rechten Seite des Hauses der Kunst, eine herausragende Figur. Wo er stand, herrschte automatisch Glam. Ich sah unter Norberts Einfluss ein P1, in dem 1987 ein in weißen Kunstpelz gehüllter Prince & eine junge, damals noch rebellische, Fürstin Gloria lautstark vor dem Club stritten, wo sie weiterfeiern würden, während das reguläre P1-Publikum sie keines gelangweilten Blickes würdigte. Zusammen mit den Kiening-Brüdern wirkte Schmitz plötzlich zu Beginn der Zweitausender im Parkcafé, vorher unter der Leitung der Grandls. Über Christoph Kiening gelangte ich als DJ in das erneuerte Parkcafé. Ich konnte mit modernen Stilen wie French-House oder Big-Beat experimentieren, Electro auflegen & manchmal Gastmusiker meiner früheren Band Drama zu meinen DJ-Sets improvi-

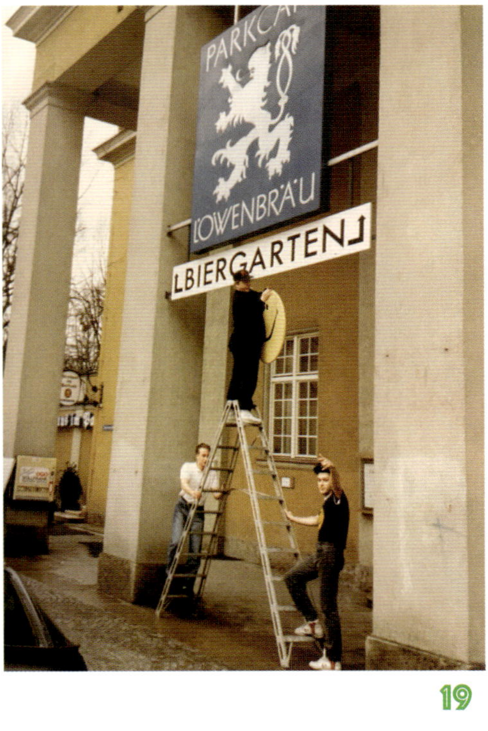

sieren lassen. Ich wollte auffallen, frischer Wind war gefragt. Als eines Tages zu einem großen Jubiläum Grace Jones gebucht war, wurde sie ihrem Ruf als Diva gerecht & kam gleich vier Stunden zu spät. Die Schadensbegrenzung oblag den DJs & so hielt man bis dahin die Leute einfach mit gutem Sound bei Laune. Als sie endlich den Club betrat, zog sie gleich voller Energie einen Zuschauer wie eine Puppe auf die Bühne, der es gewagt hatte, sie zu scharf anzusehen. Die Show war selbstverständlich großartig. Im Parkcafé dieser Ära spielten auch Namen wie Fischerspooner, Boy George & der immer aus allen Nähten platzende Blub Club.
Im neuzeitlichen, eher wirtshausorientierten Park Café (jetzt auseinandergeschrieben) unter Christian Lehner gastierten Poenitsch & Jakopic schon mit Kollegen wie DJ Enne oder Moses Wolff. Hier spielen immer wieder Live Bands oder Komödianten & Schauspieler.

Ballhaus

Das Ballhaus in der Klenzestraße war zu Beginn der Neunziger ein sehr besonderer Laden in einem München, in dem es in der jungen Gastronomie bis dato nur rauen Punk oder glatte Upper Class zu geben schien. Hier öffnete in einem schicken Nebenraum die erste Sushi-Bar der Stadt mit einem japanischen Chef-Koch, der deutsche Literatur studierte, in einer Band sang & allen, die er mochte, etwas Sashimi schenkte. Ich & viele andere Kreative & Künstlerinnen dieser Zeit kellnerten im Ballhaus, um die Gagen aufzubessern & konnten ganz nebenbei einer musikalischen Zeitenwende beiwohnen, während wir so auszusehen versuchten, als ob wir nichts zu tun hätten: Grunge, Hip Hop & Techno erhoben ihr Haupt, die nette MTV-Generation wurde unangepasster & ein bisschen politisch. Unser Publikum war sexy & abwechslungsreich, wie die Einrichtung des Lokals, die zeitweise einer runtergerockten viktorianischen Theaterbühne glich: Models, Rockstars, Avantgarde, junge Techno-DJs, Studenten, Glockenbachmuttis, Businessnerds & Außenseiter waren das Stammpublikum. Ich habe nie so viele Musiker in einem Szenelokal gesehen, meistens waren es coole Undergroundmucker, die heute verschwunden sind. Ich lernte hier die erste & dann die zweite Besetzung meiner Band Drama kennen & lieben. Musikleute wie Louis Potgieter, Hubert Kah (die Band), Iggy Pop, Michael Reinboth oder DJ Hell saßen hier & frühstückten oder betranken sich.

Schwabing

Als Vorstadt-Gymnasiast & Student war Schwabing Ende der Siebziger, Anfang der Achtziger für mich ein Sehnsuchtsort der Coolness, bis ich erkannte, dass man hier auch nur mit Wasser kochte. Damals lief einem in Schwabing alle zehn Minuten lokale Prominenz über den Weg. Dolly Dollar. Die schöne Marion von der Band Ski & der Rest. Der Besitzer vom Robot. Thomas von der Elaste. Man kannte sich & grüßte sich mit dieser Münchner Mischung aus Grant & Herzlichkeit. Ich hatte 1978 zum ersten Mal die erste Münchner New Wave Band The Marionettes, die auch im Klaus Lemke-Film »Ein Komischer Heiliger« spielte, im Schwabinger PN Club gesehen, wollte danach sofort etwas Ähnliches machen. Eine Weile probten wir mit einer Gruppe namens The Pictures, bestehend aus Schulfreunden, die es sogar bis zu einem Auftritt im Café Größenwahn brachte, doch dann gründete ich zusammen mit Gerald Klepka die Wave Band Zero Zero & plötzlich waren wir von null auf tausend angesagt! Gerald hatte mit seiner damaligen Freundin eine Wohnung an der Leopoldstraße, in der die hiesige Szene, Musiker, Filmleute, Modemenschen, Künstler, ein- & ausging. Wir nahmen die ersten Demos im Wohnzimmer auf & bekamen sofort Resonanz vom Verlag der Grauzone, ein erstes Album verhalf uns zu einer ersten kleinen Tour. Die Nächte in Schwabing nach den Aufnahmen & Proben waren auch nicht ohne: Es gab für mich die bekanntere Klappe & das weniger bekannte Loch,

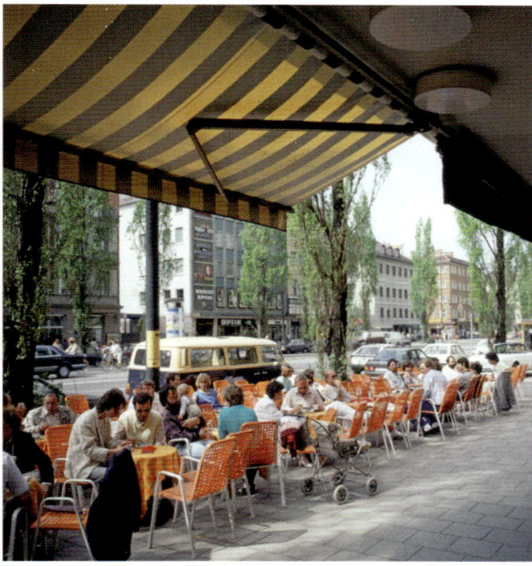

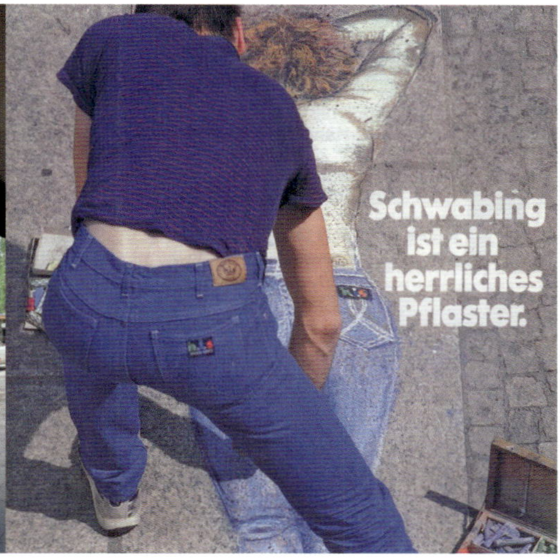

Die Leopoldstraße in den 1980ern und Jeanswerbung aus den 80ern

beides Lokale, in denen diese neue, ruppige Musik lief & selbst die Klofrau Lederjacke & Sonnenbrille trug.
Der Modeladen der Stunde, bis weit in die Achtziger, ja Neunziger hinein, war das unvergleichliche Robot an der Münchner Freiheit. Ein winziges Geschäft, vollgerammelt mit den angesagtesten New-Wave-Fetzen, oft Unisex, einer ungewöhnlicher als der andere. Hier kauften natürlich auch Stars wie DAF (»Der Räuber und der Prinz«) ihre scharfen Lederklamotten.
Außerhalb Schwabings drehte sich die Münchner Welt rasant weiter: Es gab Anfang der Achtziger neben dem breiter aufgestellten Größenwahn neue Münchner Lokale wie das harte Damage in der Geyerstraße (das Kooks rockt hier heute) & das experimentelle Lipstick Nähe Schyrenbad, wo man neue Musik jenseits der üblichen gepflegten Langeweile hören konnte. Durch das Why Not in der Briennerstraße kam nach dem Nihilismus des Punks auch die Eleganz des New Waves nach München. Zero Zero spielten relativ oft Im Why Not, weil unser Drummer Heinz Stieglitz ganz zufällig auch der Türsteher war. Unvergessen der grandiose Live-Gig von Heaven 17 im Why Not, deren Sänger zu späterer Stunde betrunken auf der Toilette einschlief. Man musste die Tür wegsprengen, um ihn zu bergen. Talking Heads & Kraftwerk ließen sich hier blicken, wenn sie in der Stadt weilten. Das großartigste Live-Lokal dieser Zeit war für mich jedoch das kleine Downtown in der Dachauer Straße am Hauptbahnhof, wo ich Ende der Siebziger neue Bands wie Ultravox (damals noch mit John Foxx), Toyah & Tom Robinson Band sehen konnte.

»LOVE TO LOVE YOU BABY«
AUF YOUTUBE

Donna Summer

Der Soundtrack meiner ersten Liebesnacht mit einem Mann entstammte Donna Summer. Ich hatte schon ein bisschen Erfahrung mit einem süßen, gleichaltrigen Mädchen aus der Nachbarschaft. Wenn wir uns trafen, hörten wir Glam Rock, T. Rex, Alice Cooper, Sweet. Dieser Mann, Paul, war erfahrener, älter, ein gestandenes Mannsbild. Ich war die treibende Kraft dieser Affäre, denn er wollte eigentlich nichts mit einem Jugendlichen anfangen. Und ich hatte Glück, denn ich, der nicht locker ließ, war mit fünfzehn Jahren nach außen selbstsicher, wirkte erwachsener. Die Nummer, die wir beim ersten Treffen hörten, war die Langfassung von »Love To Love You Babe«. Es war das Jahr 1975. Er hatte Geschmack: In seinem Plattenschrank befanden sich Tangerine Dream, Kraftwerk, Pink Floyd & besagte Donna Summer.

Schallplattengeschäfte

Die Vinylschallplatte. Ein Produkt, das früher, auch im Zuge des Munich Sounds in jeden normalen Haushalt gehörte. Heute ist Vinyl nach langer Pause wieder bei Hipstern & echten Sammlern angesagt. Als Luxusgut & Imageträger. Die Plattenläden im damaligen München, die mir am stärksten im Gedächtnis haften blieben, diese Orte der Sehnsucht & der Trends, waren:

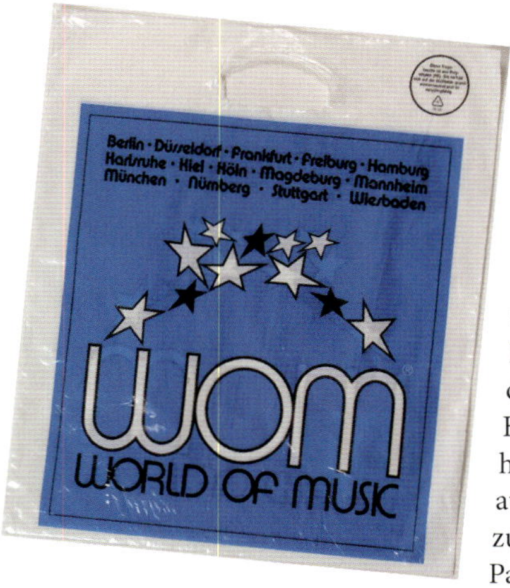

Das WOM. Mein Münchner Lieblings-WOM befand sich in der Fußgängerzone. Die US-Disco-Abteilung & die Indie-Abteilung der Achtziger war immer messerscharf auf dem allerneuesten Stand. Viele Münchner DJs & Musiker, die ich kannte, arbeiteten in diesem großräumigen Paradies.

Das Shirokko. Ein kleiner, bunter, wohlriechender Shop, der zwischen 1970 bis 2015 in der Ledererstraße, Nähe Hofbräuhaus lag. Eine Fundgrube für Hippies & Liebhaber exotischer Weltmusik, später verkaufte man dort auch House & Chill-Out. Bevor ich mich Punk & Wave zuwandte, erwarb ich dort gerne mal Räucherstäbchen für Paul aus dem vorherigen Kapitel.

Nachdem ich Ende der Neunziger DJ wurde, kaufte ich meine Vinylplatten bei Suat G. im Bam Bam, der mir ein eigenes Promo-Fach gewährte. Oder im Optimal, wo ich mich Techno hingab. Oder im Pool, dem Geschäft von Blub Club Star Cambis, dessen House-Abteilung stets auf Zack war. Hier lernte ich aus heiterem Himmel meinen langjährigen DJ- & Produktionspartner Bernd Jakopic (Blauephase, Poenitsch & Jakopic) kennen, indem ich ihm neue French-House-Scheiben vor der Nase wegschnappte. Anstatt zu grollen, stellte er sich freundlich vor & von Stund' an begannen wir, erfolgreich zusammenzuarbeiten.

Olympiagelände

Seit meiner frühesten Jugend mochte ich das Theatron, die Olympiahalle, das Olympiastadion, den Park. Die freie, visionäre Architektur dieses Geländes fasziniert mich noch heute. Im Theatron sah ich als Jugendlicher Krautrockbands wie Guru Guru, in der Olympiahalle The Rolling Stones, Queen, David Bowie, Pink Floyd, The Who, Pet Shop Boys, The Cure, George Michael & Peter Gabriel, im Stadion Michael Jackson, Prince, Depeche Mode, Guns 'n' Roses, Page & Plant.

Bisher unerwähnte Namen

Das Jugendstilgebäude des Muffatwerkes ist seit Langem ein städtisch-privater Ort der Subkultur, den man niemals missen möchte. Ich erlebte hier viele großartige Konzerte, Partys, Kunstaktionen & spielte dort einige Male als DJ & Musiker. Jan Delay, Caribou, Gomma Partys, auf denen die DJs Led Zeppelin & Chic mit Jeff Mills mixten, Lady Miss Kier, die sich während einer Pause ihres DJ-Sets kurz den Barmann schnappte. Alles im Muffatwerk. Das Nachtwerk der Neunziger war eine schnörkellose Kultstätte der frühen Münchner

Technokultur. Hier wurde nie lange gefackelt. Edler Style war nicht so wichtig, aber tiefer musikalischer Bums musste sein. DJ Enne buchte Bernd & mich 2000 ins Werk & wir bekamen den Mund vor Euphorie nicht zu ob der Masse an unersättlichen Feierleuten.
Das Gleiche lässt sich über längst vergangene Techno Tempel wie das Labor, Pionierstätte Münchner After Hours, und den zutiefst legendären Pulverturm sagen. Das Babalu muss ich hier leider unerwähnt lassen, da ich es nie besuchte.
Die Lust an einfachen, mitreißenden Kicks zeichnet auch das immer noch aktive Pimpernel aus oder das mittlerweile verschwundene Sunshine Pub, ehemals spätsonntäglicher Treffpunkt aller DJs & Schlaflosen der Stadt. Zum Pimpernel existiert immer noch das Bonmot: »Geh ich ganz normal aus dem Pimpernel. Tritt mir doch jemand auf die Hand!«
Ich erinnere mich besonders gerne an zwei außergewöhnliche, kurzlebige, kunstnahe Musikräume: The Bubble & Herr Hotter. Diese Locations gab es jeweils nur ein paar Monate, The Bubble 1999, eine futuristische, amorphe Club-Plexiglasblase hinter der Bavaria, Herr Hotter 2012 ein umfunktionierter Hochbunker, ein perfektes Techno-Treibhaus in der Stadtmitte.

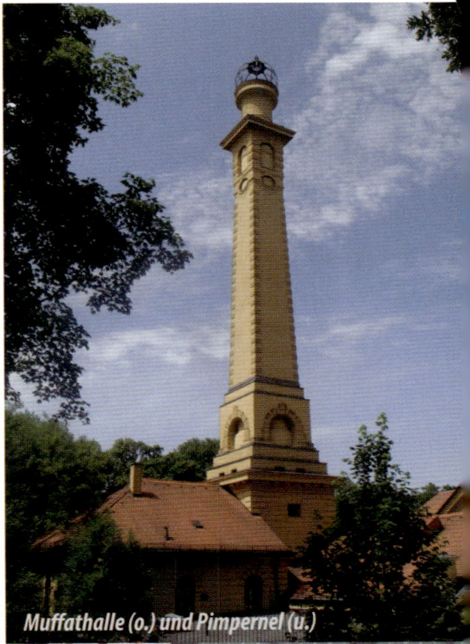

Muffathalle (o.) und Pimpernel (u.)

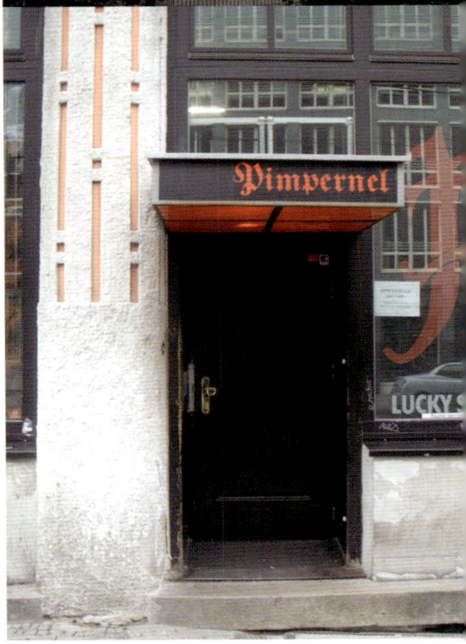

Labels

Ein bisschen Gossip kann nicht schaden. Das ist hier kein Geschäftsbericht.
Tom Scherer, umtriebiger, arrivierter Manager & Produzent der Münchner BMG/Ariola, verhalf Henning Hoffmann-Heyden & mir Ende der Neunziger mit unserer ersten Version vom Electro-Act Blauephase rasant zu einer ersten promotauglichen Vinyl-Veröffentlichung. Hier konnten wir sehen, dass Major-Leute doch blitzartig reagieren können, wenn sie ein Indie-Produkt gut finden. Das Punk-Prinzip wiederholte sich mit Techno, nur schneller & besser. Ich fand es super.
Zeitgleich: Erik May, ein Kumpan aus Ballhaustagen, landete bei Kosmo, um mit dem neuen Label zwischen Underground & Pop in Rekordzeit Rekorderfolge einzufahren. Kosmo-Artist Tom Novy war der erste Kollege, der mich als neuen Münchner DJ in seiner eigenen Radiosendung interviewte. Ich fand es super.
Christian Prommer & Thomas Herb, Künstler des renommierten Münchner House-Labels Compost, begleiteten Poenitsch & Jakopic viele Jahre als Guests unserer Palais-Party »Frau Schygulla Träumt«. Ich fand es super.
Ein alter Weggefährte, noch aus Punk & Wave-Zeiten, Aram Mirimanian, war eine Weile in DJ Hells Gigolo Booking Department am Gärtnerplatz & oftmals kreativer Begleiter

meiner Münchner DJ-Clubnächte. Natürlich super.
All diese durchaus unterschiedlichen Münchner Club-Labels besaßen im Vergleich zu vergleichbaren Firmen aus Berlin, Hamburg oder Frankfurt etwas, was man nicht kaufen kann: Glam.
Im München dieser Zeit der ravenden Neunziger & darüber hinaus war alles möglich. Natürlich gab es noch viele weitere angesagte Labels, die ich jetzt nicht alle aufzähle. Es herrschte eine unglaubliche, positive Aufbruchsstimmung. Es ging trotz aller Partymarathons immer was voran. Es gab Konkurrenz, Austausch, Innovationswillen, immer frische Produktionen, immer wieder gute Musik. Durch den neuen Clubsound entstand ein internationaler Sog, der kleinen Labels große Hits bescheren konnte.
Stefan Weiss von Media Spirit managte Bernd & mich (Blauephase die zweite Version) einige Jahre voller Herz & Hingabe, organisierte zusammen mit der jungen Bookerin Tanja Wiesent 2003 eine gelungene Deutschland-Club-Tour. Absolut super!
Ein paar Jahre später gründeten Bernd & ich unser eigenes Label Disco Art, fingen an, über den neuen digitalen Vertrieb Believe zu produzieren, zu veröffentlichen. Wir waren umtriebig, hatten Spaß & Props, aber landeten irgendwann doch bei anderen, gut aufgestellten neuen Labels.

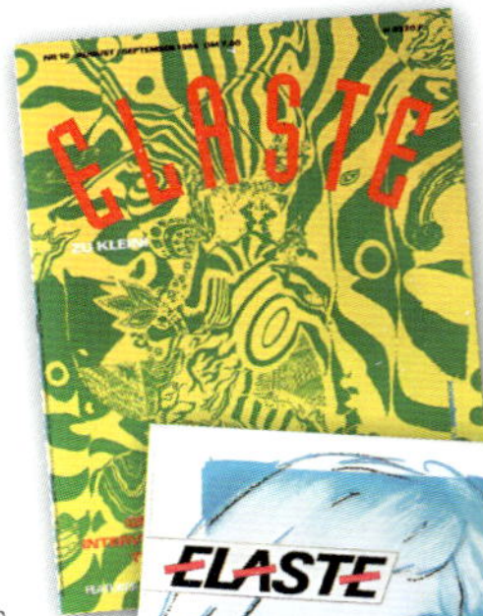

Als Künstler ist man froh, wenn die Labelarbeit jemand anderes macht, damit man sich auf Kreatives konzentrieren kann. Klingt komisch, ist aber so.
Poenitsch & Jakopic hatten ab 2017 bis 2020 viele Traxsource Trend-Charts-Bewegungen mit den beiden modernen Münchner House-Labels Karmaloft & Sujet Musique. Sujet, das Kind des charismatischen Münchners DJ Linus, ist international angesehen, so wie auch Karmaloft.

Lesen

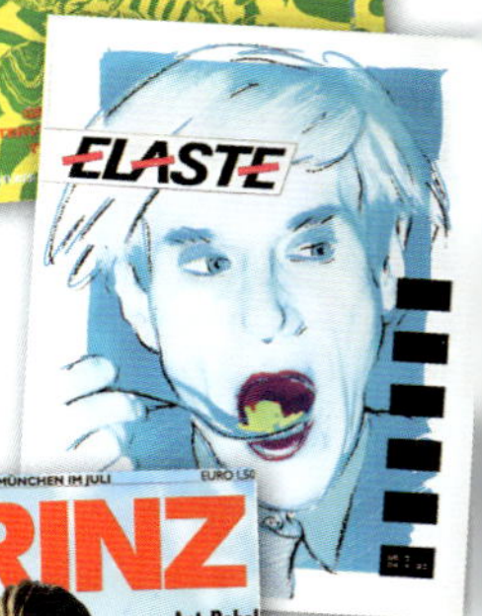

Das Magazin Elaste, das erste sogenannte Fanzine Münchens, das auch internationalen Glitzer ausstrahlte – zeitgleich mit der Geburt des Tanzlokals Größenwahn & dem Aufstieg des New Wave als Rettung eingeschlafener Popmusik –, war für uns eine Art Trendbarometer. Alle schauten zuerst in den Mittelteil mit lokalem Klatsch, ob man auch erwähnt wurde. Wenn nicht, war man gesellschaftlich erledigt. Tatsächlich hatte das Blatt trotz unterkühlter Ästhetik einen mondänen Stil, der bis heute in Erinnerung bleibt.

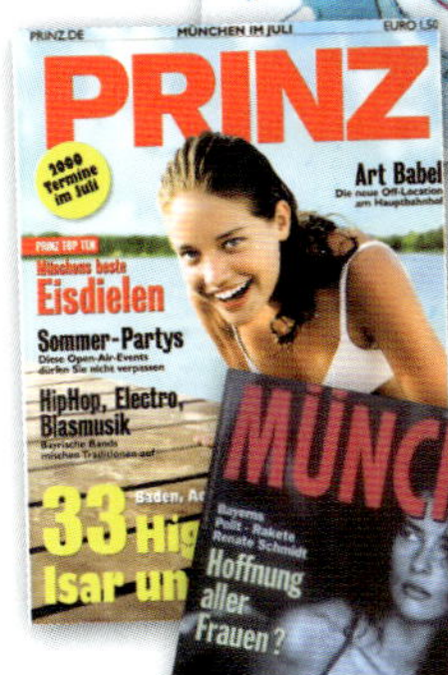

Zur Hochphase der Munich Raves, der Münchner Clubkultur Mitte der Neunziger bis Mitte Zweitausend, gab es viele kleine Umsonst-Magazine mit Clubterminen & Party-Infos, allen voran der vor Farben & Enthusiasmus überquellende Partysan in DIN A6. Später kam neben ähnlichen Fanzines wie Flashtimer auch das edlere Super Mag hinzu. Hier zeigte man neben der üblichen Disco-Werbung smarte Interviews & künstlerische Avantgarde.

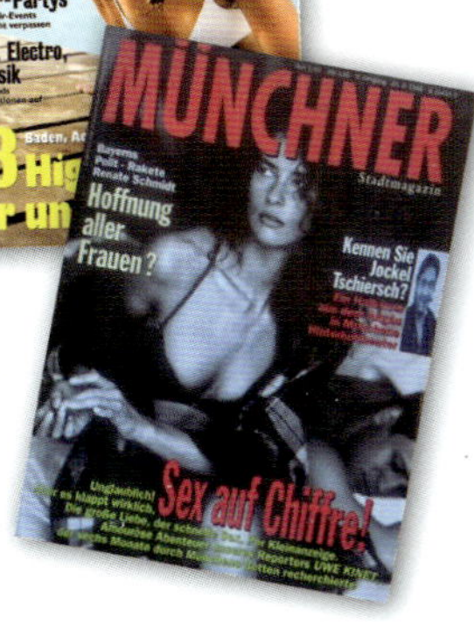

Münchner Stadtmagazin: Das frühere, schnörkellose Konkurrenzblatt zum Prinz erwähnte unseren neuen Act Blauephase zuerst: Journalist Jens Krause verkehrte damals, Mitte, Ende der Neunziger in denselben Lokalen wie wir & promotete uns wiederholt, weil ihm unsere Schnoddrigkeit gefiel.

Prinz: Chefin Cloat Gerold & Alexander Wulkow waren uns all die Jahre stets gewogen. Die Printausgabe existierte bis 2014. Ich liebte das Magazin, da es genau den richtigen Stil-Mix aus schnödem Zeitgeist & klarem Überblick verkaufte, den man als urbaner Mensch damals brauchte. Musik hatte großen Stellenwert, Underground war immer gleichberechtigt mit Verkaufsschlagern.

Sergej & Leo: Das Kompliment, das ich dem Prinz zukommen ließ, möchte ich den queeren Heften Sergej (früher) & Leo (heute) wiederholen: Schicke Grafik & aktuellste Themen. Das Augenmerk gilt auch hier besonderer Musik & eigenwilligen Künstlern. Nix gegen Hits!

IN München: Besteht seit 1983. Termine & Poesie. Wird alt, aber bleibt hip. Nie langweilig. Gerald Huber, Birgit Ackermann, Alexander Wulkow & Kollegen sind neuen, interessanten Projekten, Produktionen, Partys zwischen Kunst & Pop seit Jahren weiterhin hart auf der Spur.

Gossip, gossip, gossip

Meine Münchner Nachbarn:

Udo Jürgens wohnte während meiner Jugend eine kurze Zeit lang um die Ecke, nur zwei Straßen entfernt in Vaterstetten. Die prominente Nachbarschaft war zu Hause kein Thema. Ich fand es erst später durch Zufall heraus. Man sagt, die Mädchen hätten damals in der Johann-Strauß-Straße am Zaun gestanden, um ihm beim Rasenmähen zuzusehen.

Harold Faltermeyer, wohnhaft in Baldham bei Vaterstetten, wurde ein paar Seiten vorher bereits erwähnt. Sein Name fiel auch vor unserer kurzen Zusammenarbeit oft. Er liebt seinen Baldhamer Sitz, ist jedoch kein klassischer Nachbar, da er Abgeschiedenheit bevorzugt.

Sepalot aka Sebastian Weiss von der Münchner Hip Hop-Band Blumentopf war während der Zweitausender ein paar Jahre mein direkter Tür-an-Tür-Nachbar in einem zentral gelegenen, modernen Haus. Unser Running Gag war, dass wir immer gegenseitig unsere Vinyl-Pakete entgegennahmen, weil der andere gerade nicht anzutreffen war. Dieser freundliche, entspannte Mensch erfüllte das gängige Hip Hop-Klischee in keinster Weise. Während ich damals nach DJ-Gigs manchmal tagelang mit meiner Partycrowd daheim fröhlich weiterfeierte, war er stets still & zurückgezogen.

»SO LA LA« VON BLUMENTOPF AUF YOUTUBE

Amon Düül WG

Unerfüllte Klischees scheinen hier ein wichtiges Thema zu sein. Als ich Mitte der Eighties eines Tages zusammen mit meinem Verleger Wolfgang Dorsch die Wohnung des Amon Düül-Gitarristen John Weinzierl betrat, erwartete ich als klassischer Jungspund dieser Zeit eine unaufgeräumte, chaotische Hippie-Wohnung. Stattdessen war die Musiker-WG aufgeräumt, sauber & stilvoll eingerichtet, voller Instrumente. Nicht konservativ, aber alles stand an seinem Platz. Amon Düül empfand ich zuerst als altbacken & musikalisch komplett aus der Zeit gefallen. Als ich Weinzierl & Chris Karrer über meine Dorsch-Connection näher kennenlernte, war ich schnell fasziniert von ihrer weltmännischen Coolness & ihrer großen Musikalität.

Vom Callgirl zur Münchener Freiheit

Als München sich in den Eighties musikalisch neuen Gefilden zuwandte, war auch der Rigan Club in der Schwabinger Herzogstraße ein angesagter Angelpunkt. Chef & Elvis-

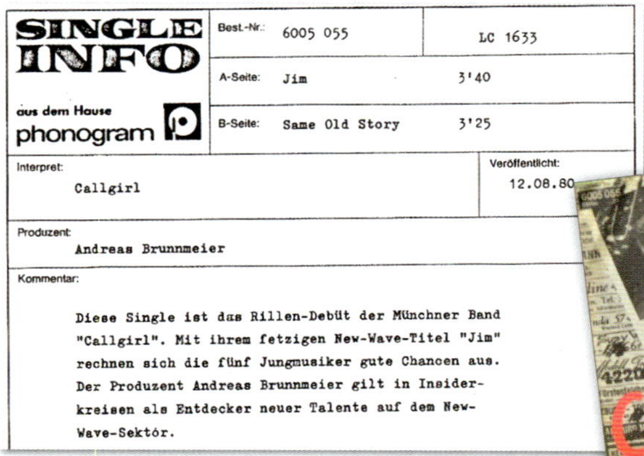

SINGLE INFO aus dem Hause phonogram

Best.-Nr.:	6005 055	LC 1633
A-Seite:	Jim	3'40
B-Seite:	Same Old Story	3'25

Interpret: Callgirl

Veröffentlicht: 12.08.80

Produzent: Andreas Brunnmeier

Kommentar:

Diese Single ist das Rillen-Debüt der Münchner Band "Callgirl". Mit ihrem fetzigen New-Wave-Titel "Jim" rechnen sich die fünf Jungmusiker gute Chancen aus. Der Produzent Andreas Brunnmeier gilt in Insiderkreisen als Entdecker neuer Talente auf dem New-Wave-Sektor.

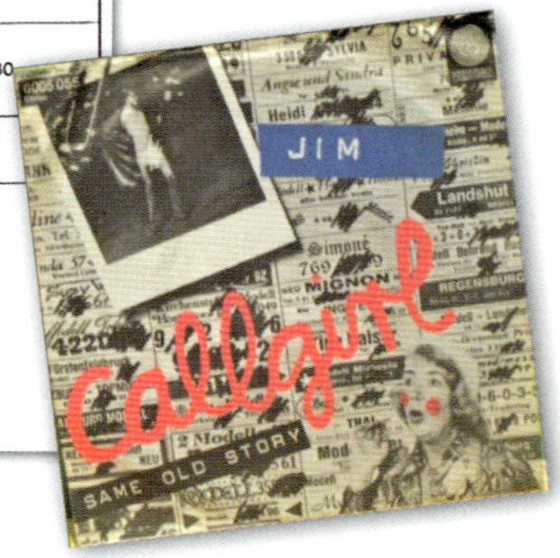

Karikatur Richard Rigan war Geschäftsmann & Kurator: Neben Leuten wie Nina Hagen oder Bay City Rollers spielten bei ihm auch junge Hupfer wie unsere erblühende Band Zero Zero, die Marionetz oder Callgirl.

Callgirl fielen auf: Sie spielten Glam Rock & traten in quietschbunten, glänzenden Ballettanzügen, in vollem Make-up plus hochtoupiertem Haar auf, spielten aber härtesten Hard Rock, ein bisschen wie The Sweet, nur später & kaputter. Gitarrist Aron Strobel stach damals schon als coole Socke aus der Gruppe heraus. Niemand konnte ahnen, dass kurz darauf Stefan Zauner, vorher bei Amon Düül, auf Strobel treffen & mit ihm zusammen Münchener Freiheit gründen würde.

Virgin Records

In besagter Herzogstraße befand sich etwas nördlicher auch ein beinahe herrschaftliches Gebäude, in dem das Label Virgin Deutschland residierte. In den zwei Jahren 1984 & 1985 war ich hier Solo-Artist. Ich bekam den Deal mit ein paar knackigen Electropop-Songs & einem Image-Mix aus Adam Ant & Mad Max. Über eine von Virgin eingefädelte Empfehlung Dave Stewarts (Eurythmics) war Queen Produzent Reinhold Mack scharf darauf, mein Projekt Don Juan ins Musicland zu locken. Ich konnte mein Glück kaum fassen: Virgin war damals das angesagteste Major-Label Deutschlands, selbstverständlich gut vernetzt mit dem Hauptsitz in England. Da ich um die Ecke wohnte, hing ich oft in den Räumlichkeiten herum, um die Atmosphäre aufzuschnappen, neue Platten oder Künstler kennenzulernen oder vor Freude durchzudrehen, wenn eine neue Produktion von mir rauskam. Insgesamt gab es drei Don Juan-Maxis, aber trotz beträchtlichen Produktionsaufwands, toller Demos & viel PR war der Act im Vergleich zu meiner vorherigen Gruppe Zero Zero nicht besonders erfolgreich. Virgin war den-

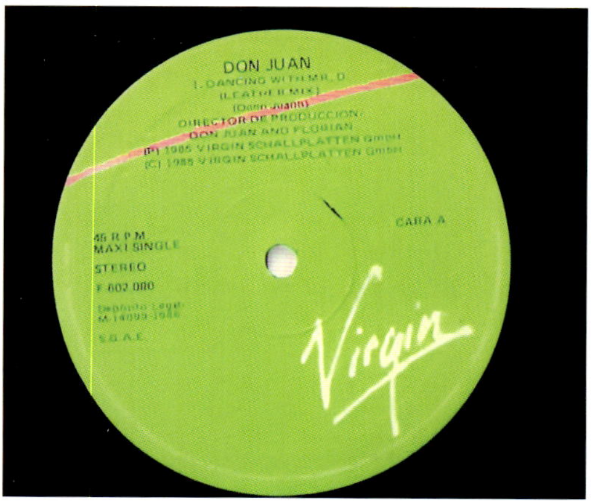

noch eine gute Lehrzeit für mich: Hier lernte ich, was Networking bedeutet. Hier lernte ich außerdem, dass eine große, teure Produktion mit Big Names nicht automatisch Umsatz generiert: Als House-DJ hatte ich mit eigenen Produktionen mit Bernd in kleinen Studios viel später ein Vielfaches an Resonanz. Bei Virgin lernte ich, wie viel Spaß es macht, wie ein Star behandelt zu werden. Man muss sich diesen Status allerdings mit handfesten Ergebnissen erarbeiten, sonst hält er nicht. Bis heute gilt: Proben, Aufnehmen, Schreiben, Auftreten & dasselbe noch mal von vorn, damit es läuft.

Stefan Melbinger

Stefan Melbinger war Mitte der Seventies mein Gitarrenlehrer. Meine Mutter fand ihn per Anzeige & schleifte mich zu ihm. Eine echte Bohème-Wohnung am Ostbahnhof, vollgestopft mit Instrumenten & Büchern, sehr stark nach Patchouli riechend. Ich war zuerst misstrauisch. Dann entpuppte Melbinger sich als Glücksgriff. Er brachte mir nämlich neben schwierigen klassischen Stücken vom Blatt zur Belohnung zügig die geilsten Riffs von Led Zeppelin/Jimmy Page bei. Nebenbei zeigte er mir auch ausgefallene Stimmungsarten auf der Gitarre, die keltische oder die Blues-Stimmung. Endlich hatte ich etwas Geheimwissen, etwas Durchblick. Außerdem lehrte er mich ganz nebenbei, wie man aus tiefster Seele singt, wie man sich entspannt & die tollsten Töne aus sich rausholt, nur mit Übung &

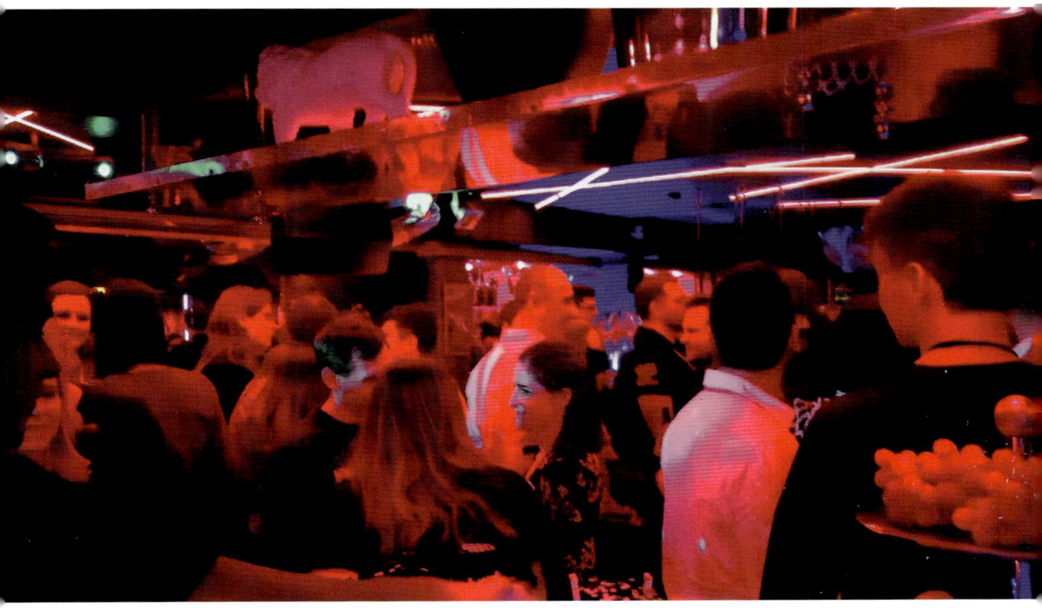

Willen. Was ich damals nicht wusste, war, dass Melbinger neben seiner Tätigkeit als Lehrer auch Liedermacher war, Theatermusik & Filmmusik komponierte & bis heute arbeitet.

Palais Club

Das Mutterschiff am Hauptbahnhof. Bernd & ich begannen hier, 2003, erst unregelmäßig, dann immer regulärer House, Techno & Disco aufzulegen. Heute wirke ich dort noch immer, meistens zusammen mit Bestie Supamario, obwohl ich die Morgenstunden als DJ & Musiker jetzt seltener bespiele. Das Palais, ehemaliger Rotlichtladen, ist schwer zu kategorisieren, obwohl es einfach wäre, es als After Hour-Schuppen zu bezeichnen. Damit

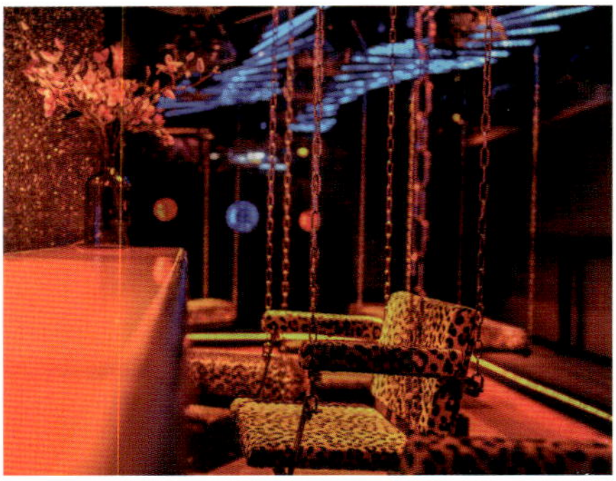

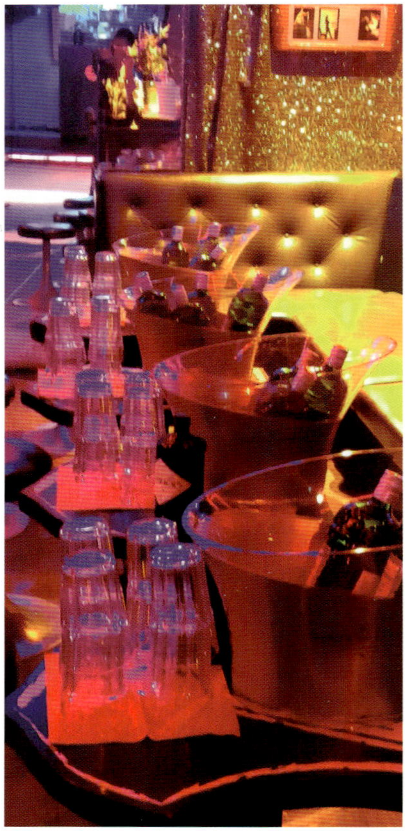

würde man dem Club unrecht tun. Man muss dazu wissen, dass Pit & Skadi, die Betreiber, zu Beginn nie die Absicht hegten, einen elektronischen Club zu starten. Aber es wurde einer & was für einer. Über die Hälfte aller maßgeblichen Techno- & House-Clubs Münchens existieren heute nicht mehr, das Palais hat alle leichten Fußes überlebt. Das Geheimnis? Eine gewisse Uneitelkeit & Beständigkeit. Und treue Residents wie die offenbar unkaputtbare Sandra Gold. Skadi & Pit boten uns, Poenitsch & Jakopic, lange Zeit eine stabile Bühne für elektronisches Entertainment, mit Regulars wie Frau Schygulla Träumt oder Animal Club, mit Gästen wie Frau Gold, Supamario, Christian Prommer, DJ Enne, Thomas Herb, Zoe Mazah und vielen anderen. Kollegen wie DJ Linus spielen hier regelmäßig seit vielen Jahren, immer noch frisch, als hätten sie gerade erst mit dem Auflegen angefangen. Das Palais ist direkt: Wenn du als DJ die Leute nicht mitreißt, verlassen sie die Tanzfläche oder gleich den Club. Obwohl Techno & House das Gebot der Stunde sind, kann man stilistisch vieles wagen, solange der Spannungsbogen stimmt. Ab der Zeit von sechs Uhr morgens muss man als DJ konzentrierte & inspirierte Arbeit abliefern, sonst wird es schnell lahm oder monoton. Was ich immer noch am Palais liebe: Die Ehrlichkeit des Publikums & des Personals. Egal, ob du ein namhafter Star-DJ bist oder ein unbekannter Neuling, egal ob du jung oder alt bist, nüchtern oder breit, die neuesten Produktionen mitbringst oder Klassiker aus Rave-Urzeiten: Wenn du dein Publikum liest, kickst, mitnimmst, liegst du richtig, bist du Held oder Heldin für eine Nacht. Das Publikum? Prinzessin & Bauer, Immobilienmakler & Yogalehrerin, Model & Taxifahrer, Kunstprofessorin & Stripper, straight & queer, zivil oder aufgetakelt. Sonntagmorgen im Palais herrscht noch ganz altmodische Münchner Disco-Demokratie.

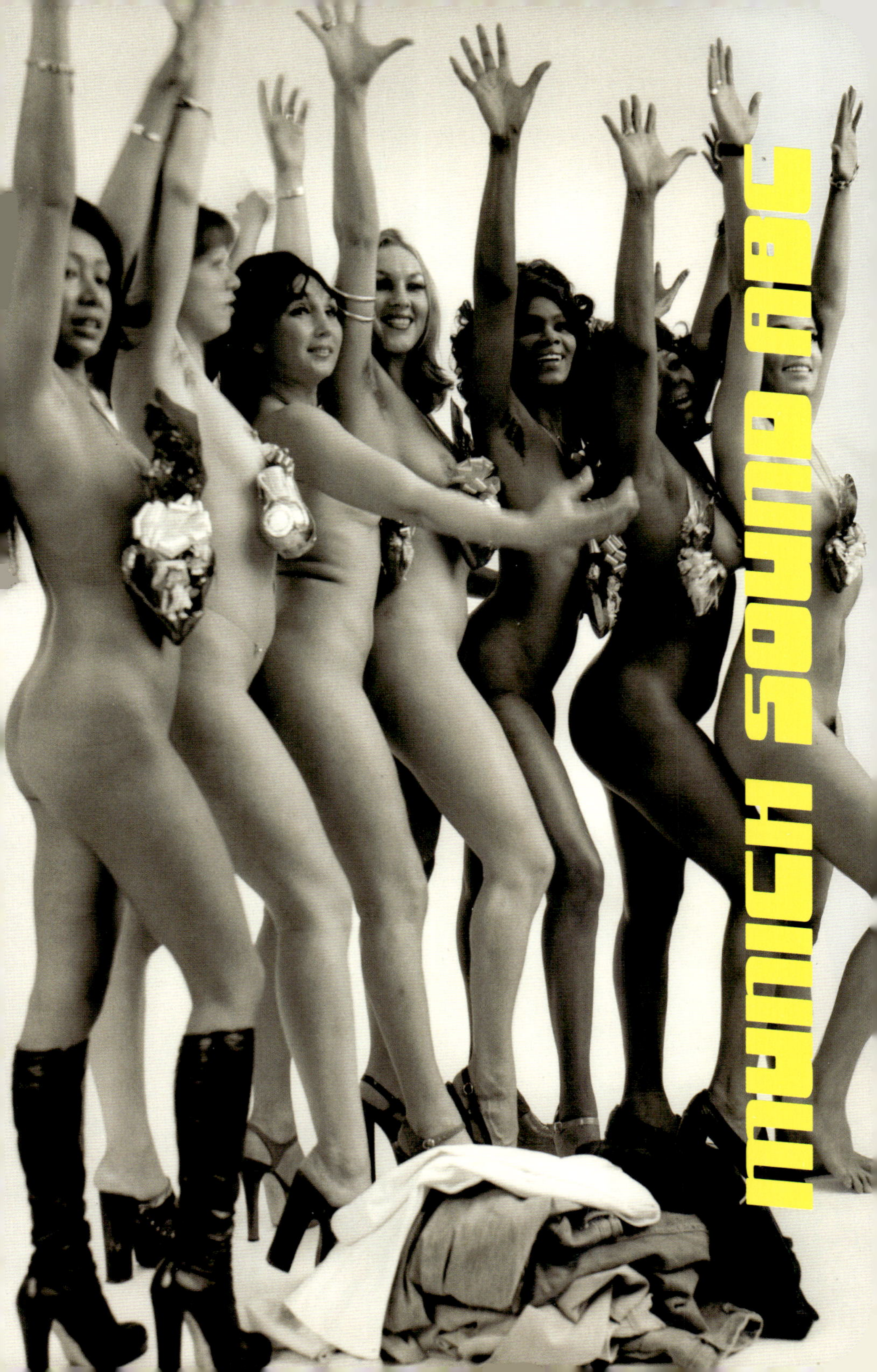
MUNICH SOUND ABC

ABC von Personen & Begriffen »Klassischer Munich Sound«

Ein kleines Lexikon • zusammengestellt von Martin Arz

MUNICH SOUND

Der klassische Munich Sound ist eine Spielart der Disco-Musik, die ab Mitte der 1970er-Jahre vor allem in München produziert wurde. Giorgio Moroder gilt als Urvater des Sounds, wobei sein Team in den Musicland Studios einen nicht unwichtigen Beitrag zum Erfolg leistete. Dank Moroder stieg Donna Summer zum Superstar auf, deren Hit »I Feel Love« ist das Kernstück, die Quintessenz des Munich Sound. Der Einsatz von großen Streichergruppen, wummernde Bassläufe und vor allem neuartige Synthesizerklänge sorgten dafür, dass München von ca. 1975 bis ca. 1985 DIE Weltmetropole der Musik war. Selbst Rocker wie die Stones oder Queen experimentierten plötzlich mit Disco. Und sogar die Mutter des Punk, Nina Hagen, ließ sich 1983 mit Moroder und Forsey auf das Abenteuer Dance ein.
Weil die Musik so stark auf Elektronik setzte, was manche Kritiker als seelenlos empfanden, und Moroder drei Alben unter dem Namen Munich Machine veröffentlichte, wird MS gelegentlich auch eher abfällig Munich Machine genannt.
Auch Frank Farian produzierte viele Songs seines Bandprojekts Boney M. in München, wenn auch nicht in den Musicland Studios, sondern im Union Studio (Solln). Boney M. und Farians spätere Erfindung Milli Vanilli gelten als Repräsentanten des Euro-Disco, vor allem Boney M. sind allerdings deutlich vom Munich Sound geprägt.
Ohne den Munich Sound, da sind sich die meisten Musikexperten einig, hätte es wohl kein Euro-Disco, kein Hi-NRG und auch kein Techno gegeben.

Peter »Pete« John BELLOTTE *(*28. August 1943 in Barnet, Hertfordshire, heute Nord-London)* ist ein britischer Songwriter und Plattenproduzent. Als Teenager schloss Pete sich als Gitarrist einer lokalen Band, den Linda Laine & the Sinners, an. Bei einer Deutschland-Tour in den frühen1960er-Jahren freundete sich Bellotte in Hamburg mit dem Keyboarder der englischen Band Bluesology an, der hieß Reg Dwight und änderte später seinen Namen in Elton John. Bellotte sprach fließend Deutsch und zog Anfang der 1970er nach München, wo er Assistent von Giorgio Moroder wurde. Moroder und Bellotte schrieben mehrere Lieder für die amerikanische Sängerin Donna Summer, bis ihnen 1975 mit »Love to Love You Baby« der internationale Durchbruch gelang. Bellotte und Moroder produzierten und schrieben für Donna Summer internationale Hits (»I Feel Love«, »Hot Stuff«). Sein Song »Hot Stuff« gehört zu den Top 100 Songs aller Zeiten von Billboard.
Bellotte schrieb und produzierte auch Roberta Kellys Dance-Hit »Trouble-Maker« (1976) und Suzi Lanes Hit »Harmony« (1979). Er produzierte und schrieb für Elton Johns 1979er-Album »Victim of Love« und arbeitete auch mit Janet Jackson, Cliff Richard, Shalamar, Tina Turner, Mireille Mathieu, The Three Degrees und Melba Moore.
Bellotte ging Ende der 1970er mit Giorgio Moroder in die USA. Er gewann weltweit zahlreiche Auszeichnungen, so 1978 und 1979 die Auszeichnung als Produzent des Jahres in den USA. In verschiedenen Biografien ist zu lesen, er habe zweimal den Grammy Award for Producer of the Year, non-classical, erhalten. Auf der offiziellen Grammy-Website ist er allerdings nur als Nominierter, nicht als Gewinner gelistet. Bellotte fühlte sich durch die

»Disco Sucks!«-Bewegung in den USA bedroht (die Anti-Disco-Bewegung gipfelte 1979 in der Disco Demolition Night im Comiskey Park Stadium, Chicago, bei der vor rund 50 000 tobenden Disco-Hassern Zigtausende Disco-Platten in die Luft gesprengt wurden. Nile Rodgers verglich die Nacht mit der Bücherverbrennung der Nazis). Bellotte zog zurück nach Großbritannien. Er lebt seit 1993 in Northchapel, West Sussex.

Curt CRESS *(auch Curtis Cress, *11. August 1952 in Schlierbach)*, Schlagzeuger und Komponist. Cress begann seine musikalische Karriere mit 13 Jahren 1965 bei der Hanauer Band Last. Er wirkte als Mitglied etlicher Bands wie Klaus Doldingers Passport, Atlantis, Spliff, Milli Vanilli, Snowball, Oktagon und New Triumvirat mit, zudem war er Gastmusiker bei unzähligen Studioaufnahmen und Liveauftritten deutscher und internationaler Künstler, z. B. Freddie Mercury, Falco, Peter Maffay, Rick Springfield, SAGA, Tina Turner, Boney M., Supermax, Hubert Kah, Michael Cretu, Scorpions, Alphaville, BAP, Inga & Annette Humpe, Peter Cornelius, Marianne Rosenberg, Stefan Waggershausen, Udo Lindenberg, Meat Loaf, Trio und Kurt Baebi. Dazu kamen Cress' Soloprojekte: Curt Cress Clan, Avanti, Sing, Bäng und Trip.
Als Produzent war Cress tätig u. a. für Uwe Ochsenknecht, Claudia Cane, Heiner Pudelko, Nena, Nina Hagen und das Royal Philharmonic Orchestra. Cress komponierte u. a. die Musik zu den Serien »SK Kölsch«, »Die Rote Meile«, »HeliCops – Einsatz über Berlin«, »Bianca – Wege zum Glück« und »Julia – Wege zum Glück«. Er schrieb für den »Tatort« und arrangierte die Titelmelodien der ARD »Sportschau« und von »Wetten, dass..?«. Im Film »Bandits« (1997) von Katja von Garnier war er Ghostdrummer zu der von Katja Riemann gespielten Rolle.
Curt Cress' Werk ist geradezu rekordverdächtig: Er war bis heute an etwa 12 000 veröffentlichten Aufnahmen beteiligt und ist auf mindestens 400 Millionen verkauften Tonträgern zu hören.
Seit 2004 unterrichtet er an der Hamburger Hochschule für Musik und Theater, wo er seit 2006 eine Professur innehält. Er besitzt die CC Holding GmbH, in der seine Firmen Medienprodukte für Musik, Film und Fernsehen herstellen. Zur Holding gehören die Firmen F.A.M.E. Recordings Publishing GmbH, F.A.M.E. Artist Recordings GmbH, Cress Publishing GmbH und Pilot Tonstudio GmbH.

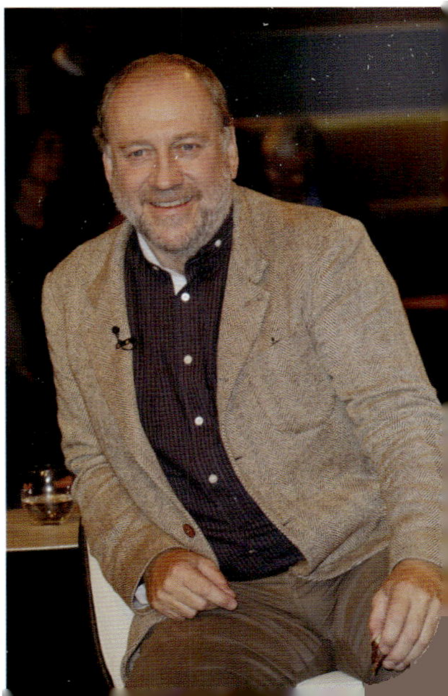

Hans Hugo Harold FALTERMEYER *(*5. Oktober 1952 in München)*, Musiker, Komponist und Plattenproduzent. Als er 11 Jahre alt war, entdeckte ein Nürnberger Musikprofessor, dass Faltermeyer das absolute Gehör besaß. Seine Kindheit verband eine Ausbildung in klassischer Musik mit einem wachsenden Interesse am Rock 'n' Roll. Er spielte Orgel in einer Rockcombo und studierte Trompete und Klavier an der Hochschule für Musik und Theater München. Noch während seines Studiums fand er Arbeit in einem Aufnahmestudio. Innerhalb von drei Jahren konzipierte er große klassische Aufnahmen für das renommierte Label Deutsche Grammophon. 1978 erkannte Giorgio Moroder sein Talent und holte ihn erst in die Musicland Studios, dann nach Los Angeles, um die Soundtracks für die Filme »12 Uhr nachts«, »Jeanies Clique« und »American Gigolo« zu arrangieren. Moroder und Faltermeyer setzten ihre Zusammenarbeit im nächs-

ten Jahrzehnt fort. Mit Bellotte und Forsey schrieb Faltermeyer den Nummer-1-Hit »Hot Stuff« für Donna Summer. Dann kam sein großer Durchbruch mit der bahnbrechenden Hip Hop-/Breakdance-beeinflussten Filmmusik für »Beverly Hills Cop« mit dem Welthit »Axel F« (von Faltermeyer selbst als »Bananen«-Thema bezeichnet, da die Musik ursprünglich für die Szene geschrieben wurde, in der der Detroiter Polizist Axel Foley zwei Polizisten aus Beverly Hills entwischt, indem er ihnen Bananen in den Auspuff schiebt, was dazu führt, dass ihr Auto stehen bleibt, als sie versuchen, ihn zu verfolgen).
Faltermeyer komponierte und produzierte u. a. die Titelmelodie der TV-Serie »Fletch«, das Instrumentalstück »Top Gun Anthem« für »Top Gun«, Musik für »Feuer und Eis«, »Asterix in Amerika«, »Running Man« und »Didi – Der Doppelgänger«. Er koproduzierte das Album »Behaviour« (1990) der Pet Shop Boys in seinem Studio bei München. 2002 schrieb Faltermeyer gemeinsam mit Rainhard Fendrich das Musical »Wake Up«. Faltermeyer lebt heute in Los Angeles und Baldham bei München.

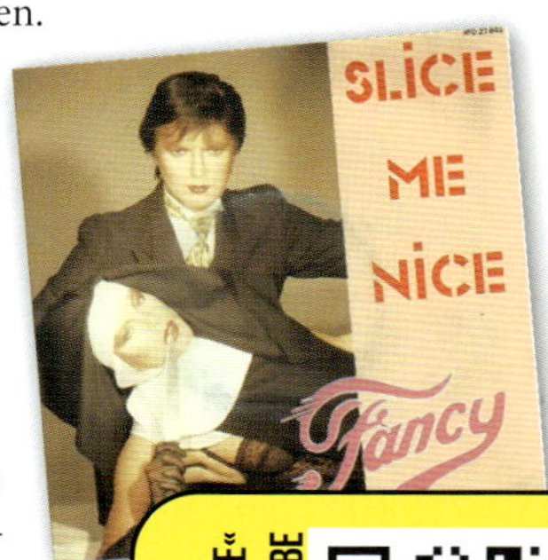

FANCY *(eigentl. Manfred Alois Segieth, *7. Juli 1946 in München)*, Sänger, Songwriter und Plattenproduzent. Segieth absolvierte eine Ausbildung als Verlagskaufmann und begann unter dem Künstlernamen Tess Teiges als Schlagersänger aufzutreten. Seinen großen Durchbruch hatte er 1984 mit dem Welthit »Slice Me Nice«. Ein Jahr später folgten »Chinese Eyes« und »Come Inside«, die es beide in die Top 10 der USA Billboard des Jahres 1985 schafften. Mit »Bolero« feierte er Charterfolge in Spanien (Platz 1), Skandinavien, Frankreich u. a.. Weitere neun seiner Singles landeten sowohl in den Top 10 als auch in den Top 20 der Media Control Singles Charts – hauptsächlich in Deutschland. Zu Fancys Werken gehören zahlreiche Studioalben und Singles sowie Compilations- und Remix-CDs. Seine letzte Singleveröffentlichung ist »Running Man« von 2022.

»SLICE ME NICE«
AUF YOUTUBE

Keith FORSEY *(*4. Januar 1948 in London)* begann seine Karriere als Schlagzeuger Mitte der späten 1960er-Jahre für The Spectrum und in Udo Lindenbergs Panik Orchester, dem er bis 1976 angehörte. Währenddessen spielte er als Percussionist auch für Amon Düül II, Klaus Doldinger und Joy Fleming. Forsey war der wohl bestbeschäftige Studio-Drummer Deutschlands und wegweisend für die Discomusik. Er spielte u. a. für Lipstique, Claudja Barry, La Bionda und Boney M. Er wurde Giorgio Moroders Haus- und Hof-Schlagzeuger und trommelte auf Platten von Donna Summer und den Sparks.
Wie Moroder begann Forsey, selbst Alben zu produzieren. Sein erster Welterfolg wurde »Hey Little Girl« der Band Icehouse. 1982 produzierte er Billy Idols Solo-Debütalbum »Billy Idol«. Idols Nachfolger »Rebel Yell« aus dem Jahr 1983 ging noch einen Schritt weiter und kombinierte Forseys Vorliebe für synthetischen Pop, Idols Mut zum Punk und den Heavy Metal-Sound des Gitarristen Steve Stevens. 1983 schrieb er gemeinsam mit Moroder und Irene Cara, die den Titel sang, »Flashdance ... What a Feeling« für den Film »Flashdance«. 1984 erhielt das Lied einen Oscar. Forsey war als Autor beteiligt an Songs für die Soundtracks von »Ghostbusters«, »Beverly Hills Cop«, »Die unendliche Geschichte« und »The Breakfast Club«. Den Titel »Don't You (Forget About Me)« aus »The Breakfast Club« bot Forsey zunächst den Simple Minds an, die jedoch ablehnten, weil sie nur eigenes Material spielen wollten. Nachdem auch Bryan Ferry, Billy Idol und mehrere an-

dere Künstler das Lied nicht einsingen wollten, überlegten es sich die Simple Minds noch einmal, vor allem Chrissie Hynde (damals Ehefrau des Simple Minds Sängers Jim Kerr) redete ihnen gut zu – was ihnen den wohl größten Hit ihrer Karriere bescherte. 1985 produzierte Forsey das Debütalbum für den Sänger Charlie Sexton. Später wurde es ruhiger um Forsey, er blieb jedoch im Geschäft, produzierte den Soundtrack von »American Pie« und Musik für Fernsehserien wie »Futurama«, »Ally McBeal«, »Scrubs – Die Anfänger«. Im Jahr 2003 gründete Forsey die amerikanische Gitarren-Pop-Band Rooney. 2005 kehrte er zu Billy Idol zurück und produzierte dessen Comeback-Album »Devil's Playground«.

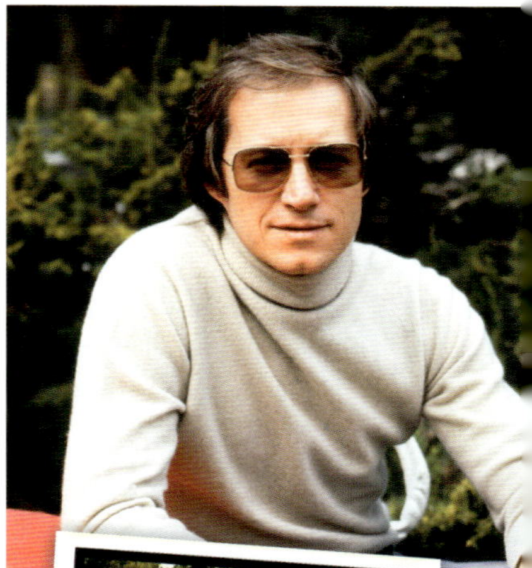

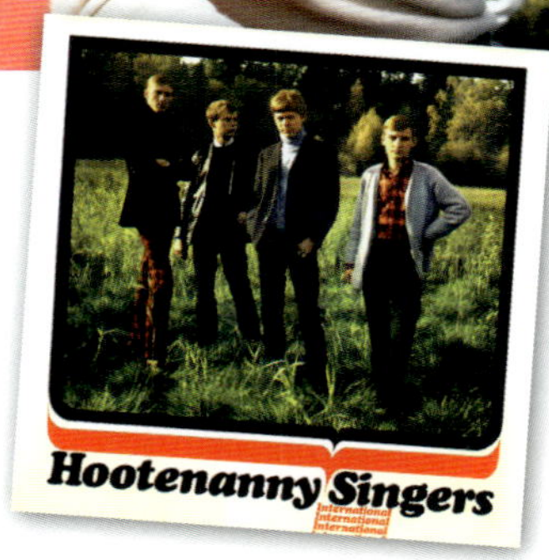

Michael KUNZE *(*9. November 1943 in Prag)*, Liedtexter, Schriftsteller, Librettist, Musikproduzent (und Jurist). 1959 zog seine Familie nach München, als Hochbegabter bekam Kunze ein Stipendium der Stiftung Maximilianeum. Er studierte Jura, Philosophie und Geschichte an der LMU. Bereits während des Studiums schrieb er Musiktexte, ein erster Text »Wenn alle Ströme versiegen« wurde von der Band Hootenanny Singers eines gewissen Björn Ulvaeus (später ABBA) gesungen. In einem Schwabinger Lokal entdeckte er Peter Maffay, dessen erste Platte »Du« auf Platz 1 der deutschen Hitparade schoss. Michael Kunze schrieb und produzierte Lieder für Daliah Lavi, Penny McLean (»Lady Bump«), Michael Schanze, Marion Maerz, Caterina Valente, Lulu, Mary Roos, Juliane Werding (»Nacht voll Schatten«, 1983; »Stimmen im Wind«, 1985; »Das Würfelspiel«, 1986), Münchner Freiheit (»Ohne dich schlaf ich heut Nacht nicht ein«), Ivan Rebroff, Peter Alexander (»Die kleine Kneipe«), Jürgen Drews (»Ein Bett im Kornfeld«), Udo Jürgens (»Der Teufel hat den Schnaps gemacht«, 1973; »Griechischer Wein«, 1974; »Ein ehrenwertes Haus«, 1975; »Ich war noch niemals in New York«, 1982), Milva, Gitte Hænning, Herbie Mann, Julio Iglesias, Nana Mouskouri, Gilbert Bécaud und Sister Sledge. Mitunter verwendete er sein Pseudonym Stephan Prager (in Anlehnung an seine Geburtsstadt). Zusammen mit Komponist Sylvester Levay hatte Kunze seine größten Erfolge mit der Gruppe Silver Convention. Nach dem Ende von Silver Convention zog sich Kunze zeitweise zurück, um Bücher zu schreiben. Dann begann er Broadway-Musicals für deutsche Bühnen zu adaptieren. Er übersetzte u. a. »Song and Dance«, »Cats«, »Das Phantom der Oper«, »Sunset Boulevard«, »Into the Woods«, »Wicked«, »A Chorus Line«, »Der kleine Horrorladen«, »Kuss der Spinnenfrau«, »Der Glöckner von Notre Dame«, »Der König der Löwen«, »Mamma Mia!« und »Aida« . Gemeinsam mit Sylvester Levay schrieb er ab Anfang der 1990er eigene Musicals, aus ihrer Feder stammen u. a. »Hexen hexen«, »Elisabeth«, »Mozart!«, »Marie Antoinette«. Kunze schrieb auch das Libretto zum Musical »Tanz der Vampire«. Er lebt heute in Hamburg.

Auszeichnungen (Auswahl):

56 Goldene Schallplatten, 23 Platin-Schallplatten, Grammy Award für »Fly, Robin, Fly« (mit Sylvester Levay, 1976), Paul-Lincke-Ring 1989, Goldene Feder des Deutschen Textdichter-Verbandes 1991, Heinz-Bolten-Baeckers-Preis der GEMA-Stiftung 1993, Echo 2005 für das

Lebenswerk, Deutscher Musikautorenpreis 2010 für das Lebenswerk, Goldenes Verdienstzeichen des Landes Wien 2015, Preis in der Kategorie Lebenswerk (Deutsche Musicalakademie am 10. Oktober 2016), Brüder-Grimm-Medaille 2016, Elbschwanenorden 2018
siehe auch S. 61 ff

Amanda Lear *(geb. als Amanda Tapp, *18. Juni 1939 in Saigon, Indochina, heute Ho-Chi-Minh-Stadt, Vietnam)*, Sängerin, Schauspielerin, Moderatorin, Model, Malerin. Sie begann ihre Karriere als Model Mitte der 1960er-Jahre und machte durch eine gewisse Androgynie auf sich aufmerksam, die auch dem surrealistischen Maler Salvador Dalí auffiel, dessen Muse sie wurde. Sie zählte zu den schillerndsten Figuren der Swinging Sixties, feierte mit Jimi Hendrix und Andy Warhol. 1973 wurde eine breite Öffentlichkeit auf sie aufmerksam, als sie im Domina-Look für das Cover des Albums »For Your Pleasure« von Roxy Music posierte. Sie begann eine Liebesbeziehung mit David Bowie, der sie dazu ermutigte, in die Musikwelt einzusteigen. Ihre ersten Produzenten waren die Brüder La Bionda. Von Mitte der 1970er- bis Anfang der 1980er-Jahre stand sie als Sängerin bei der Münchner Plattenfirma Ariola Records unter Vertrag, bei der sie mit dem Produzenten und Komponisten Anthony Monn zusammenarbeitete. Ausgestattet mit einer tiefen und sinnlichen Stimme, feierte sie als Disco-Sängerin vor allem in Kontinentaleuropa und Skandinavien große Erfolge. Ihre ersten vier Alben schafften es in die Top 10 der Charts in europäischen Ländern. Ihre meistverkauften Titel sind »Queen of Chinatown«, »Follow Me«, »The Sphinx« und »Fashion Pack«. Lear veröffentlichte insgesamt über 15 Studioalben und mehr als 60 Singles. Dennoch konnte sie nicht an die Erfolge der 70er-Jahre anknüpfen.

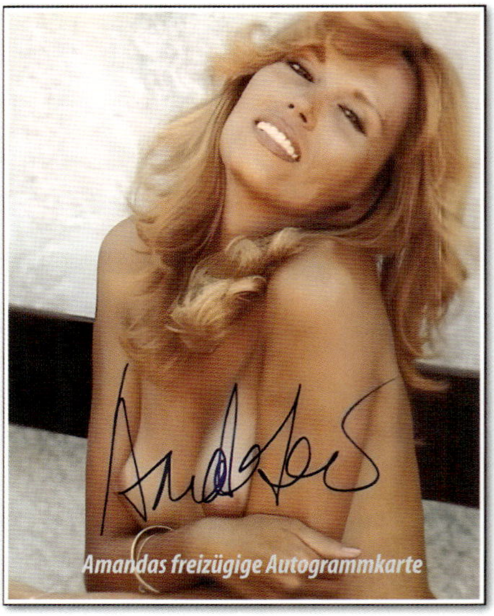
Amandas freizügige Autogrammkarte

Seit den 1980er-Jahren moderiert(e) sie Unterhaltungssendungen in Frankreich, Deutschland und Italien. Sie wurde Synchronsprecherin in unabhängigen und großen Filmproduktionen. Seit Ende der 2000er-Jahre tritt sie in Frankreich als Schauspielerin im Theater auf.
Amanda Lear lebt seit 1981 in Saint-Étienne-du-Grès, einem Dorf in der Nähe von Avignon.
Ihre stets widersprüchlichen Aussagen über ihre wahre Identität und ihre Herkunft, die Spekulationen über eine Transidentität, trugen entscheidend zu ihrer Bekanntheit bei.
siehe auch S. 68 ff

Sylvester LEVAY *(*16. Mai 1945 in Subotica, Jugoslawien, heute Serbien)*, Komponist. Als Achtjähriger begann Levay seine Ausbildung an einer Musikschule. Mit 15 gewann er seinen ersten Kompositionswettbewerb, mit 17 arbeitete er in ganz Europa. 1972 zog er nach München, wo er Michael Kunze kennenlernte, mit dem er fortan höchst erfolgreich zusammenarbeitete. Levay schrieb die Hits für Silver Convention und Penny McLean. Er arbeitete mit Udo Jürgens, Katja Ebstein, Elton John, Donna Summer und vielen anderen zusammen. 1980 bis 2000 lebte Levay in Los Angeles, wo er vor allem Filmmusiken komponierte (u. a. »Scarface«, »Flashdance«, »Airwolf«, »Navy Seals«, »Cobra«, »Hot Shots!«).

Seit den 1990er-Jahren arbeitete Levay wieder sehr erfolgreich mit Michael Kunze zusammen, nun schrieben sie Musicals: Kunze als Librettist, Levay als Komponist. Aus ihrer Feder stammen u. a. »Hexen hexen«, »Elisabeth«, »Mozart!«, »Marie Antoinette«. Levay lebt heute abwechselnd in München und Wien (wo er eine Wohnung im Schloss Schönbrunn gemietet hat).
siehe auch S. 61 ff

Reinhold MACK *(*25. August 1949 in München)*, Produzent und Toningenieur. Als Kind und Jugendlicher erhielt es eine klassische Ausbildung in Klavier, Klarinette und Akustikgitarre. 1970 begann Mack in den Münchner Union Studios als Toningenieur, wo er vor allem Fahrstuhlmusik und Songs für Werbung produzierte, bevor er mit namhafteren Künstlern wie Ivan Rebroff, Peter Alexander und Amon Düül zusammenarbeitete. Während seiner Zeit in den Union Studios bat Giorgio Moroder Mack, einen Song für die schottische Sängerin Lulu zu mixen. Zufrieden mit dem Resultat bot er Mack eine Vollzeitstelle in seinem kleinen 16-Spur-Aufnahmestudio im Keller des Arabella Hochhauses an. Mit Macks Hilfe wurde Moroders Studio zu Musicland Studios erweitert. 1973 assistierte Mack dem Produzenten Tony Visconti bei den Aufnahmesessions für Marc Bolan und T. Rex für deren Album »Zinc Alloy and the Hidden Riders of Tomorrow«, später assistierte er bei den Rolling Stones »It's Only Rock 'n' Roll« und »Black and Blue«, außerdem »Stormbringer« und »Come Taste the Band« von Deep Purple sowie »Presence« von Led Zeppelin.
Mack arbeitete erstmals 1975 mit dem Electric Light Orchestra zusammen, der Beginn einer Arbeitsbeziehung, die sich über sechs Jahre und die nächsten fünf Studioalben der Band erstrecken sollte. Mack produzierte auch für Sparks und Queen (insgesamt fünf Studioalben und Hits wie »Another One Bites the Dust«, »Radio Ga Ga«, »I Want to Break Free«), wobei das Queen-Album »The Game« Mack und der Band 1981 eine Grammy-Nominierung als Produzent des Jahres einbrachte. Mit Mack wagten sich Queen auf neue stilistische Pfade, vor allem auf dem Album »Hot Space«. Der dritte Sohn von Mack und seiner Frau Ingrid, John Frederick Mack, wurde nach Freddie Mercury benannt und war ein Patensohn des Mercury- und Queen-Bassisten John Deacon. Brian May setzte Mack im Queen-Song »Dragon Attack« (Album »The Game«, 1980) ein kleines Text-Denkmal: »Gonna use my stack, It's gotta be Mack«, und später heißt es: »And the white's all black, take me back to the Shack Shack«, womit die Münchner Disco Sugar Shack gemeint ist, die May am Abend zuvor besucht hatte.
Mack (ko-)produzierte zudem u. a. Meat Loaf, BAP, Extrabreit, Black Sabbath. Er übernahm die Leitung der Musicland Studios, nachdem Giorgio Moroder Mitte der 1980er endgültig in die USA zog.
1998 gründete Mack Nightjar, ein Unternehmen, das sich ursprünglich auf die Produktion und das Remastering von Musik für Surround-Sound-Formate konzentrierte. 1999 übertrug er das Unternehmen, das heute Inhalte für Multimedia, Video, Animation und Ton produziert, an seine Söhne Julian und Felix.

Penny McLEAN *(eigentl. Gertrude Wirschinger, *4. November 1946 in Klagenfurt)*, Sängerin und Sachbuchautorin. Mitte der 1960er-Jahre machte sie in München eine Ausbildung zur Erzieherin. Sie heiratete 1967 den Komponisten und Schauspieler Holger Münzer, mit dem sie als Duo Holger & Tjorven auftrat. Das Duo tingelte recht erfolgreich durch Clubs und Diskotheken. 1972 wurde die Ehe geschieden und Gertrude veröffentlichte zunächst weiter unter dem Namen Barbi Münzer, später gründete sie die Gruppe Penny Box, von der sie ihren späteren Künstlernamen Penny McLean ableitete.

Giorgio Moroder wurde auf sie aufmerksam, letztlich nahm sie der Produzent Michael Kunze unter Vertrag. Sie wurde Teil des Trios Silver Convention, mit dem sie internationale Erfolge feierte (»Fly, Robin, Fly« kam auf Platz 1 der US Billboard Charts, über 1 Mio. Singles wurden alleine in den USA verkauft). Gleichzeitig veröffentlichte sie Solo-Platten, darunter »Lady Bump« und »1-2-3-4- … Fire!«. 1977 verließ McLean Silver Convention, sie wurde durch Zenda Jacks ersetzt. Mit ihren weiteren Soloprojekten gelangen McLean jedoch keine vergleichbaren Erfolge. Mit dem Projekt Tut Ench Amun nahm sie 1979 am Luxemburger Vorentscheid zum Grand Prix teil. Seit den 1980er-Jahren veröffentlicht McLean Bücher zu esoterischen Themen.
Insgesamt erhielt Penny McLean 18 Goldene Schallplatten.
siehe auch S. 61 ff

Anton »Anthony« MONN *(17. März 1944 in München)* Sänger, Komponist, Produzent. Monn begann seine Karriere als Schlagersänger Anfang der 1970er-Jahre. Zu seinen bekanntesten Liedern aus dieser Zeit zählen »Du gehst fort« aus dem Jahr 1975, ein Duett mit der Sängerin und Schauspielerin Marion Maerz (die deutsche Version von »Tu t'en vas«), sowie »Johnny und Mary« (die deutsche Coverversion von Robert Palmers Hit, 1981).
Seinen größten internationalen Erfolg erzielte Monn mit der französischen Disco-Queen Amanda Lear, für die er die Alben »I Am a Photograph« (1977), »Sweet Revenge« (1978) und »Never Trust a Pretty Face« (1979), »Diamonds for Breakfast« (1980) und »Incognito« (1981) produzierte und die meisten Lieder komponierte. Er produzierte auch Alben für die amerikanische Sängerin Judy Cheeks, die in den USA auf dem Label Salsoul veröffentlicht wurden. In den 1980ern schrieb und produzierte er eine Reihe von Alben und Singles für den deutschen Euro-Disco-Star Fancy, Hits für das italienische Paar Al Bano und Romina Power (»Sempre Sempre«), den deutschen Synthie-Pop-Star Peter Schilling, La Toya Jackson sowie die Saragossa Band (»Agadou«, »Zabadak«) und Orlando Riva Sound (»Fire on the Water«, »Indian Reservation«), ein Disco-Act, dem sowohl Monn als auch sein langjähriger Mitarbeiter Rainer Pietsch als Gruppenmitglieder angehörten.

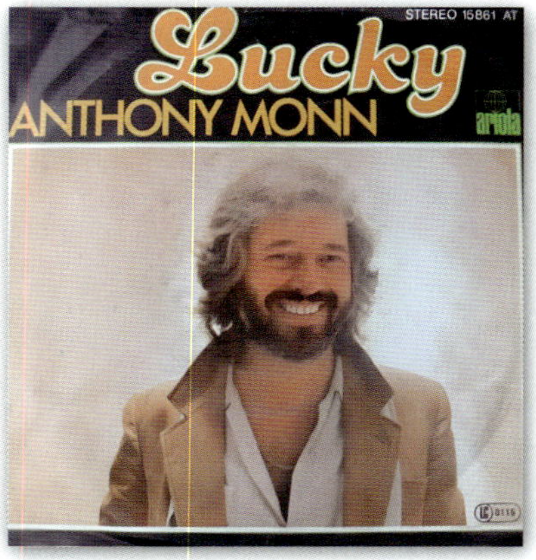

Tony half auch dabei, die Karriere von Toby und Jens Gad als Musiker, Produzenten und Songwriter zu starten, indem er den Jungs (damals noch Teenager) erlaubte, sein Studio zu nutzen, wenn er weg war (Toby Gad arbeitete u. a. mit Beyoncé, Madonna, Fergie, Ricky Martin, Brandy, Shakira, Selena Gomez, Demi Levato, Sandra und Natasha Bedingfield zusammen).
siehe auch S. 68 ff

Giovanni Giorgio MORODER *(auch: Hansjörg M., *26. April 1940 in Urtijëi = St. Ulrich in Gröden, Südtirol)* gilt als »Vater der Disco«. Moroder ist ein Pionier der Euro-Disco und der elektronischen Tanzmusik. Seine Arbeit mit Synthesizern hatte enormen Einfluss auf verschiedene Musikgenres wie Hi-NRG, Italo-Disco, Synthie-Pop, New Wave, House und Techno. Man könnte Bücher mit ihm füllen, darum hier nur ein kurzer Abriss zu Giorgio Moroder:
Mit 18 Jahren begann Moroder als Profimusiker durch Europa zu touren. Er sang italienisch, spanisch, englisch und deutsch. Letztlich zog er zu einer Tante nach Berlin, wo er als Tontechniker arbeitete. Er freundete sich mit dem Schlagersänger Michael Holm an.

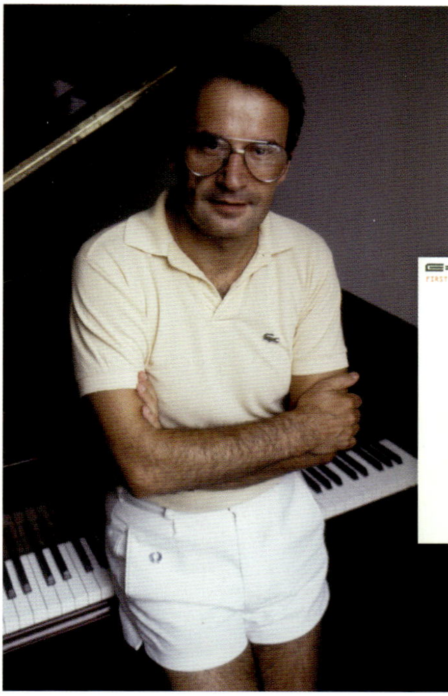

Giorgio Moroder und einige seiner Projekte

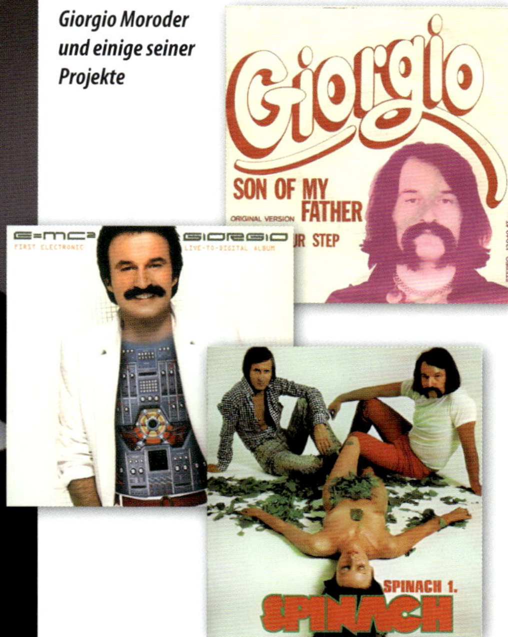

Gemeinsam traten sie als Duo Spinach auf. Beide komponierten für Ricky Shane »Ich sprenge alle Ketten«, womit ihnen der Durchbruch gelang. Moroder produzierte dann Holms größten Hit »Mendocino«. 1968 zog Moroder nach München, wo er als fest angestellter Produzent bei Ariola arbeitete. Schon damals an den Möglichkeiten elektronischer Musik interessiert, produzierte er 1970 den ersten deutschen Hit, bei dem ein Synthesizer zum Einsatz kam: »Arizona Man« von Mary Roos. Anfang der 1970er eröffnete er die Musicland Studios im Arabella Park (Bogenhausen), wo er zusammen mit Pete Bellotte vor allem für sich selbst Musik produzierte und veröffentlichte (»Son of My Father«, »Chicory Tip«, sein erster Nummer-1-Hit in UK). Die Zusammenarbeit mit Donna Summer brachte den weltweiten Erfolg. Vor allem »I Feel Love« schrieb Musikgeschichte. Im Team mit dem Arrangeur Harold Faltermeyer, Drummer und Co-Autor Keith Forsey sowie dem Toningenieur Jürgen Koppers kreierte Moroder jenen Sound, der als Munich Sound ein internationales Gütesiegel wurde.

Zwischen 1977 und 1979 veröffentlichte er drei Alben unter dem Namen Munich Machine. Moroders Album »E=MC²« (1979), zu dem Alex Henderson von AllMusic schrieb: »Es handelt sich um die elektronische Tanzmusik, die dem Aufkommen von Techno, House und Industrial Noise vorausging, und sie entstand zu einer Zeit, als Hip Hop noch in den Kinderschuhen steckte und die Rave-Subkultur noch erfunden werden musste.«

1978 zog Moroder in die USA. Seine erste Arbeit dort, der Soundtrack zu dem Film »Midnight Express« (»12 Uhr nachts«), brachte ihm 1979 seinen ersten Oscar. 1980 komponierte und produzierte Moroder die Filmsoundtrack-Alben »Foxes« (»Jeanies Clique« mit Jodie Foster) und »American Gigolo« (»Ein Mann für gewisse Stunden« mit Richard Gere). Der »Foxes«-Soundtrack enthält Donna Summers Hitsingle »On the Radio« und Chers »Bad Love«, geschrieben von Cher und produziert von Moroder. Auf dem »American Gigolo«-Soundtrack findet sich Blondies Riesenhit »Call Me«. Zwei Jahre später zeichnete

Moroder dann verantwortlich für den Soundtrack von »Cat People« und die Hitsingle »Cat People (Putting Out Fire)« mit David Bowie. 1983 folgten die Soundtracks zu »Scarface« und »Flashdance«. 1984 ließ Moroder den Stummfilmklassiker »Metropolis« (1927) restaurieren und versah ihn mit einem zeitgenössischen Soundtrack, der Poptitel von Pat Benatar, Jon Anderson, Adam Ant, Billy Squier, Loverboy, Bonnie Tyler und Freddie Mercury enthielt. Die Kritiken dazu waren sehr gespalten. Im selben Jahr veröffentlichte Moroder mit Philip Oakey von Human League das Album »Philip Oakey & Giorgio Moroder«. Ebenfalls 1984 entstand mit Kajagoogoo-Frontmann Limahl der Welthit »The Never Ending Story«, das Titellied zum Film »Die unendliche Geschichte«.
Gemeinsam mit Harold Faltermeyer und Tom Whitlock schrieb Moroder 1986 die Musik für den Film »Top Gun« (u. a. mit Kenny Loggins' Hit »Danger Zone« und Berlins »Take My Breath Away«). 1987 produzierte und schrieb er Falcos Song »Body Next to Body« (ein Duett mit Brigitte Nielsen). Es folgten die offiziellen Titelsongs »Reach Out« für die Olympischen Spiele 1984 in Los Angeles, »Hand in Hand« für die Olympischen Spiele 1988 in Seoul und »Un'estate Italiana« für die FIFA-Weltmeisterschaft 1990. Sein Lied »Forever Friends« wurde bei den Olympischen Spielen 2008 in Peking aufgeführt.
1992 veröffentlichte Moroder sein vierzehntes und vorerst letztes Studioalbum »Forever Dancing«. Danach beschäftigte er sich hauptsächlich mit Remixen und visueller Kunst. Für das Album »Random Access Memories« der französischen Electronic-House Formation Daft Punk nahm Moroder 2013 »Giorgio by Moroder« auf. Moroders Solo-Studioalbum »Déjà Vu« wurde 2015 veröffentlicht, dabei sind u. a. Kooperationen mit Kylie Minogue, Britney Spears, Sia, Charli XCX, Mikky Ekko, Foxes und Matthew Koma. 2021 kehrte Moroder mit Duran Duran ins Studio zurück und schrieb und produzierte zwei Tracks für das Album »Future Past«.
Auszeichnungen (Auswahl):
3 Oscars: Beste Originalmusik für »Midnight Express« (1978); Bester Originalsong für »Flashdance … What a Feeling« aus dem Film »Flashdance« (1983); Bester Originalsong für »Take My Breath Away« aus »Top Gun« (1986).
4 Grammy Awards für: Bestes Album oder Originalmusik für einen Film oder ein Fernsehspecial – »Flashdance«; Beste Instrumentalkomposition für den Titel »Love Theme from Flashdance«; Beste Dancekomposition für Donna Summers Single »Carry On«; Album des Jahres für Daft Punks Album »Random Access Memories«.
4 Golden Globe Awards für: Beste Originalmusik für »Midnight Express« und »Flashdance« sowie Bester Originalsong für »Flashdance … What a Feeling«; Bester Originalsong für »Take My Breath Away«.
2 Bambis: 1984 und 1988
2004 wurde Moroder von der Dance Music Hall of Fame in New York für seine Leistungen und Beiträge als Produzent geehrt. 2005 ernannte der italienische Staatspräsident Ciampi Moroder zum Commendatore Ordine al Merito della Repubblica Italiana. 2010 verlieh ihm die italienische Stadt Bozen den Grande Ordine al Merito della Provincia autonoma di Bolzano. 2011 erhielt er den Lifetime Achievement Award der World Soundtrack Academy.

MUSICLAND STUDIOS

Musicland Studios war ein Aufnahmestudio in München, das Anfang der 1970er-Jahre von Giorgio Moroder gegründet wurde. Die Studioanfänge waren bescheiden im kleinen Kellerraum des Arabella-Hochhauses. Zur Ausstattung zählten ein 16-Spur-Recorder und ein Helios-Mischpult. Moroder engagierte den Toningenieur Reinhold Mack, der sich schließlich darüber beschwerte, dass es in dem kleinen Studio ständig viel zu heiß sei, da es an den Heizraum des Gebäudes grenzte. Erste Erfolge brachten genug Geld, damit Mo-

roder und Mack 1973 das Studio in großzügigere Räume verlegen konnten. In den ersten Aufnahmesitzungen des neuen Studios spielten Marc Bolan & T. Rex ihr Album »Zinc Alloy and the Hidden Riders of Tomorrow« ein. Andere Rockbands, darunter The Rolling Stones, Deep Purple, Uriah Heep, Rainbow, Whitesnake, Iron Maiden und Led Zeppelin folgten. Donna Summer, die als alleinerziehende Mutter ihren Lebensunterhalt als Model und Backgroundsängerin in München verdiente, lernte Giorgio Moroder und Pete Bellotte während einer Session im Studio kennen – der Beginn einer Legende.
Reinhold Mack nahm mit dem Electric Light Orchestra im Studio mehrere der erfolgreichsten Alben der Band auf. Mack produzierte zudem mehrere Queen-Songs. Das Video zu Queens »One Vision« (1985) besteht zum Großteil aus Filmmaterial, das bei den Aufnahmesessions im Musicland entstand. Zu den weiteren Künstlern, die in den Musicland Studios aufnahmen, gehörten The Three Degrees, Iron Maiden, Amanda Lear, Freddie Mercury, Sweet und Elton John, und Moroder selbst. Die Musicland Studios wurden Anfang der 1990er-Jahre geschlossen, da der Lärm der nahe gelegenen U-Bahn U4 die Qualität der Aufnahmen im Studio massiv beeinträchtigte.

SILVER CONVENTION

Wie Donna Summer steht Silver Convention für den urtypischen Munich Sound. Produzent Michael Kunze rief die Band 1974 ins Leben. Der Name wurde vom Spitznamen ›Silver‹ des Komponisten Sylvester Levay abgeleitet. Die Band war zunächst ein reines Studioprojekt, die Songs wurden von Gitta Walther, Lucy Naele, Betsy Allen, Roberta Kelly und Jackie Carter eingesungen. Nachdem »Save Me« unter dem Namen Silver Bird Convention in Großbritannien jedoch ein Hit wurde, mussten reale Gesichter her. Kunze engagier-

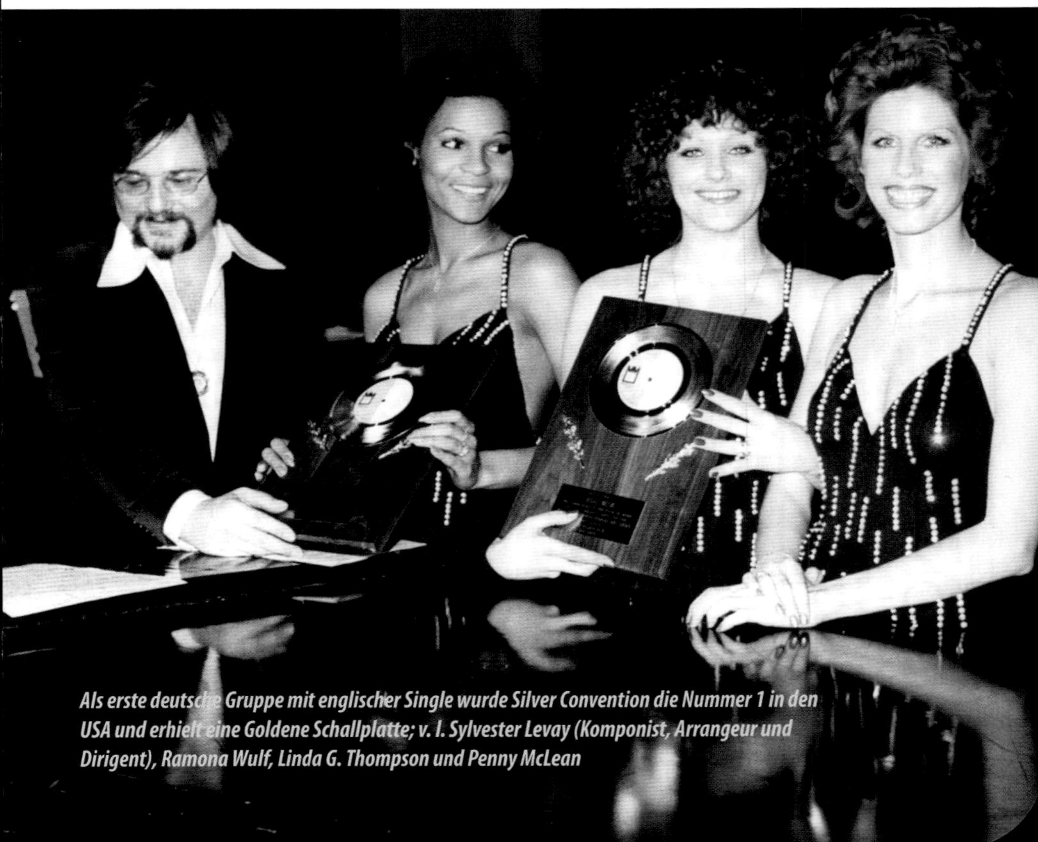

Als erste deutsche Gruppe mit englischer Single wurde Silver Convention die Nummer 1 in den USA und erhielt eine Goldene Schallplatte; v. l. Sylvester Levay (Komponist, Arrangeur und Dirigent), Ramona Wulf, Linda G. Thompson und Penny McLean

Our Guests

Jeff Beck
Ritchie Blackmore's Rainbow
Mark Bolan
David Bowie
David Carradine
Leonard Cohen
David Coverdale
Deep Purple
Electric Light Orchestra
Ghost
Ian Gillan
Giorgio
Roger Glover
Michael Holm
Nicky Hopkins
Elton John
Roberta Kelly
Led Zeppelin
Udo Lindenberg
Jon Lord
Peter Maffay
Billy Preston
Rod Steward & The Faces
Rolling Stones
Donna Summer
Sweet
Uriah Heep
Ron Wood

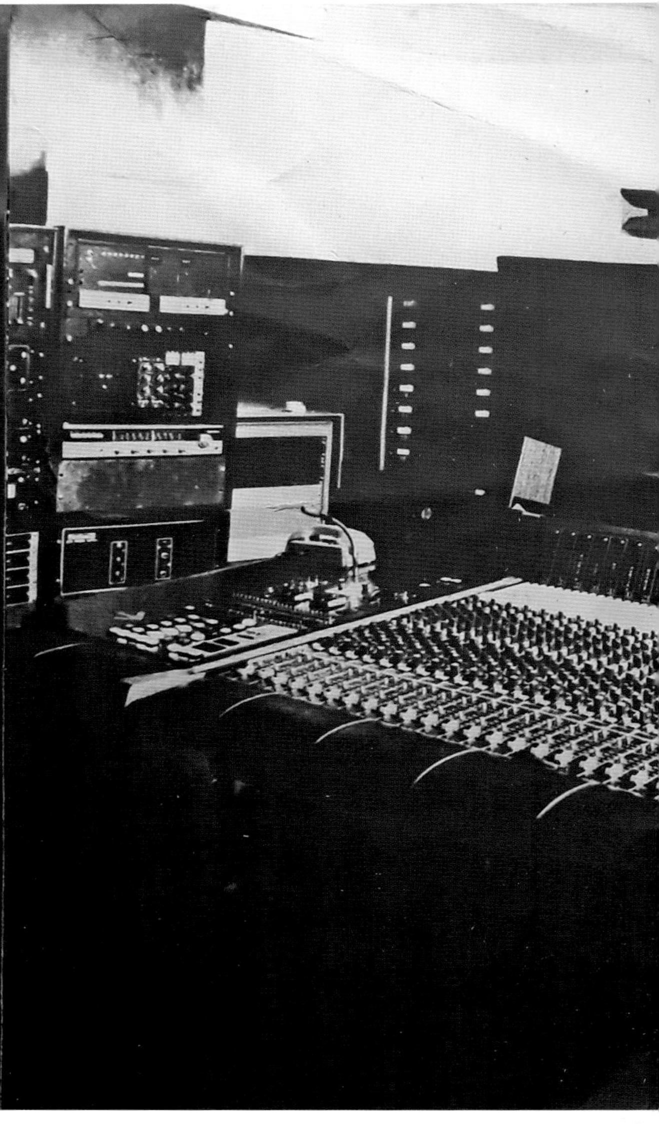

Alben, die in den Musicland Studios aufgenommen wurden (Auswahl)

BAP	• Ahl Männer, aalglatt – 1986
Marc Bolan & T. Rex	• Zinc Alloy and the Hidden Riders of Tomorrow – 1974
David Coverdale	• White Snake – 1977
Deep Purple	• Come Taste the Band – 1975
	• Stormbringer – 1974
Electric Light Orchestra	• A New World Record – 1976
	• Discovery – 1979
	• Face the Music – 1975
	• Out of the Blue – 1977
	• Time – 1981
	• Xanadu (Soundtrack) – 1979
Extrabreit	• Rückkehr der phantastischen 5 – 1982
Falco	• Junge Roemer – 1985
Iron Maiden	• Seventh Son of a Seventh Son – 1988
Elton John	• Victim of Love – 1979
Udo Jürgens	• Silberstreifen – 1984
Suzi Lane	• Ooh La La – 1979
Amanda Lear	• Never Trust a Pretty Face – 1979
Led Zeppelin	• Presence – 1976
Limahl	• Colour All My Days – 1986
Freddie Mercury	• Mr. Bad Guy – 1985
Giorgio Moroder	• Einzelgänger – 1975
	• From Here to Eternity – 1977
	• Knights in White Satin – 1976
Marius Müller-Westernhagen	• Mit Pfefferminz bin ich dein Prinz – 1978
Philip Oakey and Giorgio Moroder	• Philip Oakey & Giorgio Moroder – 1985
Iggy Pop	• The Idiot – 1976
Queen	• Hot Space – 1982
	• The Game – 1980
Rainbow	• Rising – 1976
	• Ritchie Blackmore's Rainbow – 1975
The Rolling Stones	• Black and Blue – 1975
	• It's Only Rock 'n' Roll – 1973
Rory Gallagher	• Calling Card – 1976
Scorpions	• Fly to the Rainbow – 1974
Spandau Ballet	• Parade – 1984
	• Through the Barricades – 1986
Sparks	• Angst in My Pants – 1982
	• No. 1 in Heaven – 1979
	• Whomp That Sucker – 1981
The Stranglers	• The Gospel According to the Meninblack – 1981
Donna Summer	• A Love Trilogy – 1976
	• Four Seasons of Love – 1976
	• I Remember Yesterday – 1977
	• Love to Love You Baby – 1975
	• Once Upon a Time – 1977
The Sweet	• Give Us a Wink – 1975
Roger Taylor	• Strange Frontier – 1984
Uriah Heep	• Wonderworld – 1974
Whitesnake	• Slide It In – 1984

Technical Details

Harrison Desk 3232, 32 in, 32 out
Allison Programmer (Automation)

Limiter/Compressor

2 Urei 1176 LN/2 Urei LA3A/
2 A&D F 760
1 A&D F 769 XR/2 Gain Brain/
2 Quad eight noise gates
2 EMT 258 Noise Filters/4 Kepex/
1 Fairchild Stereo

Filters

1 Urei 565/Urei 527-A Graphic/
A&D E 900 Band Processor
A&D E900 R-S/2 API 550 A/
A&D P 400 Autophase-Stereo
Roto Sound
Stereo Vibrato/Quad Eight Digital
Delay Line TM 499

Machines

Studer A80-24 Track/A80-16 Track/
2 A80-Stereo 2 Auto Locator/
2 Revox A77-Varispeed/
Nakamichi 1000-Cassette Recorder
2 Telefunken M28
Dolby M16/M24H/4 A361

Monitors

Westlake Audio/Auratone
2 Crown DC300 Amps/
3 Crown DC 150 Cue Amps/
2 White Active Filters Serie 4000/
White Realtime Analyser

te Linda G. Thompson (auch Linda Uebelherr, Ex-Mitglied der Les Humphries Singers), Penny McLean und Ramona Wulf. Mit »Fly, Robin, Fly« gelang dann 1975 der weltweite Superhit. Die Nachfolgesingle »Get Up and Boogie« schaffte es noch auf Platz 2 der US Billboard Charts. Mit »No, No, Joe« und weiteren Singles konnte Silver Convention nicht mehr an den Erfolg anschließen. 1976 verließ Linda G. Thompson die Gruppe, es kam Rhonda Heath. Ein Jahr später vertrat die Band Deutschland mit »Telegram« beim Grand Prix in London – und landete auf Platz 8. 1978 ging Penny McLean, für sie kam Zenda Jacks, die nur kurz blieb. Für die Aufnahmen zum letzten Album »Love in a Sleeper« kehrte McLean ins Studio zurück. 1979 löste sich die Band endgültig auf.
siehe auch S. 61 ff

Donna SUMMER *(eigentl. LaDonna Adrian Gaines, 31. Dezember 1948 in Boston, Massachusetts - 17. Mai 2012 in Naples, Florida)*, Sängerin und Songschreiberin. Wie bei vielen afroamerikanischen Sängerinnen begann Donnas Karriere in einem Gospelchor. 1968 bewarb sie sich für die deutsche Version des Musicals »Hair«, wurde genommen und stand am 24. Oktober 1968 bei der deutschen Erstaufführung im Deutschen Theater, München, auf der Bühne. Donna sang und sprach natürlich Deutsch, ihre erste Single überhaupt war das Lied »Wassermann« aus »Hair«. Sie ging mit »Hair« und anderen Musicals (»Porgy and Bess«, »Godspell«) in Deutschland und Österreich auf Tournee. In Wien heiratete sie ihren Kollegen Helmut Sommer, dessen Nachnamen sie anglifizierte. 1973 kam Tochter Mimi zur Welt.

1972 war sie Mitglied des Popchors Family Tree, den der Würzburger Manager Günter Lauke ins Leben gerufen hatte. Ein Jahr später traf Summer dann Giorgio Moroder und Pete Bellotte. Die erste Single »The Hostage« reichte für einen Achtungserfolg. Dann kam »Love to Love You Baby« – der große Skandal, der Urknall der deutschen Discobewegung, ein Stück Weltmusikgeschichte. Das Lied gilt heute durch den voll synthetischen Endlosrhythmus als der Pate für House-Music. Fortan produzierte das Trio Summer-Moroder-Bellotte einen Hit nach den anderen. 1976 ging Summer auf Druck ihrer Plattenfirma mit ihrem deutschen Freund Peter Mühldorfer zurück in die USA, nach Los Angeles. Weitere Hits wie »Last Dance«, »MacArthur Park«, »Hot Stuff«, »Bad Girls«, »No More Tears (Enough Is Enough)« mit Barbra Streisand und »On the Radio« folgten.

Summer sammelte im Laufe ihres Lebens insgesamt 32 Chart-Singles in den US Billboard Hot 100, darunter 14 Top-10-Singles und vier Nummer-1-Singles. Zwischen 1976 und 1984 erzielte sie jedes Jahr einen Top-40-Hit, und von ihrem ersten Top-10-Hit im Jahr 1976 bis Ende 1982 hatte sie 12 Top-10-Hits (10 waren Top-5-Hits), mehr als alle anderen Musikacts dieses Zeitraums. 1983 kehrte sie in die Top 5 der Hot 100 zurück und landete 1989 mit »This Time I Know It's for Real« ihren letzten Top-10-Hit. Sie war die erste Künstlerin, die mit drei aufeinanderfolgenden Doppelalben die Spitze der US Billboard 200-Charts erreichte und innerhalb von 12 Monaten vier Nummer-1-Singles in den USA landete. Sie platzierte außerdem zwei Nummer-1-Singles in der R&B-Single-Charts in den USA. Ihr letzter Hot-100-Hit kam 1999 mit »I Will Go with You (Con te partirò)«. Summer blieb während ihrer gesamten Karriere eine feste Größe in den Billboard Dance Club Songs-Charts.

Summer starb 2012 in ihrem Haus in Naples, Florida, an Lungenkrebs. In ihrem Nachruf in The Times wurde sie als »unangefochtene Königin des Disco-Booms der Siebziger« beschrieben. John Lydon, Sänger der Sex Pistols, sagte über sie: »Sie riss viele Barrieren ein.« und »I Feel Love« war für Lydon »der kühne Beginn der Rave-Kultur«. Für Sänger Marc Almond (»Tainted Love«) änderte die Kooperation Summer-Moroder »das Gesicht der Musik«.

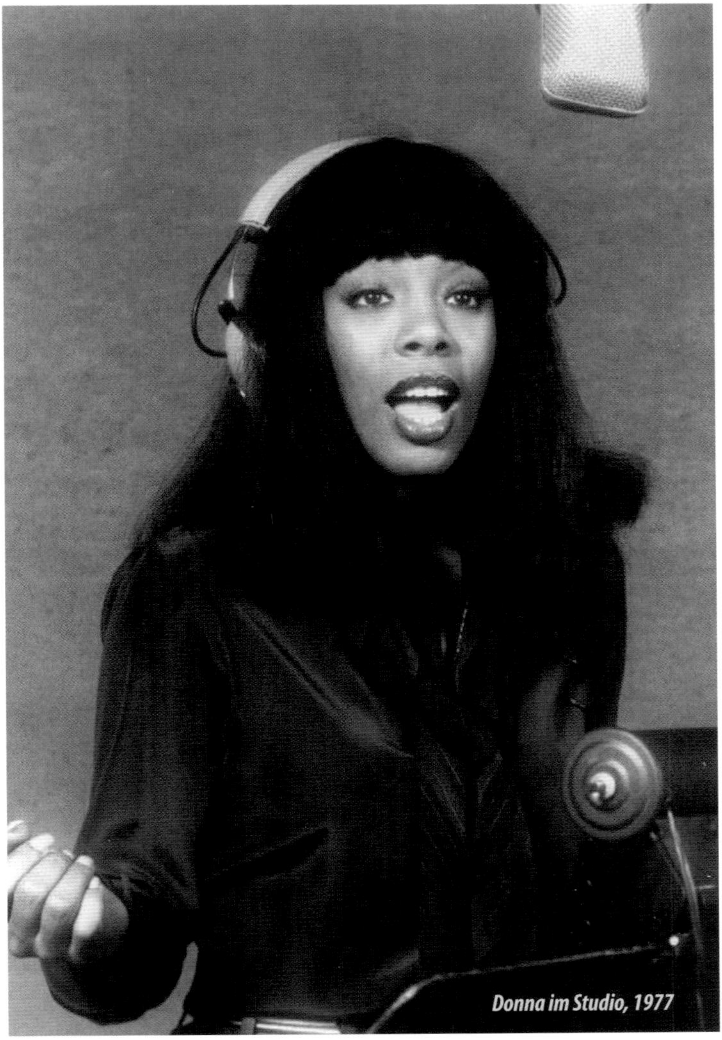

Donna im Studio, 1977

Auszeichnungen (Auswahl):

3 Multi-Platin-Alben in den USA, 11 Goldene Schallplatten (Alben) und 12 Gold-Singles in den USA, 6 American Music Awards, 5 Grammy Awards (1978 für »Last Dance«, 1979 für »Hot Stuff«, 1983 »He's a Rebel«, 1984 »Forgive Me«, 1997 »Carry On«, für »Last Dance« gab es neben dem Grammy auch noch den Oscar und den Golden Globe.

Summer gehört zu den Billboards Top-Chart-Hot-100-Künstlern von 1976 bis 1982 (vor der MTV-Ära) mit 12 Top-10-Singles; Summer war der erste Künstler, der drei aufeinanderfolgende Nummer-1-Doppelalben erzielte; Summer wurde zweimal von der Dance Music Hall of Fame geehrt: einmal als Aufnahmekünstlerin und erneut für ihre einflussreiche Single »I Feel Love«. Im Jahr 2013 wurde Summer posthum in die Rock and Roll Hall of Fame aufgenommen. 2016 setzte Billboard sie auf Platz 6 der »größten Top-Dance-Club-Künstler aller Zeiten«.

siehe auch S. 50 ff

Munich Sound-Essentials

Eine Klassiker-Auswahl • zusammengestellt von Martin Arz

»Another One Bites the Dust« ⇆ ***Queen***

1980 | Autor(en): John Deacon | Produzent(en): Queen, Reinhold Mack
Höchste Chartplatzierungen: D: 6 | A: 6 | CH: 8 | UK: 7 | USA: 1

Die britische Rockband Queen arbeitete ab 1979 mehrere Jahre in München. Hier entstanden ganz oder teilweise die Alben »The Game«, 1980, »Hot Space«, 1982, »The Works«, 1984, »A Kind of Magic«, 1986. Bei einigen Titeln ist der Munich Sound-Einfluss nicht zu überhören, wie bei dem von einem massiven Bass getriebenen »Another One Bites the Dust«, der bestverkauften Single von Queen. Der Song sollte ursprünglich als Titellied für den Film »Rocky III« dienen, wurde dann jedoch von »Eye of the Tiger« ersetzt.

»ANOTHERONE BITES THE DUST« AUF YOUTUBE

Info: »Another One Bites the Dust« kann Leben retten. Das Lied wurde in einer Studie verwendet, um medizinisches Fachpersonal darin zu schulen, während der HLW die richtige Anzahl an Herzdruckmassagen pro Minute durchzuführen. Die Basslinie hat fast 110 Schläge pro Minute und 100–120 Herzdruckmassagen pro Minute werden von der British Heart Foundation empfohlen.

»Blood And Honey« ⇆ ***Amanda Lear***

1976 | Autor(en): Anthony Monn, Amanda Lear | Produzent(en): Anthony Monn
Höchste Chartplatzierungen: D: 12 | I: 11

Amanda Lears Inspiration für den Text ist Salvador Dalís Gemälde »Honig ist süßer als Blut« (»La miel es más dulce que le sangre«) aus dem Jahr 1927.

»Don't Bring Me Down« ⇆ ***Electric Light Orchestra***

1979 | Autor(en): Jeff Lynne | Produzent(en): Jeff Lynne
Höchste Chartplatzierungen: D: 5 | A: 2 | CH: 2 | UK: 3 | USA: 4

Die Orchestral-Rock-Band Electric Light Orchestra um Frontmann Jeff Lynne (1970 in Birmingham gegründet) produzierte mehrfach in München (Alben: »Face the Music«, 1975, »A New World Record«, 1976, »Out of the Blue«, 1977, »Discovery«, 1979, »Xanadu« (Soundtrack zum gleichnamigen Film), 1980, »Time«, 1981). »Don't Bring Me Down«, eine Auskopplung aus dem Album »Discovery«, wurde zu ihrem größten Hit. Es war der erste Song der Band, der komplett ohne Streichorchester auskam. Lynne wiederholt im Lied mehrfach ein Wort, das sich wie »groos« anhört, es ist das deutsche Wort Gruß, das Lynne eigentlich nur als Platzhalter aufgenommen hatte – und dann drinließ. Weil viele statt »Gruß« den Namen »Bruce« raushören wollten, begann Lynne bei Livekonzerten schließlich als Gag immer »Bruce« zu singen. Das Lied endet mit dem Geräusch einer zuschlagenden Tür. Laut Lynne handelte es sich dabei um eine Brandschutztür aus Metall in den Musicland Studios, wo der Song aufgenommen wurde. Weil »Discovery« so stark vom Munich Sound beeinflusst war, nannten es die Bandmitglieder scherzhaft »Disco Very«.

»DON'T BRING ME DOWN« AUF YOUTUBE

»Fly, Robin, Fly« ⇆ *Silver Convention*

1975 | Autor(en): Sylvester Levay, Stephan Prager = Michael Kunze | Produzent(en): Michael Kunze | Auszeichnung: Grammy Award 1976

Höchste Chartplatzierungen: D: 3 | A: 9 | CH: 5 | UK: 28 | USA: 1

Mit unverwechselbarer Bass-Line und den sechs Worten »Flieg, Rotkehlchen, flieg, hoch zum Himmel« zum Disco-Evergreen. Der Originaltext lautete übrigens »Run, Rabbit, Run« – ob das Lied dann so erfolgreich geworden wäre?

»Follow Me!« ⇆ *Amanda Lear*

1978 | Autor(en): Anthony Monn, Amanda Lear | Produzent(en): Anthony Monn

Höchste Chartplatzierungen: D: 3 | A: 6 | CH: 7

Amanda Lears »signature hit« und größter kommerzieller Erfolg. Im Text geht es (wie in allen Liedern auf der A-Seite des Konzeptalbums »Sweet Revenge«) um ein Mädchen, das der Teufel verführen will.

»Get Up And Boogie« ⇆ *Silver Convention*

1976 | Autor(en): Sylvester Levay, Stephan Prager = Michael Kunze | Produzent(en): Michael Kunze

Höchste Chartplatzierungen: UK: 7 | USA: 2

Wie schon bei »Fly, Robin, Fly« beschränkt sich hier der Text auf wenige Worte: »Get up and boogie! That's right!« Die Single war die erste Auskopplung aus dem gleichnamigen zweiten Album der Disco-Formation.

»I Feel Love« ⇆ *Donna Summer*

1977 | Autor(en): Donna Summer, Giorgio Moroder, Pete Bellotte | Produzent(en): Giorgio Moroder, Pete Bellotte

Höchste Chartplatzierungen: D: 3 | A: 1 | CH: 2 | UK: 1 | USA: 6

Zunächst nur als B-Seite der Single »Can't We Just Sit Down« veröffentlicht, merkten die Produzenten schnell, welches Lied besser ankam. Also wurde der Song zwei Monate später auf der A-Seite neu herausgebracht. Alle Lieder des dazugehörigen Albums »I Remember Yesterday« folgten dem Konzept, jeweils für eine Musik-Epoche zu stehen. »I Feel Love« sollte für die Zukunft stehen. Beeinflusst von deutschen Electronic-Bands wie Popol Vuhl, und vor allem Tangerine Dream wollte Moroder hier einen technischen Sound – verdeutlicht durch den avantgardistischen Sound des Moog IIIp Synthesizers, den sie sich von dem Münchner Komponisten Eberhard Schoener ausliehen. Schoener hatte den Synthesizer 1969 bei Bob Moog in New York gekauft. Das Gerät war zuvor von den Beatles zurückgeschickt worden, da es laut John Lennon viel zu kompliziert war. Die Beatles hatten den Moog IIIp bei einigen Stücken auf »Abbey Road« eingesetzt. Nun programmierte Robert Wedel, Schoeners Assistent, auf dem gleichen Gerät die berühmte ratternde Basslinie für »I Feel Love« (der Synthesizer steht heute übrigens im Deutschen Museum). Moroder gab in einem Interview zu, er hätte »dem Gerät keinen Ton entlocken können«. Daher lieh er sich von Schoener neben dem Gerät auch Wedel aus. Dieses ikonische Rattern hatten Schoener und Wedel erst nach langen Versuchen mit dem Moog IIIp zustande gebracht. Sie bezeichneten es als »Black&Decker-Prinzip«. »Wir nannten es so nach der Werbung, in der der Firmenname in einem rasend schnellen, abgehackten Rhythmus ausgesprochen wurde. Beim Moog-Synthesizer war ein Sequenzer dabei. Dieser Sequenzer erlaubte es, ganz bestimmte Tonfolgen zu wiederholen und so den Black&Decker-Effekt hervorzurufen. Es waren viele Versuche nötig, bis die Computerklänge dieses Rattern erzeugten. Wir wurden für den Deutschen Schallplattenpreis nominiert, da das Black&Decker-Prinzip etwas völlig Neues war«, so Schoener. Schoener klagte später gegen Moroder, dass Wedel unerlaubt das Verfahren weitergegeben habe, verlor jedoch.

Zunächst sollte außer Donnas Stimme nur Elektronik zu hören sein. Weil der Synthesizer jedoch keinen zufriedenstellenden Kick-Drum-Sound lieferte, spielte Keith Forsey die Drums ein. » ›I Feel Love‹ war der erste Song, der sich wiederholende Synthesizer-Loops mit einer kontinuierlichen Four-on-the-Floor-Bassdrum und einer Off-Beat-Hi-Hat kombinierte, was zehn Jahre später zu einem Hauptmerkmal der Techno- und House-Musik wurde«, schrieb das Zentrum für Populäre Kultur und Musik 2017.
Wohl kaum ein anderes Lied aus München wurde so populär und beeinflusste Acts wie David Bowie, Brian Eno, Kylie Minogue, die Human League und Blondie. Laut David Bowie kam während der Aufnahme seiner Berlin-Trilogie sein Mitarbeiter Brian Eno hereingestürmt und sagte ihm, er habe »den Klang der Zukunft« gehört. Bowie zufolge sagte Eno genau vorher, dass »I Feel Love« den Sound der Clubmusik für die nächsten 15 Jahre verändern würde. Die Financial Times nannte es eine der einflussreichsten Platten, die den Grundstein für elektronische Tanzmusik legte. Im Jahr 2011 wurde »I Feel Love« von der US Library of Congress als »kulturell, historisch oder ästhetisch wichtig« in das National Recording Registry aufgenommen. Das Lied wurde von Acts wie Bronski Beat, Messiah und Sam Smith gecovert.

»Lady Bump« ⇆ *Penny McLean*
1975 | Autor(en): Sylvester Levay, Stephan Prager = Michael Kunze | Produzent(en): Michael Kunze
Höchste Chartplatzierungen: D: 1 | A: 1 | CH: 4 | USA: 48 (US Disco Singles: 1)
Noch während sie als Teil des Girl-Trios Silver Convention internationale Chartspitzen eroberte, veröffentlichte Penny McLean »Lady Bump« (aus dem gleichnamigen Album). Dadurch wurde der Bump (die Tanzpartner stoßen zum Rhythmus der Musik nur mit der Hüfte oder dem Gesäß aneinander) für einige Jahre ein Modetanz. Ja, der legendäre Schrei stammte bei der Aufnahme nicht von McLean, sondern von Gitta Walther, doch bei Live-Auftritten gab McLean später immer selbst den Schrei zum Besten.

»Living on My Own« ⇆ *Freddie Mercury*
1985 | Autor(en): Freddie Mercury | Produzent(en): Freddie Mercury, Reinhold Mack
Höchste Chartplatzierungen: D: 2 | A: 2 | CH: 2 | UK: 1
Mercurys legendärer Abschied von München. Er nahm 1985 sein Soloalbum »Mr. Bad Guy« in den Musicland Studios auf und verließ danach die Stadt, die für ihn fast sechs Jahre Heimatstadt war. Der Text ist eine Hommage an Greta Garbo, die sich nach Ende ihrer Karriere bewusst von der Öffentlichkeit zurückgezogen hatte. Für das Begleitvideo zur Original- und Remix-Version von »Living on My Own« aus dem Jahr 1985 und 1993 nutzte man Aufnahmen von Mercurys 39. Geburtstagsfeier am 5. September 1985 im Travestie-Nachtclub Mrs. Henderson in München (Rumfordstraße, in vielen Texten liest man Old Mrs. Henderson, so hieß der Club zuletzt, zu Freddies Zeiten jedoch nur Mrs. Henderson; heute Club Paradiso). Das Thema der Geburtstagsfeier war »Ein schwarz-weißer Drag-Ball«. Ein Videoclip mit schrill kostümierten Schwulen und Transvestiten, die eine dekadente, ausgelassene Party feierten? Too much für den britischen Sender BBC, der sich lange weigerte, das von Hannes Rossacher und Rudi Dolezal gedrehte Musikvideo auf seinen Kanälen auszustrahlen.

»Love to Love You Baby« ⇆ *Donna Summer*
1975 | Autor(en): Donna Summer, Giorgio Moroder, Pete Bellotte | Produzent(en): Pete Bellotte
Höchste Chartplatzierungen: D: 6 | A: 9 | CH: 6 | UK: 4 | USA: 2
Der Munich Sound-Klassiker wurde unter dem Titel »Love to Love You« zunächst 1974 probeweise in den Niederlanden veröffentlicht und dort ein respektabler Hit. Das ermu-

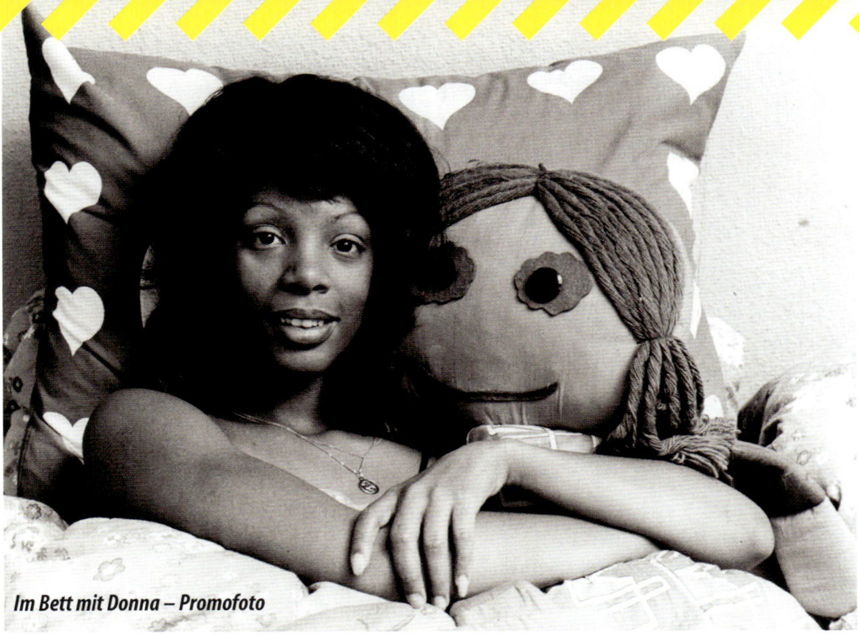

Im Bett mit Donna – Promofoto

tigte das Trio Summer-Moroder-Bellotte, den Song 1975 als »Love to Love You Baby« neu aufzunehmen: die Originalversion dauert 16 Minuten und enthält 23 »Orgasmen«. Summer legte sich für die Aufnahme auf den Boden der Musicland Studios, die Beleuchtung wurde abgeschaltet. 1976 sagte Summer in einem Interview: »Jeder fragt: ›Warst du allein im Studio?‹ Ja, ich war allein im Studio. ›Hast du dich selbst berührt?‹ Ja, eigentlich hatte ich meine Hand auf meinem Knie. ›Hast du von jemandem geträumt?‹ Ja, von meinem hübschen Freund Peter.«

»Miss You« ⇆ *Rolling Stones*

1978 | Autor(en): Keith Richards, Mick Jagger | Produzent(en): The Glimmer Twins = Jagger, Richards

Höchste Chartplatzierungen: D: 12 | A: 13 | CH: 11 | UK: 3 | USA: 1

Dass die Rolling Stones mehrfach in München Songs aufnahmen und auch Party machten, ist nur zu bekannt. Vermutlich hat das die Band auch dazu bewegt, einen Ausflug ins Disco-Genre zu machen. »Miss You« ist im Original discotypisch neun Minuten lang, wurde dann fürs Album auf fünf Minuten und für die Radio-Single auf dreieinhalb Minuten gekürzt. Während Mick Jagger und Ronnie Wood darauf beharren, dass »Miss You« nicht als Disco-Song konzipiert wurde, bestätigte Keith Richards: » ›Miss You‹ war eine verdammt gute Disco-Platte; sie war darauf ausgelegt, eine zu sein.« Man veröffentlichte sogar eine »Special Disco Version«, den allerersten Dance-Remix der Rolling Stones überhaupt.

»MISS YOU« AUF YOUTUBE

»Mr. Blue Sky« ⇆ *Electric Light Orchestra*

1978 | Autor(en): Jeff Lynne | Produzent(en): Jeff Lynne

Höchste Chartplatzierungen: D: 27 | NL: 8 | UK: 6 | USA: 35

Die Orchestral-Rock-Band Electric Light Orchestra um Frontmann Jeff Lynne produzierte mehrfach in München (siehe »Don't Bring Me Down«). »Mr. Blue Sky« aus dem Album »Out of the Blue« schrieb Lynne in der Schweiz, als nach endlosen Tagen voller Dauergrau

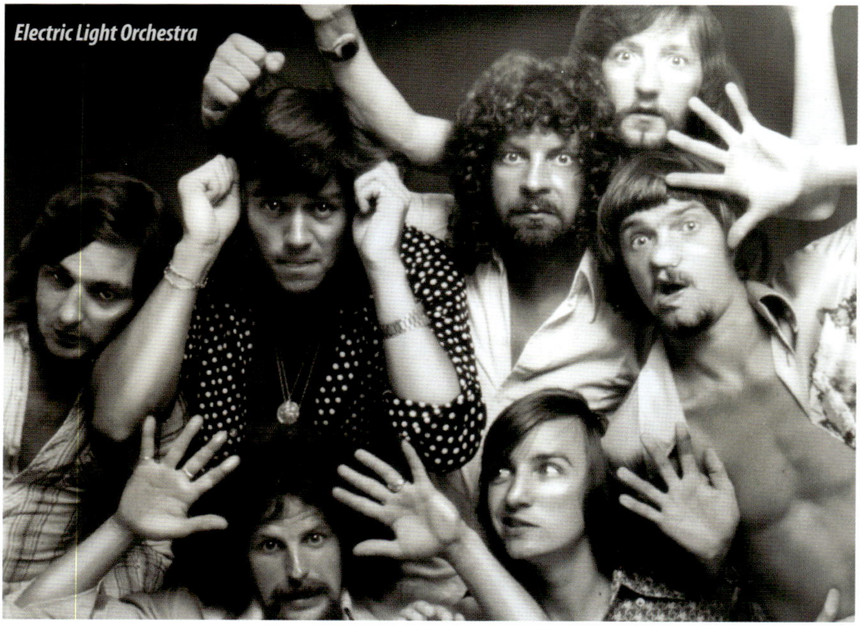
Electric Light Orchestra

endlich mal blauer Himmel zu sehen war. Der Song trägt schon starke Anzeichen von Munich Disco. Es ist der am meisten genutzte Song von ELO, der u. a. in diesen Filmen und TV-Serien zu hören ist: »Role Models« (»Vorbilder?!«), »Le manège enchanté« (»Das Zauberkarussell«), »Doctor Who«, »Wild Mussels«, »Eternal Sunshine of the Spotless Mind« (»Vergiss mein nicht!«), »Paul Blart: Mall Cop« (»Der Kaufhaus Cop«), »The Game Plan« (»Daddy ohne Plan«), »Martian Child« (»Mein Kind vom Mars«), »The Invention of Lying« (»Lügen macht erfinderisch«), »Megamind«, »Guardians of the Galaxy Vol. 2« und »The Super Mario Bros. Movie«. Es sollte zunächst auch Titellied der Serie »The Office« werden, was nicht ging, da es bereits als Titelsong für die Serie »LAX« genutzt wurde. Das Lied wird vor jedem Heimspiel des Birmingham City FC zu Ehren von Lynne gespielt und wurde zur Hymne der englischen Midlands gewählt.

»The Number One Song in Heaven« ⇆ *The Sparks*

1978 | Autor(en): Ron Mael, Russell Mael, Giorgio Moroder | Produzent(en): Giorgio Moroder
Höchste Chartplatzierungen: AUS: 85 | UK: 14 | IRL: 5

Die amerikanische Art Rock-/Glam Rock-Band Sparks, 1972 von den Brüdern Ron und Russell Mael gegründet, besaß laut dem englischen Musikmagazin Sounds »die musikalische Extravaganz von Wizzard, das raffinierte Gefühl von Roxy Music und die bedrohliche Macht des Dritten Reichs«. Die Rocker sahen sich 1977/78 an einem Scheideweg und wollten sich neu orientieren. Im Gespräch mit einem deutschen Journalisten äußerten sie ihre Bewunderung für Giorgio Moroder, dem Pionier der elektronischen Disco- und Popmusik. Moroder war zufällig ein Freund des Journalisten, der die Brüder mit dem Münchner Produzenten bekannt machte. Moroder produzierte ihr nächstes Album »No. 1 in Heaven« in München und Los Angeles, das den Sound der Sparks komplett neu definierte – statt klassischer

»THE NUMBER ONE SONG IN HEAVEN« AUF YOUTUBE

Rockinstrumente setzte man nun auf Synthesizer und Sequenzer. Die Drums spielte Keith Forsey ein. Auch wenn die Single-Auskopplungen nicht sehr erfolgreich waren, wurde »No. 1 in Heaven« zu einem der einflussreichsten Alben für aufstrebende elektronische Pop-Künstler und Synthie-Bands.

»Queen of Chinatown« ⇆ *Amanda Lear*

1977 | Autor(en): Anthony Monn, Amanda Lear | Produzent(en): Anthony Monn

Höchste Chartplatzierungen: D: 2 | A: 11 | CH: 5 | I: 2

Der Song, eine typische uptempo Disconummer mit orientalischen Elementen, war die sechste und letzte Auskopplung aus Lears Debutalbum »I Am a Photograph«. Der Text ist eine einzige Aufforderung zum Drogenkonsum, denn wenn »das Leben zu trist wird, um es zu ertragen«, dann ruf die Königin von Chinatown, die hat Opium, um den Blues zu vertreiben.

»Slice Me Nice« ⇆ *Fancy*

1984 | Autor(en): Todd Canedy | Produzent(en): Fancy

Höchste Chartplatzierungen: D: 11 | A: 2 | CH: 9 | S: 7

»Slice Me Nice« ist die Debütsingle des deutschen Sängers, Komponisten und Produzenten Fancy. Das Lied war von Divines »Shoot Your Shot« inspiriert, der Text war absichtlich eine »lustige, verrückte Power-Disco-Unsinnsgeschichte«. Fancy, der stets stark geschminkt auftrat, war 1985 als einziger deutscher Popsänger und Produzent mit »Chinese Eyes« und »Come Inside« in den Jahres-Top-Ten der US Billboard Dance Charts vertreten.

»Victim of Love« ⇆ *Elton John*

1979 | Autor(en): Pete Bellotte, Sylvester Levay, Jerry Rix | Produzent(en): Pete Bellotte

Höchste Chartplatzierungen: USA: 31 | AUS: 38 | CAN: 46

In seinem 1979 veröffentlichten 13. Studioalbum »Victim of Love« wollte der englische Musikers Elton John (*25. März 1947, Pinner) nach eigenen Worten »auf den Zug aufspringen« – er meinte den Disco-Zug. Er kam nach München, das Epizentrum des langsam abebbenden Disco-Fiebers. In den Musicland Studios nahm er mit Produzent Pete Bellotte sieben Titel auf, darunter die gleichnamige Single »Victim of Love«. Mit weniger als 36 Minuten Spiellänge ist es Johns kürzestes Album, außerdem schrieb er kein einziges Lied und lieferte nur die Gesangsparts. Elton Johns Ausflug in den Munich Sound floppte kommerziell total und wurde von der Kritik verrissen.

»Zarah (Ich weiß, es wird einmal ein Wunder geschehen)« ⇆ *Nina Hagen*

1983 | Autor(en): Bruno Balz, Michael Jary | Produzent(en): Giorgio Moroder, Keith Forsey

Auch die Mutter des Punk machte nach ihrem experimentellen Album »NunSexMonkRock« eine radikale Kehrtwende und ließ das Team Moroder und Forsey die Dance-/Disco-/Rap-Platte »Angstlos« produzieren. Man muss nicht mal genau hinhören, um in »Zarah« nach dem theatralischen Intro das ikonische Synthesizer-Rattern – den Black&Decker-Effekt – zu hören, das beinahe identisch mit dem von »I Feel Love« ist. Hier zitieren sich Moroder und Forsey selbst. »Ich weiß, es wird einmal ein Wunder geschehen« sang im Original 1942 die schwedische Filmdiva Zarah Leander im Film »Die große Liebe«.

»ZARAH« AUF YOUTUBE

»God had to create Disco Music so I could be born and be successful«*

Norbert Michael Wagner • Journalist, Autor, Grafiker

Prelude

Um über die Münchner Anfangsjahre der Künstlerin zu schreiben, die meinen Musikgeschmack mit ihrer Stimme und ihrer Musik mit am meisten prägte, möchte ich mich der Höflichkeit halber mit meinen eigenen musikalischen Wurzeln vorstellen, die zurückgehen bis in meine frühe Kindheit. Ein Freund unserer Familie war Mitarbeiter der Plattenfirma Philips und versorgte mich im Vorschulalter mit den unverkäuflichen Musterplatten (»Sample Not For Sale«), der drei weiblichen ›Philips-Stimmen‹ France Gall, Vicky Leandros und Marianne Rosenberg. Auf den B-Seiten versteckten sich oft hochwertig produzierte Cover Versionen internationaler Musikgrößen, und so lernte ich als Kind populäre Musik von den Bee Gees, Melanie oder den Moody Blues kennen. Als Pubertierender nahm ich jeden Freitagabend die »Schlager der Woche« auf Kassette auf, eine Radiosendung, die im Bayerischen Rundfunk lief. Zwar waren auch Schlager in der Sendung, doch sie enthielt ab Mitte der 1970er-Jahre mit George McCraes »Rock Your Baby«, Gloria Gaynors »Never Can Say Goodbye« oder mit «The Sound of Philadelphia« von MFSB ft. The Three Degrees die ersten Vorboten einer neuen Musikrichtung, die sich ›Disco Music‹ nannte und fortan die Welt erobern sollte. Durch die in München stationierten schwarzen GIs wurde der erste amerikanische Soldatensender AFN Munich auch unter meinen Schulfreunden populär und brachte mir auf diese Weise die Strömungen der schwarzen Musik näher. In der America Top 40 stieß ich bald auf die Musik von Stevie Wonder, Earth, Wind & Fire und der P-Funk Band Parliament. Eine Stimme mit der neuen Musik, die mich so begeisterte, die drei ›Philips-Stimmen‹ meiner Kindheit ersetzen sollte, war noch nicht gefunden.

Auf einer meiner regelmäßigen Erkundungstouren durch die Plattenläden der Innenstadt sah ich auf einem Single Cover das Bild einer wunderschönen schwarzen Frau, die ihren Kopf genussvoll mit geschlossenen Augen nach hinten neigte, von dem sich wie auf Wolken räkelnden Körper war nur ihr nackter Arm und ein offenherziges Dekolleté zu sehen. Der verheißungsvolle Titel »Love to Love You Baby« war ein weiterer Anreiz, mir die Platte zu kaufen. Was ich zu Hause hörte, übertraf all meine Erwartungen. Donna Summer mixte die für mich neuen Musikstile Funk, Disco und Soul, und krönte sie mit ihrer drei Oktaven und einer Terz umfassenden Mezzosopranstimme.

Ab Mitte der 1970er feierten die amerikanischen GIs die Höhepunkte des ›Munich Nightlife‹ in Clubs wie dem Tiffany, Piper Club oder PN Hithouse, München wurde »New Yorks große Discoschwester«. Da Donna selbst Teil dieser Szene war und sich von ihr inspirieren ließ, trug sie so mit ihren in München entstanden Alben, auf die ich im Anschluss näher eingehen werde, ein Stück Münchner Clubgeschichte und Lebensgefühl hinaus in die Welt. Sie wurde fortan als ›Disco Queen‹ gefeiert, ein Titel, der ihrem künstlerischen Schaffen nicht gerecht wird. Donna Summer war Sängerin, Komponistin, Texterin, Malerin, Mode-Ikone, Musikpionierin, Musicaldarstellerin und Schauspielerin, die 150 Millionen Platten verkaufte. Und sie war von 1968 bis 1976 Münchnerin, die an der Isar lernte, perfektes Deutsch zu sprechen,

* Donna Summer

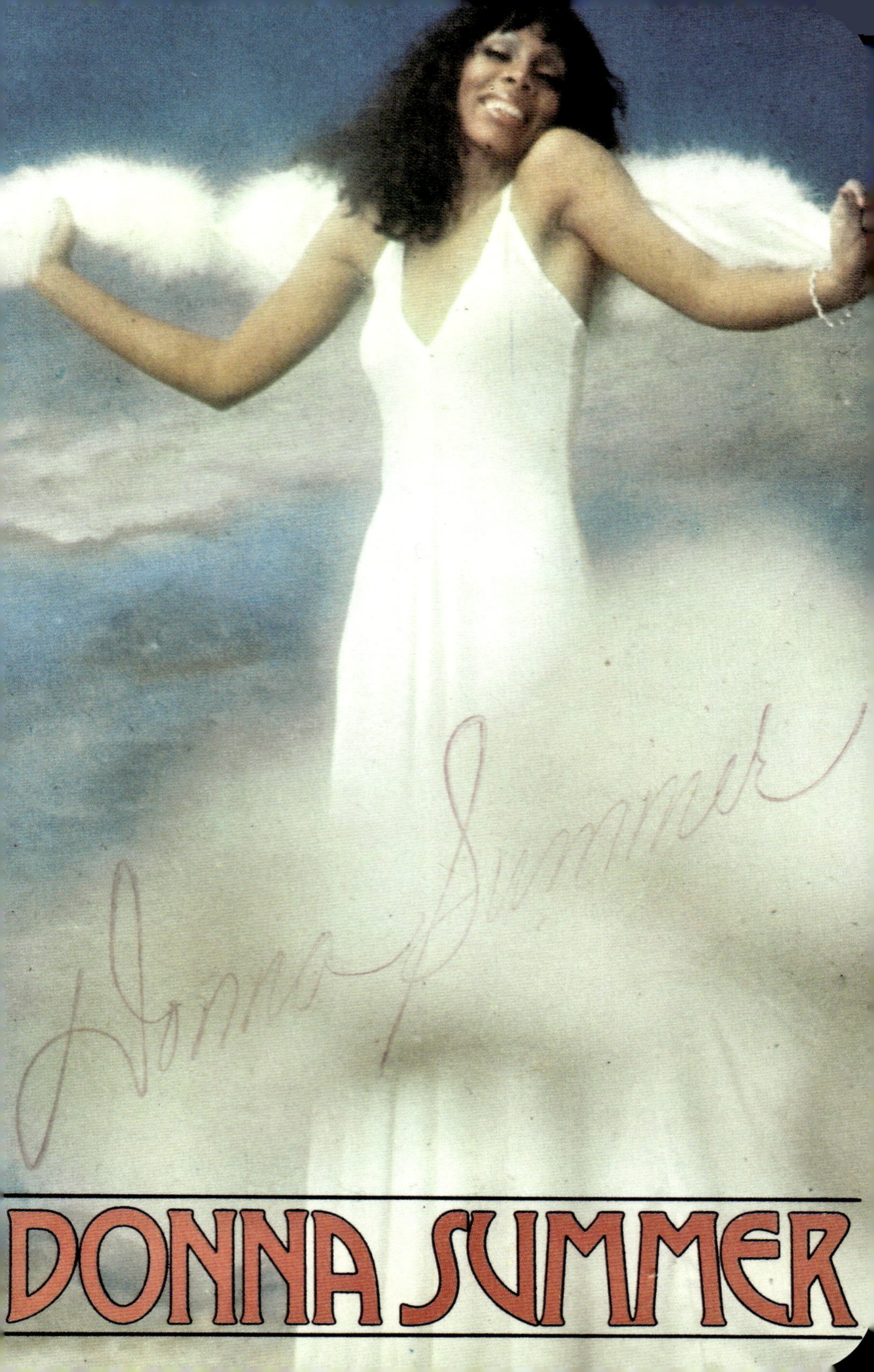
Donna Summer
DONNA SUMMER

Donna, die Gospelsängerin

Die am 31. Dezember 1948 als LaDonna Adrian Gaines geborene Musik-Pionierin Donna Summer wuchs in einer tiefreligiösen Familie mit sechs Geschwistern in ärmlichen Verhältnissen in Boston/Massachusetts auf. Sie litt unter dem in ihrer Heimatstadt seinerzeit vorherrschenden Rassismus. Trost fand sie in der Musik ihres Idols, der Gospelsängerin Mahalia Jackson. In Boston tat sie es ihrem Idol gleich und trat dem Gospelchor der Grant AME Church ihrer Heimatstadt bei. Nicht glücklich mit der eigenen Stimme, erfuhr Donna Gaines im zarten Kindesalter von acht Jahren, dass, wenn sie schrie, ihre Stimme laut und kräftig klang, und so begann sie heimlich zu üben und steigerte auf diese Weise ihr Stimmvolumen. Als eines Abends eine Solistin erkrankte, sprang Donna ein und war derart ergriffen, welch wunderbare Töne sie ihrer Kehle entlocken konnte, dass sie zu weinen begann. Damals will sie Gottes Stimme gehört haben, die zu ihr sagte: »Das ist Kraft, und wenn du diese Kraft richtig einsetzt, wirst du berühmt.«

Donna, die Zugereiste

Noch in Boston, schloss sich Summer 1967 als einziges schwarzes Mitglied der Psychedelic Funk Rock Band Crow als Frontfrau an und zog nach New York City. Dort teilte sie sich mit dem französischen Regisseur Bertrand Castelli eine Wohnung, dessen Inszenierung des Hippie-Musicals »Hair« am Broadway am 29. April 1968 Premiere feierte und das Stück weltweit populär machte. Da die Musical-Welt und der einhergehende Mix der Nationen sie mehr beeindruckte als der Plattenvertrag, den ihr RCA anbot, bewarb sie sich von New York aus im Mai 1968 bei einem Casting der Münchner Abendzeitung, zu dem der Münchner Unternehmer Produzent Werner Schmidt aufrief. Der spätere Ehemann von Nachtfee Edith Schmidt (Why Not) brachte das Kultmusical »Hair« erstmals in einer deutschen Fassung an die Isar. Donna Summer war eine der wenigen Auserwählten, die sich nach einem harten Casting unter 500 Bewerbern durchsetzen konnten. Schon im August 1968 zog sie nach München, das sie fortan ihre »Schicksalsstadt« nannte. So begann an der Isar eine der größten Karrieren in der Geschichte des Pop und weltweit einflussreichsten MusikerInnen.

Donna, das Showgirl

Am 24. Oktober 1968 schließlich stand die19-jährige Donna Gaines gemeinsam mit Liz Mitchell (Boney M.), Ron Williams, mit dem sie auch liiert war, den späteren SchlagersängerInnen Jürgen Marcus und Su Kramer bei der Deutschland-Premiere von »Hair« am Münchner Theater an der Brienner Straße zum ersten Mal auf einer Musicalbühne. Das Hippie-Musical machte auch in München Furore: Langhaarige mit Stirnbändern, Glockenjeans und Fransenwesten belagerten die Bühne, die Songs über Rassismus, Drogen und freie Liebe trafen den Zeitgeist. Wegen der vielen Nacktszenen auf der Bühne drohten die bayerischen Sittenwächter, das Musical zu kippen und das Theater zu schließen. Schließlich siegte die Zensur: Nacktszenen wurden entschärft, unzüchtig Schauspielende auf der Bühne mit einer Decke verhüllt. 1969 erreichte Donna als Donna Gaines & Ensemble mit dem Song »Wassermann (Aquarius)« aus »Hair« zum ersten Mal die deutschen Single Charts.

Im selben Jahr lernte sie den Österreicher Helmuth Sommer kennen, der allabendlich gemeinsam mit ihr auf der Bühne stand. 1972 heirateten Donna und Helmuth, aus der Ehe ging 1973 Tochter Mimi hervor. Nachdem sie Ende der 1960er im psychedelischen Afri-Cola-Werbespot (»Sexy Mini Super Flower Pop – alles ist in Afri Cola«) mitwirkte, sang sie 1970 in dem ZDF Krimi-Dreiteiler »11 Uhr 20« zwei Songs, die erstmals als Solosingle unter ihrem Namen Donna Gaines veröffentlicht wurden. Im selben Jahr schloss sie sich

»WASSERMANN«
AUF YOUTUBE

»I FEEL LOVE«
AUF YOUTUBE

Donna in ihrer Münchner Wohnung

dem internationalen, elfköpfigen Münchner Pop Chor Family Tree an, sammelte Erfahrungen bei Live Konzerten und in Fernsehshows.

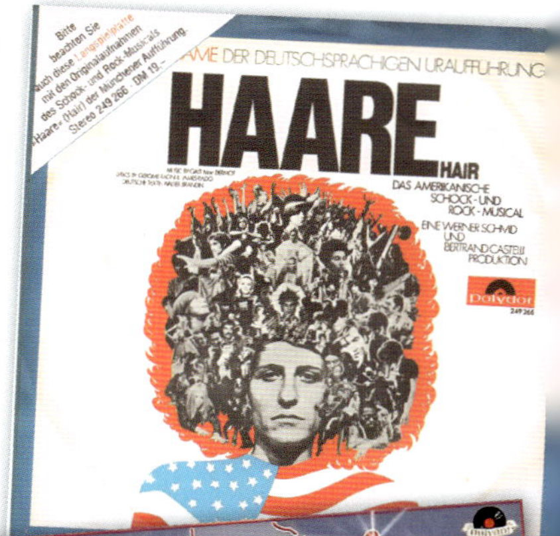

Donna, die Moroder-Muse

Bei Aufnahmen für einen Background-Chor stieß Gaines 1973 auf das Produzententeam Giorgio Moroder und Pete Bellotte. Moroder war ganz angetan von ihrem exotischen Aussehen, ihrem Charme und ihrer erotischen Ausstrahlung, und so produzierte er 1974 ihr Debutalbum »Lady of the Night« für Groovy Records. Das am R&B, Folk und Pop orientierte Album erschien erstmals unter ihrem Künstlernamen Donna Summer. Der Nachname ihres Ehemannes, des späteren Zahnarztes Helmuth Sommer, inspirierte Giorgio Moroder zu Donnas Künstlernamen: Summer.

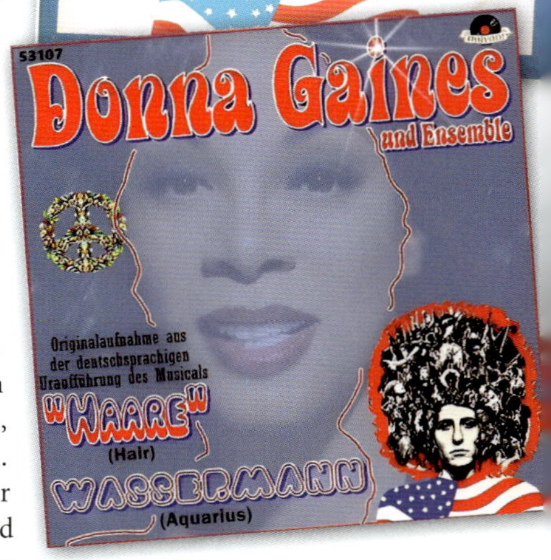

Giorgio Moroder war in München kein Unbekannter. 1968 zog der in Südtirol geborene Komponist und Musikproduzent nach München. Er bekam einen festen Vertrag als Produzent der Plattenfirma Ariola und konnte 1969 als Solokünstler in einigen europäischen Ländern reüssieren. Am meisten begeisterten ihn die elektronischen Innovationen, die sich nach und nach in der Musik durchsetzten. 1970 hatte er mit der tanzbaren Synthesizernummer »Arizona Man« seinen bis dahin größten Erfolg und schenkte der deutschen Schlagersängerin Mary Roos damit ihren ersten Hit, der sich deutlich vom deutschen Schlagerallerlei abhob. Anfang der 1970er-Jahre gründete er in der Bogenhausener Arabellastraße 3 die Musicland Studios und kreierte ab Mitte der 70er-Jahre gemeinsam mit Pete Bellotte, Harold Faltermeyer, Keith Forsey und Toningenieur Jürgen Koppers einen vorher nie da gewesenen, pulsierenden Tanzbeat, der unter dem Einsatz von Streichern fortan als ›Munich Disco‹ von der Isar aus seinen Siegeszug in die Welt antrat. Die bekannteste in dem Studio am Arabellapark produzierte Nummer ist das von Silvester Levay geschriebene und von Michael Kunze produzierte »Fly, Robin, Fly«, das 1975 von der Band Silver Convention zu einem Nr. 1 Hit in Amerika wird und die ganze Welt eroberte. Die Musicland Studios waren heiß begehrt bei internationalen Musikgrößen wie Queen, Led Zeppelin, Electric Light Orchestra, Iggy Pop oder Elton John, bis ab Mitte der 1980er durch die Vibrationen, die der Bau des U-Bahnhofes Arabellapark verursachte, keine Aufnahmen mehr möglich waren.

Donna, die Sexgöttin

Im Mai 1975 begannen die Aufnahmen zu Donna Summers erstem von fünf in den Musicland Studios produzierten Alben. »Love to Love You Baby« entstand nach einer Idee der Sängerin, Serge Gainsbourgs und Jane Birkins zärtlich gehauchtem »Je t'aime … moi non plus« (1969) ein schwarzes Gesicht und Soul zu geben, der knappe Text fiel ihr ein beim Gedanken an Marilyn Monroe. Giorgio Moroder und Pete Bellotte setzten den Song mit einer jazzigen Bassline um. Als »Love to Love You Baby« bei einer Party des US Produzen-

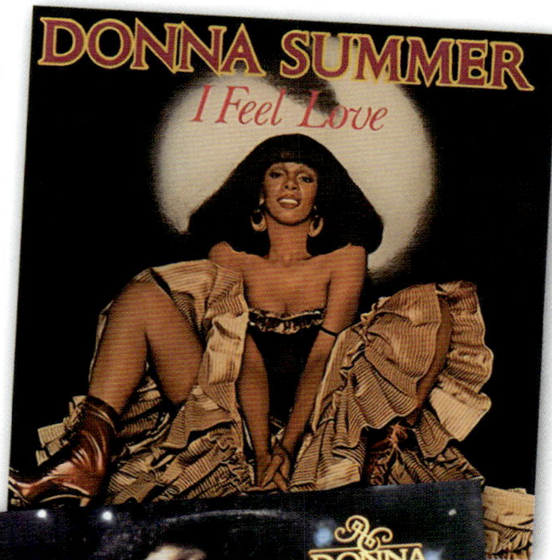

ten Neil Bogart des Labels Casablanca Records lief, konnten seine Gäste nicht genug bekommen von den funky Gitarrenriffs und Donnas gestöhnter Einladung zum Beischlaf, und die Party uferte zur Orgie aus. Um das Stück nicht immer wieder neu auflegen zu müssen, rief Bogart bei Moroder und Bellotte in München an mit der Idee, eine ganze Plattenseite mit dem Song zu füllen. Die beiden bliesen die Single auf zu einer am orchestralen Philly Sound orientierten, synthetisch produzierten, knapp 17-minütigen Tanzekstase. Das Stück mit dem Endlosrhythmus und Donnas leidenschaftlichen Worten wurde zu ihrem ersten Welterfolg, der perfekt in den promisk gelebten Hedonismus der Pre-Aids-Ära der 1970er passte. Auf die Frage neugieriger Journalisten, ob es denn wahr gewesen sei, dass sie sich während der Aufnahme selbst angefasst habe und 22 Orgasmen erlebte, erwiderte Donna Summer, es sei ihr nicht schwergefallen. Man habe das Tonstudio für sie abgedunkelt, und viel Text, der im Wesentlichen daraus bestand, die Textzeile »Love to Love You Baby« lasziv im Endlosrhythmus zu wiederholen, habe sie sich ohnehin nicht merken müssen. Und an ihren Boyfriend Peter (Peter Mühldorfer, dt. Maler, *1946) habe sie denken müssen. Beim ersten Anhören ihres eigenen Songs sei ihr dennoch die Schamesröte ins Gesicht gestiegen (»Zum Glück können schwarze Menschen nicht rot werden«). Auf der Rückseite fand man, je nach Erscheinungsland, vier am R&B orientierte Songs und eine Reprise. Mit dem Album erreichte sie in den USA ihren ersten Top 20 Charterfolg. In Deutschland erschienen das und die nachfolgend in München produzierten Alben beim Label Atlantic Records (WEA), das sich nach seiner Gründung 1947 zum größten Independent Label im Jazz und R&B in den USA entwickelte.

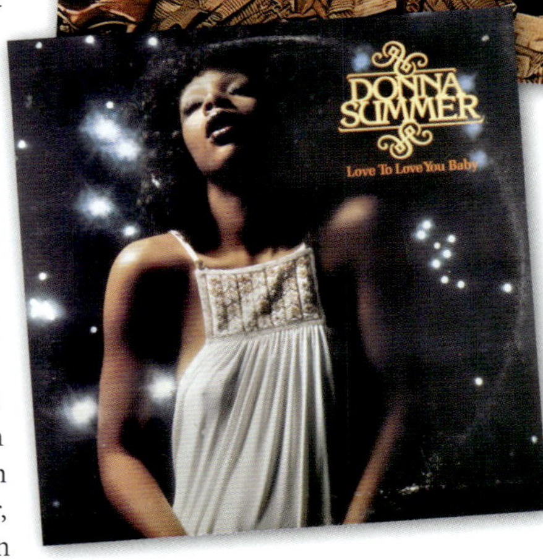

Donna verbannte »Love to Love You Baby« Ende der 1970er-Jahre aus ihrem Live-Repertoire und nahm es erst in den 2000ern wieder auf. Anlass waren Tumulte, die sich bei ihren Live-Konzerten ereigneten und sie in Panik versetzten. Während sie »Love to Love You Baby« sang, zerrten sich männliche Fans die Kleider vom Leibe, stürmten zur Bühne und versuchten, sich zu Donna hochzuangeln, dass selbst ihre Bodyguards überfordert waren.
Auf ihrem zweiten in den Musicland Studios produzierten Album versuchten Summer, Moroder und Bellotte, den Erfolg des Vorgängeralbums zu wiederholen und veröffentlichten im März 1976 mit dem Album »A Love Trilogy« nochmals eine Plattenseite mit der Maxiversion nur eines Titels. Das knapp 18-minütige »Try Me, I Know We Can Make It«, eine in drei Parts gegliederte Disco-Sinfonie mit den für den Munich Sound charakteristischen üppigen Streichern und ihrer engelsgleichen Stimme, mit der sie noch höhere Töne traf, als die drei Heldinnen meiner Kindheit. Auf der B-Seite fand man den Barry Manilow-Song »Could It Be Magic«, der als Single vorab veröffentlicht das erfolgreichste Stück auf dem Album war.
Nur sieben Monate später, im Oktober 1976, veröffentlichte Summer mit »The Four

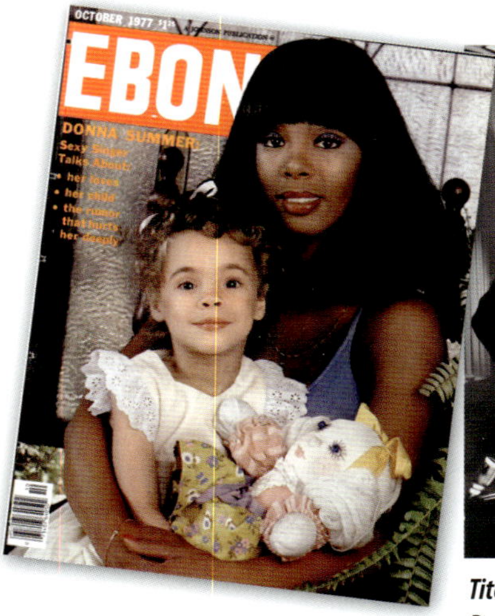

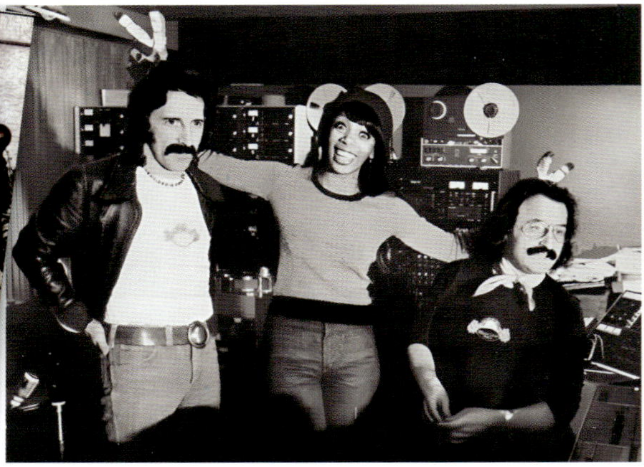

Titelgeschichte über Donna Summer, Ebony Magazine, Oktober 1977 (l.)
Donna im Studio mit Peter Bellotte und Giorgio Moroder (o.)

Seasons of Love« ihr drittes am Arabellapark produziertes Album. In den von Summer, Moroder und Bellotte geschrieben vier Tracks und einer Reprise erzählt sie die Geschichte einer Liebesaffäre und stellte eine Verbindung zu den vier Jahreszeiten her. Als Singles erschienen der Discotrack »Spring Affair« und die Ballade »Winter Melody«. Verkaufsfördernd lag der Original LP ein aufklappbarer Kalender für 1977 mit vier Bildern Summers bei. Das Cover Foto, das sie knapp bekleidet mit Hochsteckfrisur auf einer strahlenden Mondsichel sitzend zeigt, brachte ihr den Titel »First Lady of Love« ein.

Donna, die Pionierin

Ihre Vorliebe für Konzeptalben setzte das dreiköpfige Musikerteam mit dem Album »I Remember Yesterday« fort und lud mit sieben Songs und einer Reprise zu einem musikalischen Streifzug durch die unterschiedlichen Genres im Soul vergangener Dekaden ein. Mit dem im Mai 1977 erschienene Longplayer emanzipierte sich Donna Summer als ernst zu nehmende und glaubwürdige Musikerin. Das Artwork zeigte sie als selbstbewusste, leicht provokante Diva und unterstrich damit ihren Imagewandel. Der Titeltrack kombinierte den typischen Munich Sound mit Swing-Elementen aus den 1940er-Jahren, »Love's Unkind« ließ die 1950er auferstehen, in »Back In Love Again« zitierte sie den Motown-Sound der 1960er, während »Black Lady«, der Opener auf Seite 2, an eine Whitfield-Nummer à la Rose Royce (»Car Wash«, 1976) erinnerte. »Take Me« klang wieder nach Disco. Die von Tony Macaulay geschriebene Soul-Ballade »Can't We Just Sit Down (And Talk it Over)«, in der die ganze Kraft ihrer Gospelstimme zum Ausdruck kam, war der einzige Song auf dem Album, der nicht von Summer/Moroder/Bellotte stammte. Mit dem futuristischen Titel »I Feel Love« fand die musikalische Zeitreise seinen krönenden Abschluss.

Beeinflusst durch den Krautrock und die ›Berliner Schule‹ plante Moroder mit »I Feel Love« einen zukunftsweisenden Song unter dem Einsatz eines Sequenzers, ein Anfang der 1960er-Jahre entwickeltes elektronischen Geräts zur Aufnahme und Bearbeitung von Musik.

Da Moroder über keine entsprechende technische Ausrüstung verfügte, war er auf den Moog IIIp angewiesen, den Eberhard Schoener 1969 direkt beim Synthesizer-Erfinder Bob Moog in seiner Werkstatt in Trumansburg, New York, abholte und nach München brachte. Die Beatles hatten den Moog IIIp nach der Produktion ihres Albums »Abbey Road« (1969) wieder an Moog zurückgegeben, da John Lennon die neuartige Technik

zu kompliziert gewesen war. Die Bassline wurde von Robert Wedel, der Tontechniker bei Schoeners war, auf dem Moog IIIp programmiert. Folglich ist in »I Feel Love« derselbe Moog zu hören wie auf dem Beatles-Album. Er steht heute im Deutschen Museum. Zu der Bassline kombinierten Moroder und Bellotte erstmals in der Musikgeschichte repetitive Synthesizer-Loops mit einer durchgängigen Four-On-The-Floor-Bassdrum. Der gleichmäßige Rhythmus im 4/4-Takt machte den Song eingängig und tanzbar. Nach heutiger Hörerfahrung klingt »I Feel Love« nicht ungewöhnlich, 1977 klang es neuartig und fremd. Abgesehen von Donna Summers Stimme kamen ausschließlich elektronische Klänge zum Einsatz, somit gilt IFL als eine der ersten von elektronischen Instrumenten dominierten Discoproduktionen und als Bindeglied zwischen Kraftwerk und Techno.
David Bowie und Brian Eno, die im Sommer 1977 gemeinsam in den Berliner Hansa Studios saßen und »Heroes« aufnahmen, erkannten bei einem Ausflug ins Berliner Nachtleben in »I Feel Love« den zukunftweisenden Club Sound der nächsten 15 Jahre, und sie sollten recht behalten: Donna Summer, Giorgio Moroder und Pete Bellotte ebneten den Weg für Synthie-Pop, Italo-Disco, Hi-NRG sowie für House und Techno.
Donna Summer hatte mit »I Feel Love« ihren bis dahin größten Hit in ihrer Karriere und beeinflusste die Musikwelt nachhaltig. Der 15-minütige von Patrick Cowley produzierte Remix von 1982 wurde zum Club Hit, Gabi Delgado-López (DAF) gab an, von der IFL-Sequenz beeinflusst worden zu sein. 1984 veröffentlichten Bronski Beat ihre Version des Klassikers. Madonna zeigte 2006 bei ihrer »Confessions Tour«, die die Disco-Musik der 1970er aufleben ließ, Verehrung für ihre Inspirationsquelle Donna Summer und läutete ihren Auftritt allabendlich mit einem »I Feel Love«-Intro ein.
Beteiligt am weltweiten Erfolg des Albums »I Remember Yesterday« war Neil Bogart, Chef des Plattenlabels Casablanca Records (»Wir haben sie großgemacht, größer als das Leben.«). Er holte Summer 1976 gemeinsam mit ihrem Lebensgefährten Peter Mühldorfer zurück in die USA, Los Angeles, um aus ihr einen Megastar zu formen. Donna hingegen durchlitt sämtliche Superstar-Symptome und kämpfte mit Anfällen von Größenwahn gepaart mit Nervenzusammenbrüchen. Sie verlangte kurzfristig nach einem Privatjet, den sie wieder abbestellte, wenn ihr ihre Astrologin wegen einer ungünstigen Sternenkonstellation dazu riet. Sie kaufte Juwelen, Autos und Kleider wie andere Leute ihr täglich Brot. Die Folgen waren Einsamkeit, Schlaflosigkeit und Suizidgedanken und eine Medikamentenabhängigkeit, die sie während der Zeit ihres Ruhmes begleitete.

Donna, die Märchenerzählerin

Nur wenige Monate später, im Oktober 1977, die Discowelle erreichte gerade ihren Höhepunkt, erschien Donna Summers fünftes und letztes in den Musicland Studios produziertes und ihr erstes Doppelalbum »Once Upon a Time« (»Es war einmal«). Die »Disco-Opera« fand in einem himmelblauen Cover Platz, auf dem Donna in einem fast züchtig wirkenden Kleid etwas unschuldig wirkte. In den Songs »Queen For a Day« und »If You Got It, Flaunt it« würdigte sie ausdrücklich ihre schwule Hörerschaft – eine gewagte Geste für einen Megastar im prüden Amerika der 1970er. Wegen der Vielzahl an tanzbaren Songs, die sich über die Schwulenclubs verbreiteten, hielt sich das Album wochenlang auf Platz 1 in den Billboard Dance Club Charts. Mit der Liebeserklärung »I Love You« im Munich Sound und dem funky »Rumour Has It« gingen zwei Singles hervor.
In den 16 ineinander übergehenden Songs lud Donna den Hörer in einer modernen Version der Cinderella-Story auf einen 69-minütigen musikalischen Trip durch die Traumwelt der New Yorker Disco-Szene ein. Das Album galt damals als Kultalbum und als ihr persönlichstes. Es schien, als erzähle Donna ihre eigene Geschichte vom unglücklichen Mädchen, das immer wieder aufstand und nicht aufgab, das Glück zu finden.

Donna, die Hitmaschine

Während Donna Summer immer mehr unter ihrer Rolle als Superstar litt, feierte sie von Amerika aus ihre größten Erfolge, die auch bei Musikkritikern auf positive Resonanz stießen. In dem im Juli 1978 veröffentlichten Song »Last Dance« aus dem Soundtrack des mäßig erfolgreichen Kinofilms »Thank God It's Friday« wurde Summer in ihrer Rolle der Nachtclubsängerin Nicole zur noch mehr strahlenden Diva hochstilisiert. Der von Paul Jabara geschriebene, von Moroder/Bellotte produzierte Song wurde unter anderem mit einem Oscar (Best Original Song) und zwei Grammys ausgezeichnet. Nur einen Monat später, im August 1978, veröffentlichte sie mit dem Doppelalbum »Live and More« auf drei Plattenseiten erstmals ein Live-Album. Zur Seite vier, die dem Disco-Rework des Jimmy Webb-Klassikers »Mac Arthur Park« gewidmet war, der auf Livekonzerten zu ihrer Hymne wurde, konnte man wieder knapp 18 Minuten durchtanzen.

Dem Superlativ noch eins draufsetzen konnte sie mit dem im April 1979 erschienenen Doppelalbum »Bad Girls«, das mit dem Titeltrack und dem mit dem Grammy ausgezeichneten »Hot Stuff« (Best Female Rock Performance) zu ihrer weltweit erfolgreichsten Produktion wurde und als Höhepunkt ihres künstlerischen Schaffens gilt. Das Album verkaufte sich vier Millionen Mal und erhielt in den USA Doppelplatin, auch in Deutschland verkaufte 1979 keine Musikerin mehr Platten als Donna.

1979 verklagte Donna Summer ihr Plattenlabel Casablanca Record & FilmWorks wegen Vertragsbruchs und beendete die Zusammenarbeit. Das Label hielt an ihrem Werbeimage der »First Lady of Love« fest und ließ ihr wenig künstlerischen Freiraum. Zudem war sie erschöpft von ihrem Leben als Megastar und äußerte den Wunsch nach mehr Privatleben. Bevor es zum Bruch mit Casablanca kam, erschien im Oktober 1979 mit »On the Radio – Greatest Hits I & II« erstmals ein Best Of Album von ihr. Mit dem Album und der enthaltenen Single »No More Tears (Enough ist Enough)«, ein stimmgewaltiges Duett geballter Frauenpower im Discosound mit ihrer Kollegin Barbra Streisand, belegte sie ein letztes Mal in ihrer Karriere die Nummer 1 in den US Charts.

Donna, die Frau und Mutter

Donna war in ihrer Jugend von Selbstzweifeln geplagt, fühlte sich in jungen Jahren als »hässliches Entlein«. Selbstbewusstsein erlangte sie ab 1968 beim internationalen Münchner Ensemble von »Hair«, wo sie eine der ersten schwarzen Frauen war, die nach dem Zweiten Weltkrieg auf einer deutschen Musicalbühne stand. In der Öffentlichkeit galt sie als schüchtern und zurückhaltend, im Freundeskreis hingegen blühte sie auf und gab gern den Clown. Die acht Jahre in ihrer »Schicksalsstadt« München von 1968 bis 1976 behielt sie als »schöne Zeit« in Erinnerung. Sie mochte es, lange auszuschlafen, die Nachmittage verbrachte sie gern in Cafés, bevor sie abends auf der Bühne stand. Essen ging sie gern in der Deutschen Eiche, sie bevorzugte bayerisches Essen wie Knödel, Kraut und Würstl. Donna tanzte leidenschaftlich gern und vergnügte sich im P 1, Take Five, Why Not oder Charly M. Ihr exotischer Look – ihre nackten Füße waren mit bunten Zehenringen geschmückt – prägte das Styling in den Münchner Diskotheken. Donna war auch Familienmensch und brachte 1973 Mimi, die gemeinsame Tochter mit Helmuth Sommer, zur Welt. Die Ehe wurde Mitte der 1970er-Jahre geschieden. Auf dem Höhepunkt ihres Ruhms kämpfte Donna Summer mit Depressionen, Größenwahn und Einsamkeit. In den 1970ern wurde sie in einem New Yorker Hotel beim Versuch, sich das Leben zu nehmen, von einem Zimmermädchen gerettet. Halt fand sie in ihrer Ehe mit dem Musikerkollegen Bruce Sudano, den sie 1980 heiratete. Aus der Ehe gingen zwei Töchter hervor. Summer genoss das Leben als Hausfrau und Mutter (»Ich räume gern den Geschirrspüler ein.«).

Donna, die Gestrauchelte

Die Hoch-Zeit des Disco flaute Ende der 1970er ab, auch meine Hörgewohnheiten änderten sich, und ich tauchte ein in die musikalischen Welten von Kate Bush und Lene Lovich, hörte deutsche Bands wie Fehlfarben, Neonbabies und vor allem DAF, die neben Can und Kraftwerk zu den einflussreichsten Gruppen im Bereich der deutschen elektronischen Musik zählen. Auch Donna Summer, die 1980 bei Geffen Records unterschrieb, wagte einen Stilwechsel und veröffentlichte im selben Jahr das am New Wave und Rock orientierte Album »The Wanderer«. Gemeinsam mit Sudano schrieb sie für die spartenfremde Kollegin Dolly Parton den Song »Starting Over Again« und verhalf ihr 1980 damit zu einer Nummer 1 in den US Country Charts. Das 1981 produzierte Album »I'm a Rainbow« beendete ihre Zusammenarbeit mit Moroder und Bellotte. Mit ihrem zehnten, schlicht »Donna Summer« betitelten Studioalbum, das Juli 1982 erschien, sollte sie als R'n'B-Sängerin etabliert werden, und so fiel die Wahl des Produzenten auf Quincy Jones. Im Vangelis-Titel »State Of Independence« ließ Jones hochkarätige Musikerfreunde und -kollegen wie Stevie Wonder, Michael Jackson oder Dionne Warwick für Summer im Background Chor singen. Sie liebte diesen Song und bedauerte, ihn nicht selbst geschrieben zu haben. Ihr erfolgreichstes Album der 1980er, »She Works Hard for the Money« von 1983, läutete gleichzeitig ein Karrieretief ein. Im Zuge Summers wiedergefundener Religiosität mochte man den Gerüchten um ihre homophobe Äußerung fast Glauben schenken, Aids sei die gerechte Strafe Gottes für die Homosexuellen für ihr ausschweifendes Sexualleben. Ihre schwulen Fans in Amerika schickten kistenweise ihre zerbrochenen Platten aus ihrer Glanzzeit an sie zurück, auch die Münchner Schwulen nahmen ihr die angebliche Äußerung übel. Im Schwulenclub Frisco, der bis 1987 in der Blumenstraße beheimatet war, hing das gelbfarbene Cover des Albums »She Works Hard for The Money« an den Wänden, ihr Gesicht war mit schwarzen Klebestreifen unkenntlich gemacht worden. Oberhalb des Summer-Covers befestigte man in mehrfacher Ausfertigung die doppelseitige Plattenhülle des Sade-Debüts »Diamond Life«. Die Smooth Jazzerin Sade Adu galt in der Schwulenszene als würdige schwarze Nachfolgerin der Disco-Ikone. Summer distanzierte sich stets von den Vorwürfen, die man ihr in den Mund gelegt habe und nahm 1989 hierzu in einem offenen Brief an »Act Up« (AIDS Coalition to Unleash Power) Stellung, zudem gab sie zahlreiche Benefizkonzerte, um sich für den Kampf gegen Aids einzusetzen.
Mit dem im März 1989 erschienenem 14. Studioalbum »Another Place and Time« (1989), eine Kollaboration mit den britischen Hitproduzenten Stock/Aitken/Waterman, landete sie noch einmal in den Charts. Große Verkaufserfolge blieben jedoch in späteren Jahren aus. 1992 erhielt sie einen Stern auf dem Hollywood Walk Of Fame, zwei Jahre später erzählte sie in der Talkshow »Boulevard Bio«, die Pause in den 1980ern habe ihr gutgetan, sie habe dadurch ihre Tablettenabhängigkeit und ihre Depressionen besiegt. Alfred Biolek und Donna Summer pflegten eine jahrzehntelange Freundschaft, die in Edith Schmidts Why Not begann, wo Donna während ihrer Theaterzeit als Bedienung aushalf. 1998 gab sie ein AIDS-Wohltätigkeitskonzert in der New Yorker Carnegie Hall für die »Gay Men's Health Crisis«, bei der 400 000 US-Dollar zusammenkamen. 1999 war sie mit ihrem zweiten Live Album »Live and More Encore« noch mal in den Charts, und bei Thomas Gottschalk in »Wetten, dass ...?«. 2009 sang sie in Oslo für den amerikanischen Präsidenten zur Verleihung des Friedensnobelpreises den oscarprämierten Filmsong »Last Dance«.

Donna, die Queen

Am 20. Mai 2008 erschien mit »Crayons« Donna Summers 17. und letztes Studioalbum mit dem selbstbewussten Song »The Queen Is Back«. Während eines Berlinaufenthaltes im Sommer 2009 traute ich meinen Augen kaum. Die Stadt war plakatiert mit einer Konzer-

tankündigung Donna Summers für den 30. Juli 2009, wo die »Queen« im Tempodrom ihr erstes Deutschland-Konzert ihrer Karriere gab. Ich war aufgeregt, wie ich es seit jeher bin vor dem Aufritt bedeutungsvoller Künstler, als die siebenköpfige Band mit einer orchestralen Ouvertüre zum Titelsong »The Queen is Back« begann. Während über die überdimensionale Videoleinwand Bilder des Märchenschlosses Neuschwanstein, Kronen und Wappen flimmerten, betrat eine strahlende Donna in einem schulterfreien Paillettenkleid die Bühne. Die Zuschauer jubelten, als sich der repetitiv wummernde Synthesizer hochpeitschte, sich ihr Gesang, ihr Seufzen und Stöhnen langsam hochschraubte und zur Steigerung dreistimmig erklang, bis zweitausend Menschen in »Ooh, it's so good, it's so good, it's so good« mit einstimmten und der Konzertabend zu einer großen retrofuturistischen Party wurde. Einer der schönsten Momente des Konzerts waren die vier grauhaarigen Kollegen aus ihren Münchner Anfangsjahren, die sie auf die Bühne holte, und in einem Mix aus Deutsch und Englisch »Aquarius« aus »Hair« anstimmte.
»Wenn der Mond im siebten Hause steht
Und Jupiter auf Mars zugeht
Herrscht Friede unter den Planeten
Lenkt Liebe ihre Bahn.«

Die Mezzosopranstimme der Jahrhundertsängerin verstummte am 17. Mai 2012 für immer. Donna Summer verstarb am 17. Mai 2012 an den Folgen einer Lungenkrebserkrankung in Naples/Florida. Ihren letzten Frieden fand Donna Summer am 23. Mai 2012 in Nashville/Tennessee im Harpeth Hills Memory Gardens Cemetery unter Ausschluss der breiten Öffentlichkeit. Giorgio Moroder war unter den geladenen Trauergästen.

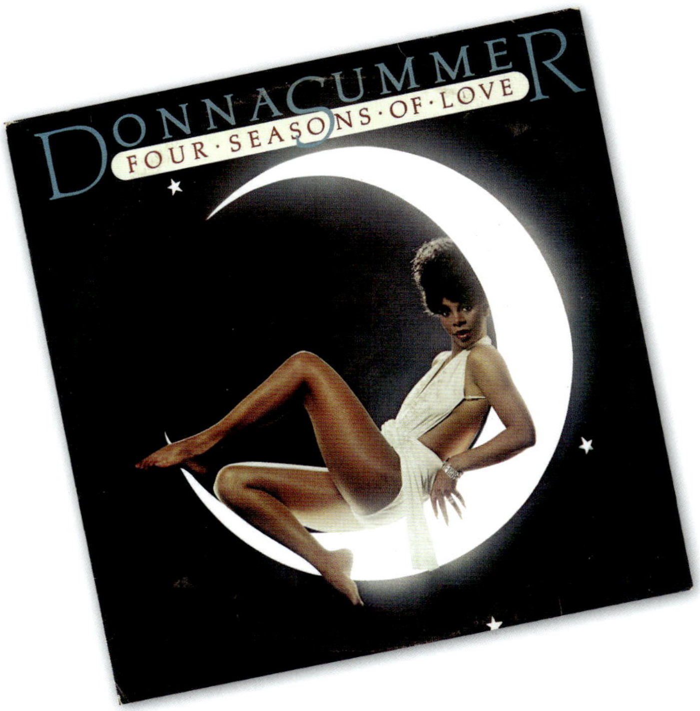

»Wir haben den Amerikanern Coca-Cola verkauft«

Munich Disco von Silver Convention und Penny McLean

Stefan Niederwieser • Journalist, Redakteur

Penny McLean war 1975 drei Wochen lang Nummer 1 in den USA. Die einzigartige Geschichte der Kärntner Disco Queen erzählen mehrere Interviews nach, die Stefan Niederwieser geführt hat.

Penny McLean: Ich war das anfangs uneheliche Kind eines bayerischen Rechtsanwalts und einer schönen Kärntnerin, die er später geheiratet hat. Schon ganz früh bin ich am Radio geklebt und es fiel auf, dass ich bei Liedern mitsingen konnte, die ich vorher nur einmal gehört hatte. Mit nicht ganz sechs kam ich deshalb aufs Konservatorium für Frühbegabte – gleichzeitig mit Udo Jürgens, der allerdings etwas älter war und in die oberen Klassen ging. Ich war bis zu meinem neunten Lebensjahr in Klagenfurt, ich spreche den Dialekt und kenne mich dort aus wie die Ratte im Kanalsystem. Als ich neun war, tauchte mein Vater auf und ich wurde in ein Internat nach Deutschland verpflanzt. Wie dadurch zu allem Übel auch noch meine österreichische Staatsbürgerschaft einfach verschwinden konnte, ist mir schleierhaft. Gerade versuche ich, sie wieder zu bekommen.
Sylvester Levay: Ich bin nach München gekommen, um mich als Arrangeur und Studiomusiker zu bewerben. Dort habe ich Playbacks für Mireille Mathieu, Katja Ebstein, Udo Jürgens u. v. m. eingespielt. Einmal wurde gefragt, ob ich aushelfen kann, als ich schon fertig war. Ich habe ein halbes Bier in der Hand gehabt und das mit der anderen schnell runtergespielt. Zwei Minuten später kommt dieser Herr aus dem Studio und stellt sich als Michael Kunze vor. Und er hat gesagt: Hätten Sie Lust, mit mir zusammenzuarbeiten? Das war wohl Anfang 1972 und der Beginn einer beruflichen Partnerschaft wie auch einer sehr großen Freundschaft.
Penny McLean: Für die Familie meines Vaters war Musik brotlose Kunst. Ich sollte etwas Anständiges lernen und später die Kanzlei übernehmen, in der ich mitarbeiten musste und lernte, eigenständig Schriftsätze zu verfassen. Mir war Sozialpädagogik aber lieber, später studierte ich auch einige Semester Philosophie und Theologie. Zehn Tage nach meiner Majorenz – damals war das mit 21 Jahren – habe ich einen überaus gescheiten Musikprofessor geheiratet. Danach fingen die Auftritte an. Unser allererster, damals als Holger & Tjorven, fand in einem eleganten Puff in Stuttgart statt. Zu mitternächtlicher Stunde kamen alle Bordsteinschwalben hereingeflattert – ich schätze diese Frauen sehr –, diese Frauen bestellten die immer gleichen drei Lieder [singt jeweils kurz]: Mama. Ich baue dir ein Schloss, so wie im Märchen. Und Ave Maria. Und sie saßen da und weinten. Mein Mann und ich waren fast zwei Jahre mit dem gängigen Schlagerprogramm in verschiedensten Lokalen engagiert, auch das Fernsehen wurde auf uns aufmerksam. Ich war damals sehr blond und knabenhaft – und bald wieder geschieden, weil mein Mann homosexuell war.
Martin Arz: In München eröffnete 1967 das Blow Up am Elisabethplatz, es war DIE Disco der Stadt. Dort gab es eine Lasershow. Der Spiegel kam für einen Artikel vorbei, das war eine absolute Sensation. Die Stadt war bis Mitte der 1980er der Hotspot für Musik und Mode – es ist abgegangen wie nichts. Bis wir dann Herrn Gauweiler vor die Nase gesetzt bekommen haben, der speziell in der Schwulenszene sehr viel kaputt gemacht hat.

Penny McLean: Ich bin mit der Gruppe Tide Turners im Capt'n Cook aufgetreten, das war DIE Diskothek, innen wie ein großes Schiff gebaut. Heute ist dort das Schwabinger Lustspielhaus. Es gab eine halbe Stunde Liveband, eine halbe Stunde Diskothek, eine wirklich ideale Mischung. Und es war immer krachend voll. Der Bandleader war Anthony Monn, der später Amanda Lear produzierte. Und dann kam es, dass ich öfter in den Studios als Chorsängerin engagiert war, auch bei Giorgio Moroder. Ein Talentmanager rief ihn eines Tages an: ›Wer ist die Sängerin?‹ Und Giorgio sagte: ›Warum? Das ist meine Freundin.‹

Jens Poenitsch: Giorgio Moroder hat sich im Schlager nicht wohlgefühlt. Durch Zufall hat er – mit Pete Bellotte und später mit Harold Faltermeyer – die Elektronik entdeckt und eine Riesenbewegung ausgelöst. Munich Disco gehört genauso zum Stammbaum von Techno wie Detroit oder Kraftwerk. Die Anfänge von Munich Disco lagen aber nicht nur im Sound der Hippies, nicht nur im Krautrock, sondern auch im Schlager. Die große Königin von Disco – Donna Summer – und Silver Convention haben diesen Sound hinüber in die USA getragen und bald haben sogar saturierte Rock-Bands wie Queen oder die Rolling Stones Disco-Elemente übernommen und in den Münchner Musicland Studios aufgenommen unter der Ägide des Moroder Schülers Reinhold Mack.

Penny McLean: Das Studio war im Arabellahochhaus ganz unten im Keller. Ganz oben hatte Giorgio eine sehr hübsche Zweizimmerwohnung mit super Aussicht. Die Küche war für meine Begriffe viel zu klein. Ich habe trotzdem gekocht.

Martin Arz: 1972 kam mit den Olympischen Spielen ein wichtiger Modernisierungsschub. Diese Spiele waren sehr offen und bunt – bis zu dem tragischen Attentat. Donna Summer war vorher mit einem Österreicher verheiratet und hat in München als eher gescheiterte Musicalsängerin gelebt, die dann für Giorgio Moroder Songs eingesungen hat.

Penny McLean: Ich kannte Donna durch das Musical Hair am Deutschen Theater. Mein Mann war dort musikalischer Leiter und Donna wohnte zu der Zeit, also in den Sechzigern, monatelang bei uns. Ich habe mich sehr gut mit ihr verstanden. Sie war eine ganz Liebe und ganz Bescheidene.

Michael Bartle: In den Musicland Studios im Stadtteil Bogenhausen haben Giorgio Moroder und Reinhold Mack ab 1973 einen ganz eigenen, typischen Sound entwickelt, der sich erst einmal an Philadelphia orientiert hat. Daraus wurde dann der Sound of Munich.

Sylvester Levay: Barry White hatte auf mich großen Einfluss, weil er so easy dancing und funky war und doch melancholische Streicher hatte. Wir fanden diesen Groove so gut. Auch von den Doobie Brothers. Ich habe in meinem kleinen Kellerstudio außerhalb von München ein Demo aufgenommen und es Michael Kunze vorgespielt. Er sagte: ›Lass uns das einfach mal so aufnehmen.‹ Und das hat ihm so gut gefallen, dass er sagte: ›Was machen wir damit?‹ Dann meinte ich: ›Lass uns Streicher aufnehmen.‹ Ich habe das eine Stunde vor den Aufnahmen schnell erfunden und aufgeschrieben. Die Streicher waren Münchner Philharmoniker, mit denen ich befreundet war. Sie haben die ganze Langspielplatte von Silver Convention eingespielt. Und auch die von Penny McLean.

Penny McLean: Den Namen Penny hatte ich früh. Während des Studiums habe ich auch nachts am Fließband gearbeitet, weswegen ich am Tag des Öfteren einschlief. Darum hieß es: Die pennt schon wieder. Der Name ist keine elegante Kurzform von Penelope, die auf ihren Odysseus wartet. Ich wurde zuerst von Charly Niessen produziert und später bot mir Giorgio Moroder einen Vertrag an. Zur gleichen Zeit aber hörte mir ein Mann bei meinen Auftritten in Schwabing genau zu. Und dieser Mann hieß Michael Kunze. Und aus Gründen, die ich heute gar nicht mehr genau nachvollziehen kann, habe ich nicht den Vertrag von Giorgio Moroder angenommen, sondern den von Michael Kunze.

Sylvester Levay: Unser Partner, Ralph Siegel, hat unsere Nummer »Save Me« 1975 zur Musikmesse in Cannes mitgenommen und an Bob Reno verkauft, der sie gleich veröffentlicht

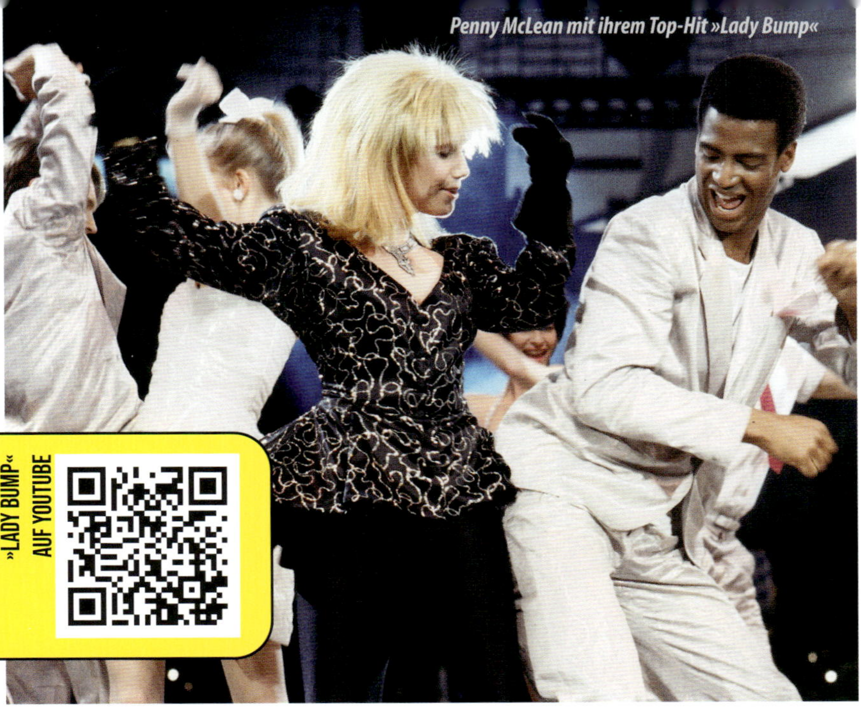

Penny McLean mit ihrem Top-Hit »Lady Bump«

»LADY BUMP« AUF YOUTUBE

hat. Und in kürzester Zeit ist der Song in der Diskotheken-Hitparade der USA aufgetaucht. Die New Yorker Diskotheken waren der Anfang von Silver Convention.

Jens Poenitsch: Ralph Siegel war ein Patriarch. Er hatte sowohl Studio, Mischraum, Verlag, Künstler wie auch Ablagestätten unter einem Dach.

Sylvester Levay: Damals habe ich immer AFN American Forces Network gehört. Einmal sagte der Moderator: ›Und jetzt kommt ein Country-Song, »Run, Rabbit, Run«.‹ Das war auch der Originaltitel von Michael. Ich bin im Studio zu ihm hin: ›Michael, halt! Wir können unsere Nummer nicht »Run Rabbit Run« nennen.‹ Und er sagte: ›Beruhig dich.‹ Und dann hat er seinen Bleistift genommen: ›Na gut, dann machen wir »Fly, Robin, Fly«.‹ Es ist Wahnsinn, wie das so abgegangen ist. Einmal sind wir in New York den Broadway entlanggefahren und haben überall »Fly, Robin, Fly« gehört – immer von unterschiedlichen Sendern. In diesem Jahr war es die erfolgreichste Nummer bei amerikanischen Radiosendern. Das war: Boom! Ein Wahnsinn!

Penny McLean: Eines Tages rief mich Michael Kunze an und sagte: ›Penny, mir ist jemand in der Gruppe, die ich gerade mache, ausgefallen; Silver Convention soll sie heißen.‹ Ich sagte: ›Michael, ich will in keine Tanzgruppe, ich bin Sängerin, bitte, verschone mich!‹ Aber er hat mich bekniet und gemeint, es sei nur für ein paar Wochen, weil er mit der Produktion zur Musikmesse nach Cannes wollte. Ich konnte Michael keinen Wunsch abschlagen. Silver Convention war anfangs als Studioproduktion gedacht, aber völlig überraschend schnell sehr erfolgreich. Man hat drei Mädels ausgesucht, von denen eine abgesprungen ist. Diese habe ich ersetzt. Allerdings nicht, wie versprochen, nur für ein paar Wochen.

Sylvester Levay: Penny McLean, Ramona Wulff und Linda Uebelherr waren erst beim zweiten Album dabei. Es gab ursprünglich den Wunsch, einen Auftritt im Madison Square zu machen und eventuell noch ein paar Auftritte in Amerika. Und die Sängerinnen konnten nicht weg. Und dann gab es auch viel Disput. Wer ist jetzt wer? Da haben wir gesagt: ›Nein, jetzt machen wir die Gruppe, die engagieren wir und die sind ab jetzt die Gruppe Silver Convention.‹ Und das war, glaube ich, schon 1974.

Penny McLean: Und dann ist man noch einmal ins Studio gegangen und hat auf die bestehenden Bänder von »Fly, Robin, Fly« unsere Stimmen draufgepackt. Und es sind viele, viele Tonträger in Amerika verkauft worden, auch solche, auf denen unsere Stimmen genau zu hören sind, und zwar ganz genau. Wir können uns nicht erinnern, für diese Aufnahmen etwas bekommen zu haben. Waren ja auch nur acht Worte.
Sylvester Levay: Es war ein Riesenhit, wir haben Goldene Schallplatten aus Amerika, Südamerika, Schweden, Spanien, Australien. Wir waren bei der Grammy-Verleihung und es war schon ein bisschen verdächtig gewesen, dass sie uns in die erste Reihe gesetzt haben. Um uns herum waren Stevie Wonder, Ella Fitzgerald, Paul Simon und alle. Dann ist angesagt worden, dass wir gewonnen haben: Beste R'n'B-Instrumental-Performance. Und Michael hat mich gedrückt: ›Geh du auf die Bühne.‹ Aretha Franklin hat mir den Grammy übergeben. Und ich nichtwissend, wie wir in Europa sind, bin auf sie zu, umarmt und geküsst vor der Kamera. Und sie hat mich ganz leicht weggedrückt. Sie war vielleicht überrascht, dass es ein weißer Typ für den R'n'B-Grammy ist.
[*Michael Kunze im Interview 2016 mit der Süddeutschen Zeitung: Wir sind total happy, weil Aretha Franklin uns den Preis überreicht. Ein Idol! Aber sie sagt leise: ›Fuck you!‹*
SZ: Im Wortlaut?
Michael Kunze: Ja, sie war stinksauer, weil wir in einer Kategorie gewonnen hatten, in der eigentlich nur Schwarze nominiert wurden. Wir haben also den schwarzen Musikern, die damals bei den Grammys eh unterrepräsentiert waren, richtig was weggenommen. Das haben wir in diesem Moment aber nicht verstanden, wir waren einfach zwei Typen aus Deutschland, die mit großen Augen durch diese Veranstaltung liefen wie Kinder.]
Sylvester Levay: »Lady Bump« haben wir gleichzeitig mit den Playbacks für Silver Convention aufgenommen. Da hat der Michael gesagt: ›Weißt du was, die Nummer ist so gut, da machen wir extra eine Künstlerin drauf.‹ Er hat Penny eingeladen, die hat das eingesungen und siehe da, das ist wunderbar eingeschlagen.
Penny McLean: Ich war auf keine Solokarriere aus. Eines Tages rief mich Michael Kunze wegen eines dringenden Studiotermins an. Ich war gerade auf dem Weg nach Wien, bin mit dem Taxi und meinem Koffer ins Studio gefahren, wir haben es, glaube ich, in 40 Minuten eingesungen; und danach bin ich eiligst nach Wien gefahren. Das war für mich ein Termin wie jeder andere, sonst nichts. Das klingt jetzt blöd, was ich sage, für mich war Erfolg und dass man bewundert wird ein selbstverständliches Ergebnis von sehr viel Arbeit, ein Accessoire – eher wie ein Rüscherl an einem Kleid, das man eh angehabt hat.
Sylvester Levay: Ja, den Schrei auf »Lady Bump« hat die liebe Gitta Walther gesungen. Penny hat ihn später bei ihren Auftritten selbst gesungen und hätte es wahrscheinlich gekonnt. Aber wir waren uns da nicht so sicher. Und deswegen haben wir das mit Gitta gemacht.
Penny McLean: Gitta Walther machte diesen Schrei, als Dr. Kunze noch dachte, es würde nur eine Produktion mit Studiosängerinnen werden. Aber später am Mischpult fanden alle, »Lady Bump« ist eine Solonummer. Also wurde ich ins Studio gerufen und sang »Lady Bump« ein. Am Schluss fragte Michael Kunze: ›Willst du den Schrei nicht auch noch machen?‹ Aber ich wollte zum Bahnhof und sagte: ›Besser als Gitta kriege ich ihn auch nicht hin. Den lassen wir.‹ Hätte ich gewusst, was nachher für eine Story daraus gemacht wird, wäre ich schön geblieben und hätte den übernächsten Zug genommen. Es existiert eine zweite Version von »Lady Bump«, da bin ich ganz allein mit dem Schrei. Es ist niemandem aufgefallen, weil er genauso klingt wie der andere. Der Schrei war nicht die Schwierigkeit, sondern das Lied live mit x-mal Schrei durchzuhalten.
Sylvester Levay: Es ist dann auffällig geworden, dass meine Streicher zuerst in Deutschland erfolgreich kopiert wurden bei Boney M. Und dann haben sie auch in den USA tolle Streicher-Systeme gehabt. Aber ein bisschen abgefärbt hat es schon.

Silver Convention in Aktion: Penny McLean, Ramona Wulf und Linda G. Thompson (v. l.)

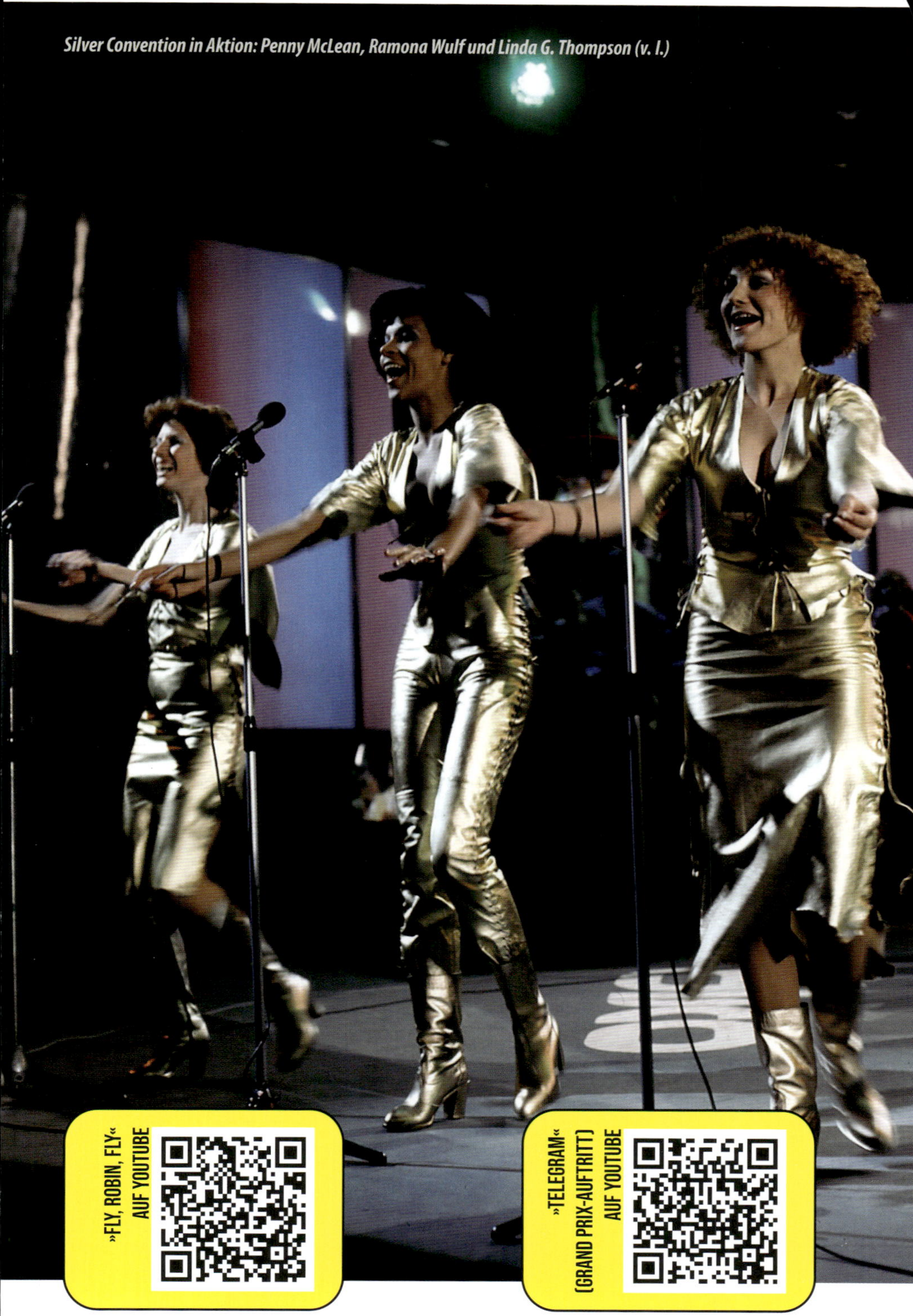

»FLY, ROBIN, FLY«
AUF YOUTUBE

»TELEGRAM«
(GRAND PRIX-AUFTRITT)
AUF YOUTUBE

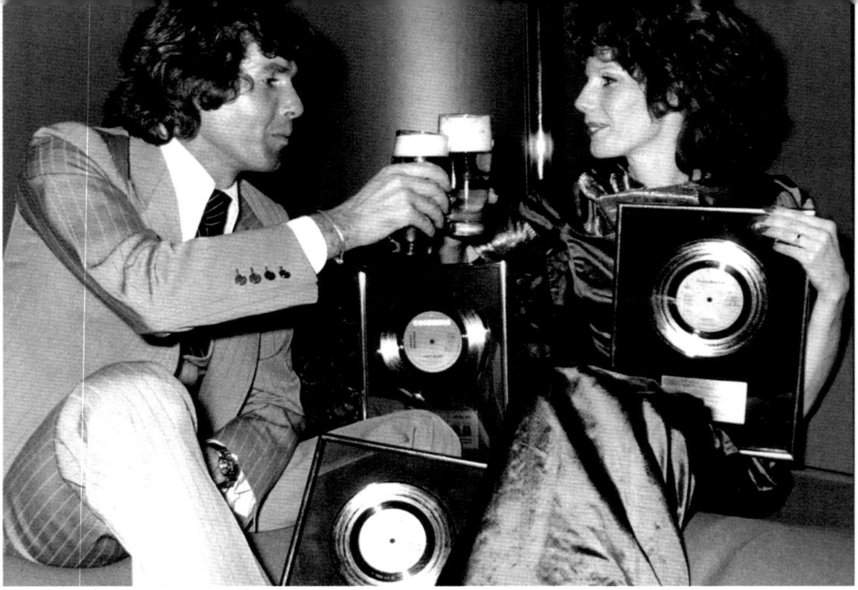

Penny McLean stößt mit Schlagersänger Chris Roberts auf drei ihrer insgesamt 18 Goldenen Schallplatten an

Penny McLean: Wir wurden nach diesen Erfolgen dazu verdonnert, in allen Diskotheken Deutschlands live mit Playback zu singen. Linda glaubt, es waren 800 Auftritte, ich bin mit meiner Schätzung bei 300. Aber es war tödlich, eine Form von musikalischer Folter, wo ich mich heute noch frage, wie wir es überhaupt überlebt haben.
Sylvester Levay: Einmal hatten wir einen Auftritt mit Silver Convention in Cannes und die Süddeutsche Zeitung hat uns mit so einem Hass zerrissen. Da waren große Plattenleute aus Deutschland und Ralph Siegel dabei. Wir waren zusammen im Hotel und haben gesagt: ›Da haben die Journalisten ins eigene Nest geschissen.‹ Also es war schon schwierig. In den USA hatte Silver Convention einen guten Ruf. Für einige Monate hatten Michael Kunze und ich dann Differenzen, aber die Trennung dauerte nicht lange.
Penny McLean: Michael Kunze hat diesen unsterblichen Satz gesagt: ›Wir haben den Amerikanern Coca-Cola verkauft.‹ Dass all diese Leute zusammenkamen, das war eine Sternstunde der Disco-Musik. Die ersten Alben von Silver Convention und Penny McLean waren Sternstundenproduktionen. Auf denen sind die Geigen der Münchner Philharmoniker zu hören und noch einige andere erstklassige Musiker. Da haben gut 20 Leute mitgearbeitet. Mir wurden dafür 18 Goldene Schallplatten verliehen.
Jens Poenitsch: Disco war die erste Musikform, die völlig unverhohlen Diversity gelebt hat – ohne das allerdings aggressiv auf Plakate zu schreiben. Das war die erste Musikform, wo Arm und Reich, Schwarz und Weiß, Queer und Hetero zusammen in einem Club feiern konnten. Munich Disco war genauso queer wie Disco weltweit.
Penny McLean: Die queere Szene in München hatte diese Musik natürlich sehr gerne. Und man wurde auch mal angebettelt, »Lady Bump« kurz auf einem Tisch zu singen. Und da man befreundet war, hat man das auch gemacht. Aber diese Musik wurde nicht nur in diesen Kreisen, sondern allgemein sehr geliebt. Mir ist das so egal, ob Menschen gelb, grün, blau, schwarz oder violett sind. Ich schaue in die Augen und auf die Hände – und singe gerne für alle.
Michael Bartle: Ich glaube, es war Reinhold Mack, der mit Freddie Mercury durch den Englischen Garten lief und erst einmal gedacht hat, hups, kann ich überhaupt mit einem Mann eingehängt durch den größten Park Münchens laufen? Aber nachdem sich Freddie Mercury das ganz selbstverständlich getraut hat, ist er einfach mitgelaufen.

Martin Arz: Also man muss halt wirklich mal ganz angstfrei sagen, München war die Musikmetropole der Welt. Punkt.
Michael Bartle: Man musste für Konzerte im Ausland keine Steuern zahlen, wenn man danach mit einer Aufnahme zurückgekommen ist. Deswegen haben viele geschaut, in welche Studios sie sich einbuchen können, damit sie keine Steuern auf ihre Konzerte zahlen müssen.
Martin Arz: Mick Jagger hat hier nicht nur rumgevögelt, das war ja sein Hauptjagd-Revier, die Stones haben hier auch aufgenommen. Das Electric Light Orchestra war hier. Und Elton John hat damals seine Münchner Tontechnikerin geheiratet. Viele Klassiker sind in München entstanden.
Penny McLean: Die Leute in Österreich wussten anfangs nicht, dass ich aus Kärnten komme. Das änderte sich mit einem Auftritt bei Peter Rapp. Er dachte wohl, ich sei Amerikanerin oder Engländerin und er meinte: ›Miss McLean, we are very proud to have you here in Vienna. How do you like Vienna?‹ Ich dachte, wenn er gerne englisch redet, tu ich das auch: ›Well, I have to say, for me, Vienna is one of the most beautiful cities in the world.‹ Und er hat gefragt, ob ich gerne wiederkommen würde? ›Oh yes‹, habe ich geantwortet, ›I would die for coming back, jede Woche, wenn's möglich wär, weil ich Österreich liebe und in Klagenfurt aufgewachsen bin.‹ Peter Rapp war, glaube ich, weniger amused, dass er darüber vorher nicht informiert wurde. Aber die Leute fanden das wahnsinnig lustig. Sie dachten wohl, wir hätten das abgesprochen.
Sylvester Levay: Der Eurovision Song Contest von 1977 ist mir nicht so gut in Erinnerung geblieben. Das Know-how, das fürs Fernsehen vorzubereiten – sprich Kostüme, Choreografie, Schminke – war in München okay, aber nicht großartig. Wir sind dann Achter geworden.
Penny McLean: Wir standen hinter der Bühne. Und man hörte die letzten Takte der Nummer vor uns. Ramona holte tief Luft und der Reißverschluss vorne an ihrem Kostüm platzte – bang! – auf. In solchen Situationen überkommt mich eine kühle Ruhe. Also habe ich das mit Faden, Nadel und Schere repariert, während wir angesagt wurden. Wir waren sehr entspannt, weil das ganze Adrenalin schon vorher verbraucht war. Und so haben wir perfekt gesungen. Kurz danach bin ich aus Silver Convention ausgestiegen und habe mich – das klingt jetzt seltsam – um Musik nicht mehr so gekümmert, sondern lieber Bücher geschrieben. Wir Mädels treffen uns regelmäßig und wohnen nicht weit auseinander. Ich glaube, das gibt es in dem Geschäft sehr selten, dass eine Frauengruppe über diese langen, langen Jahre hinweg so eng und hilfreich miteinander befreundet ist. Im Ausland werden wir nach wie vor gerne eingeladen – und zwar die Originalgruppe mit Linda, Ramona und das liebe Pennylein – und dann spielt ein großes Live-Orchester und ein tolles Ballett ist im Hintergrund und vorne arbeiten wir. Und die Italiener tragen uns auf Wattebauschen durch den Saal. Geht doch.

Ad personam
Jens Poenitsch: Autor »Munich Sounds Better With You«, Musiker, Veröffentlichung Sommer 2024
Martin Arz: Verlagsleiter Hirschkäfer Verlag, Herausgeber »Munich Sounds Better With You«, Veröffentlichung Sommer 2024
Michael Bartle: Bayerischer Rundfunk, »Zündfunk«-Musikchef
Penny McLean: geborene Gertrude Haberl, Musikerin u. a. bei Holger & Tjorven (gemeinsam mit Holger Münzer), Tony & Liza & Penny (mit Anthony Monn), Barbi Münzer, Penny Box, Resolution, Penny McLean wie auch Silver Convention
Sylvester Levay: Komponist bei Silver Convention, später Musicals »Rebecca«, »Elisabeth« und zuletzt »Beethoven's Secret«
Autor: Stefan Niederwieser lebt und arbeitet in Wien. Er schreibt über Pop, Musik und Kultur, nicht nur als Ausdruck ihrer Zeit, sondern als ihre atemberaubenden Katalysatoren
Text: Der Beitrag ist ursprünglich im Musikmagazin von mica – music austria erschienen

Madame liebt das Mysterium

Martin Arz • Autor, Künstler, Verleger

Kaum ein anderer Star der großen Münchner Disco-Ära ist derart geheimnisumweht wie Amanda Lear. Das beginnt schon beim Geburtsdatum – zur Auswahl stehen: 18. Juni oder 18. November 1939 oder 1941 oder 1946 oder 1950, als Geburtsort kommen in Frage: Saigon oder Hongkong oder Hanoi. Nicht einmal dass ihre Eltern Franzosen waren, ist wirklich sicher. Und wenn es um das Geschlecht geht … Puh, ist Amanda wirklich ihr Geburtsname oder doch vielleicht Alain? Dazu (wie zu Geburtsdatum und -ort) später mehr.
In den 1960er-Jahren lernte Amanda Lear Salvador Dalí in Paris kennen, für den sie Modell stand und mit dem sie verschiedene Kunstprojekte entwickelte. Von ihm lernte sie auch malen. Sie blieb in ihren Motiven lange dem dalíesken Surrealismus treu. Dalí wurde ihr Mentor. 1965 zog Amanda nach London, um an der Akademie Kunst zu studieren und verdiente sich ihren Lebensunterhalt unter dem Künstlernamen ›Peki d'Oslo‹ als Star der Burlesque-Szene. Laut der Zeitung Mountain Echo aus Pennsylvania war sie 1965 »one of the leading stripping stars on the European cabaret circuit«. Im selben Jahr heiratete die den schottischen Architekturstudenten Morgan Paul Lear, dessen Nachnamen sie annahm. Was im Übrigen aus Morgan Paul Lear wurde, ist unbekannt. Er verschwand 1967 von der Bildfläche, als hätte es ihn nie gegeben.
Wegen ihrer Körpergröße von 1,78 m und ihrer androgynen Figur wurde sie als Model entdeckt. Karl Lagerfeld lancierte ihre Karriere und sie lief bald für die großen Häuser wie Paco Rabanne, Yves Saint Laurent, Chanel und Mary Quant. Amanda warf ihr Kunststudium hin, um ausschließlich zu modeln. Sie gehörte zum Epizentrum des Swinging London der Sixties. Eine heiße Affäre mit Brian Jones von den Rolling Stones verarbeiteten Mick Jagger und Keith Richards in dem Song »Miss Amanda Jones«. Nun wurde auch die Klatschpresse auf Amanda Lear aufmerksam – und andere Musikstars wie Bryan Ferry. Roxy Music holte sie in Lack, Leder und mit Peitsche auf das Cover des Albums »For Your

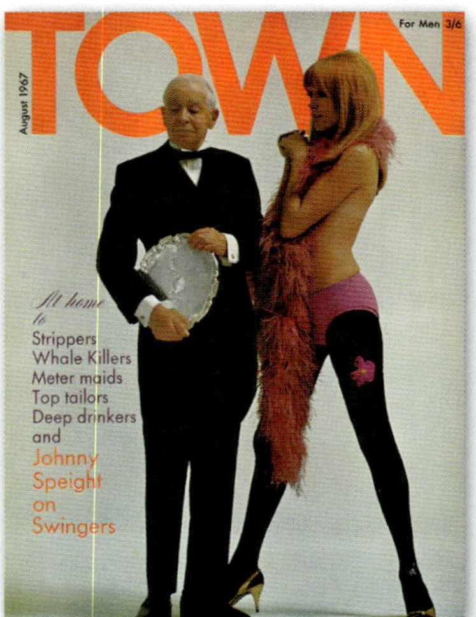

Amanda Lear auf dem Cover des Town-Magazines, August 1967

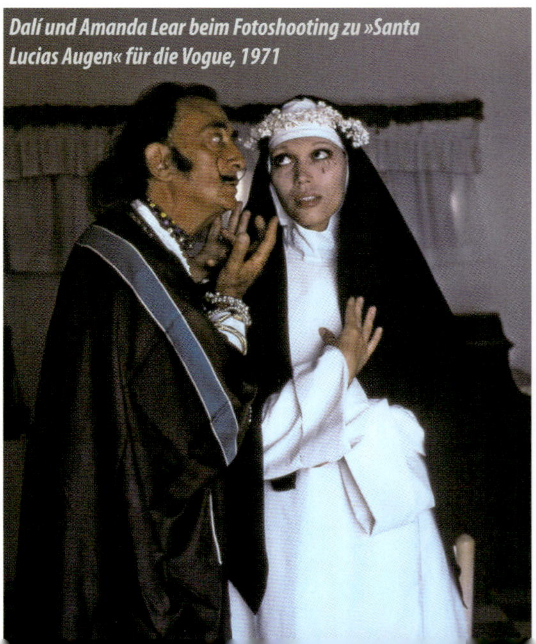

Dalí und Amanda Lear beim Fotoshooting zu »Santa Lucias Augen« für die Vogue, 1971

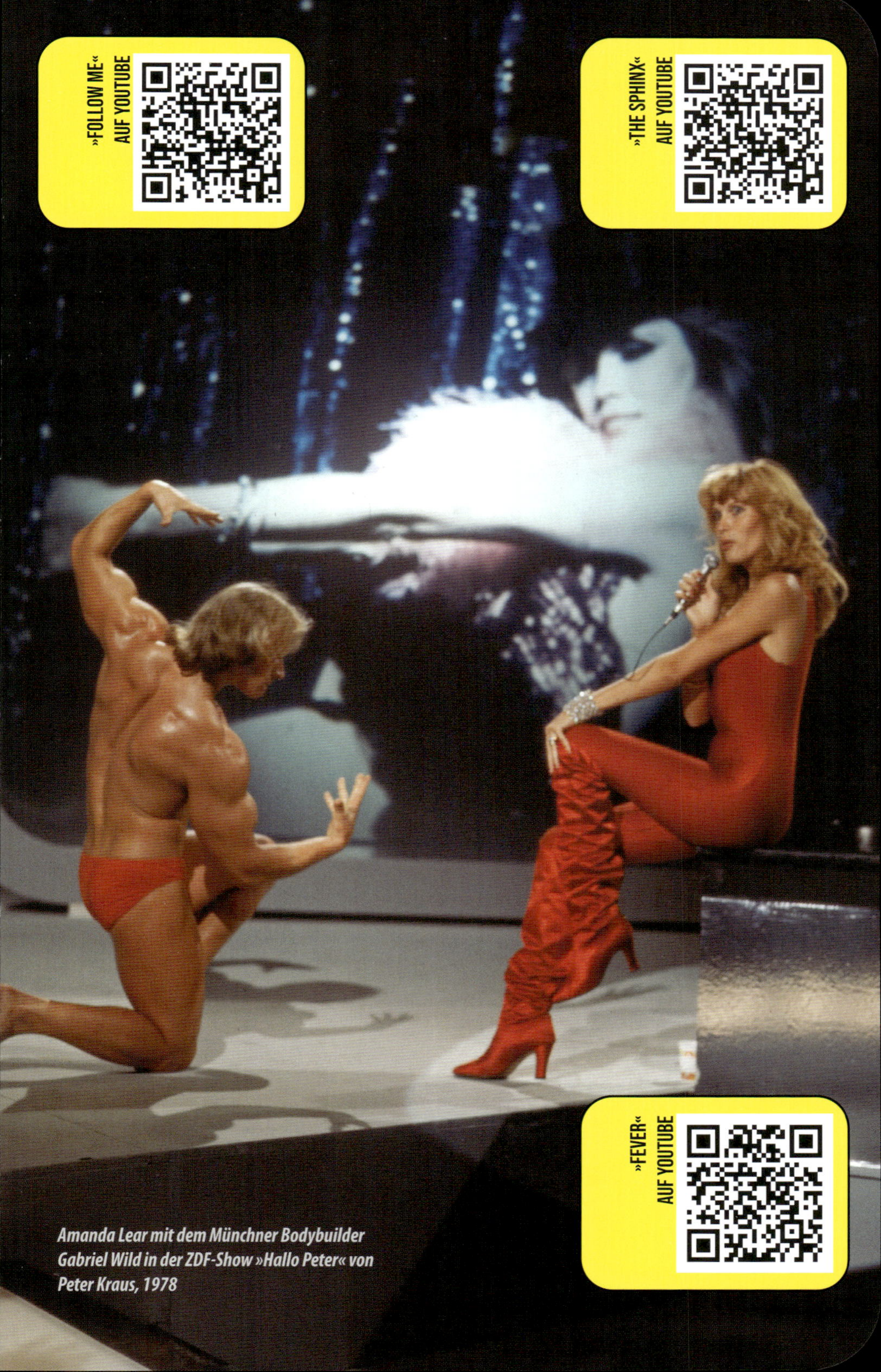

»FOLLOW ME« AUF YOUTUBE

»THE SPHINX« AUF YOUTUBE

»FEVER« AUF YOUTUBE

Amanda Lear mit dem Münchner Bodybuilder Gabriel Wild in der ZDF-Show »Hallo Peter« von Peter Kraus, 1978

Pleasure«. Marianne Faithfull stellte sie David Bowie vor, der, obwohl mit Angie verheiratet, eine Affäre mit Amanda begann und sie in seine Show zu »Sorrow« einbaute. Bowie ermutigte sie auch zu singen und zahlte ihr Gesangsunterricht. Mit ihrer tiefen Stimme verfügte sie über ein großartiges Alleinstellungsmerkmal. Ihre erste Single »La Bagarre« langte 1976 in Deutschland immerhin zu einem Achtungserfolg. Viel wichtiger: Die Single erregte die Aufmerksamkeit von Anton (»Anthony«) Monn. Der 1944 geborene Sänger, Komponist und Musikproduzent – später auch sehr erfolgreich mit Fancy (»Slice Me Nice«), Al Bano & Romina Power (»Sempre Sempre«) und der Fetenhitcombo Saragossa Band (»Zabadak«) – nahm Amanda Lear unter seine Fittiche und holte sie nach München. Sie unterschrieb für eine »astronomische Summe« bei Ariola einen Siebenjahresvertrag für sechs Alben. 1977 veröffentlichte Lear dann ihr Album »I Am a Photograph«, in dem sie ihre Zeit als Model verarbeitete. Die meisten Texte stammten von ihr, die Kompositionen von Monn, aufgenommen wurde in den Münchner Ariola und Arco Studios. Die ungewöhnliche Kombination aus Disco, Schlager, Kitsch und Camp, dazu Amandas Schönheit, die dunkle Stimme, der geschickt eingesetzte französische Akzent und nicht zuletzt die wilden Spekulationen um ihr wahres Geschlecht brachten den internationalen Durchbruch. Der zweiten Auflage des Albums lag in Deutschland ein Oben-ohne-Poster bei. Die Singles »Blood And Honey« und »Queen of Chinatown« stürmten die Charts.

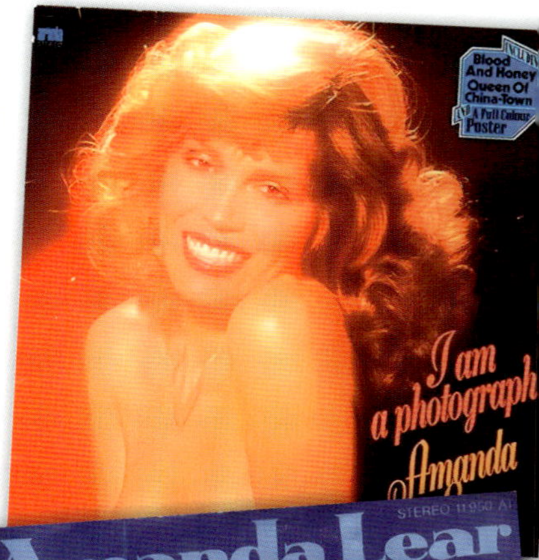

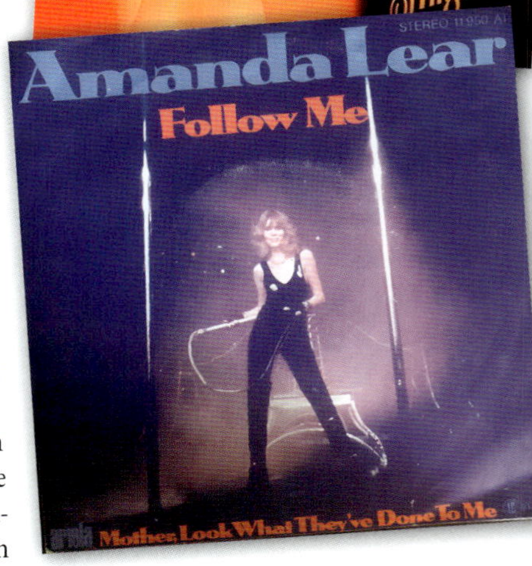

Ein Jahr später legte das Duo Monn-Lear mit dem kommerziell äußerst erfolgreichen Konzeptalbum »Sweet Revenge« nach. Alle Texte der A-Seite gehen ineinander über. Erzählt wird die Geschichte eines Mädchens, das für Ruhm und Reichtum ihre Seele an den Teufel verkauft, dann aber ihre echte Liebe mit einem Mann findet und so den Teufel besiegt. Die Auskopplung »Follow Me« ist bis heute einer der größten Disco-Klassiker.

Bei einem Auftritt in Paris lernte Amanda 1978 den offen bisexuellen, skandalumwitterten Alain-Philippe Malagnac d'Argens de Villèle kennen und lieben. Malagnac war mit 16 der Liebhaber des französischen Romanciers Roger Peyrefitte geworden, und Peyrefitte hatte später seinen jungen Lover adoptiert. Amanda und Alain-Philippe heirateten ein Jahr später in Las Vegas (die Ehe wurde in Frankreich nicht anerkannt). Dalí missbilligte diese Verbindung aufs Schärfste und drängte Amanda dazu, die Ehe zu annullieren, was sie ablehnte. Daher kühlte das Verhältnis zwischen den beiden merklich ab.

Auch beim dritten Album »Diamonds for Breakfast« (1979) blieben Monn und Lear bei der erfolgreichen Rollenverteilung. Sie textete, er komponierte (das meiste) und produzierte. Das Album lief in Deutschland nicht so gut wie erhofft, brachte dafür den Durchbruch in Skandinavien. Mit »Diamonds for Breakfast« endete auch der Munich Sound bei Amanda Lear, statt klassischer Discomusik klang bereits New Wave an. 1981 brach das Traumduo Monn/Lear beruflich auseinander. Amanda wollte sich nicht weiter dem immensen Druck des Plattenlabels beugen, mochte Disco nicht, sah sich als Rockerin und wollte für ihr

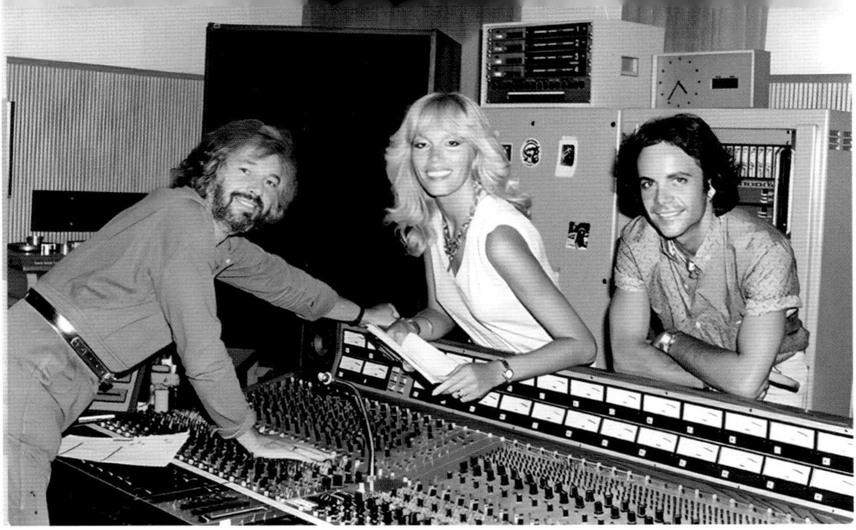

Im Münchner Studio 1979 v. l.: Anthony Monn, Amanda Lear und ihr Mann Alain-Philippe Malagnac d'Argens de Villèle; Pressefoto von Ariola

nächstes Album mit Trevor Horn in London arbeiten. Ariola bestand jedoch auf Vertragserfüllung und weitere Alben. Lear kam nach München zurück und ging ins Studio. Heraus kam »Incognito«, mit starken New Wave- und Electronic-Elementen. Nur die französische Ballade »Égal« wurde ein kleiner Hit. Die nächste Singleauskopplung, eine Synthie-Pop-Version des Klassikers »Fever«, war schließlich Lears letzte Zusammenarbeit mit Anthony Monn. Man trennte sich im Guten, bis heute lobt Amanda Lear die Arbeit mit Monn in höchsten Tönen. Lears Klage gegen den Vertrag mit Ariola scheiterte. Sie musste bis 1983 bei der Plattenfirma bleiben. Für Monn übernahm Tontechniker Peter Lüdemann die Produktion der Doppel-A-Single »Love Your Body«/»Darkness And Light« (1983). Lear hatte sich schon in den Jahren zuvor nach Italien orientiert und italienischsprachige Singles veröffentlicht. Für ihr letztes Ariola-Album »Tam-Tam« (1983) ging sie daher in die Mailänder Regson Studios und holte sich Roberto Cacciapaglia als Produzenten.

Italien sollte für die kommenden Jahre ihre wichtigste berufliche Heimat werden. Silvio Berlusconi interessierte sich für sie. Sprachtalent Amanda Lear, sie spricht neben ihrer Muttersprache französisch auch englisch, italienisch, spanisch und leidlich deutsch, moderierte mehrere italienische TV-Shows, schrieb ein Buch über ihre Jahre mit Dalí und produzierte einige Alben, mit denen sie nicht an den alten Erfolg anschließen konnte. Das 1986 veröffentlichte post-disco Hi-NRG Album »Secret Passion« sollte ihr großes Comeback werden, blieb jedoch weit hinter den Erwartungen zurück. Womöglich auch, weil Amanda Lear kurz nach Veröffentlichung einen Autounfall nur schwer verletzt überlebte und monatelange Krankenhausaufenthalte keine Promotiontour zuließen. Trotz solcher Flops blieb sie präsent – mit Remixes ihrer großen Hits, ihren TV- und Radio-Shows in Italien und Frankreich sowie Alben in Italienisch (»Uomini più uomini«, 1989) und Französisch (»Tant qu'il y aura des hommes«, 1989). Sie modelte wieder (u. a. für Thierry Mugler) und spielte in französischen Filmen. In Deutschland gelang ihr 1995 ein erstaunliches Comeback, wieder von München aus: Sie moderierte mit ihrem markant-französischen Akzent ein Jahr lang die Erotiksendung »Peep!« für RTL II und holte für den Sender Spitzenquoten. Die Show bezeichnete sie später jedoch als »größten Fehler meiner Karriere«. Nach Ende ihres Vertrags übernahm Verona Feldbusch die Sendung.

1996 verkündete Amanda Lear bei einem Auftritt im Pariser Club Le Palace ihren endgültigen Rückzug von Livebühnen und Touren. Sie veröffentlichte weiter mäßig erfolgrei-

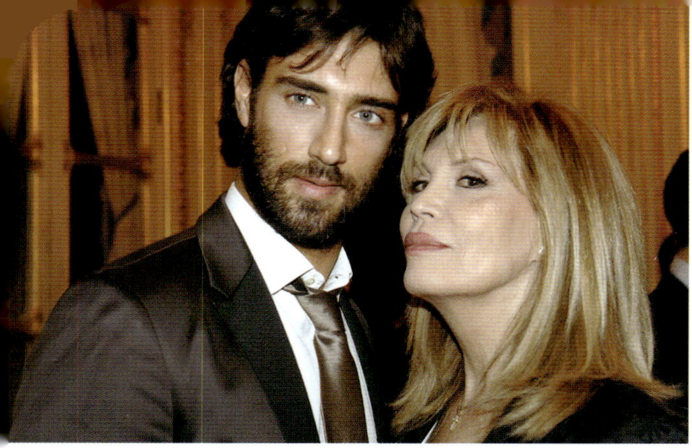

Amanda Lear mit ihrem Lebensgefährten Manuel Casella bei der Ernennung zum Chevalier de l'ordre des Arts et des Lettres, 2006

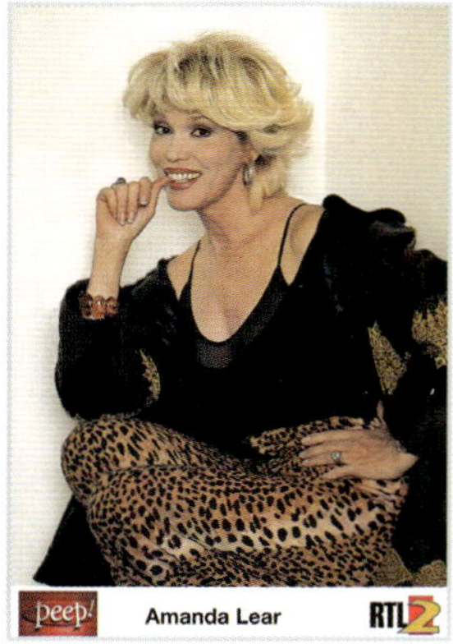

Promo-Postkarte zur Sendung »Peep!«, 1995

che Alben, moderierte, spielte in Filmen (wie »Bimboland« mit Gérard Depardieu) und begann 1998 mit dem 30 Jahre jüngeren italienischen Model und Schauspieler Manuel Casella eine Langzeitaffäre, die 2008 endete.
Der verheerende Brand in ihrem Haus im südfranzösischen Saint-Étienne-du-Grès am 16. Dezember 2000 brachte eine Zäsur. Dabei kamen ihr Mann Alain-Philippe sowie dessen Freund Didier Dieufis ums Leben. Zudem verbrannte praktisch ihr ganzes Leben, Familien- und Erinnerungsstücke, persönliche Schätze sowie 15 Gemälde von Dalí. Die Umstände des Brandes führten zu vielen Spekulationen. Da nur sechs Wochen zuvor Roger Peyrefitte gestorben war, vermuteten einige einen ›Selbstmordpakt‹, laut dem sich der jeweils Überlebende nach dem Tod des anderen umbringen soll. Amanda Lear bestätigte in einem Interview, dass ihr Mann sie bereits beim Kennenlernen darüber aufgeklärt habe, dass er immer einen Vorrat an Medikamenten bei sich habe, um sich gegebenenfalls das Leben zu nehmen. Amanda Lear verfiel zunächst in eine Depression, gegen die sie mit Arbeit ankämpfte. 2001 veröffentlichte sie das Album »Heart«, das ihrem toten Ehemann gewidmet war. In den Folgejahren übernahm sie vermehrt Film- und Synchronrollen, außerdem entdeckte sie das Theaterspielen für sich. 2009 spielte sie die Großmutter in »Panique au ministère« in mehr als 300 ausverkauften Vorstellungen im Pariser Théâtre de la Porte-Saint-Martin und ging zwei Jahre mit dem Stück auf Tournee. Moderieren, Theaterspielen, Malen, Ausstellungen organisieren, Jurorin in der italienischen Version von »Dancing with the Stars«, gelegentlich ein Lied veröffentlichen … Es wurde kaum stiller um Amanda Lear, sie ist immer noch da. 2020 lief sie mit 81 Jahren für Jean-Paul Gaultier zu ihrem Hit »Fashion Pack« über den Catwalk, 2021 stand sie im Stück »Qu'est-il arrivé à Bette Davis et Joan Crawford?« erneut im Théâtre de la Porte Saint-Martin auf der Bühne und veröffentlichte das Album »Tuberose« mit größtenteils französisch gesungenen Balladen. 2024 spielt sie in »L'Argent de la vieille« im Théâtre Libre.

Ach, da war ja noch was: Junge oder Mädchen? Und woher stammte sie nun wirklich? Schon über ihre Eltern beseht Unklarheit. Ihre Mutter, deren Name wohl Marie war, war mal Engländerin, dann Französin, Vietnamesin, Chinesin oder gar Mongolin. Ihr Vater, vermutlich hieß er André-Louis, war je nach Erzählung Engländer, Russe, Franzose oder Indonesier. Einmal erzählte sie, sie sei nicht in Asien, sondern Transsilvanien geboren worden. Zur Schule gegangen sei sie in Genf bei den Ursulinen. 1978 berichtet sie in einem Interview, dass sie einen jüngeren Bruder namens Vincent habe, der mit der Mutter in einem kleinen Dorf in den Pyrenäen leben würde. Auch über ihre Geschlechtsidentität

hüllt sich Lear bis heute in geschickt inszenierte Rätsel. Thomas Gottschalk kalauerte mal in seiner Radiosendung »Pop nach 8«, dass der Name ja alles verrate: »Amanda – da is a Mann da!« Früher erzählte sie, dass es Dalí gewesen sei, der aufgrund ihres knabenhaften Körpers das Gerücht in die Welt gesetzt habe, dass sie als Junge geboren worden sei. Später erklärte sie, es sei »die verrückte Idee« eines Journalisten. Über die Jahre veröffentlichten mehrere Zeitungen in aller Welt eine angebliche Kopie ihres Ausweises, laut der sie als Alain Maurice Louis René Tap am 18. Juni 1939 in Saigon das Licht der Welt erblickte. Die britische transgender Entertainerin April Ashley berichtete in ihren Memoiren, dass sie in den frühen 60ern in Paris mit Amanda alias Peki d'Oslo aufgetreten sei. Peki d'Oslos echter Name wäre Alain gewesen. Ashley hatte 1960 in Marokko bei dem Arzt Georges Burou die geschlechtsangleichende Operation gehabt und auch Alain sei 1964 schließlich zu Dr. Burou gegangen und als Amanda zurückgekehrt. Dass Peki d'Oslo ein Mann namens Alain gewesen sei, bestätigten die Berliner Nachtclublegende Romy Haag sowie die Schauspielerin Evelyn Künneke. Amanda Lear selbst bestritt noch 2001 in einem Interview mit The Telgraph, dass sie jemals unter dem Namen Peki d'Oslo aufgetreten sei: »I have said many times that Peki d'Oslo is not me. Check your dates, they don't match.« In einer anderen Version habe sich Amanda Lear nur als Transvestit ausgegeben, um in der Stripshow der legendären Transsexuellen Coccinelle im Pariser Carrousel mitwirken zu können. Lear hat in zahllosen Interviews über ihre Herkunft widersprüchliche Angaben gemacht und somit das Interesse an ihrer Person ständig am Köcheln gehalten. In einem Interview mit der Netzzeitung 2004 sagte sie: »Ich werde immer ein unbekanntes Wesen bleiben. Ich habe angeordnet, dass ich nach meinem Tod verbrannt werde. Ich möchte nicht, dass ein Pathologe letztlich mein Geheimnis preisgibt.«
Es gibt jedoch einige verlässliche Quellen. So Lears Hochzeitspapiere aus dem Chelsea/London/General Register Office, demnach war ihr Geburtsname Amanda Tap, der Vater Offizier der französischen Armee, die Mutter Russin. 2006 verlieh der französische Kultusminister Amanda Lear den Ordre des Arts et des Lettres. Hierfür müssen Originaldokumente vorgelegt werden. Laut französischem Ministerium ist Amanda Lear als Amanda Tapp am 18. Juni 1939 in Saigon (Französisch-Indochina, heute Ho-Chi-Minh-Stadt, Vietnam) geboren worden.

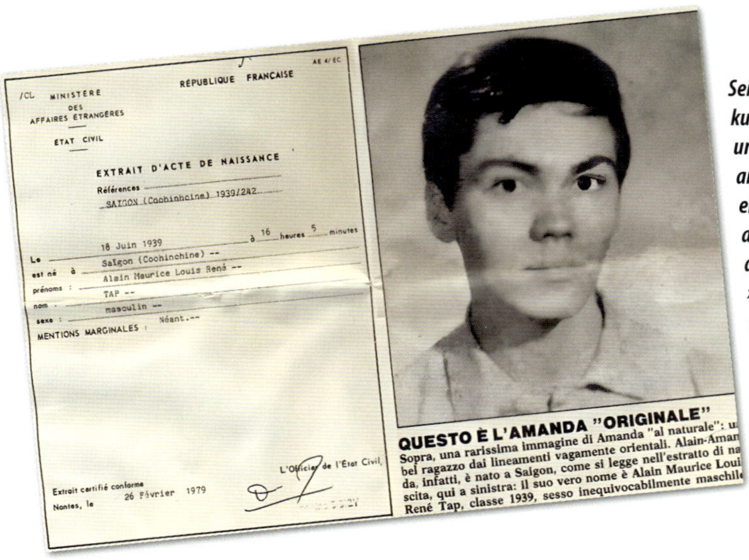
/CL MINISTERE DES AFFAIRES ÉTRANGÈRES

ÉTAT CIVIL

RÉPUBLIQUE FRANCAISE

AE 4/EC

EXTRAIT D'ACTE DE NAISSANCE

Références SAIGON (Cochinchine) 1939/242

Le 18 Juin 1939 à 16 heures 5 minutes

est né à Saigon (Cochinchine) --

prénoms : Alain Maurice Louis René --

nom : TAP --

sexe : masculin --

MENTIONS MARGINALES : Néant.--

Extrait certifié conforme

Nantes, le 26 Février 1979

L'Officier de l'État Civil,

QUESTO È L'AMANDA "ORIGINALE"

Sopra, una rarissima immagine di Amanda "al naturale": u bel ragazzo dai lineamenti vagamente orientali. Alain-Aman da, infatti, è nato a Saigon, come si legge nell'estratto di na scita, qui a sinistra: il suo vero nome è Alain Maurice Loui René Tap, classe 1939, sesso inequivocabilmente maschil

Seit Jahrzehnten kursiert dieses Bild unbekannter Herkunft, angeblich Amanda Lears einziges Foto, das sie als Mann zeigt, sowie die Abschrift ihrer »Geburtsurkunde« (von 1979 und ohne Stempel), die ihre männliche Identität belegen soll.

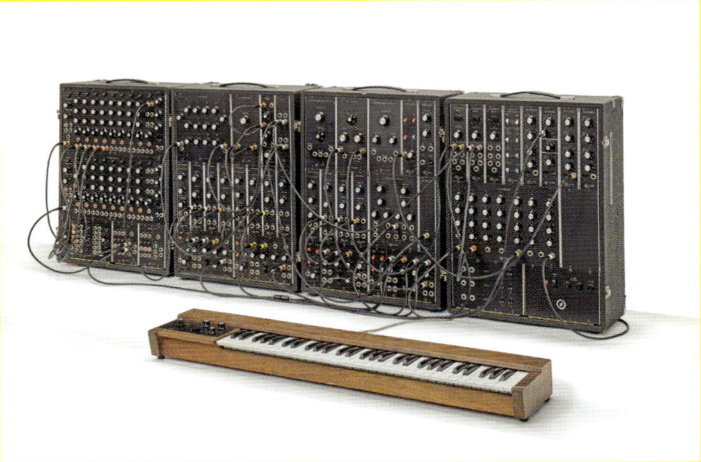

Der Moog IIIp: Den heute legendären Synthesizer entwickelte Robert Moog (1934-2005) im Jahr 1968. Trotz seiner Größe ist der IIIp tragbar – »p« steht für portable. Die beinahe 40 Module können über Kabel beliebig miteinander verbunden werden und ermöglichen unzählige Klangkombinationen. Dieser Moog IIIp ist eines der ersten Geräte dieser Bauart und der erste Synthesizer dieses Typs, der durch den Komponisten Eberhard Schoener nach Deutschland kam. Er wurde beim Beatles-Album »Abbey Road« eingesetzt und erzeugte das ikonische Rattern auf Donna Summers »I Feel Love«.

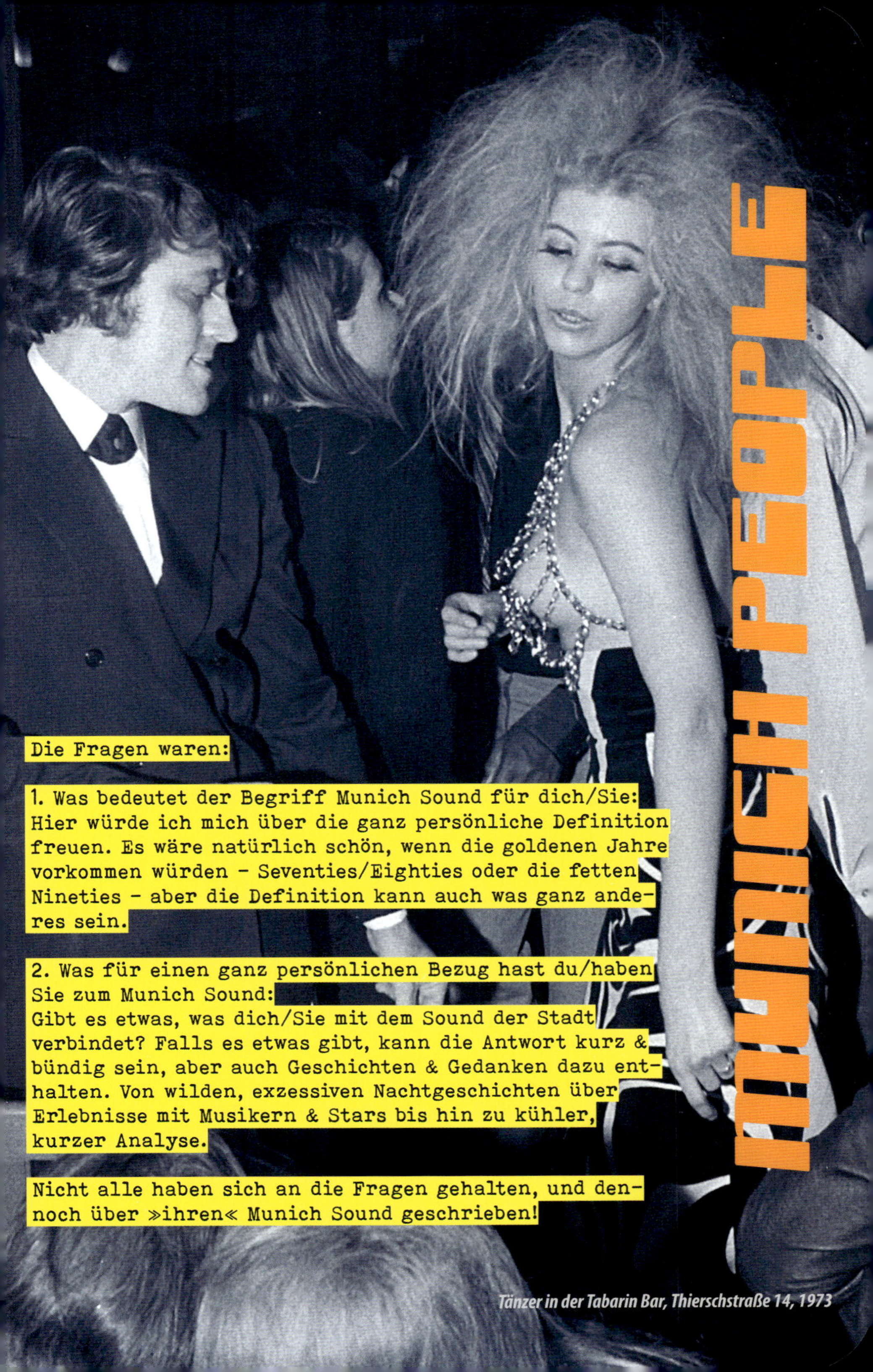

MUNICH PEOPLE

Die Fragen waren:

1. Was bedeutet der Begriff Munich Sound für dich/Sie:
Hier würde ich mich über die ganz persönliche Definition freuen. Es wäre natürlich schön, wenn die goldenen Jahre vorkommen würden – Seventies/Eighties oder die fetten Nineties – aber die Definition kann auch was ganz anderes sein.

2. Was für einen ganz persönlichen Bezug hast du/haben Sie zum Munich Sound:
Gibt es etwas, was dich/Sie mit dem Sound der Stadt verbindet? Falls es etwas gibt, kann die Antwort kurz & bündig sein, aber auch Geschichten & Gedanken dazu enthalten. Von wilden, exzessiven Nachtgeschichten über Erlebnisse mit Musikern & Stars bis hin zu kühler, kurzer Analyse.

Nicht alle haben sich an die Fragen gehalten, und dennoch über »ihren« Munich Sound geschrieben!

Tänzer in der Tabarin Bar, Thierschstraße 14, 1973

It's a long way to the top

Manny Bachinger • Bassist, Gitarrist, The Marionetz

Es war ein heißer Sommer, im August 1982. Ich hatte einen Job als Mädchen für alles im seinerzeit angesagtesten Tonstudio, im Münchner Musicland. Nicht nur Top Acts wie Deep Purple, Queen, die Stones oder auch Led Zeppelin gaben sich dort die Klinke in die Hand. Produzent und Studioeigentümer Giorgio Moroder prägte den Munich Sound mit Donna Summers »I Feel Love«. Tom Winter, in München lebender Brite aus dem Umfeld der Boomtown Rats und seinerzeit Teilzeit-Gitarrist und Harpspieler in der Westernhagen Band, hatte da wohl ein Techtelmechtel mit der Studiosekretärin und mich da als ›Urlaubsvertretung‹ untergebracht.
Ich hing seinerzeit mit den Münchner Lokalmatadoren The Marionetz rum, die sich gerade getrennt hatten und zweigeteilt als Marionettes und Marionetz neue Ziele verfolgten. Marionettes Produzent Lothar Meid, bekannt als Basser bei Passport, Amon Düül u.v.a., hatte 1981 gerade eine Tourband für den aufstrebenden Schauspieler Marius Müller-Westernhagen rekrutiert, der neben Tom Winter auch Olaf Kübler (Sax), Nick Woodland und Karl Allaut (Git), Tastenmann Jimmy Jackson und Drummer Charly Terstappen angehörten. Die Band hatte sich für Proben zur Westernhagen »Stinker«-Tour in einem Proberaum im Arabellahaus, in dem sich auch die Musicland Studios befanden, einquartiert. Ich lernte Tom dort kennen und es entwickelte sich eine Freundschaft, praktischerweise wohnte Tom nur ein paar Straßen von mir entfernt. Mein Job im Studio bestand darin, Kaffee und Tee zu kochen, Brote zu schmieren, Kabel aufzuwickeln und ansonsten den Laden im Rahmen meiner Kompetenzen und Möglichkeiten am Laufen zu halten.
Es hatten sich ein in England lebender, neuseeländischer Musiker namens Zaine Griff nebst Produzent Hans Zimmer angekündigt. Das Studio war für eine Woche gebucht und es sollte das Album »Figures« von Zaine Griff gemischt werden. Hans stand damals noch ziemlich am Anfang seiner beispiellosen Karriere und die beiden übernachteten, um Kosten zu sparen, bei der Mutter von Hans, die in München lebte. Nachdem die Formalitäten und Shakehands erledigt waren, sollte es sogleich an die Arbeit gehen. Damit begann das Drama.
Wo sind die Bänder?
Damals wurde noch auf 24-Spur-Tonbändern aufgenommen. So richtig dicke Dinger, verpackt in großen Schachteln. Nach kurzer Panik stand fest, die Jungs hatten die Bänder im Taxi liegen gelassen. Jetzt gab es ja 1982 weder Mobiltelefon noch Internet. Also Taxizentrale, Taxifunk, irgendwann landeten die Bänder zur Erleichterung aller tatsächlich am Bestimmungsort. Nicht auszudenken, welch ein finanzieller und zeitlicher Verlust entstanden wäre, wären die Bänder nicht mehr aufgetaucht. Es sollten noch ein paar wenige Gesangsoverdubs gemacht werden, so weit, so gut. Die nächste Verzögerung stand den Aufnahmen in Form einer Grille entgegen, die sich irgendwie in den Aufnahmeraum verirrt hatte und vermutlich von Sommergefühlen überwältigt immer dann draufloszirpte, wenn das Band zur Aufnahme anlief. Die ganze Mannschaft also den Umständen geschuldet auf allen vieren im Aufnahmeraum auf der Suche nach dem Insekt rumgerobbt. Nachdem die Notausgangstür, die in die Tiefgarage führte, geöffnet wurde, verschwand ganz plötzlich auch das Zirpen. Es wurde dann noch ein langer Abend …
Am nächsten Tag trafen in aller Früh Warren Cann, im Hauptjob Drummer bei Ultravox und bei diesem Projekt als Mitmusiker involviert, ein weiterer Musiker, dessen Name mir jetzt nicht mehr einfallen will, und ein Typ namens Ben ein. Ben war das Pendant zu mir

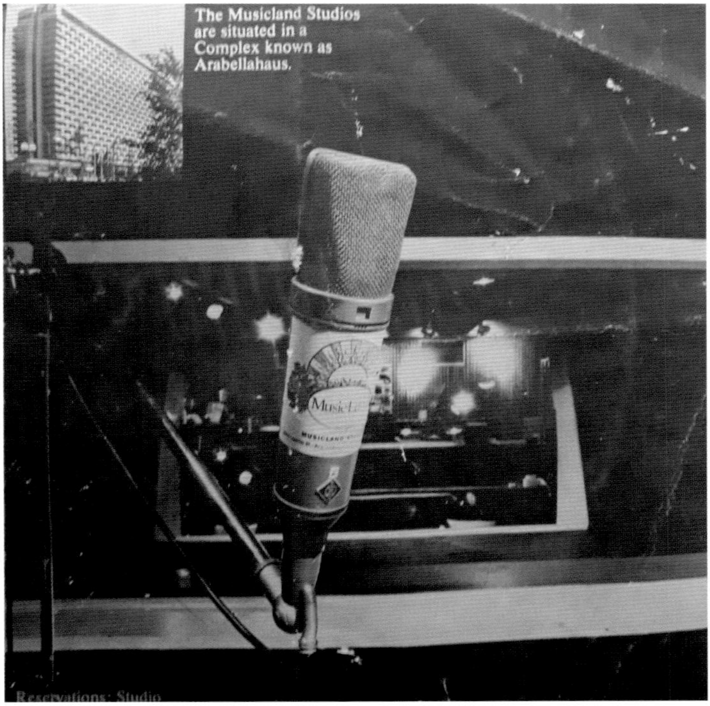

und in dieser Eigenschaft kümmerte er sich um die Belange der Musiker. Wir freundeten uns recht schnell an und ein wichtiges Anliegen der Truppe bestand darin, unbedingt an Marzipan zu kommen. (Gibt es in England zwischenzeitlich Marzipan?) Ich bot an, bei der Beschaffung dieser Köstlichkeit behilflich zu sein und alle gemeinsam in ein angesagtes Delikatessengeschäft in der Münchner Innenstadt zu chauffieren. Nachdem sich alle in meinen schon etwas betagten VW Käfer gequetscht hatten, verweigerte dieser erst mal (wieder) seinen Dienst und es hieß alle wieder raus und anschieben. Vier Jungs in seidenen Designeranzügen schoben einen alten Käfer bei gefühlten 30 Grad Hitze an. Am Ende der Straße hatte das Vehikel dann doch Erbarmen mit uns und es ging Richtung Delikatessenhaus. Dort angekommen wartete ich mit laufendem Motor, bis die Jungs ihre Einkäufe erledigt hatten. Voll bepackt mit Marzipan in verschiedensten Formen ging es dann ohne weitere Zwischenfälle zurück ins Studio. Zum Nachmittagskaffee guckten wir dann Videotapes von »Top of the Pops«, damals das Maß aller Dinge, wenn es darum ging, neuen Bands zu Ruhm und Erfolg zu verhelfen, die die Jungs mitgebracht hatten.
Neben der aktuellen Ultravox-Single sah und hörte ich auch zum ersten mal von einer Band namens Duran Duran. Deren aktueller Hit »Planet Earth« flashte mich total, was zu einer kurzzeitigen Verstimmung bei den Ultravox-Musikern sorgte, was ich aber als Ultravox-Fan auch schnell wieder zur Zufriedenheit aller hinbiegen konnte. Musiker sind halt eitel. Ohne weitere größere Zwischenfälle wurde das Album fertiggestellt und erschien 1982. Nachdem das Album jahrelang vergriffen war, erschien »Figures« als remasterte Neuauflage mit Bonustracks 2012. Zaine Griff ist seit 2011 wieder live unterwegs. Warren Cann feierte mit Midge Ure und Ultravox mit dem Album »Vienna« große Erfolge – und was soll man zu Hans Zimmer noch sagen? Oscar, Golden Globe, Grammy etc., der Mann hat wirklich alles erreicht, aber angefangen hat wohl alles u. a. in München …

Wer braucht schon Schlaf ...

Heike Reich • BR Redaktion Zündfunk, DJ

Für mich persönlich hat der Begriff »Munich Sound« erst viel später angefangen, nämlich um 2000 herum, da zog ich mit Sack und Pack vom idyllischen Landsberg am Lech (gefühlt dominierten zu der Zeit dort Foreigner, The Weather Girls und Chaka Khan) in die Münchner Innenstadt und schon begann sich mein Leben um 360 Grad zu drehen.
Durch meine Kolleg*innen im BR-Zündfunk, der mein beruflicher Heimathafen ist, und meinen guten Freund Stefan Fuchs, der mittlerweile leider verstorben ist, ging alles recht schnell. Vom Disco-Pop in Landsberg directly zu Techno und House ins Ultraschall – ich war angekommen!
Von 2000 bis 2016 hieß es Ausgehen, Aufdrehen, Tanzen, After Hour feiern, Auflegen lernen, wie die meisten Münchner DJs in der Favo in München, eine DER WICHTIGSTEN Lieblings-Kneipen ever.
Ab dem Jahr 2003 war ich dann sogar offiziell DJ und meine Plattentasche war gefüllt mit Techno, Deep House, Minimal, experimentellen Elektronika und Disco. Von Innervisions, Kompakt, Motoguzzi, Minus, Pampa usw. – von Aphex Twin bis hin zu Isolee, Ellen Allien, Solvent, Monika Kruse, Ritchie Hawtin, Ricardo Villalobos, Laurent Garnier, Boards of Canada, Miss Kittin usw. – war alles dabei.
Das Münchner Nachtleben hatte zu der Zeit gerade seine Blüte, überall schossen neue Clubs und Läden aus dem Boden wie z. B. die Registratur, die in der ehemaligen Zentrale der Münchner Stadtwerke in der Blumenstraße untergebracht war, und in der ich zu

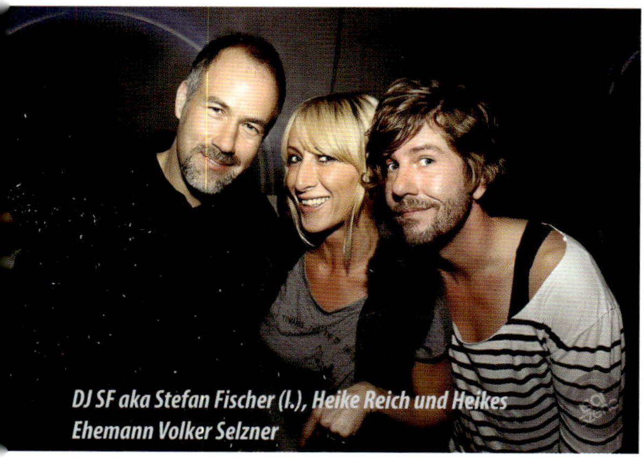

DJ SF aka Stefan Fischer (l.), Heike Reich und Heikes Ehemann Volker Selzner

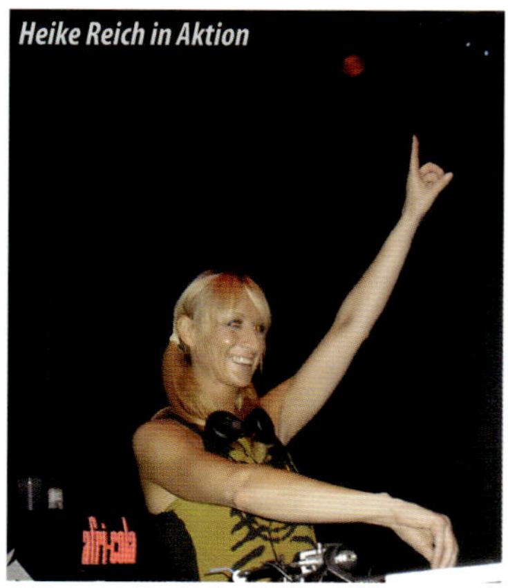

Heike Reich in Aktion

Beginn als Künstlerbetreuerin arbeiten und auch eigene Veranstaltungen planen konnte/durfte.
Das Haus war voll von Künstler*innen- und Kreativ-Büros und viele Freundinnen, Freunde und Bekannte hatten dort Zimmer gemietet, in die man sich – bei längeren Registratur-Besuchen – immer wieder mal heimlich zurückziehen konnte, die nächtlichen Aufseher hatten so ihre Freude damit.
Und wer braucht schon Schlaf, wenn man das Sunshine Pub gegenüber hat und sich dorthin zurückziehen kann.
Auch eine lustige Köln-Zürich-München-Connection um die Labels Kompakt, Motoguzzi

Records, Gigolo Records und Pastamusik entstand. Und wer erinnert sich nicht an DJs, die zu tief ins Glas geschaut hatten und stundenlang B-Seiten auflegten?! Das geht mir immer noch gut auf die Lachmuskeln.
Aber auch die Nächte in der Roten Sonne und im Café am Hochhaus (oh Jens, da hatten wir uns endlich richtig kennengelernt) waren unvergesslich. Und nach der schrecklichen Ultraschall-Schließung gab es dann gleich das Harry Klein. Für uns sind diese Locations und Clubs nicht aus dem Munich-Sound-Kosmos wegzudenken. Gerade im Café am Hochhaus hatten wir viele schöne bunte Jahre verbracht und das Harry ist mir so nah, dass wir dort unsere Hochzeitsparty unter musikalischer Leitung von Poenitsch und Jacopic gefeiert haben.
Und auch wenn ich mittlerweile nicht mehr so oft ausgehe, bleibt all das im Herzen. Und wer weiß, vielleicht werde ich mit 70 wieder auflegen oder Partys veranstalten, die es heute nicht mehr gibt. Denn das Leben hört nicht auf, wenn man älter wird, es dreht sich einfach nur anders.
So sind die Jahre zwischen 2000 und 2016 definitiv mein persönliches Musik-Highlight und so ganz grob in etwa habe ich den Verlauf in Erinnerung. Natürlich sind da noch eine Menge andere Ereignisse, Freunde, Leute und Locations zu erwähnen, aber das sprengt echt den Rahmen.

Ich bin House-Music

DJ Linus • DJ, Producer, Labelchef Sujet Musique

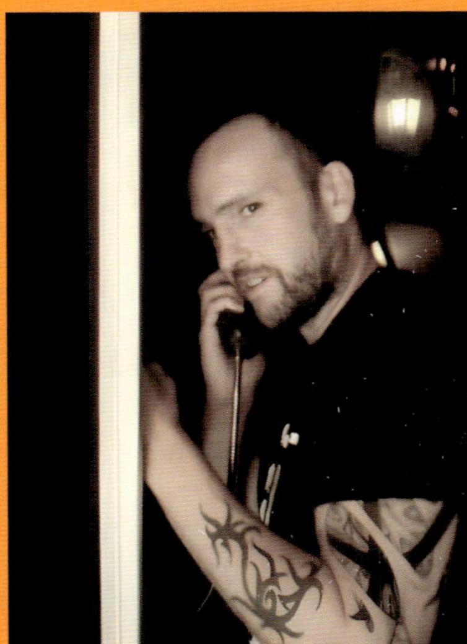

Der Munich Sound bedeutet für mich ganz einfach House Musik mit allen Facetten, ohne diesen Sound würde es DJ Linus nicht geben und ich hätte nicht seit 1991 genau diesen Sound vertreten. Ob dieser speziell für München war, weiß ich nicht, aber dieser Sound war und ist mein Leben ;)
House Music ist Sinn und Zwecks meines Lebens – ich bin House Musik.
Als noch alle Techno hörten, also Anfang der 90er, habe ich Fotos von Frankie Knuckles aufgehängt ;).

Zwischen Kommerz und Underground

Erik May • Producer, Great Stuff, Kosmo

Januar 2024 – Ich sitze vorm Fernseher und schaue den #1 Amazon Prime-Film »Saltburn«. Plötzlich, auf dem Weg zwischen Couch und Kühlschrank, reißt's mich …
»Happiness seems to be loneliness« schallt es aus den Speakern, Bilder eines nackten Mannes, der das mit dem Sperma seiner unerreichten Liebe versetzte Badewasser schlürft, bebildern die Musik … im 4:3-Format.
Kenn ich doch, denk ich, das ist »Loneliness« von Tomcraft. Geil, wie cool, 24 Jahre nach VÖ höre ich unseren 2000er Nummer 1-Hit »Loneliness« in einem der weltweit angesagtesten Streaming-Filme.
Kurz drauf erschallt im selben Film »Perfect (Exceeder)« von MASON vs Princess Superstar über einer nicht minder abstrakten Szene, ein Great Stuff Recordings Release, ein Mashup aus dem international erfolgreichen 2006er Club-Hit »Exceeder« von MASON (Iason Chronis) und dem Rap Song »Perfect« von Princess Superstar.
Mein Handy klingelt, Tomcraft (Thomas Brückner) ruft an … ALTER, was geht ab, »Loneliness« ist wieder Top 10 in England. Concetta Kirschner aka Princess Superstar postet parallel, dass »Perfect (Exceeder)« die Top 10 der US Billboard Charts geentert hat. Neue »Exceeder«-Mixes erscheinen, die damals zusammen mit Ministry of Sound Recordings veröffentlichte Mashup-Version der beiden Songs geht noch mal durch die Decke …

Aber lasst uns kurz innehalten, was hat das alles mit MUNICH SOUND zu tun?
Einiges …
Im Jahr 1995 gründete Michael Rank, zuvor A&R-Manager bei Island Records/Ariola, in Zusammenarbeit mit den Münchner Partysanen – Bob Shahrestani, Kerstin Greiner, Thomas Kleutgen, Daniel Dietzmann – sowie mir als Leiter für Marketing & Promotion das Label Kosmo Records.
Die deutschen Stars der DJ Szene waren damals Sven Väth, WestBam, Jam & Spoon und Helmut Geier aka DJ Hell als einer der wenigen Münchner DJs von Weltrang. Michael Reinboth von Compost Records war als Minister of Nightlife bundesweit plakatiert. Und dann gab es da die junge Münchner Nachwuchsriege, die allen das Wasser reichen konnte, aber keine Plattform hatte.
So starteten wir mit Tom Novy, Tomcraft und Robert Borrmann aka ENIAC als erste Kosmo-Künstler den Versuch eines Münchner Musiklabels, das die Lippe zwischen internationalem Kommerz und Underground surft. Die ersten zwei Jahre verloren sich mit diversen Releases wie Tom Novys »»I House You« (mit Jungle Brothers Sample) – im Münchner Volksmund »Der Hausschuh« – und einigen anderen Versuchen – allerdings mit überschaubarem Erfolg.
Die Wende kam 1997 mit der Synthie-Hook von Da Hools »Meet Her At the Loveparade« im Nalin & Kane Remix. Eine eingängige, triviale Melodie mit nem Pauken-Break. Einfach, aber unwiderstehlich catchy. Und plötzlich explodierte alles.
Die Bertelsmann CD-Presswerke in Gütersloh kamen an ihr Kapazitätslimit, Backstreet Boys, Melanie Thornton und alle anderen wurden hintangestellt, die Welt wollte einfach diese eine Melodie, die jeder pfeiffen kann und die für jeden DJ weltweit der Sure Shot war, voller Dancefloor garantiert.
Dayorders von 50 000 physischen Maxi CDs und Vinyle im 10 000er-Bereich waren an der Tagesordnung, unser kleines Ding mit Büro in der Comeniusstraße in Haidhausen ging

komplett durch die Decke.
Was folgte waren unzählige Top 10 Hits wie »The Final« von Phil Fuldner (Captain Future Theme), »Pulverturm« von Niels van Gogh (eine Nummer, die von Eniac produziert wurde, Niels van Gogh aber für eine unmoralisch hohe Summe seinen Namen draufschreiben durfte), Moguais »U Know Y« und die Tomcraft Hits »Prosac«, »Overdose« und besagte »Loneliness«, die als erste Nummer eines deutschen Künstlers nach Nenas »99 Red Balloons« die Nummer 1 der Britischen Charts erreichte. VIVA und MTV waren unsere Freunde, egal welches Video wir zu welchem Lied produzierten, VIVA hats auf N1 (der Rotation vor Release) gespielt und MTV lud unsere Künstler ein. Tom Novy moderierte die MTV Dancefloor Charts, VIVA Clubrotation mit Daisy Dee und Marcus Adam als Redakteur war unser Spielplatz, auf dem wir uns nachhaltig austoben konnten. Rave & Cruise, Rave on Snow, Thaibreak – keine Party ohne unsere Künstler und kompletter Musik TV Coverage. Es war alles so schön und einfach.

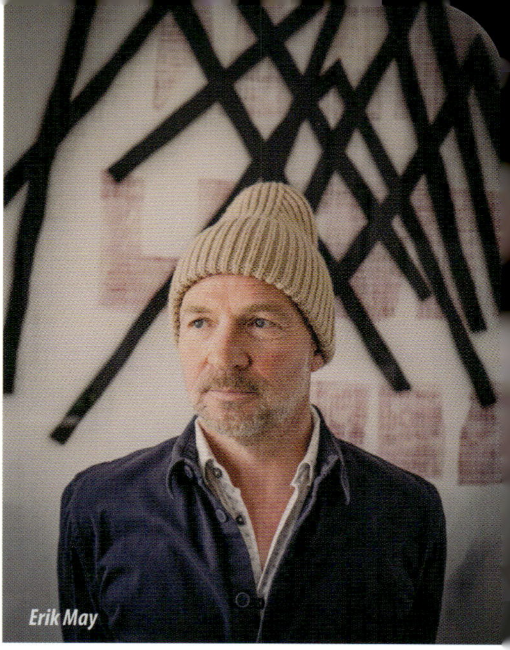
Erik May

Und dann kam Napster und hat alles in den Grundfesten erschüttert.
Plötzlich war alles anders, wir produzierten weiter Tracks, Songs, Videos, Vinyle und CDs, die plötzlich kein Schwein mehr kaufte, weil ja alles umsonst im Internet verfügbar war. Riesen Mist … massive Umsatzeinbrüche, existentielles Problem für die gesamte Musikindustrie. Neue Modelle waren gefragt, wir entschieden uns für das viel beschworene 360-Grad-Label-Modell, was nichts anderes bedeutet, als dass jeder Geldfluss rund um einen Künstler, in den man investiert, durch alle Einkommensstränge kompensiert – Tonträger Verkäufe, Management, Urheberrechtsauswertung (GEMA), Leistungsschutzrechte (GVL), Booking, Gagen, Videoproduktion, Werbung.

Also haben Tomcraft, Sebi und ich auf dem Rücken des Hypes um »Loneliness« und als Reaktion auf die grundlegenden Umwälzungen im Musik Biz 2003 das Label Great Stuff Recordings als 360-Grad-Entertainment-Firma gegründet.
Label, Musik Verlag, Studio, Booking, Video- & Werbefilm-Produktion, alles unter einem Dach. Rainer Weichhold, vormals DJ Promoter bei Public Propaganda in Hamburg, komplettierte als A&R Manager das Team, Stefan Bogner kümmerte sich mit seinem Designstudio Factor Product um das Artwork.
Im selben Jahr zog Tai Jason, Hip Hop Producer mit einer Expertise für Dirty South Sound & Beats, in die Great Stuff Studios ein, um als Produzent Tomcrafts neues Album »HyperSexyConscious« zu produzieren.
Great Stuff Recordings wuchs kontinuierlich, die Sub Labels Craft Music (Tomcrafts Label), Kling Klong (mit Martin Eyerer & Rainer Weichhold), Swings Records (mit JCA Jean Claude Ades) und Pineapple Records (zusammen mit der Isländischen Band Gus Gus) vergrößerten das Portfolio und die stilistischeVielfalt.
Es gab viel zu tun und wir gingen in unseren neuen, freakigen, mit orange-blauem Teppich ausgekleideten 70er-Jahre-Studios frisch ans Werk. Jeder, der mal da war, erinnert sich an unseren heute wohl ›instagrammable‹ genannten Aufzug – der blaue Sessel im orangen

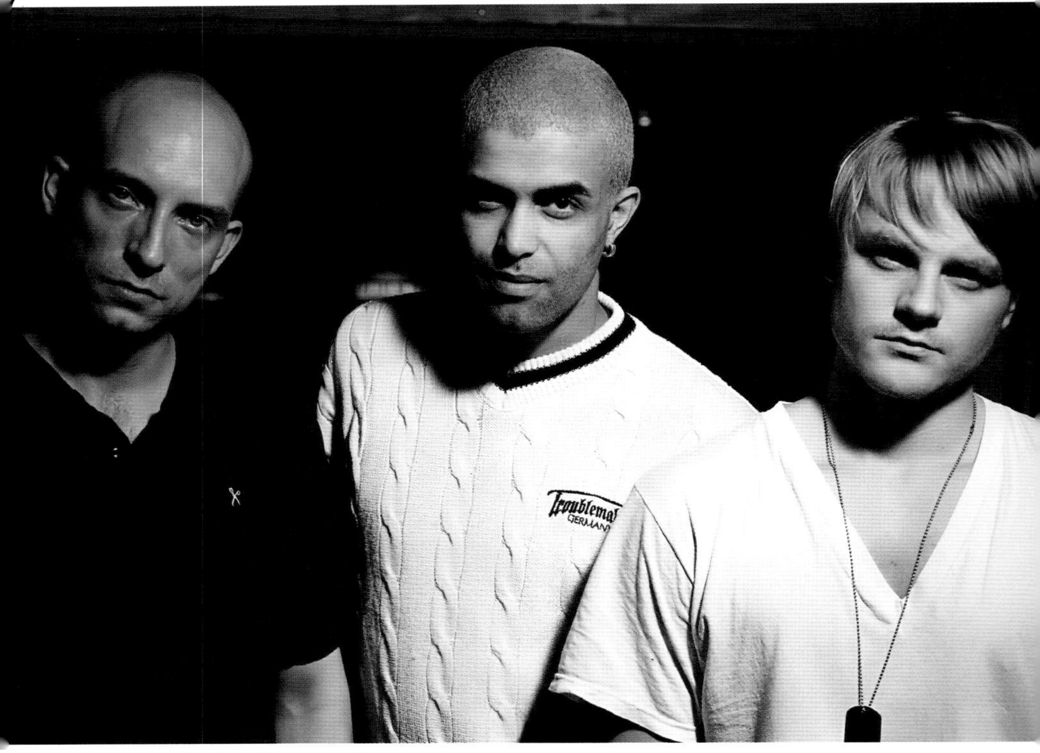

Tomcraft, Lützenkirchen und Tai Jason

Lift war ein sehr beliebtes Motiv und Set. In den Spalten des Lifts sammelten sich Hunderte Hotelzimmerkarten aus aller Welt, da jeder DJ nach Rückkehr von seinen Gigs die sich noch in den Hosentaschen befindlichen Zimmerkarten einfach dazusteckte.
Die ersten Anzeichen, dass Great Stuff international funktionieren könnte, zeigten sich im Jahre 2005, als wir mit den Londoner Produzenten-Duo Coburn (Tim Healey & Pete Martin) und dem Track »We Interrupt this Programme« einen Europäischen Clubhit landen konnten, der dann auch noch von einem weltweiten Synch im Citroen TV-Spot »Transformers« für das Modell C4 gekrönt wurde.
Plötzlich hatte Great Stuff internationale Aufmerksamkeit, wir standen im Focus aller DJs, A&Rs und Scouts der Musik Industrie, die schauten, was wir so als Nächstes machen.
Mit diesem ersten kleinen Hype im Rücken veröffentlichten wir besagten »Saltburn«-Track – »Exceeder« von Mason, einem damals noch sehr jungen holländischen DJ und Producer. Mit »Exceeder« im Gepäck fuhren wir auf die Popkomm, die damals gerade von Köln nach Berlin umgezogen war – was uns dort erwartete, war Wahnsinn.
Keine Party ohne »Exceeder«, jeder sprach über den Track und die Clubs flippten kollektiv aus. Innerhalb von drei Wochen war »Exceeder« auf Platz 1 aller internationalen Clubcharts. Die DJs überschlugen sich vor Begeisterung, die Nummer war eine Sure Shot-Platte geworden, absoluter Floorfiller mit Schreigarantie …

Unser Partner in UK war zu der Zeit Ministry of Sound, bei denen Princess Superstar unter Vertrag stand. Concetta hatte gerade ihre Single »Perfect« veröffentlicht, die aber nicht so recht in Gang kommen wollte.
Da wir eh schon seit Längerem auf der Suche nach einem geeigneten Vocal für das Inst-

rumental »Exceeder« waren, haben wir zusammen mit Ministry aus der Not eine Tugend gemacht und eine Mashup-Version aus den beiden Tracks produziert – »Perfect (Eceeder)« war geboren … und schlug ein wie eine Bombe: Höchste Platzierungen in den Club Charts verwandelten sich in Top 10-Platzierungen in den weltweiten Billboard-, Media Control- und UK Top 40-Verkaufscharts.
Und ebenda ist »Perfect (Exceeder)« 2024 dank des »Saltburn«-Hypes wieder angekommen, 20 Jahre später …
Dann war da noch der erste internationale David Guetta-Hit …
Rainer Weichhold hat 2005 das Album »Forwards« der Londoner Underground Ambient Band The Egg auf Great Stuff gesigned. Die Singleauskopplung zum Release des Albums »Forwards« war der wunderschöne, aber sehr ruhige und damit komplett Club- und Disco-untaugliche Song »Walking Away«. Wir brauchten also dringend einen Club Remix und beauftragten Roman Boer aka Tocadisco damit, den Track zu remixen.
Ich muss ehrlich sagen, dass keiner von uns irgendeine Idee dazu hatte, wie so ein Remix dieser sehr ruhigen Single klingen sollte. Umso mehr hat sich der Moment, in dem ich den Tocadisco Remix von The Egg »Walking Away« zum ersten Mal hörte, tief in mein Gehirn eingebrannt. Was da aus den Boxen dröhnte, hatte bis auf ein paar minimale Vocal-Fetzen aus dem Original nichts mehr mit dem sehr ruhigen Track zu tun, den es zu remixen galt: Eine funky Gitarre übernahm das Zepter und peitschte den Track vom ersten Takt an abartig nach vorne, bis das Ganze in einem Drop Break komplett eskaliert.
Tocadisco created a Monster!
Der Remix war großartig – eine Waffe, ein Brett, der Track zerlegte alles und war innerhalb von zwei Wochen nach Release auf Platz 1 sämtlicher DJ & Clubcharts weltweit.
Egal wo, wann und wie man auf der Welt in irgendeiner Disco war, konnte man zu 100% davon ausgehen, dass »Exceeder« oder der »Walking Away RMX« gespielt wurden.
So kam es, dass uns der damals noch nicht weit über die Grenzen Frankreichs hinaus bekannte House DJ David Guetta einen kurzen Film zuschickte, in dem er in Straßburg vor 150 000 feiernden Menschen seine aktuelle Single »Love Don't Let Me Go« mit unserem »Walking Away RMX« zusammenmixte, begleitet von ner kurze Ansage, dass das Ganze niemals funktionieren würde … weit gefehlt, der Platz in Straßburg drehte komplett durch.

Die David Guetta/The Egg/Tocadisco Kollabo wurde unter dem sperrigen, aber allen Beteiligten Rechnung tragenden Namen »David Guetta vs The Egg – Love Don't Let Me Go (Walking Away) – Tocadisco Remix« veröffentlicht und stürmte innerhalb kürzester Zeit die internationalen Hitparaden mit dem krönenden Erfolg, dass der Track David Guetta's erster Nummer 1-Hit war. A Münchner Gschicht …
Parallel zu den Chart-Erfolgen von Great Stuff konnte sich Tai Jason als Haus- & Hof-Producer des Berliner Labels AGGRO Berlin etablieren.
Die Great Stuff Studios in Haidhausen sind durch Tai plötzlich zum Nabelpunkt des Berliner Hip Hops und Gangster Raps geworden. Rap Stars wie Sido, B-Tight, Samy Deluxe, Eko Fresh, Ali A$, K.I.Z, Tony D, Trailerpark gaben sich in den Great Stuff Studios die Klinke in die Hand.
Die anderen elektronischen Great Stuff Musik Studios von Tomcraft, Lützenkirchen und Jean Claude Ades waren parallel zu den Hip Hop-Produktionen voll im Gange, was zu regem Austausch zwischen den Genres Techno/Elektro/Hip Hop/Rap sorgte. Die immer gut gefüllte Jägermeister-Maschine im Aufnahmeraum trug das Übrige zur positiven Kommunikation bei.
Warum also nicht gleich eine Platte daraus machen, es waren ja eh schon alle zusammen im Studio. Elektro meets Hip Hop, let's go …

Die Rap & Elektro Kollabo »Sure Shot« zwischen Tomcraft, Sido & Tai Jason erschien auf Kosmo Records und sorgte eher im Hip Hop-Bereich als in der Disco für Aufsehen, die Nummer ist heute noch fester Bestandteil von Sidos Live Programm.

»PERFECT (EXCEEDER)« AUF YOUTUBE

Es ist unmöglich, einen Text über Great Stuff zu schreiben, ohne auf das Lied einzugehen, das wohl für die meiste Aufmerksamkeit, die heftigsten Reaktionen, Diskussionen, Hass, aber auch für viel Liebe gesorgt hat: Lützenkirchen – »3 Tage wach«.

Auf geht's, ab geht's, 3 Tage wach (…) verpeilt und verschallert, alle verballert, DRUFF DRUFF DRUFF… pille palle, alle pralle, DRUFF DRUFF DRUFF …

Der Text ließ wenig Spielraum für Interpretationen zu, ob man den Song jetzt ironisch verstand und als Anti-Drogen-Song deklarierte oder ob man ihn als das verstand, was er war: ein Abbild der Berliner Club-Realität. Feiern bis zum Umfallen …
Tobias Lützenkirchen, der Producer und DJ hinter »3 Tage wach«, kam als neuer Producer für Tomcraft nach München. Sein erster Release auf Great Stuff »Daily Disco« unter dem Namen Lützenkirchen ist für mich persönlich eine meiner Great Stuff-Lieblingsplatten, simple und catchy …
Lütze schaffte es in kürzester Zeit, sich mit seinen Releases einen Namen in der Minimal-Szene zu machen, sehr schnell stand sein Name in internationalen Line Ups mit Chris Liebing, Adam Beyer etc., Lützenkirchen hatte eine bis dahin sehr kredible Karriere vorzuweisen.

»3 TAGE WACH« AUF YOUTUBE

Eines Morgens, kurz nachdem Lütze von einem langen dreitägigen DJ-Marathon aus Berlin zurückkehrte, ging er ins Studio und machte einen Song aus den Eindrücken dieser seiner letzten drei Tage.
Jetzt musste der Song nur noch veröffentlicht werden. Unserem Label-Partner Ministry of Sound war das Thema zu heiß – sie lehnten einen Release von »3 Tage wach« ab.
Auf Great Stuff passte eine deutsche Vocalnummer auch nicht so richtig. Also riefen wir Lützenkirchens Kumpel Oliver Koletzki an, der gerade mit »Mückenschwarm« auf seinem Label Stil vor Talent einen großen Hit hatte.
Ein Deal war schnell gefunden, Oliver bekam die Vinyl-Rechte an »3 Tage wach« um 12" Platten auf Stil vor Talent zu veröffentlichen, alle anderen Rechte blieben bei Great Stuff.
Im original YouTube-Video sieht man Oliver Koletzki & Lütze in Hasenkostümen durch die Berliner Nacht raven, ein saulustiger Clip, der innerhalb von zwei Tagen sechs Millionen Clicks sammelte und einen enormen Hype auslöste. Alles, was danach passierte, war wie ein D-Zug. Spiegel, Zeit, SZ-Artikel, heftigste Diskussionen im Feuilleton, die Grünen lizensierten den Song als Musik zu ihrem dreitägigen Endspurt zur Bundestagswahl. »3 Tage wach« wurde zum geflügelten Wort und einem zeitlosen Klassiker-Hit für jede After Hour.

»LONELINESS« AUF YOUTUBE

Die Wege der Stadt

Zoe Mazah • Sängerin, Komponistin, Galeristin

Eigentlich war ich auf dem Weg in eine andere Stadt, um ein Studium aufzunehmen, als ich als junge Frau in München gestrandet bin. Ich kannte die Stadt von früheren Besuchen und es fiel mir nicht schwer, zu bleiben. Ich fand schnell Arbeit als Servicekraft in einer Bar und die Nacht hatte es mir wie vielen Musikern angetan. Die Musikszene, die mich interessierte, war allerdings längst nicht so offen, wie ich mir das vorgestellt hatte. Jazz und Soul Jams irgendwie sehr eingespielt und von festen Zirkeln beherrscht. Es war nicht einfach, Fuß zu fassen, so als Zuagroaste. Dann hat sich durch Zufall ein Weg für mich aufgetan, als mir ein House- und Techno-Label zusammen mit Sony Music einen Künstlervertrag anbot. Mir war klar, ich bleibe und habe als Eingeständnis einer ordentlichen Ausbildung ein Studium für Jazz und Komposition aufgenommen, während ich schon im Tonstudio stand. Dieser Vertrag hat die Indie-Szene für mich nicht zugänglicher gemacht, aber dafür meinen Weg geprägt. House und Techno waren mir bis dahin fremd gewesen, aber die Leute waren offen und frei im Kopf und der Spirit damals war einfach unglaublich. Für die Entwicklung meiner eigenen Musik musste ich allerdings immer weiter weg. Bis nach Jamaika letztlich.

Die Band, mit der ich schließlich viele Jahre auf Tour war, kam dann aus Köln, und auch heute spiele ich fast nie hier. Warum auch immer hat diese Stadt mich umarmt und losgeschickt zu gleichen Teilen. Über die Jahre habe ich dann verstanden, was mich hier hält. Es sind die vielen schönen Wege durch diese Stadt, die weder zu laut noch zu leise für mich ist. München gibt mir Raum zu denken. Gerade genug Anstoß, um zu erschaffen, aber sie überlagert meine eigenen Gedanken nicht. Wenn man wie ich viel zu Fuß geht, findet man überall noch das Flair der wilden 60er- und 70er-Jahre und die ruhige, an manchen Stellen etwas in die Jahre gekommene, aber gut gepflegte Schönheit der Stadt liebe ich sehr. Ich habe viele Lieder und Gedichte auf meinen Stadt- und Isarspaziergängen geschrieben und meine Eindrücke und Gefühle, die ich anderorts gesammelt habe, hier verarbeitet. Ich glaube, ich werde hier immer ein kleines bisschen fremd und gleichzeitig zu Hause sein, und München ist für mich ein Ort, an dem es gut ist, zurückzukommen.

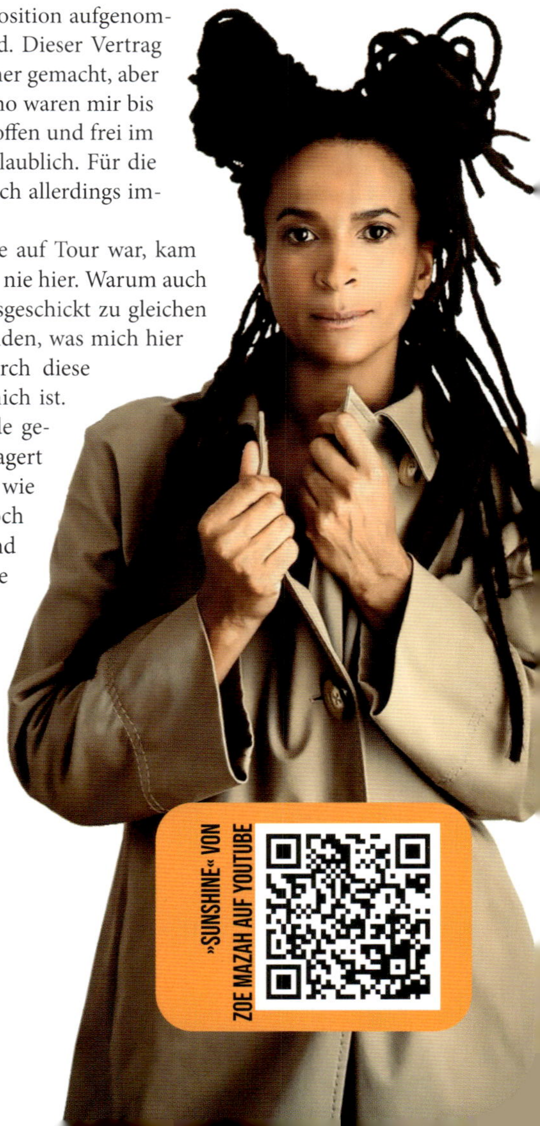

It's super, it's sexy, it's super sexy Munich ...

Marcus Kanzler • DJ, Ultraschall, Flokati, Grüner Raum

Da war ich also … blutjunge 17 Jahre alt, stand ich vor diesem imposanten Zirkuszelt, eingereiht in einer langen Schlange und hoffte, der Passkontrolle am Eingang entgehen zu können. München, die große Stadt, deren Eindrücke ich fast ehrfürchtig verarbeitete, während Promotionteams versuchten, ihre Tiffany-Zigaretten mit dem coolen Neonlogo unter die Leute zu bringen.

Ich, der Bub vom Lande, der brave Gymnasiast aus der Kleinstadt vor den Toren Münchens – drinnen das Gelobte Land, Disco, House Music, EBM und alles, was sich mein Teenagerherz in dem Moment erträumte. Irgendwann war ich drinnen, den DJ namens WestBam kannte ich damals noch nicht, die Artisten, die von der Decke hingen, waren faszinierend, die Drinks lecker und die Zigaretten gratis, aber nur die Musik hat mich wirklich komplett eingesaugt und mitgerissen. Ich war sofort gierig nach mehr.

München – für mich damals ein Versprechen von Freiheit und Lebensfreude …

Die »Macht der Nacht«, so der Name dieser leider endlichen Veranstaltung im pompösen Zirkuszelt, aber der Nacht und ihrem Sound war ich von diesem Moment an verfallen.

Kulturstation, Ultraworld, Domagk-Gelände, Babalu, Tempel, Nachtwerk, der alte Flughafen in Riem, das Ultraschall, selbstverständlich Pulverturm, Kunstpark Ost, wieder Ultraschall … eine geile Zeit, eine Zeit des Aufbruchs, alles neu, sich finden, sich neu erfinden, Liebe, ganz viel Liebe und natürlich die besten Freunde der Welt. München war besonders, immer anders als Berlin, weniger Weltstadt, mehr Familie. Jeder kannte jeden, um Schickimicki wurde ein großer Bogen gemacht, trotzdem glamourös, exzessiv und ausschweifend. Und München war eine Macht! Musikalisch ganz sicher – die Protagonisten weltbekannt,

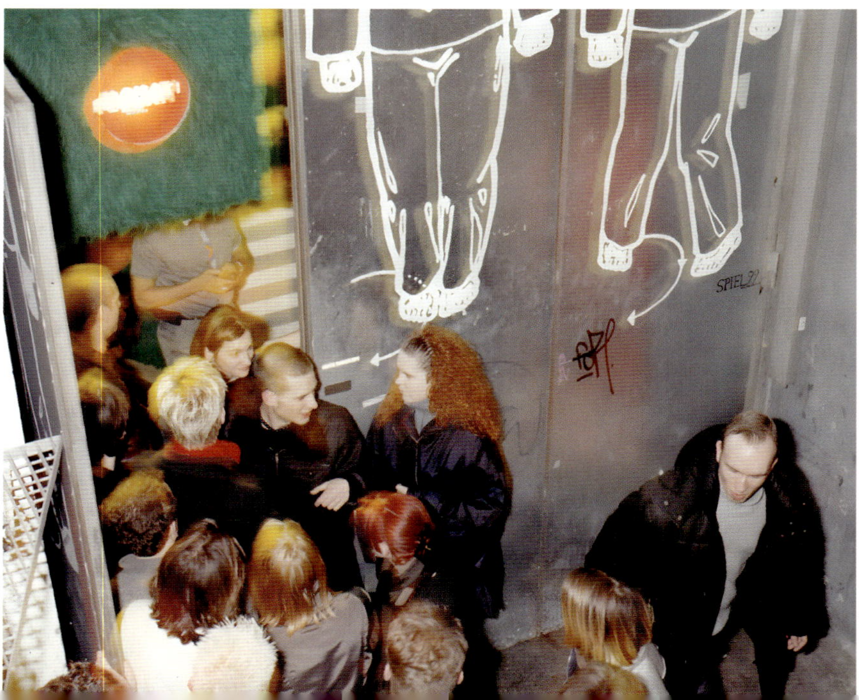

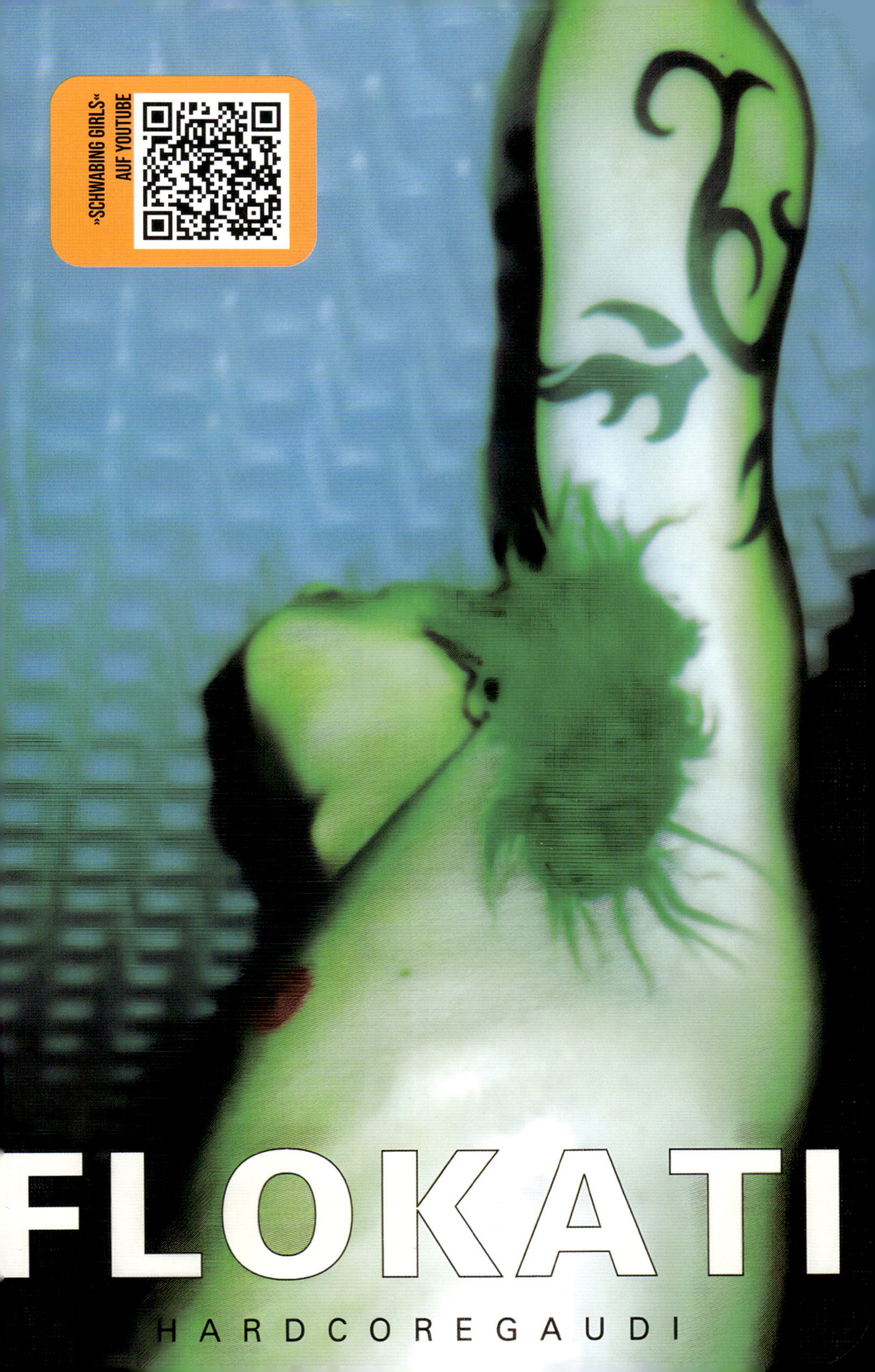
»SCHWABING GIRLS«
AUF YOUTUBE
FLOKATI
HARDCOREGAUDI

Weltstars wurden zu Teilzeit-Münchnern und aus halb Deutschland kamen die Menschen, um zu feiern. Doch die Musik wurde elektronischer, der Discohype war schon lange vorbei, Techno in allen Clubs und auf allen Raves omnipräsent. Und irgendwann stellt man dann fest, dass man nicht endlos 20 bleiben kann und irgendwie alles schon gesehen und gehört hat.

Und die Magie der Nacht bekommt leichte Risse … aber wie in jeder guten Liebesbeziehung setzt man viel daran, diese Risse wieder zu kitten.
Just zu dieser Zeit hatten mein bester Freund Tobi und ich dann die wahnwitzige Idee: House Music braucht die Stadt! Die Stadt der wöchentlichen Mega-Raves und Techno-Clubs braucht wieder Musik mit Seele, so zumindest unser Gedanke … und die Lücke wollten wir füllen! Musik auflegen, ohne jede Vorerfahrung als DJ – ganz schön naiv eigentlich für Herrschaften um die 30. Trotzdem sind wir völlig euphorisch und ohne viel nachzudenken zu Upstart (Peter Wacha, damaliger Mitbesitzer des Ultraschall Clubs) gerannt und haben unser überragendes Konzept dargelegt, welches schlicht lautete: »Lass uns doch mal House spielen!«
Und der Rest ist dann Geschichte – wir haben natürlich eine Absage bekommen, durften nicht House spielen, aber wir haben stattdessen gleich eine ganze Location angeboten bekommen, um eine eigene Veranstaltung auf die Beine zu stellen – der Flokati House Club war geboren und dann tatsächlich von Beginn an eine Erfolgsgeschichte. Tobi wurde doch noch ein erfolgreicher DJ, ging nach Berlin, ich, Herr Kanzler, habe mit dem Club insgesamt 12 Jahre durchgehalten. Das Booking war international und mit Herzblut kuratiert, das Publikum herrlich gemischt und wunderbar offen für die Musik, die Stimmung euphorisch, ›Flokati House‹ ein weit über die Grenzen von München bekannter Begriff … plötzlich durfte sogar wieder Disco gespielt werden und die Gäste haben es mit einem glücklichen Lächeln im Gesicht quittiert.
München eben … und die Liebe brennt noch immer.
Und so habe ich vielleicht ein kleines Kapitel zum Sound beitragen können, den man mit Munich verbindet … eben wie's bei den Merricks in »Schwabing Girls« einst schon hieß: »It's super, it's sexy, it's super sexy Munich!«

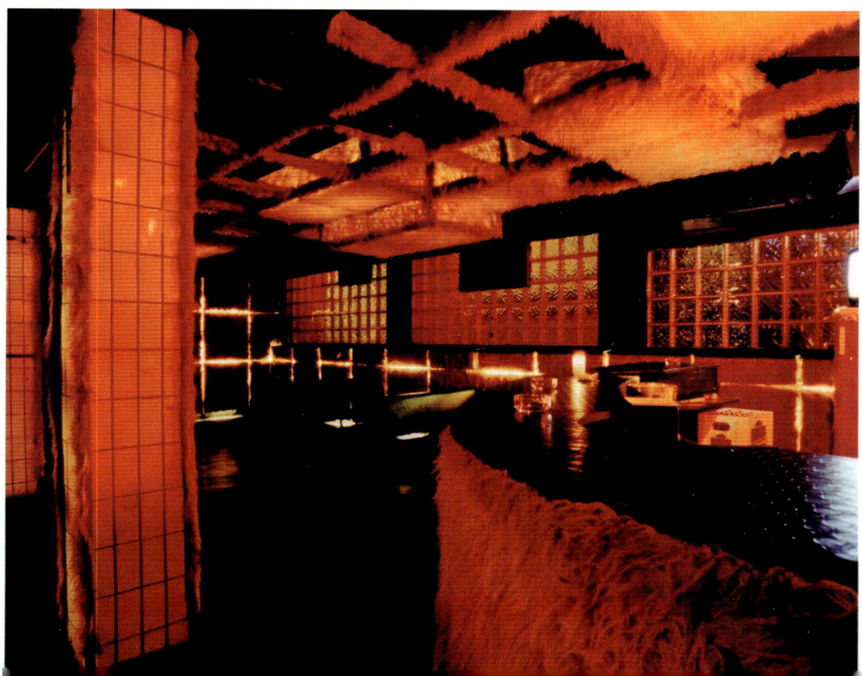

Play that funky music

DJ Florian Keller • DJ Into Somethin', Atomic Café, Gastronom

Munich Sound, das ist natürlich immer eine sehr persönliche Angelegenheit. Wahrscheinlich am häufigsten wird diesbezüglich Giorgio Moroder mit seinen Musicland Studios genannt, Donna Summer, eventuell auch Milli Vanilli, Sportfreunde Stiller und LaBrass-Banda, oder im Zuge des Krautrock-Hypes der letzten Jahre Amon Düül, vor allem aber Niagara und Klaus Weiss sowie Embryo. Die Letztgenannten übten und üben weltweit wohl mehr München-Einfluss aus, als man vordergründig denkt, denn ihre Musik und ihr Erbe geht konzeptionell schließlich weit über Unterhaltungs-Pop hinaus.
Bestimmt weniger gerne erwähnt werden dagegen wohl Penny McLean, Roberta Kelly & Silver Convention, Saragossa Band, Spider Murphy oder Münchener Freiheit, deren Coolness-Faktor – zumindest derzeit – eher nicht so groß ist.
Disco kommt von Soul. Und durch meine Brille gesehen ist Munich Sound natürlich voller Funk! In den GI Clubs Birdland (Kirchenstraße 27, wo das heutige Lokal Paros sich befindet) und dem P1, welche übrigens beide aufgrund der extrem üblen Tatsache entstanden, dass im Offizierskasino der McGraw Kaserne analog zur USA Rassentrennung ausgeübt wurde. Hier und im amerikanischen Soldatensender AFN hörten Generationen von Münchnern das erste Mal Soul, Funk und Disco, lange Jahre bevor dieser Sound im Charly M und anderswo erblühte.
Ebenfalls erwähnenswert sind die Unterhaltungsorchester Paul Würges, Max Greger und Ambros Seelos: die erstgenannten Jazzer, die in den 50ern Swing und Bebop adaptierten und so mithalfen, diese Musik in München populär zu machen, Letzterer ein heimlicher Soul-Fan, der in den 70ern als Hausband im Bayerischen Hof und dem Yellow Submarine gerne mal eine Manu Dibango-Komposition spielte (»Salt Peanuts«, Seelos' Version ist mit »Mabusso« betitelt) sowie andere obskure Funk-Nummern. Und natürlich die Jazzclubs Domicil und Allotria, sowie der Veranstalter Karlheinz Hein, der neben dem Münchner Klaviersommer das Loft betrieb (welches in der Kirchenstraße, ein paar Meter neben dem Bluebird, war) sowie Anfang der 80er zwei oder drei Ausgaben eines Münchner Jazz Fests in der Olympiahalle veranstaltete, mit Gästen wie Dizzy Gillespie, Herbie Hancock oder Willie Bobo, die ich als kleiner Junge dort glücklicherweise sehen durfte.
Diese Geschehnisse haben meines Erachtens wesentlich dazu beigetragen, dass München soulful wurde.
Meine Sozialisation kam vor aber allem durch Clubs und Bühnen, allem voran natürlich dem Tanzlokal Größenwahn, wo ich ab dem Alter von 14 Jahren außer montags (Rock interessierte und interessiert mich nicht) fast täglich anzutreffen war. Am meisten gefallen hatte mir dort immer DJ Ernstl (Lanninger), der Reggae und auch schon sehr früh Hip Hop und eben Funk auflegte, und das sehr deep und treffsicher. Interessanter, weil eventuell weniger im allgemeinen Fokus, sind Clubs wie das Cadillac (Theklastraße, ein weiterer Zufluchtsort für schwarze GIs), das East Side, das großartige Pow Wow (ein Gay Club am Rindermarkt), der Live Club VielHarmonie in der Preysingstraße (dort war regelmäßig ein blutjunger Terence Trent D'Arby mit seiner Band Immaterial zu sehen mitsamt fantastischem Moog Bassisten, aber auch No Wave Bands, wie eine mir unvergessene Brassband mit dem dusseligen Namen Choo Choo Aero Big Band.
… und natürlich »Funky Music«, die mich absolut prägende Radiosendung von Fritz Egner, welche ab 1979 oder 1980 einige Jahre jeden Mittwoch ab 22 Uhr auf Bayern 3 gesendet wurde. Starfire, Sun, »The Bottle« von COD oder »Dirty Mind« von Prince wurde

dort, wie man gerne sagte, »frisch aus der Presse« gespielt und hatten mich schwerstens beeindruckt. Als dann 1986 die Wunderbar aufmachte und ich dort bald meinen ersten Job als DJ hatte, stellte ich schnell fest, dass ich mit meiner persönlichen Variante des Munich Sound nicht allein war: Bald lernte ich Theo Thönnessen und Michael Reinboth kennen, mit denen ich ab 1991 die Into Somethin' Clubnacht betrieb, zuerst im BaBaLu, später im Parkcafé und schließlich über ein Jahrzehnt im Muffat Café. Unser Konzept: Jazz, Funk und neue Einflüsse (wie damals Jazzy Hip Hop, Trip Hop oder Drum & Bass) zu verbinden. Gäste dort waren unter vielen anderen Gil Scott-Heron, Last Poets, Gilles Peterson, A Tribe Called Quest, Roy Ayers, Dj Shadow, Jamiroquai, Phil Asher, Moodymann, Deee-Lite, Peshay, Roni Size, Rufus Thomas oder Gang Starr's Guru. Weiter anzutreffen waren in diesen Tagen ein Funk-begeisterter Dj Hell in der BaBaLu Bar, einige Soul-Fans, die eher süßere, inbrünstigere Variante des Genres bevorzugten und sich Mods nannten, den DJ-Veteranen Chuck Herrmann, der im Pop Club und der Max Emanuel Brauerei Soulmusik in erster Linie für die großartige und musikalisch unglaublich fundierte Gypsy-Gemeinde Münchens auflegte, den umtriebigen Jan Weissenfeldt, der die weltweit erste wieder authentisch analoge Funk Band seit Ende der 70er-Jahre, die Poets Of Rhythm erschuf, woraus später wiederum Projekte wie das Goldene Zeitalter, die Express Brass Band oder das wunderbare Philophon Label entstanden. Mit ihm hatte ich im Nachtwerk Club und danach im Atomic Café die ebenfalls weltweit erste pure Funk-Clubnacht »Funk Squad«. Und natürlich nicht zu vergessen sind all die anderen Kreativen, welche als DJs oder Produzenten/Musiker ihren Fußabdruck in dieser Stadt hinterließen.
Das alles zusammengepackt ist für mich der Munich Sound!

»MABUSSO« AUF YOUTUBE

»Ab da fehlt mir jede Erinnerung …«

Hary Fürst • Musiker, Manager, Safari No Go!, Why Not

Ich verbinde mit dem Begriff Munich Sound verschiedene stilbildende Dekaden. Ende der 60er und Anfang der 70er war es Amon Düül, die mich mit ihrer Art von experimenteller Musik stark beeinflusste.
In den 70ern waren es die Produktionen aus den Musicland Studios im Arabellahaus, bei der sich internationale Bands und Interpreten die Klinke in die Hand gaben und die in den Clubs wie Blow Up, Tilbury, Tiffany, Piper Club die Nächte zum Tag machten.
In den 80ern war für mich der Mix aus Punk, Neue Deutsche Welle, New Wave und Disco, wie er im Why Not Club vom DJ Otto ›Stevie‹ Bezloja in einer unnachahmlichen Mischung zum Erfolg des Ladens beigetragen hat. Munich Sound war für mich auch die erste Hallenkultur mit der Negerhalle von Bonger Voges.

Eigentlich ging das schon Ende der 60er-Jahre mit der Musik und den Clubs los. Wir waren jede Nacht unterwegs in den Clubs, um den Bands auf die Finger zu schauen. Ob im PN Hit House in der Leopoldstraße oder nebenan im Big Apple, da habe ich die Animals, Yardbirds, Renegades, Remo Four oder Daddy, die späteren Supertramp, gesehen. Als wir dann selbst im PN einen Gig hatten, war das für uns das Höchste. Dann kam das Blow Up. So was hatten wir bis dahin nicht gesehen. Einen Club der in seiner Größe einmalig war, mit den verrücktesten Shows, Go-go-Girls, psychodelischen Lightshows und Projektionen und internationalen Bands. Das Publikum war ein Sammelsurium von Nachtschwärmern, vom Adeligen im Smoking, dem Vorstadt-Strizzi bis zum abgerissenen Gammler. Damals hatte ich erkannt, dass der Erfolg eines Clubs in einer ungewöhnlichen Mixtur der Akteure, sprich Gäste liegt. Der Türsteher als Regisseur und der DJ bestimmten die Inszenierung der Nacht. In dieser Zeit hatte ich mit meiner Band auch ein kurzes Gastspiel beim Label Prom von Abi Ofarim in der Münze 7. Im EG war die Disko, im 3. Stock waren die Büroräume des Labels, im DG wohnten wir und im Keller war unser Probenraum. Auch wenn wir nur wenig bzw. kein Geld hatten – unseren monatlichen Unterhalt von 300 DM, den uns Prom zahlte, stockten wir durch Flaschensammeln auf –, waren wir trotzdem fast jeden Abend im Tilbury am Platzl zu Gast.

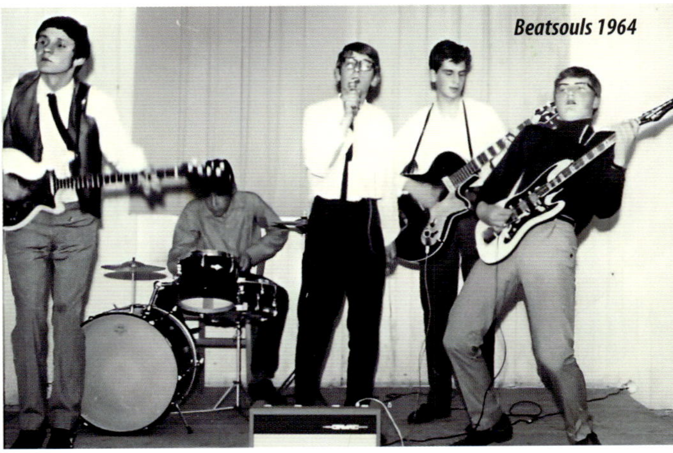

Beatsouls 1964

Nach unserer Trennung zog ich nach Schwabing und war fast jede Nacht im Piper Club, später Joint am Kurfürstenplatz. Der Name des Clubs war Programm. 1974 traf ich zum ersten Mal Keith Richards, der zu der Zeit mit den Stones im Musicland aufnahm. Vom Joint zogen wir weiter ins Tiffany an der Leopoldstraße. Dann war ich mit dem Musical »Hair« ein Jahr lang in Deutschland, Österreich und der Schweiz auf

Tournee. Nach meinem Ausstieg aus der Truppe rannte mir Keith ein zweites Mal über den Weg. Ich rief ihn im Hilton an und sagte ihm, dass ich eine Rickenbacker Lap Steel von 1949 zu verkaufen hätte, wir trafen uns im Hotel. Bis heute fehlt mir der Rest der Geschichte.

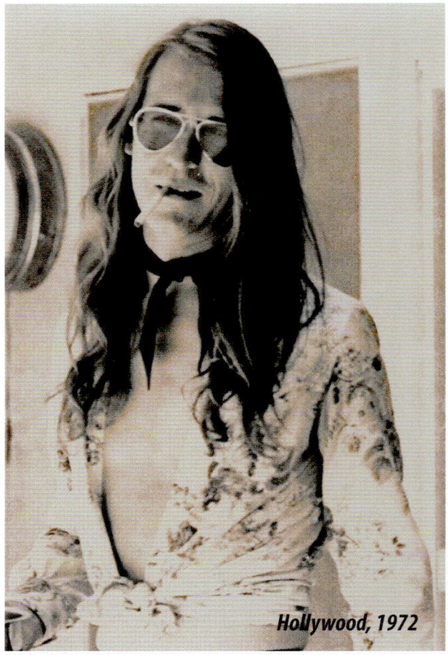

Hollywood, 1972

Ende der 70er war mir die Rockmusik zu bombastisch und leer. Ich begann mich für Punk zu interessieren. Bei einem Konzert im Circus Krone kam ich mit einem jungen Punk ins Gespräch und er nahm mich mit ins Damage in der Geyerstraße im Glockenbachviertel. Als wir ins Lokal kamen, da war er wieder da, der wilde Sound der Auflehnung. Von da an war ich jede Nacht in dem Laden. Ich fühlte mich wieder wie 18. Ich renovierte zu dieser Zeit das Fotostudio von Frank Griffin, einem Musikfotografen, und wohnte auf der Baustelle. Er verschaffte mir eine Bootlegkopie des noch nicht in den Kinos gezeigten Films »The Great Rock 'n' Roll Swindle« über die britische Punk-Band Sex Pistols. Ich besorgte mir einen Videorecorder und zwei Fernseher und zeigte den Film an drei Tagen für 2 DM Eintritt. Der Laden war brechend voll. Von da an begann meine Kariere im Münchner Nachtleben. Kurz darauf war ich Barmann im Damage und feierte jede Nacht bis zum glanzvollen Untergang des Ladens im Frühjahr 1980. Nachdem das Lokal wegen massiver Beschwerden der Anwohner schließen musste, wechselte ich als Geschäftsführer in das Why Not.

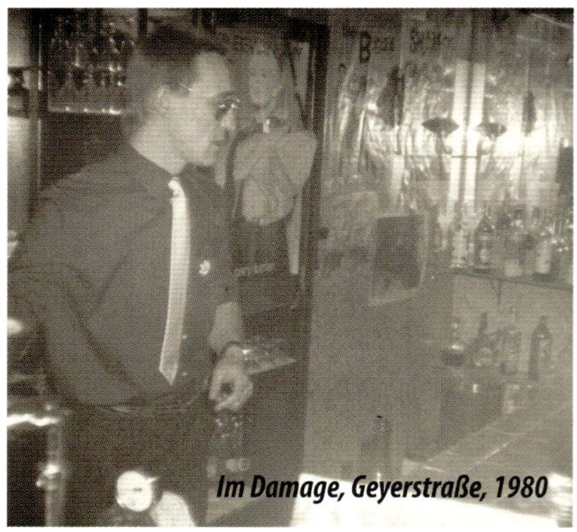

Im Damage, Geyerstraße, 1980

Die folgenden Jahre waren für mich bis dahin die wildesten, schönsten und verrücktesten Jahre meines bisherigen Lebens. Als ich 1980 anfing, begann die Neue Deutsche Welle das Musikgeschehen nachhaltig zu beeinflussen. Otto Stevie Bezloja, unser DJ, der als Bassist bei »Hair« und auch in der Band von Joachim Witt war, war die absolute Nummer 1 unter den Münchner DJs. Während in den anderen Clubs weiter Rock- und Discomusik gespielt wurde, mixte Stevie Two Tone, Punk, Neue Deutsche Welle, New Wave zu einem besonderen Musikmix. Und plötzlich war die Szene da, die Filmemacher- und Schauspieler-Clique um Klaus Lemke, Mischa Lampert, Bernd Eichinger, Martin Moszkowicz, Charlie Huber und Schriftsteller Rainald Goetz, Musiker und Bands wie Peter Wolf von der J. Geils Band, The Stranglers, Talking Heads, The Clash, Blue Rondo à La Turk und wieder einmal Keith, Mick und Bobby Keys von den Stones. Während Mick den Club so gegen 3 Uhr verließ, feierte ein kleiner Kreis von Freunden mit Keith und Bobby bis 11 Uhr vormittags im Club. Von da ging es weiter ins Hilton, wo wir bis ca. 3 oder 4 Uhr nachmittags weiterfeier-

ten und dann fuhren wir gemeinsam ins Olympiastadion. Ab da fehlt mir jede Erinnerung an das Konzert.
Neben meiner gastronomischen Tätigkeit widmete ich mich vermehrt meiner Musik und so gründete ich 1981 mit Freunden und Gästen aus dem Club die New Wave Band Neutral Design. Wir probten nachmittags im Club und traten dann abends auf einer behelfsmäßigen Bühne auf. Die Auftritte hatten zur Folge, dass mir auch andere Bands und Agenturen Promotionsauftritte für ihre Künstler anboten. Eine der ersten Gruppen waren Intimspray, eine österreichisch-englische Band, die Neue Deutsche Welle mit Punk und Reggae mischte. Es folgte Trio, damals noch relativ unbekannt, Heaven 17 und eine Reihe weiterer Bands, an die ich mich heute nicht mehr erinnern kann. Im Dezember 81 kamen Freunde zu mir und sagten, dass an Heiligabend die meisten Clubs und Lokale geschlossen wären und man nirgendwo hingehen könnte. Da kam mir die Idee, eine »Xmas All Stars Session« zu veranstalten. Der Club stellte die Backline und das PA und jeder, der wollte, konnte bei der Session einsteigen. Es war ein einmaliger Abend mit jeder Menge Spaß und das Ganze endete am Morgen mit einer klassischen Musiker-Prügelei auf der Bühne.
Nachdem sich Neutral Design Ende 81 aufgelöst hatte, gründete ich zusammen mit dem Schlagzeuger Bernhard Ries und dem Gitarristen Oliver Stefan die Band Safari No Go!. Oliver kam von den Nighthawks, der ersten deutschen Ska, Rocksteady & Reggae Band, die sich kurz zuvor aufgelöst hatte. Als Sängerin stieg Emily Woods ein, die zuvor u. a. bei den Les Humphries Singers war, am Keyboard Eberhard Wormer, Tekin Altan Percussion, Claus Reichstaller tp, Mike Patzelt ts, Kai Taschner ts und Leo Gmelch tb. Stilistisch war die Musik der Band dem Afro-Cuban-Style zuzuordnen. Die Homebase und Proberaum war der Club, in dem wir mehrere Auftritte hatten. Wir hatten auch Auftritte in München im Charlie M, Sugar Shack und in der Theaterfabrik. Wir hatten einige Angebote von verschiedenen Labels und entschieden uns für das englische Label Mercury, um in London unter dem Produzenten Chaz Jankel eine EP aufzunehmen. Im Anschluss folgte eine Promotion-Tournee durch die angesagtesten Musikclubs Deutschlands. Entgegen der positiven Kritiken in der Musikpresse blieben die Plattenverkäufe hinter den Erwartungen zurück. Als dann die Plattenfirma auf uns einwirkte, die Lineup zu ändern, zerbrach die Band. Wir hatten noch einen letzten großen gemeinsamen Auftritt beim Filmfest im Künstlerhaus München und danach war Schluss. Mir ist noch heute das Bild vor Augen, als ich am frühen Morgen mit den Roadies das Vibraphon vom Künstlerhaus über die Maximilianstraße zum Why not schob. Das Kling-Kling als Abgesang einer Ära ist mir noch heute im Ohr. Und was danach kam, kann ich mich wieder einmal nicht erinnern.

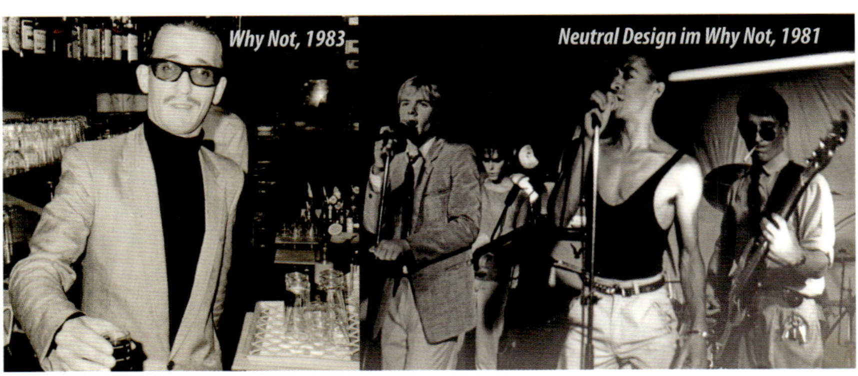

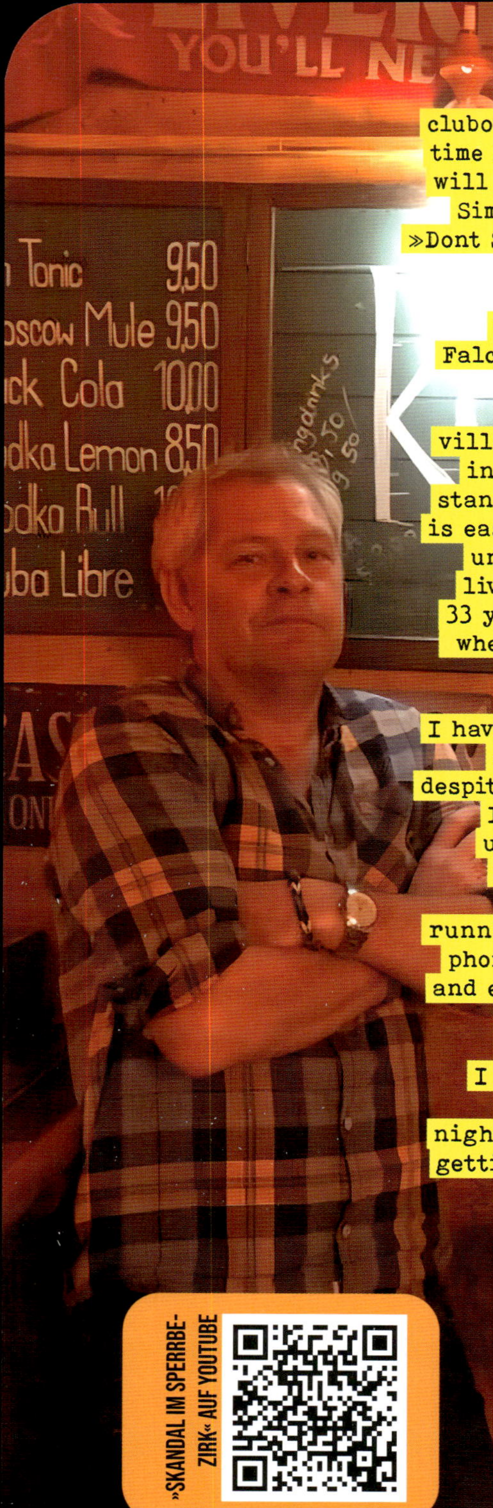

I have dj'd many times in my 33 years as clubowner, barowner and bartender. In all this time I have learned that there are 3 songs that will guarantee the dancefloor springs to life. Simply play »Skandal« (Spider Murphy Gang), »Dont Stop Me Now« (Queen) or anything by Falco!

What do all these share in common? Munich! »Skandal« is sung about Munich, Falco came from Wien (Munich's neighbour) and Freddie Mercury lived in Munich. People often refer to Munich as being a village rather than a city. As such, it revels in bands that are local, or at least understand what it is to be in Munich. I suppose it is easiest to say that Munich loves people who understand Munich. What it is to be here … live here … work here. I have lived here for 33 years, yet only found myself comfortable, when I stopped trying to leave and accepted that I was staying.

I have always enjoyed this city and its quirks and people. As I get older, I realise that despite knowing what works here »music wise«. I now, prefer to play what I want to! And, unsuprisingly … the people notice. I like classic »B sides« that leave older people smiling and grooving, and younger folk running up to the speakers with their smartphones. Reminding everyone of simpler times and educating youth that not everything cool is top ten (classics or otherwise)!

I now have a bar, not a club. A bar is much easier. There is no need to party every night … Though sometimes I do ! I suppose I'm getting older … I do things when I want to … and because I feel it!
And that … in a nutshell … is Munich!

Matt Devereux • Barkeeper & Owner Kooks, Entertainer, Comedian, Singer

»SKANDAL IM SPERRBE-ZIRK« AUF YOUTUBE

Ein fragmentöser Trip in den Münchner Untergrund

Norbert Michael Wagner • Journalist, Autor, Grafiker

Pop & Parkcafé

In der Nacht vom 11. auf den 12. September 1991 machte ich mich zu Fuß auf den Weg in Hansi und Inge Grandls Parkcafé am Alten Botanischen Garten. Ich war mit Daniel verabredet, den ich vor vier Wochen mit Afra im Babalu kennengelernt hatte. Boy George stellte an jenem Abend in dem Tanztempel am Alten Botanischen Garten sein Band Projekt Jesus Loves You und Songs aus dem Album »The Martyr Mantras« vor, das mit einem Stilmix aus House, Dance, Soul, Pop und Electronica gut ins damalige musikalische Konzept des Parkcafés passte. Als CD-Cover diente das sogenannte Blotter als Artwork, ein bunt bedrucktes Löschblatt, auf das die kristalline Droge LSD aufgetragen wurde. Boy George schien gut gelaunt, er sang in bunten Hippie Klamotten »Generations Of Love« und fünf weitere Songs aus dem 1991 erschienenen Longplayer. Dass die Umstände desselben Sets neun Monate später in einer Disco in Straubing allergrößte Angst, Panik und Entsetzen auslösen würden, konnte ich zu diesem Zeitpunkt noch nicht erahnen. Daniel war mit seinem Freund Bruno gekommen, den ich nur flüchtig kannte, und den er mir an diesem Abend vorstellte. Bruno begrüßte mich mit einem festen, verbindlichen Händedruck und einem verschmitzten Lächeln. Mit seinen 39 Jahren war er zehn Jahre älter als ich, er war ein attraktiver, etwa 1,85 m großer Mann mit sportlicher Figur, schwarzen kurzen Haaren und strahlend blauen Augen. An diesem Abend trug er eine dunkle Levi's Denim 501, ein enges helles T-Shirt und schwarze Cowboystiefel. Gleich am ersten Abend entdeckten wir gemeinsame Interessen und beschlossen, das Konzert von David Bowies Tin Machine am 12. Oktober 1991 zu besuchen. Dies war der Beginn einer wertvollen Freundschaft, die sich schon nach den ersten Begegnungen anfühlte, als würde sie ein Leben lang halten. Es war platonische Liebe auf den ersten Blick.

Punk & Porno

Anfang der 1960er in München geboren, kannte ich das ausschweifende Nachtleben, für das München in den 1960/70er berüchtigt war, nur aus Filmen und Erzählungen. Die Olympischen Sommerspiele, die Nackerten im Englischen Garten und nicht zuletzt die von Giorgio Moroder Anfang der 1970er am Arabellapark gegründeten Musicland Studios machten München international bekannt, die Wirtschaft boomte. Mit ihrem Reichtum übernahm die Münchner Schickeria die Stadt und vertrieb die Hippies und die alternative Szene aus den Nachtclubs. Ich, der ich bis zu meinem ersten Berlin-Besuch kurz nach dem Mauerfall keine Vergleichsmöglichkeiten hatte, empfand die Münchner Ausgehszene der Achtziger durchaus spannend und attraktiv. Meine ersten Ausflüge ins Münchner Nachtleben begannen 1980 im Hollywood in der Klenzestraße 43, wo 1982 das Tanzlokal Größenwahn, ein New Wave und Independent Club, der bis zu seiner Schließung 1992 zu einem meiner drei am meisten favorisierten Clubs der Stadt werden sollte, eröffnete. Dort fand ich am meisten musikalische Übereinstimmung und soziale Zugehörigkeit, nicht nur, weil es bis 1992 nichts Vergleichbares gab. Im Tanzlokal veranstaltete DJ Hell 1987 die erste Acid House Party und läutete damit eine neue Ära ein. Das Hollywood war eine gute Adresse für Soul und Disco, die für mich bessere Musik lief nur

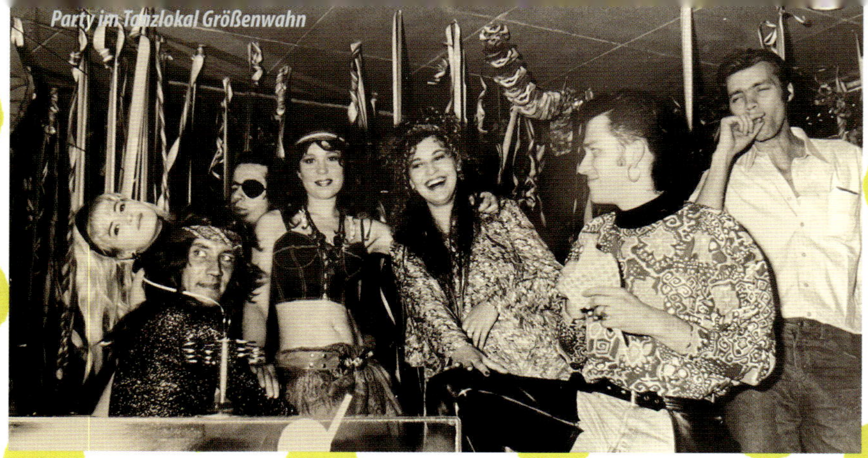

ein paar Straßen weiter im Cadillac in der Theklastraße, das seinerzeit zu den wenigen Nachtclubs in München zählte, die bis 4 Uhr morgens geöffnet haben durften. Dort lief Funk die ganze Nacht, und ich war manchmal einer der wenigen weißen Männer in der Disco. Neben Black zählten Anfang der 1980er Punk und New Wave, EBM und Hip Hop zu meinen bevorzugten Musikrichtungen. Erste Punkplatten hörte ich 1979 in der Klappe in der Schwabinger Fendstraße, anschließend ging ich weiter »zu Edith« ins Why Not in die Brienner Straße, wo Schickeria und Stadtstreicher gleichermaßen willkommen waren. Unter der Woche fand man mich im Lipstick in der Humboldtstraße, im Black Out/Black Inn in der Herrnstraße und im Lips in der Seitzstraße, drei Punk-Discos, die die Mitte der 1980er nicht überlebten. Von den Schwulenclubs fand man mich im Pow Wow in der Rosenstraße, wo Hi-NRG lief, aber auch im New York, das Anfang der 1980er von der Rumfordstraße in die Thalkirchner Straße 2 zog, in dieselbe Straße, in der ich 1982 meine erste eigene Wohnung fand. Als das New York in die Sonnenstraße umzog, fand dort in den späten 1980ern der Lesbenclub Etienne seine Heimat, bevor mit dem Alcatraz, dem späteren M-Pire, ein Leder- und Fetischclub für Männer eröffnete. Dort wurden Anfang der 1990er monatliche Pornoshows einer Filmproduktion gezeigt, und DJane Acid Maria begann dort im Dezember 1992 ihre Karriere als Musikproduzentin. Dank der Musik- und Gästeauswahl hielt ich meinem zweiten favorisiertem Club über 25 Jahre die Treue, bis er Ende der Nullerjahre als The Stud seine Pforten schloss.

Berlin & Babalu

1991 besuchte ich meinen Freund Robert, einen jungen schwulen Punk aus Traunstein, der wie viele meiner damaligen Freunde nach dem Mauerfall München verließ und nach Berlin ging. Am ersten Abend gingen wir ins Café Zapata, einem Underground Club im ehemaligen Tacheles, der als geretteter Gebäudeteil eines Kaufhauses von 1990-2012 Heimat für die alternativen Kunst- und Kulturszene wurde. Aus den Lautsprecherboxen wummerte der Bass zu Sissy Penis Factory's »Everybody Fu*k Now«, auf der Tanzfläche zuckten ekstatische, halb nackte Leiber zum Rhythmus der Musik, ich sah glückliche Gesichter, und ich verspürte zum ersten diese ungeheure Liebesenergie, die ich ansatzweise in München bisher nur aus dem Alcatraz kannte. Von Berlin zurück, erzählte ich meiner Kollegin Afra von meinem Erlebnis im Tacheles, mit dem ich sie jedoch nicht überraschen konnte. Sie war während meines Berlin-Aufenthalts im Babalu Club, weiterhin Babalu, in der Leopoldstraße und schwärmte in höchsten Tönen von der »neuen Musik«, die dort lief. Wir arbeiteten beide in dieser Zeit bei dem Kultur- und Reisemagazin »The Finest«, die Redaktion lag nur einen Katzensprung vom Babalu entfernt. In der Nacht vom 14. auf den 15. August 1991 war es denn so weit: Nach einem Abendessen im Rothmunds und einem Abstecher ins Parkcafé betrat ich mit Afra um 3 Uhr morgens zum ersten Mal die Disco an der Leopoldstraße. Eine Wolke aus Trockeneis vermischte sich mit Zigarettenqualm und Haschischdampf, als wir den Kellerclub betraten und mir den Blick raubte, was ich mit meinen leicht klaustrophobischen Anwandlungen zuerst als unangenehm empfand. Während ich mir an der Bar einen Gin Tonic bestellte, machte sich neben mir ein großer, dünner Mann bemerkbar, den man in meinem Münchner Dialekt als »Grischperl« bezeichnen würde. Er war etwa Anfang 20, trug ein schwarzes, langärmeliges Kiss T-Shirt und in der rechten Hand einen Fächer, der damals zum Standardaccessoire mancher Nachtschwärmer gehörte, und wedelte mir frische Luft zu. Er stellte sich mir als Daniel vor, eine neue Freundschaft war geschlossen.

Das Babalu wurde 1990 in den ehemaligen Kellerräumen des Jazzclubs Domicile von Michi Kern in der Schwabinger Leopoldstraße eröffnet, das bis zum heutigen Tag zum dritten meiner favorisierten Clubs in meiner Heimatstadt zählt. Kern machte seine ersten gastronomischen Erfahrungen im Tanzlokal Größenwahn und war im selben Freundeskreis wie Sven Väth, DJ Hell oder der in München geborene Schriftsteller und Rave-Veteran Rainald Goetz. Vom 24. auf den 25. Dezember 1992 veränderte eine Razzia das Münchner Clubleben nachhaltig und läutete das langsame Ende des Babalu ein. In der Weihnachtsnacht 1992 fand in zwei Clubs gleichzeitig die erste Drogenrazzia überhaupt statt. Um 1.30 Uhr stürmte die Münchner Polizei zeitgleich den Nobelclub P 1 in der Prinzregentenstraße und das Babalu und filzte drei Stunden lang 579 Gäste und fand Ecstasy, LSD, Kokain und Speed, dabei wurden acht Männer und Frauen verhaftet. Das Kreisverwaltungsreferat reagierte prompt: Beide Clubs mussten für vier Wochen schließen, und man wurde fortan von den Türstehern vor jedem Clubbesuch nach Drogen gefilzt, ganz gleich, welcher sozialen Schicht man zugehörig war. Das Babalu zählte bis zu seiner Schließung im Jahre 1993 zum ersten Techno-Club Münchens, zu einem der prägendsten Veranstaltungsorte der Anfänge der deutschen Technoszene und zur deutschlandweiten Geburtsstätte der ›After Hour‹ und zog damit Gäste aus der gesamten Region an. Die DJs schätzten die intime Atmosphäre im Babalu, und so bekam Kern mit WestBam, Paul von Dyk oder Marusha jeden DJ, den er haben wollte. Zu den Resident DJs im Babalu zählten Monika Kruse, Tom Novy und DJ Woody, den Rainald Goetz zu einem privaten DJ-Set zu sich nach Hause einlud, um sich beim Schreiben musikalisch inspirieren zu lassen.

Feiern & Fliegen

1973, ich war elf Jahre alt, sorgte die tragische Geschichte des 15-jährigen Hippie-Mädchens Rosmarie, einem Nachbarskind, in den Münchner Tageszeitungen für Schlagzeilen und schürte meine Angst vor Drogen. Rosmarie kam eines Nachmittags von der Schule nicht nach Hause. Sie nahm dort einen LSD-Trip, begann zu halluzinieren und bildete sich ein, sie sei ein Vogel und könne fliegen, als sie im 14. Stock eines Hochhauses die Arme ausbreitete wie Flügel und in den Tod sprang. Nicht ganz so tragisch war die Geschichte der Lehrerin und Bhagwan-Anhängerin Annette, die sich zehn Jahre später, 1983, ereignete. Sie verschlang im LSD-Wahn ihre hölzerne Osho-Halskette und drohte zu ersticken, und ein Notarzt musste gerufen werden. Noch heute liegen mir ihre Würgegeräusche und ihr Röcheln im Ohr, die sich anhörten, als müsse Annette jeden Moment jämmerlich zugrunde gehen. Doch die Neugier auf die Droge, von der man sagte, sie könne das Bewusstsein verändern, war größer als meine Bedenken, und so nahm ich im März 1992 meinen ersten LSD-Trip.

Gegen Mitternacht war ich mit Bruno, Daniel, Georg und Leo im Parkcafé und danach zur After Hour im Babalu verabredet. Ich war sehr aufgeregt, als ich mir zu Hause den Trip auf die Zunge legte. Es dauerte etwa eine Stunde, bis das Acid bei mir wirkte. Was ich dann erlebte, übertraf meine kühnsten Erwartungen. Über den sich ständig wandelnden Gesichtern meiner Freunde schwebte eine leuchtende, lilafarbene Wolke, und ihre Münder, Nasen und Ohren wuchsen überproportional an, was uns sehr amüsierte und uns zum Lachen brachte. Die ekstatisch zuckenden Leiber auf der Tanzfläche veränderten ihre Form, wurden zu bunten geometrischen Gebilden, die sich wie in Zeitlupe im Rhythmus der Musik bewegten und durch die man hindurchsehen konnte. Um dem wummernden Bass für einen Augenblick zu entfliehen, trafen Bruno, Georg und ich uns auf dem Klo und merkten nicht, wie schnell die Zeit verging. Leo erzählte später, dass es etwa drei Stunden gewesen sein müssen, die wir zu dritt auf dem Klo verbrachten, so vertieft inspizierten wir die Kacheln, die ihre Farben und Formen veränderten ähnlich dem Blick in ein Kaleidoskop, sie bewegten sich auch, vor und zurück, von oben nach unten, kreuz und quer, und wir selbst konnten das steuern wie bei einem Pingpong-Spiel. Gegen vier Uhr morgens machten wir einen kurzen Abstecher in meine Wohnung in der Thalkirchner Straße, um die Zeit zu überbrücken, bis morgens um 6 Uhr das Babalu wieder öffnete. Als ich zu Hause Kate Bushs Maxi CD »Rocket Man« in Händen hielt, eine 1991er Reggae-Version des Elton John Klassikers, bewegte sie ihre Mundwinkel und begann, sich mit mir in einem Londoner Akzent zu unterhalten. Meine Freunde waren ebenso fasziniert, wie ich mich mit meiner Lieblingskünstlerin unterhalten konnte. Dass man im LSD-Rausch im Kreise vertrauter Menschen dieselben Sinnestäuschungen erlebt, schien ein Phänomen der Droge zu sein, wie sich später im Babalu zeigen sollte.

Um 5.30 Uhr bestellten wir uns ein Taxi und fuhren gemeinsam nach Schwabing, um unter den ersten auf der Tanzfläche zu sein. Es war nicht das erste Mal, dass ich die After Hour im Babalu besuchte, doch es war das erste Mal, dass ich in einem Club auf Drogen war. An diesem Sonntagmorgen bildete sich bereits eine kleine Schlange vor dem Babalu, bis ›Meister Proper‹ Türsteher Kai die Pforten des Kellerclubs öffnete. Punkt sechs setze der Trockennebel ein, die bunten Lichter der verspiegelten Tanzfläche aus gehärtetem Glas ließen einen Blick in die Unendlichkeit zu, während der erste Song »Strangest Music (to make love to)« von VDT/Boris Dlugosch aus den Boxen wummerte und die Tanzfläche sich langsam füllte. Bruno, Daniel, Georg, Leo und ich waren mental immer noch miteinander verbunden, und so konnten wir uns auch gemeinsam über ein fantastisches Naturerlebnis freuen, als sich eine schäumende, leuchtend blaue Flutwelle in langsamen, rauschenden Bewegungen auf uns zubewegte und sich im Rhythmus der Musik wie bei Ebbe und Flut vor und zurückzog. Wir standen mittendrin und strahlten vor Glück.

Bruno lebte in einer großzügig geschnittenen Eigentumswohnung mit Dachterrasse in einem Hochhaus in Untermenzing. Da auch neben und unterhalb Bruno niemand lebte, störte sich niemand daran, wenn der Musikpegel in seiner Wohnung ausschlug, und so bot seine Wohnung eine feste Homebase für die ›After After Hour‹, wenn das Babalu am späten Nachmittag dichtmachte. Wenn am Sonntagabend nach einer durchgemachten Nacht schließlich die Müdigkeit einkehrte, blieb ich manchmal die Nacht über bei Bruno, und wir ratschten, bis wir brüderlich nebeneinander einschliefen. Von der Oberflächlichkeit in der Szene, die manche beklagten, war in meinem neuen Freundeskreis nichts zu spüren.

Tod & Teufel

So fantastisch meine ersten Erlebnisse auf LSD waren, so heftig schlug die Droge nur drei Monate später zurück und meine in der Kindheit erlebten Traumata holten mich ein. Am 7. Juni 1992, einem Pfingstsonntag, trat Boy George noch einmal mit Jesus Loves You in der Straubinger Disco Stardust auf und spielte dasselbe Set, das wir im September 1991 im Parkcafé sahen. Um zehn Uhr morgens holten mich meine Freunde ab und wir fuhren zu Marietta, einer Freundin Brunos aus Kindheitstagen, die uns eine Übernachtungsmöglichkeit bot. Nach dem Abendessen gab Bruno jedem von uns ein ›Ticket‹, das schon auf dem Fußweg in die Disco zu wirken begann. Bei meinem zweiten Trip hatte ich von Anfang an ein etwas mulmiges Gefühl, das ich darauf zurückführte, dass ich in einer fremden Stadt und Umgebung war. Im Stardust war die Stimmung aufgeheizt, nur Daniel stand todtraurig in einer ruhigen Ecke, obwohl sein Idol Boy George gleich auftreten sollte. Als ich zu ihm hinging, erzählte er mir unter Tränen, dass er und Bruno HIV-positiv wären, und dass beide nicht mehr lange leben würden. Eine für 1992 durchaus realistische Einschätzung, die Kombinationstherapie, die es HIV-positiven Menschen heutzutage ermöglicht, symptomfrei ein normales Alter zu erreichen, wurde erst 1996 eingeführt. Daniels Stimme klang verzerrt, sie hallte nach, während die neonfarbenen Schriftzüge an den verspiegelten Wänden ihre Bedeutung veränderten. Statt Namen längst verstorbener Hollywood-Größen wie Marilyn Monroe oder Greta Garbo flogen mir nun mit einer rasenden Geschwindigkeit die neonfarbenen bedrohlichen Worte AIDS und DEATH entgegen, die Tanzenden sahen aus wie Puppen aus einer Geisterbahn mit Teufelshörnern auf, manche trugen Totengewänder auf ihren Leibern. Boy Georges Auftritt blieb mir nur schemenhaft in Erinnerung, denn ich bekam Todesängste, mein Herz begann zu rasen, und ich zu hyperventilieren. Meine Knie knickten ein, ich hatte meinen Körper nicht mehr unter Kontrolle, war unfähig, mich von der Stelle zu bewegen. Ich erwachte aus dem Horrortrip morgens um sieben im Mariettas Wohnung auf einer Couch, umgeben von meinen Freunden, und schwor mir, nie wieder Drogen anzufassen.

Das Ende

Im Sommer 1993 übernahm ich von einem Kollegen völlig unerwartet eine traumhafte Zwei-Zimmer-Wohnung mit Balkon in einem Hinterhof in der Elvirastraße in Neuhausen und konnte endlich nach knapp elf Jahren die Enge meines Apartments in der Thalkirchner Straße hinter mir lassen. Schon beim Umzug zeigte sich, dass sich in der kurzen Zeit unserer Freundschaft starker Zusammenhalt entwickelte, wie man ihn sonst nur in Familien kennt, der sich in den Folgejahren noch weiter intensivierte. Mit Brunos Mercedes und einem geliehenen VW-Bus, den Georg fuhr, war der Umzug innerhalb eines halben Tages erledigt. Bruno war es auch, der mit einem Zweitschlüssel meiner neuen Wohnung vor meinem Einzug die Mittagspause in der Elvirastraße verbrachte, um mir ein maßgefertigtes, mit zwei Stufen begehbares Bett zu bauen, das mit seiner 200 x 200 cm großen Liegefläche einer Bühne glich. Gleich am Einzugstag fand eine ungeplante Einweihungsparty statt, die für mich gleichzeitig das Ende einer Ära bedeutete. Das Babalu schloss 1993 für immer seine Pforten, die Technoszene verlor ihren intimen Charakter und verlagerte sich in die größere Hallen im ehemaligen Flughafen Riem und in den Münchner Norden in die Domagkstraße. Ab und an gingen wir noch weiterhin aus, doch nicht mehr in der Intensität der vergangenen zwei Jahre. Die Zeit war reif für Neues. Geblieben sind wertvolle Freundschaften, die über Jahre hinweg hielten, wunderschöne Erinnerungen und eine Schuhschachtel mit liebevoll beklebten und beschrifteten 90-Minuten-Kassetten mit Live Mitschnitten aus den Clubs, die wir besuchten.
Zum Schutz des Persönlichkeitsrechts wurden die Namen der Protagonisten und der des Monatsmagazins von mir abgeändert.

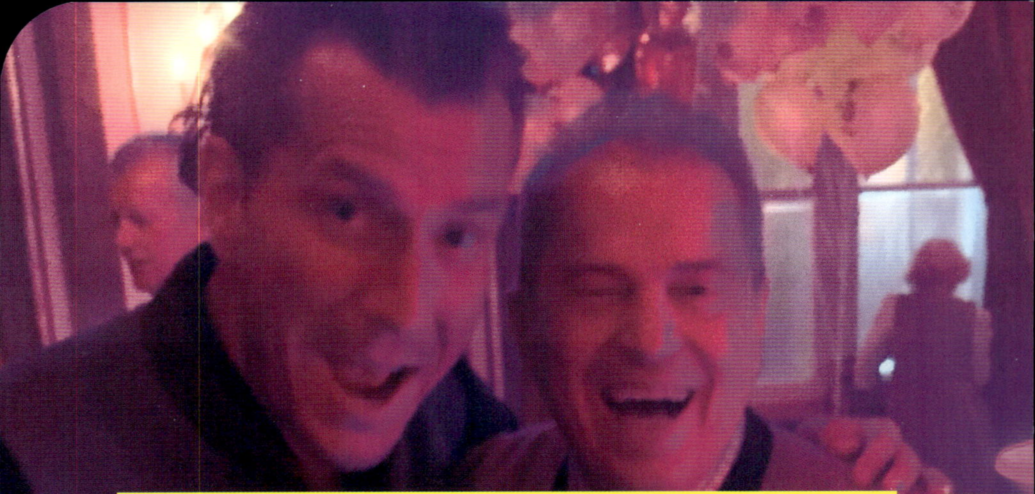

Die Spider Murphy Gang hat für mich hauptsächlich in den Eighties den Munich Sound geprägt, speziell mit dem Album »Dolce Vita« und den Krachern wie »Skandal im Sperrbezirk«. Im Alter zwischen 14 und 20 gab es keine Veranstaltung, Feier oder Fest ohne den Hits der Band.
Ich fand den bayerischen Rock 'n' Roll damals großartig, die Texte auf München und die Stadtteile bezogen – mit Witz, aber auch Message (wie ich heute weiß). Stimmung war garantiert, egal wo, die LP Vinyl stand gleich neben Falco »Einzelhaft«.
Wir waren damals jedes Jahr auf dem Heide Volm Fasching in Planegg, wo die Jungs an zwei Tagen in Folge spielten. Wir haben jeweils nur einen Abend geschafft …
Dieser Event war ein Hotspot und die Tickets waren direkt ausverkauft. Bei diesem Event lernte ich den damaligen Manager der Band (u.a. auch von Jule Neigel Band) kennen und dadurch auch die Band. Ab dann spielte sich vieles im Backstage oder im Büro ab und wir hatten über lange Zeit ein freundschaftliches Verhältnis. Die Jungs waren einfach authentisch, locker und echt witzig. Schöne Zeit.

Als ich damals bei einer großen Plattenfirma mit drei Buchstaben in München gearbeitet habe, veröffentlichten wir unter dem Namen »DJ Empire – A Tribute to Giorgio Moroder« ein Remix-Album mit seinen größten Hits und Produktionen. Dabei hatte ich das Vergnügen, Giorgio persönlich kennenzulernen und war sehr beeindruckt. Die Geschichten zu seiner Zeit in München und die daraus entstanden Welthits waren äußerst spannend.
Die Zusammenarbeit, sein Repertoire, seine Produktionen, die in München entstanden sind und die wir innerhalb des Projektes mit Namen wie Roger Sanchez, Jam & Spoon, Felix Da Housecat oder auch aus München Tom Novy neu interpretieren und remixen durften, prägten meinen persönlichen Bezug sehr. Diese Begegnung ist wohl mein engster Bezug zum Munich Sound.

Stefan Weiss • Manager, Gastronom, DJ, Supermarket Of Styles, Media Spirit

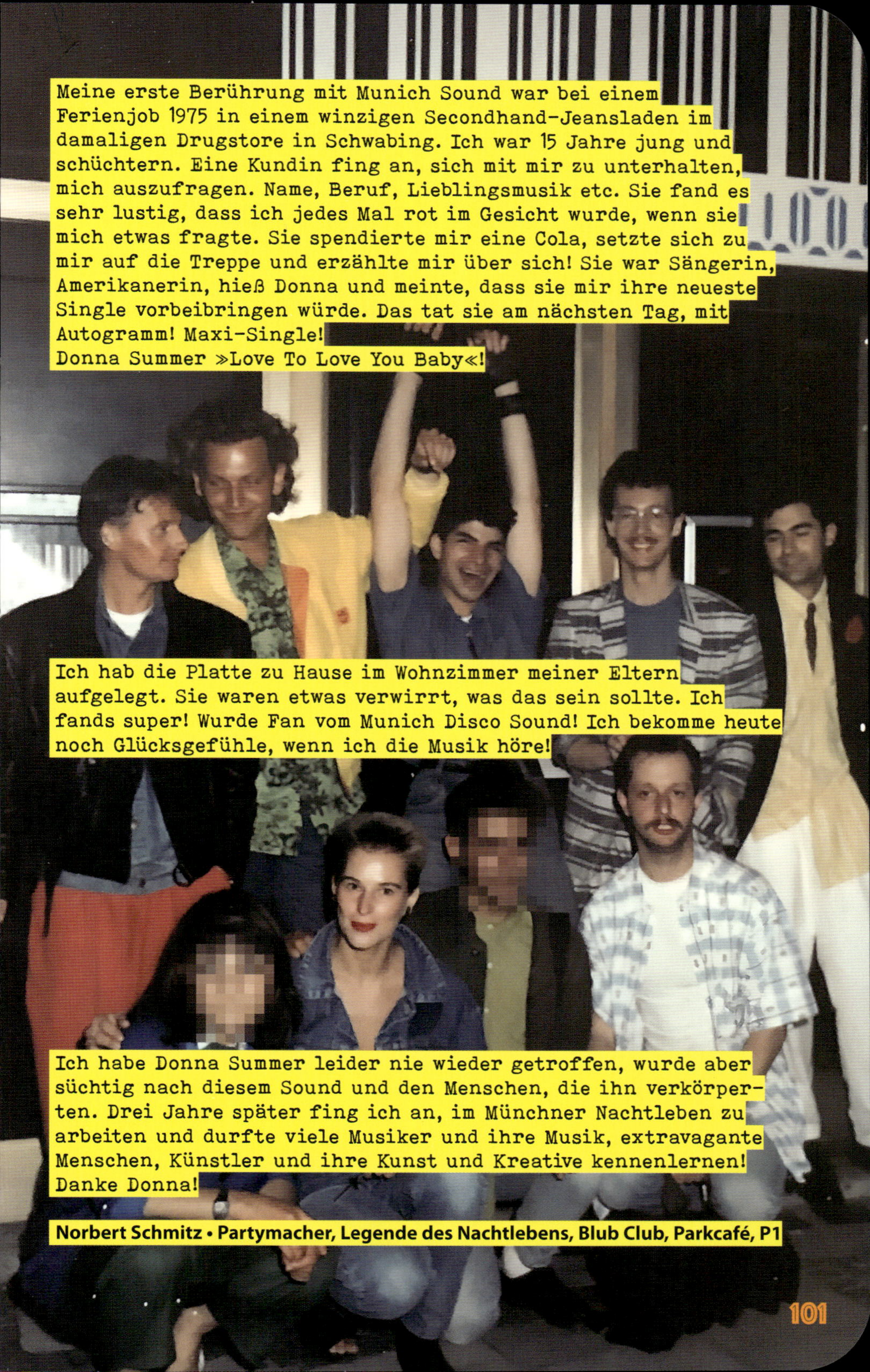

Meine erste Berührung mit Munich Sound war bei einem Ferienjob 1975 in einem winzigen Secondhand-Jeansladen im damaligen Drugstore in Schwabing. Ich war 15 Jahre jung und schüchtern. Eine Kundin fing an, sich mit mir zu unterhalten, mich auszufragen. Name, Beruf, Lieblingsmusik etc. Sie fand es sehr lustig, dass ich jedes Mal rot im Gesicht wurde, wenn sie mich etwas fragte. Sie spendierte mir eine Cola, setzte sich zu mir auf die Treppe und erzählte mir über sich! Sie war Sängerin, Amerikanerin, hieß Donna und meinte, dass sie mir ihre neueste Single vorbeibringen würde. Das tat sie am nächsten Tag, mit Autogramm! Maxi-Single!
Donna Summer »Love To Love You Baby«!

Ich hab die Platte zu Hause im Wohnzimmer meiner Eltern aufgelegt. Sie waren etwas verwirrt, was das sein sollte. Ich fands super! Wurde Fan vom Munich Disco Sound! Ich bekomme heute noch Glücksgefühle, wenn ich die Musik höre!

Ich habe Donna Summer leider nie wieder getroffen, wurde aber süchtig nach diesem Sound und den Menschen, die ihn verkörperten. Drei Jahre später fing ich an, im Münchner Nachtleben zu arbeiten und durfte viele Musiker und ihre Musik, extravagante Menschen, Künstler und ihre Kunst und Kreative kennenlernen! Danke Donna!

Norbert Schmitz • Partymacher, Legende des Nachtlebens, Blub Club, Parkcafé, P1

»Some sweet soul music, man«

Oliver Stephan • Gitarrist, Nighthawks, Safari No Go!

Was bedeutet der Begriff München Sound für mich? In erster Linie natürlich »The Munich Sound« – halt das, was Mitte/Ende der 70er-Jahre aus den Musicland Studios rauskam, also Disco (Donna Summer etc.). Womit wir jungen Punks und New Waver damals überhaupt nichts anfangen konnten, weil wir linksgerichtet waren und harte moderne Sounds für die Arbeiterklasse machen wollten. Dumm nur, dass die Arbeiterklasse lieber schwofen und sich teuer anziehen wollte, als schlecht angezogene Bands mit drei Akkorden im Gepäck zu hören.
Wir haben damals München mit Kalifornien/LA verglichen: Bayern war zu schön und wohlgenährt, als dass hier Avantgarde-Sounds entstehen konnten wie in Berlin oder Düsseldorf, und durch AFN zu sehr dem amerikanischen AOR-Einfluss ausgesetzt, als dass hier überzeugend dreckiger Rock 'n' Roll gespielt wurde wie in Hamburg. Natürlich gab es in München eine sehr erfolgreiche Rock 'n' Roll-Band mit deutschen Texten, aber … Typisch für den Münchner Musikgeschmack waren z. B. die Sachen, die im Sugar Shack gespielt wurden (Foreigner, Kansas, Toto usw.).

Meine eigene Geschichte:
Geboren in Schwabing 1953, aufgewachsen in Afrika (meist Nigeria und Äthiopien) und England, nach dortigem Studium 1975 zurückgekehrt nach München, Prog-Band Dell'Arte (daraus später hervorgegangen Nighthawks, Luna Set und Zero Zero), 1977 längerer Karibik-Aufenthalt, 1978 Gründung Nighthawks, bis 1982 circa 270 Gigs inkl. Support für The Clash (Düsseldorf, Philipshalle) und Bob Marley & The Wailers (Berlin, Waldbühne), eine LP (Nr. 5 in den Musikexpress-Charts) und 5 Singles. 1982 Aufenthalt in LA, bei Rückkehr Gründung von Safari No Go! mit Hary Fürst, Bernhard Ries, Emily Woods u. a., 500 Gigs in Europa und USA, 1983 Maxi-Single auf Phonogram/Mercury, produziert von

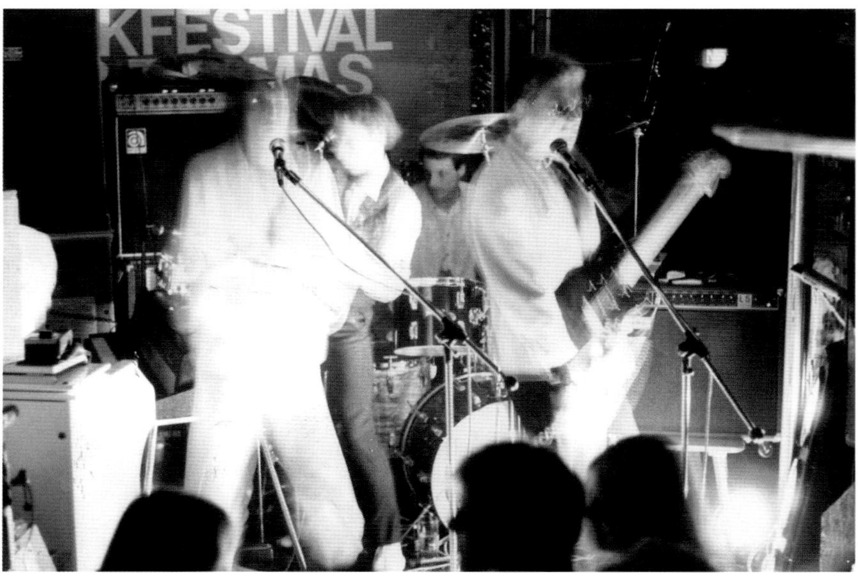

Oliver und seine Nighthawks, 1978

Chaz Jankel (Ian Dury & the Blockheads), bald darauf Auflösung, dann Roots Reggae/Dub-Formation Ground Sound Players, 1989 kurzes Wiederaufleben der Nighthawks, diesmal mit Keyboarder Ludwig Seuss, der mich dann in seine Band holte, die sich 1998 auflöst, daraus hervorgegangen die Stimulators (bis heute ca. 500 Gigs in Europa und USA, Support Act von James Brown auf seiner letzten Europa-Tournee).

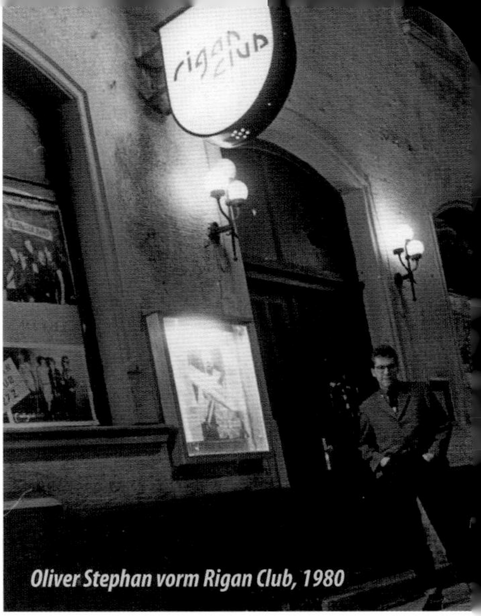

Oliver Stephan vorm Rigan Club, 1980

Einige Erinnerungen aus dem Münchner Nachtleben:
Im Sommer 79, die Nighthawks bestreiten gerade ein fünfwöchiges Gastspiel im Marienkäfer, stehe ich an der Bar in der Klappe und unterhalte mich mit dem späteren Constantin-Film-Chef Martin Moszkowicz über die neue Clash-Single »White Man in Hammersmith Palais«. Ein neben Martin stehender zerzauster Bursche mit Sicherheitsnadel-Ohrringen und Bondage-Trousers fragt mich, was ich von Mick Jones' Backing Vocals halte (die ziemlich grauenhaft sind). Es handelt sich bei meinem neuen Gesprächspartner um Steven Conolly, genannt Roadent, ehemaliger Roadie der Clash, der, offenbar auf Anraten des Münchner Filmregisseurs Wolfgang Büld (»Punk in London«), an die Isar gezogen ist. Wir verstehen uns sehr gut, er schneidet mir sogar die Haare (er ist offenbar gelernter Friseur) und begleitet die Nighthawks zu einigen Gigs. Dabei hält er mir Vorträge über die Situationistische Internationale. Irgendwann hat er München wieder verlassen. Auf einem rezenten Foto in den Social Media trägt er einen Miesbacher Janker.
Ich bin im Herbst 79 im ZDF-Studio in Unterföhring, um für den Musikexpress die Specials zu interviewen, die uns (die Nighthawks) dann auch einladen, der anstehenden Two Tone-Tournee beizuwohnen (was dann auch geschah – andere Geschichte). Abends sehen wir uns im Sugar Shack wieder, wo mich die Belegschaft freundlich bittet, Jerry Dammers unauffällig aus dem Etablissement zu eskortieren, ehe ihm etwas zustößt. Jerry ist hackedicht und hat sich bei zahlreichen (offenbar auch prominenten) Gästen ein klein wenig unbeliebt gemacht. Ich stecke ihn in ein Taxi und bringe ihn ins Hotel. Darauf ein paar Wochen später Backstage in Glasgow angesprochen, kann er sich verständlicherweise an nichts erinnern.
1982 hab ich ab und zu den großartigen DJ Otto ›Stevie‹ Bezloja (RIP) im Why Not vertreten. Eines Morgens, kurz nach 4, hatten wir schon alle Gäste rausgeschmissen und den Laden dichtgemacht, als es an der Tür noch mal schellte. Es waren Keith Richards und Ron Wood, die nach dem Stones-Konzert in der Olympiahalle abgestürzt waren und sich noch in Ruhe unterhalten wollten. Einige Stunden zuvor, als noch Hochbetrieb war, hatte sich Mick Jagger samt Entourage hereingewagt, aber das Gedöns um ihn herum war ihm zu viel und er ging bald wieder. Hary Fürst, der Wirt des Why Not, bat Keith und Ron, an der Theke Platz zu nehmen und stellte ihnen eine Flasche Jack Daniel's hin. Ich fragte sie, was sie gerne hören würden. »Some sweet soul music, man«, war die Antwort. Ich legte Bobby Womack auf und alles war gut. Die beiden plauderten und tranken ein Weilchen ungestört, und ließen beim Abschied ein – wie ich mich erinnere – beträchtliches Trinkgeld auf dem Tresen.

Der »Harry Sound«

Peter Fleming • Gastronom, Betreiber Fesch, Booking Harry Klein

Ich darf anmerken, dass ich ein elektronischer Musikfan bin und bitte all diejenigen Münchner*innen um Nachsicht, die heute tolle Musik produzieren. Mich freut es jedoch sehr, dass wir im elektronischen Bereich eine sehr große Vielfalt in der lokalen Club- und Veranstaltungsszene haben.
Blicke ich etwas zurück, dann stehen für mich die Chicks on Speed, Generation Aldi, Zombie Nation sowie Dakar & Grinser dafür, einen Munich Sound geschaffen zu haben. Und nicht zu vergessen, was DJ Hell damals mit dem Gigolo Label geschaffen hat. Acid Maria &

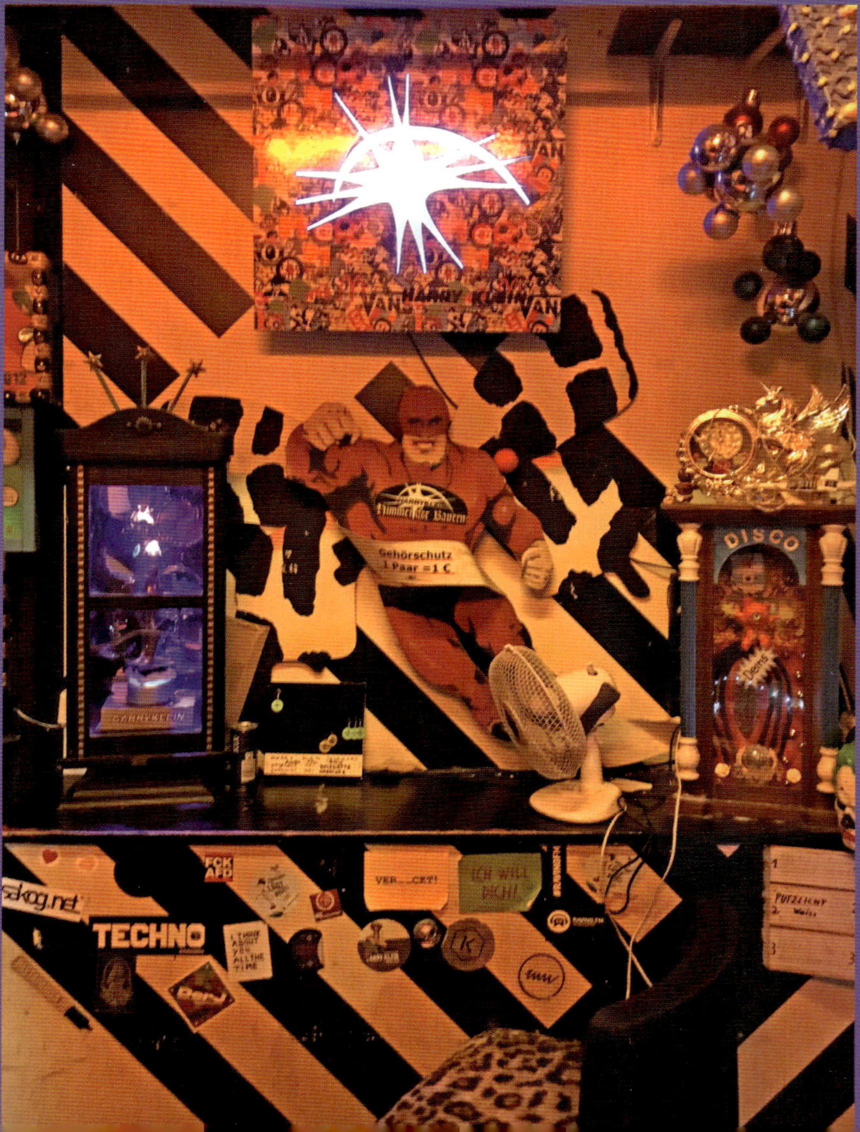

Monika Kruse zählen für mich ebenfalls zu den Ikonen des Münchner Clublebens. Und natürlich darf man das Label Disko B nicht vergessen, mit dem der Upstart tolle DJs wie Blake Baxter, I-F, Richard Bartz und Kirlian etablierte. Man kann es noch einfacher formulieren: Der Sound des Ultraschall hat mich in den 90ern geprägt.
Später, im Harry Klein, etablierten wir den Minimal Sound in München. Da gab es tolle, lokale DJs wie Ana, Julietta, Benna, kid.chic und Dario Zenker. Der Sound selbst kam aber von auswärts. Ein Münchner, der (damals) leider viel zu wenige Platten herausgebracht hat, ist für mich: Jickael Mackson. Als wir im Mai 2023 den Abschied im Harry Klein gefeiert haben, zählte ich mit einigermaßen Stolz, dass wir in den knapp 20 Jahren 3 000 Künstler*innen im Club hatten. Bitte verzeiht, wenn ich euch nicht alle aufzähle. Ich schätze alle sehr und bin dankbar für diesen Sound, den die Gäste irgendwann den ›Harry Sound‹ nannten.

Mein Bezug zum Munich Sound? Ich bin Ende der 80er nach München gekommen und fand die Stadt erstmal öde. Damals fuhr ich im Vier-Wochen-Rhythmus zum Ausgehen in die Heimat nach Nürnberg. Dann kam das Ultraschall und das Kraftwerk mit den World League-Veranstaltungen. Das machte mich zu einem Münchner Nachtjünger. Bis ich irgendwann anfing, im Ultraschall an der Tür und zusammen mit Julietta an der Flokati-Kasse zu arbeiten. Ich begann ein Praktikum bei der Booking Agentur von Disko B und Gigolo und holte Musiker*innen fürs Schall am Flughafen ab. Später fragte mich David Süß, ob ich nicht Lust hätte, einen neuen Club mit Jochen Schücke und seinem Bruder Peter Süß zu machen. So entstand das Kleine Harry in den Optimolwerken. Das prägt mich und wirkt in mir bis heute. Das Garry Klein ist inzwischen in der Roten Sonne etabliert. Mit unserem Marry Klein Club Festival konnten wir viel für die Gendergerechtigkeit im elektronischen Club-Business beitragen. Das macht mich immer noch glücklich.
Natürlich könnte ich jetzt noch von den vielen After Hours erzählen. Sind die schon verjährt? Nein, all diejenigen, mit welchen ich diese aufregende Zeit verbracht hab und noch heute verbringe, möchte ich danken. München hat tolle Menschen und ist mein Lieblingsort.

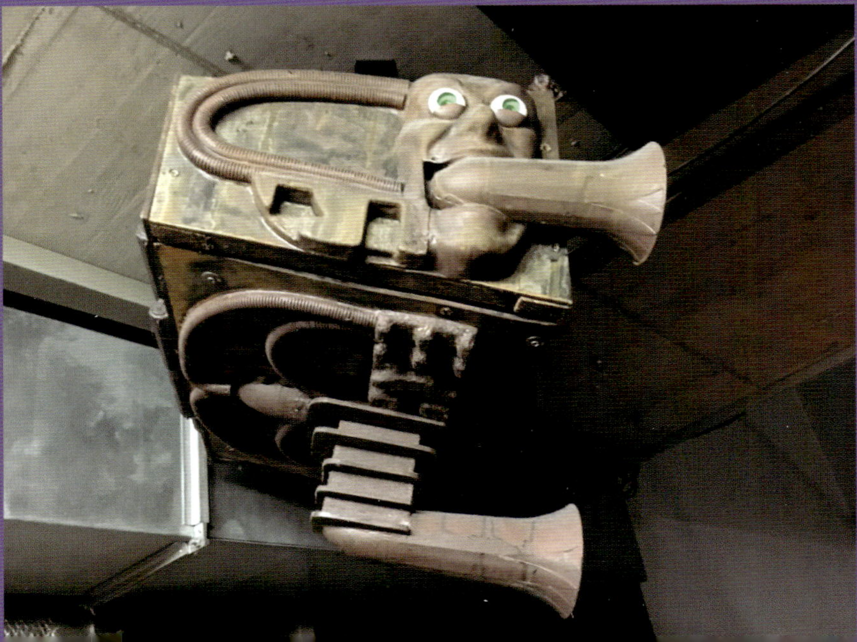

Suzi Quatro, Acid House und Voguing

Andreas Helmle • Filmkomponist, Bassist, Producer, Nerd, Two Men And A Machine

Hmmm … wo fange ich da an? Geboren als Dirigentensohn, Flötenunterricht, Tölzer Knabenchor …? Nicht sooo interessant. Ich glaube, meinen ersten ernsthaften Kontakt mit Musik hatte ich mit »Popcorn« von Hot Butter. Auf alle Fälle wurde mein Interesse zur elektronischen und tanzbaren Musik hier geweckt. Irgendwann empfahl mir ein etwas älterer Mitministrant (Hallo? München, Siebzigerjahre, katholisch!) eine LP, die schon sowas wie wegführend für mich war: »Radioaktivität« von Kraftwerk. Ich muss Kraftwerk auch mal im Fernsehen gesehen haben, denn ich wollte unbedingt solch ein ›Schlagzeug‹ haben. Karl Bartos trommelte mit so einer Art Stricknadeln auf Herdplatten. Mega Sound. Irgendwann kam ich drauf, dass man Lautsprecher, die man an einen Verstärker anschließt, also quasi verkehrt, einen Klang erzeugen. Ich hab diese dann mit Kunstleder bespannt, et voilà: meine ersten elektronischen Drums. Eltern waren weniger begeistert, da Lautsprecher aus der Heimanlage und Sound, dank meines ersten Bassverstärkers, extrem laut. Ach ja, den Bassamp samt Fender Mustang Bass, den ich heute noch habe, hatte ich von meinem Vater geschenkt bekommen. Nach langem Drängen.

Ich war ein Wahnsinnsfan von Suzi Quatro. Es folgten dann diverse Bands während der Schulzeit und dann, dank Punk, der erste öffentliche Auftritt im Münchner Milb. Man denkt ja, früher waren diese Epochen musikalischer und modischer Art jahrelang, doch zurückgedacht waren es nur Monate, höchstens mal ein Jahr. So war es bei mir mit Punk. Davor sogar Disco und ganz wichtig, bis heute, David Bowie. Dann ganz schnell New Wave. Ok, das war eine längere Phase. Dazwischen immer wieder Disco. Dann die Band Sella Vee. Unzählige Auftritte im Rigan Club. Dort hatte ich übrigens das erste Mal »Relax« von Frankie Goes To Hollywood gehört. Auch ein Meilenstein in meinem Musikleben. Auch ein Momentum, was ich bezeichnend in den Achtzigern fand. In den noch vielen Clubs in München lief oft in normalen Läden New Wave, Disco, NDW … Clubs wie Rigan Club, Cosy, Between, Zarahs, M (84?). Natürlich lief nur gute Musik im Why Not, eigentlich der erste New Wave-Laden in München. Mitte der Achtziger bewegte ich mich im Gothic-Umfeld, damals Gruft genannt. Und so hatte ich viel Spaß, für uns ein netter Erfolg, und mit den meisten Mitgliedern bin ich heute noch eng befreundet. Hach, meine Dogs D'amour Zeiten. Clubs in dieser Zeit: Parkcafé (dort spielten wir sogar an Silvester 85/86), Mirage (auch da ein Gig), Scooter, Pow Wow, P1 (nicht sooo oft), Tanzlokal Größenwahn (wo ich mal ein halbes Jahr Türsteher war).

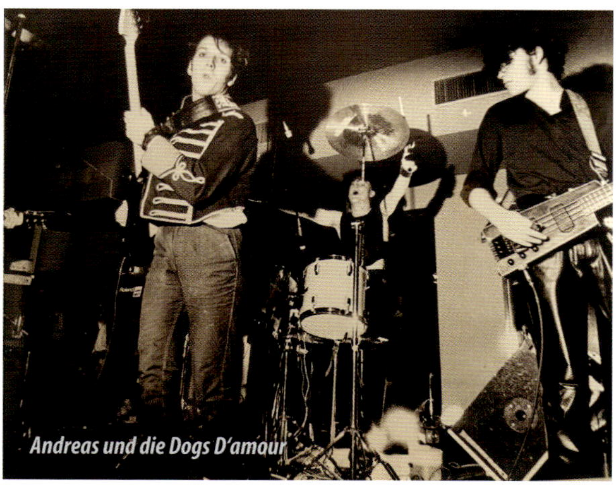

Andreas und die Dogs D'amour

Man traf zu dieser Zeit auch immer noch Megastars. München hatte da gerade noch was zu sagen im Musikbusiness. Die größten Plattenfirmen waren hier ansässig und die Tonstudios hatten Weltruf. Dieser Einbruch Mitte der Achtziger treibt mich noch heute um. Wie und warum

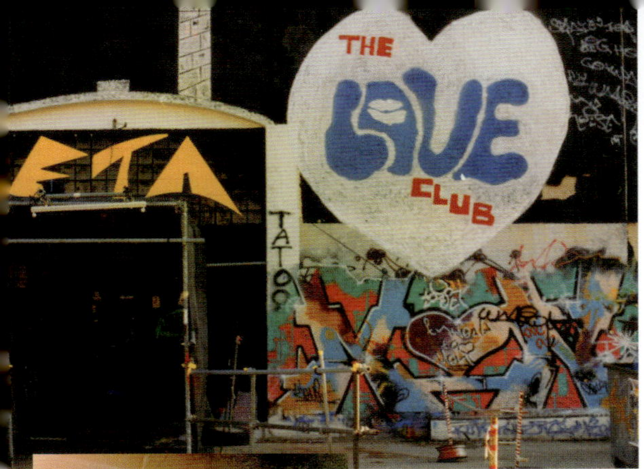

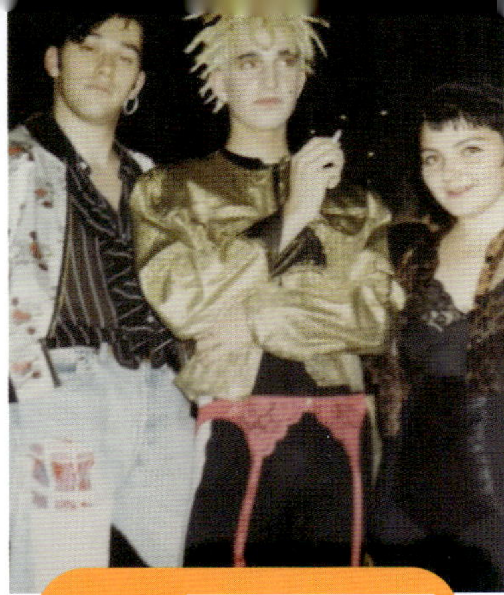

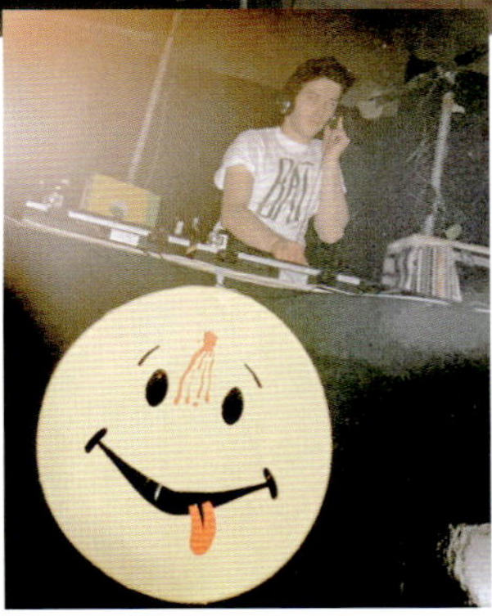

Deutschlands erster Acid House Club, die ETA-Halle, Dachauer Straße, 1987 (o. l.)
Andreas in der ETA-Halle an den Turntables (l.)
Voguing im Parkcafé (o .r.)

WILLI NINJA VOGUING (LONG BEFORE MADONNA) AUF YOUTUBE

konnte München je das Zepter aus der Hand geben? Waren es zu viel Studios, war es die sinkende Qualität, war es weniger Moroder und mehr Cretu? War es zu viel CSU? Ich lasse mich gerne belehren.

Erste professionelle Projekte mit Dance Music und den Folgen
Nachdem ich mich über zwei Jahre lang mehr in London als in München aufgehalten habe, genau zur richtigen Zeit, kam ich wieder zurück zu den Anfängen. 1986 bis 87 passierte plötzlich wieder was in den Clubs. Acid House wurde geboren. Für mich in Form eines pulsierenden, hedonistischen Clubs namens The Wag Club in London. Völlig baff und überwältigt nahm ich diese Einflüsse mit zurück nach München und startete ab 1986 einige Versuche, diese Welle in München anzustoßen. Anfangs ein sehr ungläubiges Publikum, aber spätestens als ich mit anderen, wechselnden Weggefährten die ETA-Halle als erste Acid House-Halle nutzte (Wikipedia: In München etablierten sich die Negerhalle, 1983-1989, und die ETA-Halle als erste Acid House-Clubs in zwischengenutzten, maroden Industriehallen.), kam das in Fahrt. Und ohne die damalige LGBTQ-Szene wäre das 100 % in die Hose gegangen. Selbst heute erfolgreiche DJs, Journalisten und Gastronomen haben das ganze müde belächelt und wahre Schmähkritiken auf uns losgelassen. Es folgten Partys unter anderem in der Theaterfabrik, im Mirage und im Parkcafé. Dort präsentierte ich zusammen mit DJ Speedy unsere erste Acid House-Scheibe von BAT »There's a Bat in My House«. Zusammen mit dem damals noch unbekanntem Moses P. inkl. damaliger Beat Boxer und dann Sänger/Rapper von SNAP! und anderen Acts aus der noch winzigen Szene. Dann tourten wir durch Deutschland inkl. diverser TV- und Live-Auftritte mit S'Express, Rififi (Ex-Propaganda). Abschließend gab es noch eine Tour durch Portugal, wo wir den damals noch komplett unbekannten DJ Hell mit im Gepäck hatten. Yepp, das war seine erste Tour als Support;)
Im Parkcafé organisierten wir auch die erste Voguing-Party im Rahmen einer weiteren VÖ mit Ariola von meinem Projekt ›Perfume‹. Dabei erste Tänzer aus der Voguing-Szene. Mit dabei waren auch Jean Paul Gaultier und Willi Ninja. Wobei ich jetzt nicht mehr ganz

genau weiß, wer wann auf welcher Voguing-Party war. Es gab, denke ich zwei, aber beide waren definitiv im Parkcafé. Praise! Ein erster Voguing-Versuch. Wieder mal viel zu früh. Ein Jahr später kam Madonna mit »Vogue«!
Als dann der völlig verkommerzialisierte Techno-Wahnsinn begann, für mich vergleichbar mit der Übersättigung samt Qualitätsverlust der NDW, hab ich mich aus dem DJ Dancefloor-Ding wieder zurückgezogen. Irgendwann danach, nach einem kurzen Ausflug als Kamera-Assi und Kameramann in der Werbung und TV-Szene, bin ich in die Filmmusik eingestiegen und das mache ich bis heute. Allerdings wächst wieder ein kleines Disco-Pflänzchen mit meinem Lifetime-Music-Partner Jens Poenitsch. Und es gedeiht und wächst. Es heißt Two Men And A Machine. Leute, die ich im Music Biz getroffen habe und mit denen ich zusammengearbeitet habe: S'Express (Mark Moore), Snap, Robert Görl, DJ Hell, Markus Löhr, Hirschburger, Uschi Obermaier, Rainer Langhans, Dieter Meier, Erasure, Martyn Ware, Hollywood Beyond, … aber durch meine Jobs seit Alabamahalle, Nachtleben und bei Ariola sind das so viele … na ja.

Die Nächte ein bisserl bunter gemacht …

David Süß • Ehrenamtlicher Stadtrat der LH München, Betreiber Ultraschall und Harry Klein, im Vorstand des Verbands der Münchner Kulturveranstalter e.V.

1. Munich Sound ist für mich vor allem Giorgio Moroder und Frank Farian, mit den bekannten Hits. Musik, die ich geliebt habe und zu der ich getanzt habe, ohne zu wissen, dass diese Musik in München produziert worden ist.
2. Mein Bezug zum Sound in München war immer das Optimal, hier habe ich den Sound kennengelernt, Freund*innen gefunden und zusammen haben wir die Nächte ein bisserl bunter gemacht.
(Meine erste Technoparty habe ich 1992 veranstaltet, im Sommer 1992 habe ich mich mit Dorle, Upstart, Rainer zusammengetan, um die Ultraworld weiterleben zu lassen. Das Ultraschall haben wir 1994 eröffnet und 2003 geschlossen. Von 2003 bis 2023 war ich Teil des Harry Klein).

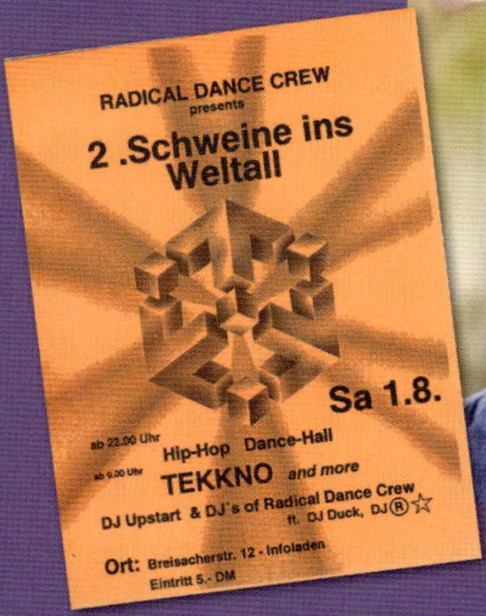

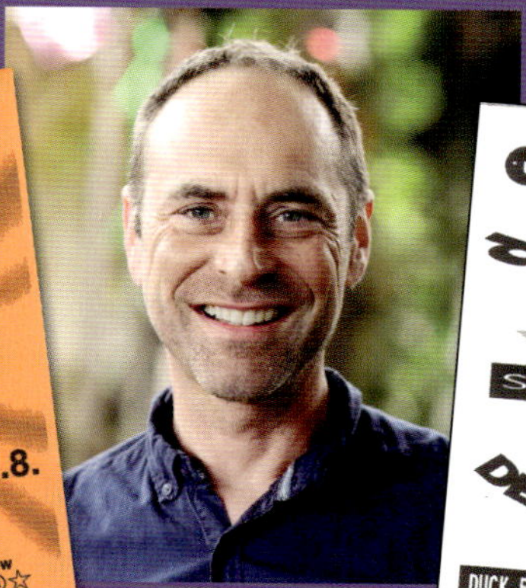

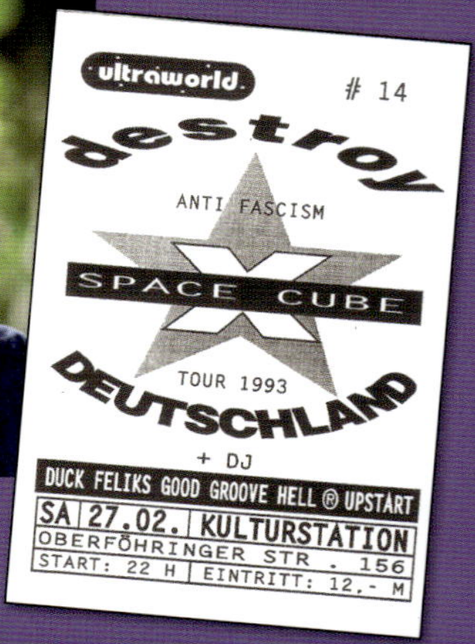

Amanda, die Geheimnisvolle

Frank Oßwald • Amanda Lear-Fan, Angestellter der Fachhochschule Polizei Sachsen-Anhalt

Es war der erste Weihnachtsfeiertag im Jahr 1979, ich war 14 Jahre alt und sah im Fernsehen die populärste TV-Show der DDR, »Ein Kessel Buntes«. Und auf einmal wurde Amanda Lear angekündigt. Was für eine glamouröse Frau, was für eine Bühnenpräsenz. Im goldenen Kleid, mit langen schwarzen Handschuhen bewegte sie sich katzenhaft, fuhr mit den Händen durch ihr langes blondes Haar und zeigte ihr strahlendes Lächeln. Dazu diese tolle tiefe Stimme. Ich war sofort in ihren Bann gezogen – und damit begann meine Bewunderung und Liebe zu ihr.

In Talkshows erzählte Amanda gern von ihren musikalischen Anfängen in München. Sie wollte Rockmusik machen, die Plattenfirma aber eine Marlene Dietrich der Discomusik. Angeblich trank sie bei den nächtlichen Plattenaufnahmen viel Whiskey und rauchte jede Menge Zigaretten, um ihre Stimme schön tief und verrucht klingen zu lassen. Aber war das wirklich so?

Vieles, was sich an Erzählungen um Amanda Lear rankt, ist geheimnisvoll und nicht gesichert. Wann und wo wurde sie geboren? Wer waren ihre Eltern? Und dann natürlich die Frage aller Fragen: Wurde sie vielleicht nicht doch als Junge geboren?

Sie selbst erkannte schnell, dass gerade das Mysteriöse sie interessant und unverwechselbar machte und maßgeblich zu ihrer Bekanntheit beitrug. Öfter zitiert sie in diesem Zusammenhang auch König Ludwig II. von Bayern mit den Worten: »Ein ewiges Rätsel will ich bleiben, mir und anderen.« In ihren Liedern, deren Texte sie meist selber verfasst hat, nimmt sie auch immer wieder dieses Thema auf, wie zum Beispiel in »Enigma«, »The Sphinx« oder »Fabulous (Lover, Love Me)«; in Letzterem auch ganz konkret in der Liedzeile: »… searching with me so well nobody could tell that I once was somebody else.«

Anthony Monn, der Produzent von Amanda Lear, nutzte völlig neue Mittel, um ihre besondere Stimme in Szene zu setzen. Ihre zweite LP »Sweet Revenge« erschien als Konzeptalbum. Es erzählt eine Geschichte und auf der ersten Seite geht jedes Lied thematisch und musikalisch in das andere über, sodass eine 15-minütige Suite zu hören ist. Das war für eine Discoschallplatte etwas völlig Neuartiges. Für das Lied »The Sphinx« von Amanda Lears drittem Album »Never Trust A Pretty Face« schuf Monn unter Einsatz von Synthesizer, Polymoog, Keyboards, Percussion, Bläsern, und mit Hilfe von 50 Chormitgliedern der Bayerischen Staatsoper eine besondere musikalische Atmosphäre und legte einen breiten Soundteppich aus.

Neben Anthony Monn waren Charly Ricanek und Rainer Pietsch mit ihren Liedern für Amanda und vor allem ihren opulenten Musikarrangements am Erfolg der Alben beteiligt. Diese Beispiele verdeutlichen die Kreativität und Experimentierfreudigkeit der Münchner Produzenten/Musiker zu dieser Zeit und machten den Münchner Sound aus.

Da ich ja in der DDR lebte, war es nicht so einfach, an Schallplatten, Poster oder Zeitungsberichte zu kommen. Zum Glück hatten wir durch meine Oma Westverwandte, und so brachte sie mir von dortigen Besuchen etwas mit oder ich konnte mir im Intershop für DM auch mal eine Schallplatte oder Musikkassette kaufen. An eine Geschichte erinnere ich mich in diesem Zusammenhang besonders. Wie jedes Jahr fuhr ich in den Sommerferien zu meiner Oma nach Leipzig. Bei meiner Ankunft auf dem Hauptbahnhof führte mich der erste Weg in den dortigen Intershop. Und was sah ich da hängen? Das neueste Album von Amanda »Diamonds For Breakfast« mit dem wunderschönen, von den französischen Künstlern Pierre & Gilles gestaltetem Cover. Das musste ich haben, und es musste auch

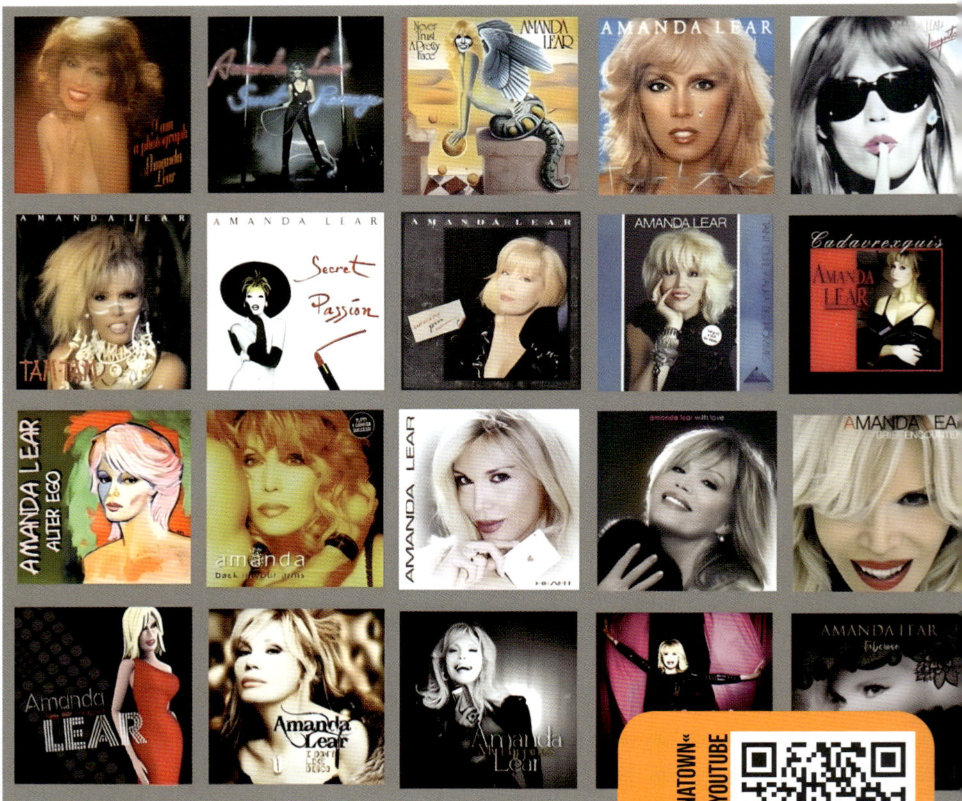

Aus Frank Oßwalds Plattensammlung

»QUEEN OF CHINATOWN« AUF YOUTUBE

unbedingt heute sein. Mit der Straßenbahn fuhr ich zu meiner Oma und berichtete ihr von meinem Wunsch. Natürlich gab sie mir das Geld, konnte aber überhaupt nicht verstehen, dass ich nun sofort wieder zum Bahnhof fahren musste, um die Schallplatte zu kaufen. Voller Stolz und glücklich kam ich dann mit der Platte zurück. Und nun kommt's: Meine Oma hatte gar keinen Plattenspieler, und so musste ich acht Wochen warten, um mir die Lieder anzuhören. Das war wirklich eine Qual! Ich habe meine Oma sehr geliebt und war gern bei ihr, aber da wäre ich am liebsten direkt nach Hause gefahren.

Nach der Wiedervereinigung lernte ich über verschiedenste Wege Amanda-Fans kennen, die mir sehr geholfen haben, meine Sammlung zu vergrößern. Inzwischen ist diese auf eine beachtliche Größe angewachsen und so weckte ein Aufruf in unserer hiesigen Zeitung mein Interesse. Das Museum meiner Stadt wollte eine Ausstellung mit privaten Sammlungen gestalten und ich nutzte die Gelegenheit und konnte dort neben den verschiedensten anderen Sammlerstücken der anderen Ausstellungsteilnehmer Gegenstände aus meiner Amanda-Sammlung zeigen. Die Ausstellung wurde insgesamt ein großer Erfolg und der ein oder andere Fan besuchte mich sogar und sah sie sich mit mir gemeinsam an.

Amanda hat sich im Laufe der Jahre in den unterschiedlichsten Genres künstlerisch betätigt. Sei es als Moderatorin von großen TV-Shows, als Autorin (ihr Buch über das Leben mit Dalí wurde in zehn Sprachen übersetzt), als Schauspielerin (in den letzten Jahren besonders als Theaterschauspielerin in Frankreich) und natürlich auch als Malerin. Seit Anfang der

1980er-Jahre hatte sie zahlreiche eigene Ausstellungen in zehn Ländern. Diese Vielfältigkeit wollte ich in der Ausstellung zeigen, und das stieß auch auf recht großes Interesse.
Allerdings vergaß Amanda trotz der vielen anderen Tätigkeiten die Musik nicht und veröffentlichte im Laufe der Jahre 20 Studioalben in den verschiedensten Genres wie Disco, Pop, Rock, New Wave, Balladen, Dance und Chanson.
Vielleicht liest dieses Buch ja ein Verantwortlicher von Sony und kommt der sehnsüchtigen Bitte vieler Fans nach, die alten Ariola-Alben digitally remastered und mit Bonustracks zu veröffentlichen.
Amanda ist in Frankreich und Italien immer noch ein Superstar und wegen ihrer humorvollen Art und Schlagfertigkeit ein gern gesehener Gast in Talkshows.
Ihr größter Hit ist zweifelsfrei »Follow me«! Und genau das werde ich tun – für immer!

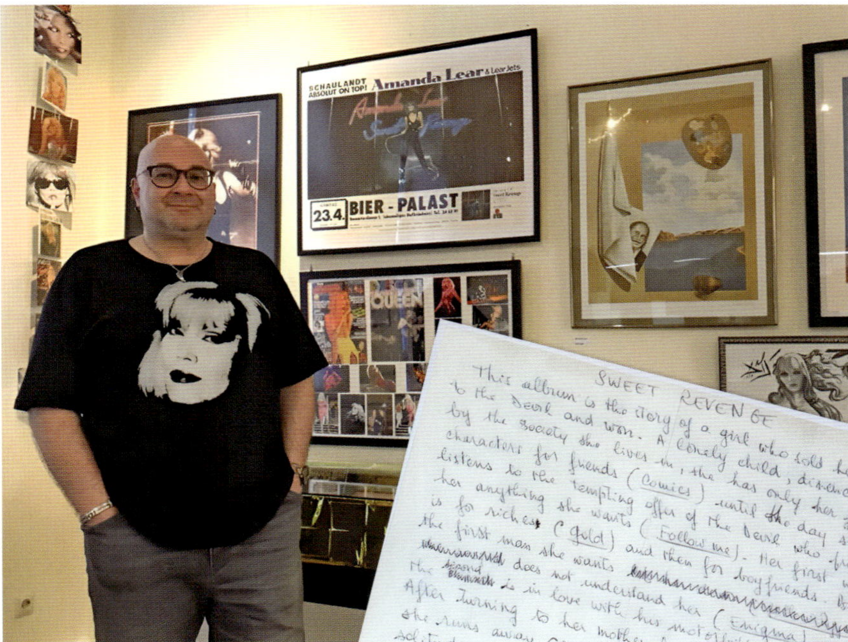

Frank Oßwald inmitten seiner Amanda Lear-Sammlung

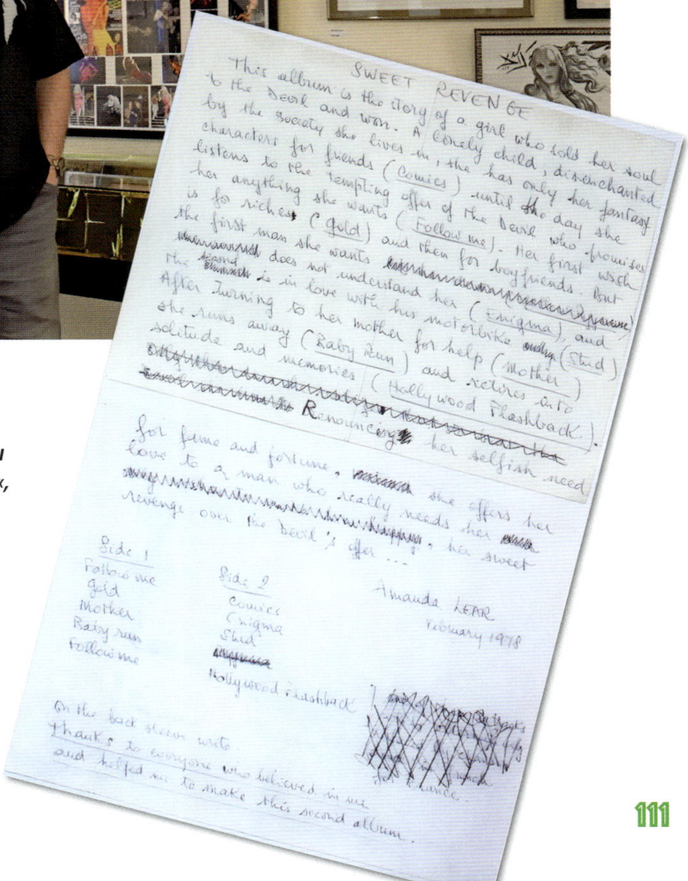
SWEET REVENGE

This album is the story of a girl who sold her soul to the Devil and won. A lonely child, disenchanted by the society she lives in, she has only her fantasy characters for friends (Comics) until the day she listens to the tempting offer of the Devil who promises her anything she wants (Follow me). Her first wish is for riches (Gold) and then for boyfriends. But the first man she wants does not understand her (Enigma), and the second is in love with his motorbike (Stud). After turning to her mother for help (Mother) she runs away (Baby run) and retires into solitude and memories (Hollywood Flashback).
Renouncing her selfish need for fame and fortune, she offers her love to a man who really needs her, her sweet revenge over the Devil's offer...

Side 1
Follow me
Gold
Mother
Baby run
Follow me

Side 2
Comics
Enigma
Stud
Hollywood Flashback

Amanda LEAR
February 1978

On the back sleeve write:
Thanks to everyone who believed in me and helped me to make this second album.

Notizblatt von Amanda Lear zu ihrem Album »Sweet Revenge«, 1978

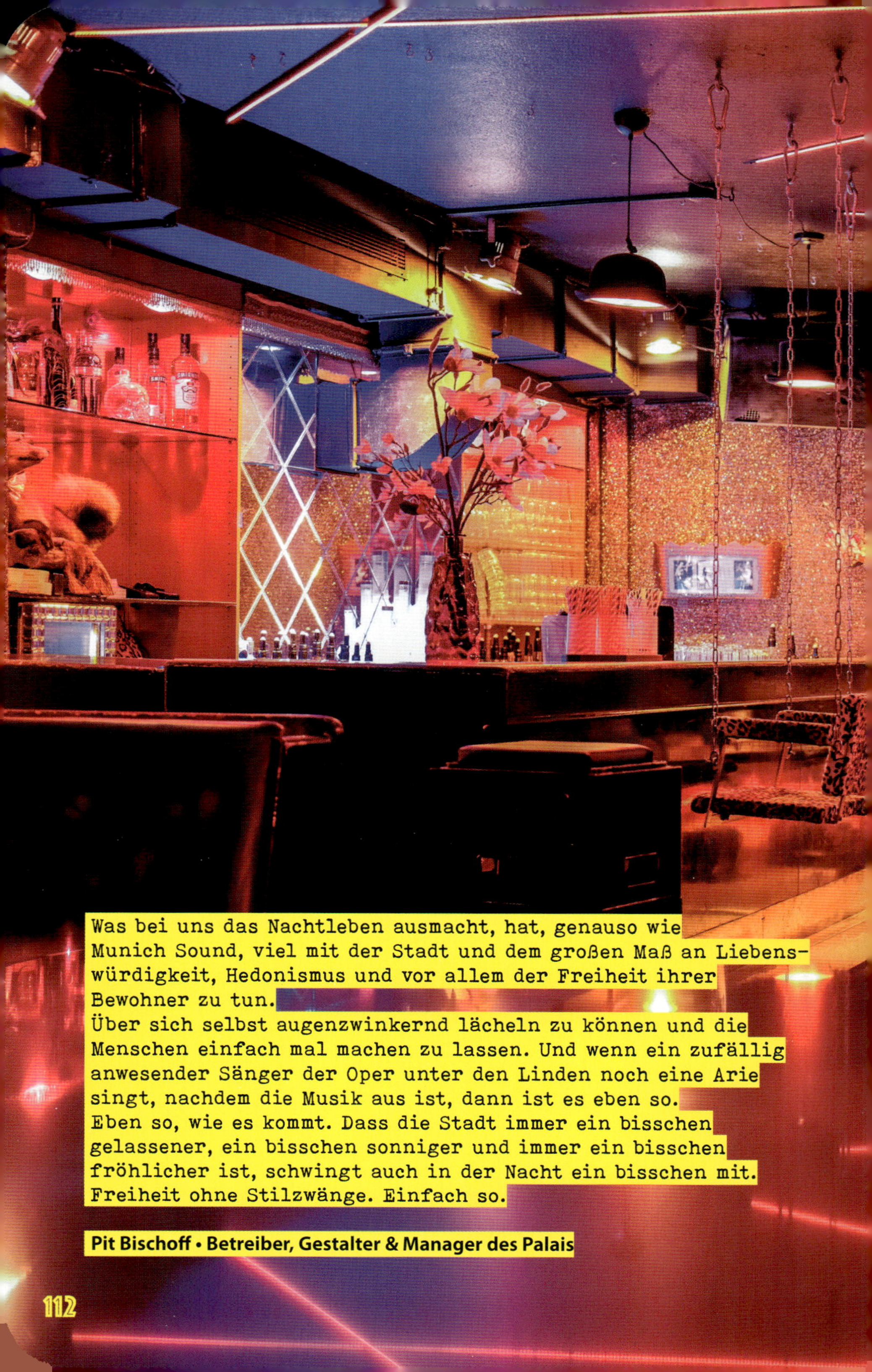

Was bei uns das Nachtleben ausmacht, hat, genauso wie Munich Sound, viel mit der Stadt und dem großen Maß an Liebenswürdigkeit, Hedonismus und vor allem der Freiheit ihrer Bewohner zu tun.
Über sich selbst augenzwinkernd lächeln zu können und die Menschen einfach mal machen zu lassen. Und wenn ein zufällig anwesender Sänger der Oper unter den Linden noch eine Arie singt, nachdem die Musik aus ist, dann ist es eben so.
Eben so, wie es kommt. Dass die Stadt immer ein bisschen gelassener, ein bisschen sonniger und immer ein bisschen fröhlicher ist, schwingt auch in der Nacht ein bisschen mit. Freiheit ohne Stilzwänge. Einfach so.

Pit Bischoff • Betreiber, Gestalter & Manager des Palais

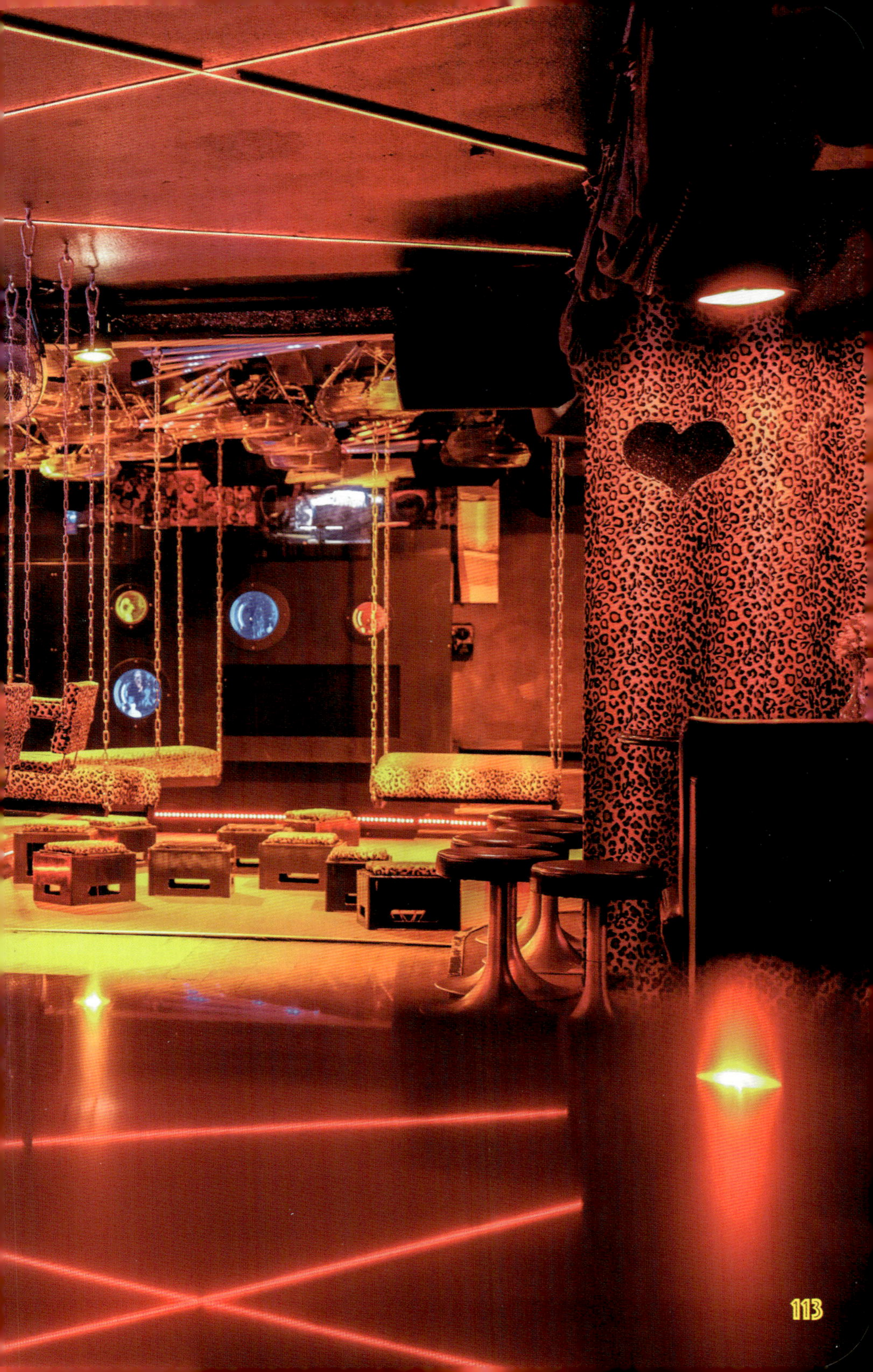

Wo Sven Väth auf Bäumen saß, da waren wir zu Hause

WIR sind das Volk und ihr seid der Laden! David E und das Pulverturm-Team

Pulverturm: 1990 bis 2007
Schleißheimer Straße 393, 8000 München 45

Montag: Grunge
Dienstag: Dark Tuesday
Mittwoch: Trancelogical Round The World
Donnerstag: Psychedelic Soundgarden
Freitag: The Legendary Independent Club
Samstag: Reggae Dancehall
Sonntag: High Noon

Abseits der hippen Ausgehmeilen Münchens – und immer unter dem Radar des Mainstreams – erstrahlte auf der linken Seite der Schleißheimer Straße 393 für uns »Randfiguren« doch noch ein kleiner Hoffnungsschimmer. An dieser Stelle stand einst eine Kaserne, die wurde zu einem Etablissement, gefolgt von einer Gaststätte, wo der Legende nach kindskopfgroße Knödel serviert wurden. Und von 1990 bis 2007 war es der »Pulverturm«. Ein Club für wahre Enthusiasten, für Außenseiter, die Schwarzen, die Weißen, die Gothics, die Darkwaver, die Technoheads oder sonstige Independent-Outlaws.

Alles war etwas provisorisch und klebte, doch hier konnte man authentisch bleiben. Hierher konnte man sich begeben, wenn man den Sumpf eigener Emotionen nicht mehr ertragen hat – sieben Tage die Woche. Hier feierte man unkonventionell, tanzte zu Klängen von Grunge, Alternative, Independent. Oder zu den Melodien und Maschinenklängen der Techno-Dark-Wave-Bewegung. Alles pulsierte, sprang & trank – und wenn es einem zu extrem war, ging man einfach an die ruhigere Cocktailbar und schlürfte einen Drink zwischen Punks und Rockern. Im Sommer konnte man toll im Biergarten abhängen. Man swingte unter freiem Himmel. Zwischendurch blickte man in zwei schwarze Augen oder zwei blaue oder in zwei Augen mit tellergroßen Pupillen. Spacig!!! Spacig – wie Pille von der Enterprise. Die Stimmung war gut, denn hier war es unkompliziert und authentisch. Es war wunderbar!

An alle, die damals dabei waren, egal ob vor, hinter oder unter der Bar, auf der Tanzfläche oder hinter dem DJ-Pult, im Biergarten, auf den Bäumen: möge die Erinnerung an diesen einmaligen Platz euch immer wieder ein Lächeln ins Gesicht zaubern.

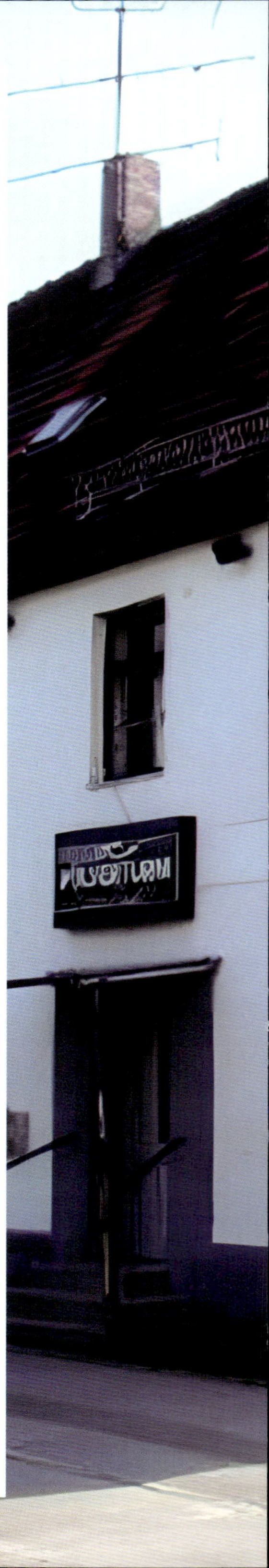

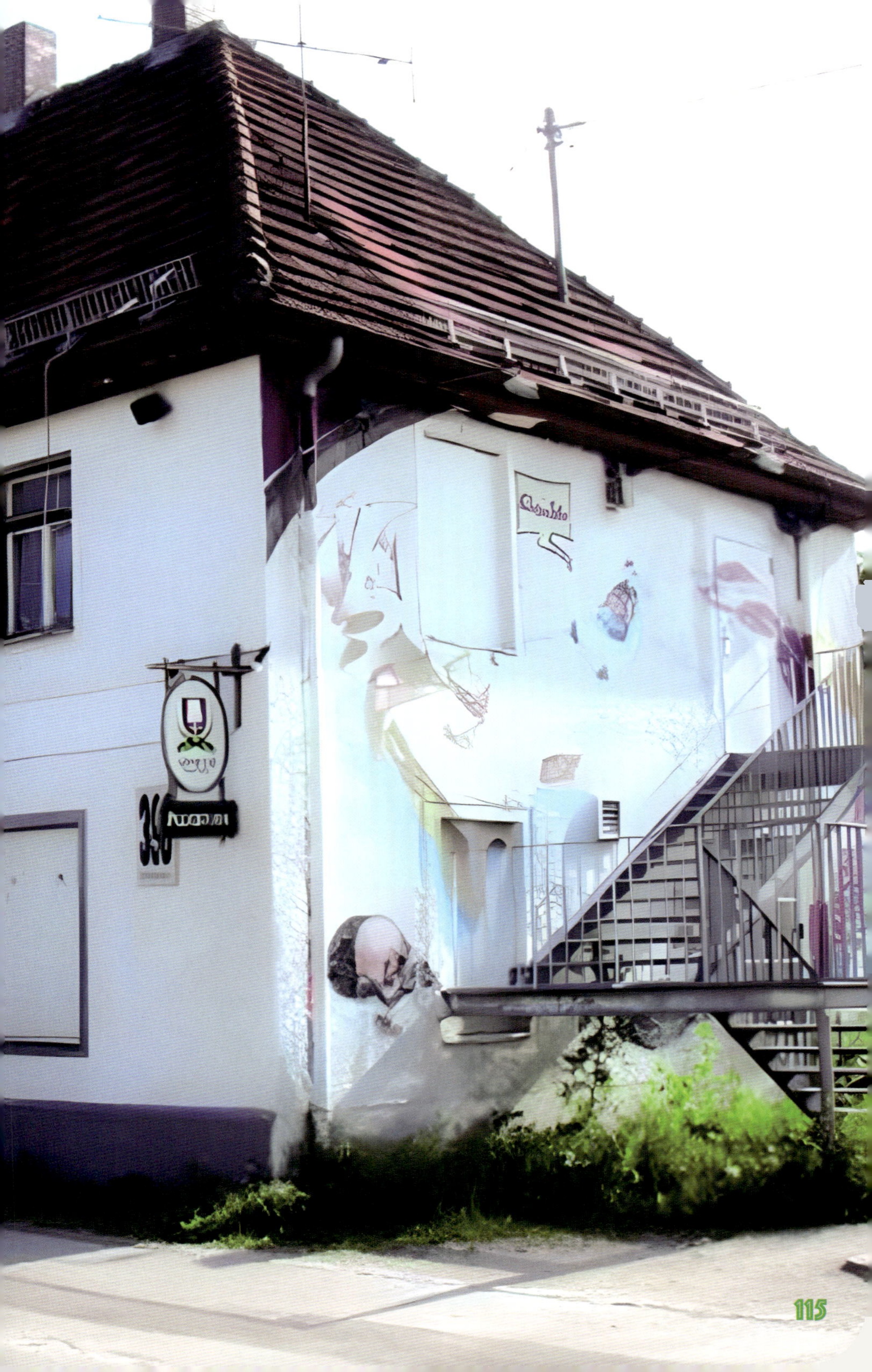

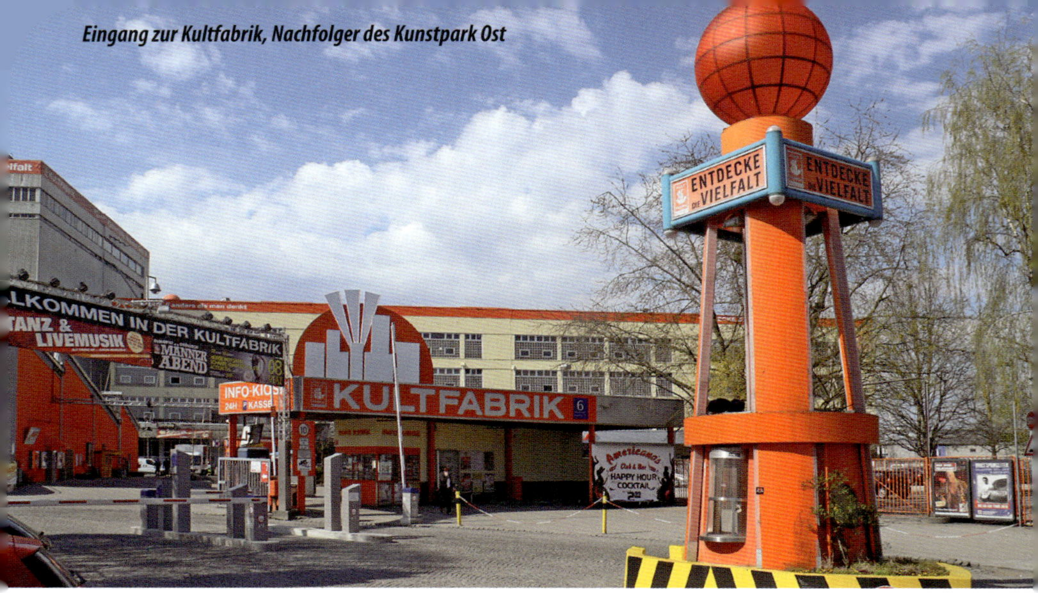

Eingang zur Kultfabrik, Nachfolger des Kunstpark Ost

Man muss immer was riskieren

Götz Scheffel • DJ, Veranstalter, Surfer

Munich Sound, da gibt es natürlich viele verschiedene Dinge, die mir dabei einfallen, der Sound der 70er – die Discoproduktionen, die aus unserer Stadt kamen, Produzenten wie Abi Ofarim und natürlich viele andere große Namen.

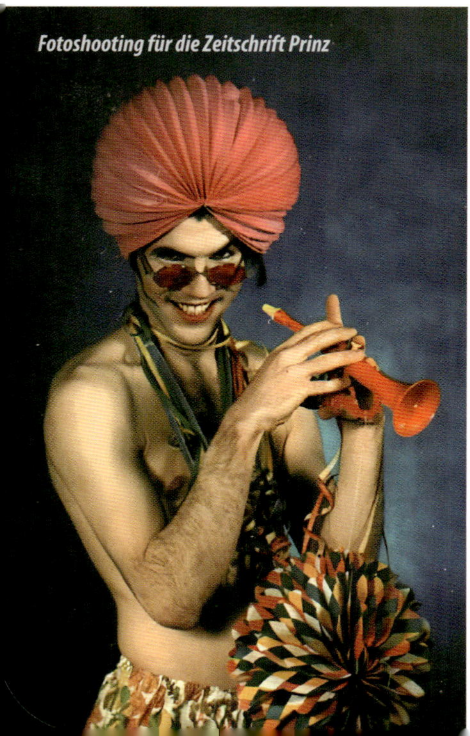
Fotoshooting für die Zeitschrift Prinz

Dann gab es in den 80ern Bands wie die Merricks – Bernd Hartwich wird für mich immer mit Munich Sound verbunden sein.
Und dann in den 90ern Upstart und sein Label, DJ Hell (den ich noch von ganz früher aus dem LiBella und Größenwahn kenne, ein sehr feiner Mensch!).
Und dann natürlich die überbreit bekannten Sportfreunde, die noch vor dem endgültigen großen Durchbruch bei mir im Keller vor 300 Leuten spielten.
Beinahe hätte ich den gruftigen Underground vergessen – Deine Lakaien – große Musik der 80er/Anfang 90er – Dark Wave mit großen Ambitionen und Klangwerken, zwei Musiker, die ich ins Herz schloss und veranstaltete (ebenfalls vor dem großen Durchbruch).
Viele kleine Bands wie z. B. Idyll Myll, es gab viele kleine Bands in den 80ern und 90ern – bekannte DJs ohne Ende und ich würde sagen, die Technoszene in München in den 90ern hatte ganz was Eigenes und ihren eigenen Sound mit dem Ultraschall.

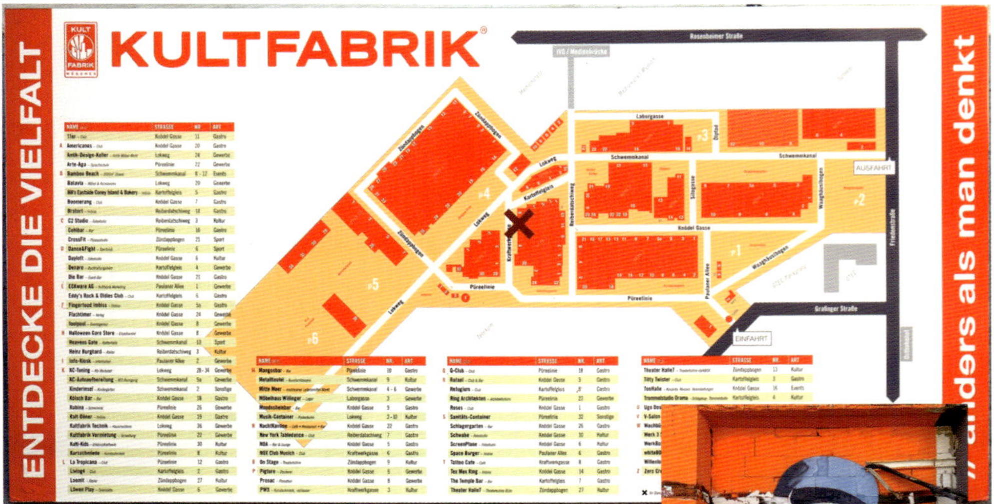

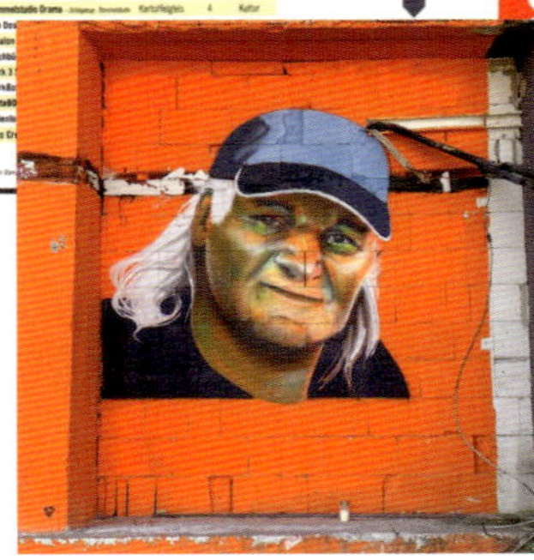

Kultfabrik-Plan von 2012 und das Porträt von Wolfgang Nöth, das Loomit nach dessen Tod malte

Persönlichen Bezug als Veranstalter von unzähligen Partys, Events und eben auch Konzerten und als DJ in den 90ern hauptsächlich hatte ich sicherlich durch die eine oder andere Prägung des Sounds durch Auswahl meiner Musikabende und DJ-Bookings/Bandbookings.

Manche der Bands und DJs kannte ich gut und viele Dinge passierten weil wir oftmals Raum und Auftrittsmöglichkeiten gaben. Insofern waren da ganz viele Bezüge …

Es gab viel in den 80ern und 90ern, das entstand aus Notstand heraus – wir hatten oft nicht die Genehmigung lange zu feiern und mussten auf wenige Tanztempel ausweichen und Konzerte fanden oft außerhalb statt – siehe Theaterfabrik. Diskotheken wie der Pulverturm waren fast außerhalb der Stadt, Flughafen Riem … die Peripherie war Ende der 80er und Anfang der 90er die Lösung vieler Probleme. Später dann der große Wurf mit dem Kunstpark, endlich Übungsräume, Veranstaltungsräume, Flohmarkt am Ostbahnhof, es war die Zeit großer Freiheit und Kreativität, leider zum Ende wie so oft vom Kommerz überschattet und kaputt gemacht.

Da wars dann auch bei mir vorbei mit dem Sound of Munich – ich hörte auf aufzulegen und bereitete meinen Wegzug (wie so viele) vor, heute finde ich es oftmals sehr fad, wenn ich mir so die wenigen nicht hochgradig kommerziellen Spielstätten anschaue.

Geschichten mit Stars, Sternchen und anderen witzigen Nachtleben-Anekdoten hätte ich zuhauf, aber es gibt für mich nur einen, den ich in diesem Zusammenhang erwähnen möchte: Wolfgang Nöth, der Mann, der uns das alles ermöglichte und viel zum Sound von Munich beitrug mit seiner Arbeit. Mit diesem Mann erlebte ich unzählige unglaubliche Dinge – ich werde nie seine Sprüche und seine Taten vergessen, die Art, wie er mit dem uns verhassten KVR umging oder wie er eines Tages (zu Unrecht) den OB als Arschloch bezeichnete, um wenige Tage später mit ihm zum Essen zu gehen. Um es mit seinen Worten zu sagen: Wos scheißt denn du di?

Was so viel bedeutete wie: Man muss immer was riskieren, um weiterzukommen. Das war auch bei allen musikalischen Neuerungen so in dieser Stadt.

München und die Gegenwart

Manuel Ewald aka Rainer Wahnsinn • DJ, Monsters Of House

Dieses Buch präsentiert vor allem die goldene Vergangenheit dieser goldenen Stadt. Es ist unglaublich, was für einen Einfluss, gerade in den 70ern und 80ern, das global gesehen doch sehr kleine München weltweit auf ihre Musik ihrer Zeit hatte. Doch auch ein ehemaliger Sommerhit wie »Mambo No. 5« von Lou Bega ist inzwischen über 20 Jahre alt, und vielleicht ist es auch gut, das ein weiterer Hit, »3 Tage wach« von Lützenkirchen, inzwischen seit über 15 Jahren nicht mehr in den Clubs rotiert. Aber die Zeit vergeht schneller, als man es persönlich wahrnimmt, so ungerne man das immer wieder mal hören oder lesen mag. Was ist also geblieben von dem Relikt, das großartige Musiker wie Giorgio Moroder, Freddie Mercury und Donna Summer hinterlassen haben als schwerwiegendes Erbe?

Auf diesem Fundament lässt sich sicherlich aufbauen – und auch heute noch, wenn auch weniger glamourös und exzessiv als in vergangenen Tagen, setzt die Stadt musikalische Trends in gewissen Genres. Und sie ist und war nie eine, die Trends hinterherlaufen muss, sondern sie setzt. Das bajuwarische Selbstbewusstsein hat sich auch längst in der nachwachsenden Generation der Musiker zementiert, die – oftmals rotzfrech und ohne Rücksicht auf Verluste – alte Regeln und Gesetze spielend zum Einstürzen bringt.

»The Sound of Munich Now« ist definitiv elektronisch geprägt, eben ein Kind seiner Zeit. Doch was heutige Künstler damit anstellen, versetzt oft global Leute immer wieder nur in Staunen. Ein DJ Hell mit einem seit knapp 30 Jahren gefeierten Label International Deejay Gigolo Records hat mit weit über 300 Veröffentlichungen im Rücken immer noch ein Gespür für modernen House und Techno – und scheint kein bisschen altersmilde zu sein. Die Zeit seiner großen Auftritte in Venues wie der Playboy Mansion sind sicherlich passé, aber ihn in einem veritablen Festival-Lineup der elektronischen Musik dazuzubuchen, ist heute mehr denn je schick und gibt Bookern eine gewisse Verve, zeigt, dass sie sowohl anspruchsvoll und trotzdem am Zahn der Zeit sind – ähnlich, als würden sie Künstler á la Jeff Mills, Moodymann oder Carl Craig aus Detroit buchen. Ein DJ Linus mag zwar nur noch vornehmlich innerhalb der Stadtgrenzen spielen, und trotzdem hat er immer wieder mal Releases auf weltweit bekannten Labels wie Get Physical oder Crosstown Rebels zu verzeichnen. Qualität hat eben kein Ablaufdatum, wie es scheint.

Doch gerade was House und Disco angeht, Musikgenres, in denen München schon immer eine große Nummer war, gibt es neue Labels und Acts mit einer Frischzellenkur, die auch heute noch zu großen Teilen den Takt und Beat weltweit angeben – und das sind Genres, die sicherlich heutzutage schon lange nicht mehr als Nische abgegolten werden können. Mit der Kommerzialisierung der elektronischen Musik allgemein sind auch diese Genres gerade heute stilprägend für Popmusik und all ihre Auswüchse auf der ganzen Welt.

Einen wirklich kometenhaften Aufstieg hat vor allem – und vor allem zu Recht – das aus dem früheren Wurzeln von Gomma Records entstandene Sub-Label Toy Tonics innerhalb der letzten Jahre vollzogen. Inzwischen nicht nur Musiklabel, sondern vor allem international agierende Eventagentur, Bookingagentur, Merchandisemaschine und über all dem – Gute-Laune-Verbreiter. Die Wurzeln von Toy Tonics sind tief im Italodisco vergraben, nur hat es deren visionärer Chef Mathias Modica – inzwischen als DJ unter dem Alias Kapote unterwegs – verstanden, dem Genre einen neuen Anstrich zu verleihen und in die heutige Zeit zu übertragen. Das mag soundtechnisch manchmal ein wenig cheesy wirken, aber nach Jahren von monotonem und immer schneller werdendem Techno, dem immer mehr die Seele und der Groove abzugehen scheint, haben sie einfach einen perfekten Zeitgeist getroffen. Melodiös, Vocal-lastig, leicht, unaufgeregt und immer perfekt zum Arschwackeln – ob im Club oder vor dem Bügelbrett zu Hause. Toy Tonics bringt das Gegenprogramm zu schwarz gekleideten Nihilisten zurück auf den Dancefloor: Erlaubt ist, was gefällt, und das kann gerne bunt, schrill ausgelassen und auch schwul sein. Ihr Sound bringt die Ära des Studio 54 und damit die 70er-Jahre zurück, und das inzwischen mit wöchentlichen und ausverkauften Hallen-Showcases in ganz Europa, gehosteten Festivalbühnen oder ihrer eigenen Nacht in der Panorama Bar. Mehr geht eigentlich nicht, aber eines ist sicher – Toy Tonics hat seinen Peak noch lange nicht erreicht.

Etwas mehr im Underground angesiedelt, aber keinesfalls weniger veritabel und hip, hat sich das Label Public Possession in den letzten Jahren vom Geheimtipp zu einer bekannten Größe in der Szene gemausert. Mit einer sehr genau und spezifisch kuratierten Auswahl an Künstlern aus dem Münchner Umfeld wie Bell Towers, Obalski, DJ City, Sedef Adasi oder dem titelgebenden Act selbst, Public Possession, sind sie inzwischen, ganz unaufgeregt und eher Lo-Fi, was ihre eigene Präsenz in Social Media & Co. angeht, in den Plattenkisten von Acts auf Festivals wie dem Dekmantel nicht mehr wegzudenken.

Und genau in die gleiche Kerbe schlägt auch das von Benjamin Fröhlich gegründete Label Permanent Vacation. Seit weit über einer Dekade ist der Imprint ein Zeichen für guten Geschmack und vor ein Meister im Erkennen und Aufbauen von künftigen Superstars der Szene. John Talabot, Tensnake, Lauer, Mano Le Tough, Lord Of The Isles, Daniel Bortz, Tuff City Kids, Marvin & Guy und eine schier endlose Anzahl an weiteren Künstlern haben schon auf diesem in der Wahrnehmung kleinen, aber unglaublich wichtigen Lable in der Vergangenheit ihre Spuren hinterlassen. Man könnte behaupten – wenn auch musikalisch unterschiedlich angesiedelt –, das Permanent Vacation für München ist, was Kompakt für Köln und Ostgut für Berlin ist: Das Aushängeschild der Stadt.

Wenn wir etwas mehr in verspieltere Regionen der heutigen elektronischen Musik blicken, sind auch das von Richard For-Rieger (der früher großartige Labels wie Pastamusik leitete) gegründete RFR Records, in dem vornehmlich Münchner Künstler veröffentlichen, sowie das von den Zenker Brothers betriebene Label Ilian Tape in gut sortierten Plattenläden auf der ganzen Welt zu finden und genießen generell eine hohe Anerkennung und Wertschätzung in der Szene. Und auch Schlachthofbronx, die spielend leicht Hip Hop, Reggae, Dancehall und Miami Bass zu einer clubtauglichen Mischung vermengten, lange bevor es wieder ›in‹ wurde in der elektronischen Szene, sind in ihren Sphären und für Fans der Musik als Speerspitze weltweit zu bezeichnen.

Mathias Schober und Thomas Herb haben ihr Label Lossless zwar in Berlin angesiedelt, aber natürlich sind die Wurzeln davon in München zu finden. Und auch sie haben Acts wie Trikk, Love Over Entropy oder Neil Flynn Starthilfe mit ihren Releases gegeben, bevor diese dann in größeren und kommerzielleren Gefilden eine Heimat gefunden hatten.

Und auch Münchner Clubs wie die Rote Sonne, das Harry Klein, Charlie oder natürlich das Blitz sind international veritable Aushängeschilder der Münchner Szene und Musik und nicht selten ein Sprungbrett für begabte DJs und Live Acts. So sind Leute wie Sedef Adasi, Muallem oder die Zenker Brothers keine Seltenheit mehr im Berghain oder RSO-Lineup in Berlin. Newcomer wie Sam Goku und Polygonia, die nicht nur mit großartigen Clubsets, sondern auch mit außergewöhnlichen Produktionen punkten, sind inzwischen gar weltweit auf Lineups guter Clubs und Festivals zu finden.

Ein Act, der allerdings einen nahezu schwindelerregenden Tourkalender vorweisen kann, und wahrhaft als großer Headliner die größten Hallen dieser Welt füllt, ist der Münchner Michael Miethig mit seinem Synonym Innellea. Nach ersten Releases auf guten Labels wie Upon.You, Ursl oder Underyourskin sind schnell die Schwergewichte von modernem Melodic Techno wie Afterlife, Anujnadeep, Innervisions, Tau und Diynamic auf sein be-

sonderes Gespür für emotionale, technoide Klänge aufmerksam geworden. Und so ging alles ganz schnell. Vom Resident im Harry Klein auf gefühlt alle Bühnen auf allen Kontinenten und geschätzten 250 bis 300 Gigs pro Jahr auf den Mainstages von 5 000 bis 50 000 zahlender Fans. Und das mehr als verdient.
Auch die einzige Resident-Bigband eines elektronischen Clubs überhaupt (mal wieder aus dem Harry Klein), die von Roman Sladek gegründete Jazzrausch Bigband, spielt inzwischen rund 120 Gigs im Jahr, darunter im Lincoln Center in New York, dem SXSW Festival in Austin oder der Elbphilharmonie in Hamburg – und ist somit einer der erfolgreichsten Bigbands weltweit. Und das mit einem Sound, der eher an Techno als an Tanzmusik erinnert.
Wie man mit diesem Auszug der heutigen Generation der Münchner Musiker merkt, muss man sich gewiss keine Sorgen darum machen, dass es in dieser Stadt mit all ihren Einschränkungen und Zwängen in naher Zukunft mal ruhig zu werden scheint. München schreibt auch in Sachen Sound ständig neue Kapitel und seine eigene Geschichte. Und auch im ständigen Wandel wird es immer wieder neuen Input und neue Talente geben, welche ihre Stadt prägen werden.
Die Vergangenheit war ereignisreich.
Die Gegenwart ist aufregend.
Die Zukunft wird spannend.

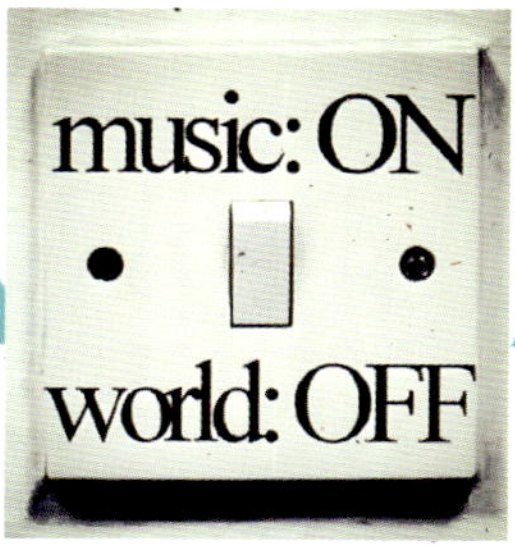

Exzessiver Gast

Niels Schittenhelm • Stage Hand, Security, Produktionsleiter, Muffathalle, Ultraschall

Ich beleuchte mal verschiedene Aspekte, but first of all is Munich Sound für mich zuallererst Giorgio Moroder mit Donna Summer, ansonsten ist für mich der Chinesische Turm mit der Blaskapelle und dem riesen Biergarten (angeblich 6 000 Sitzplätze) absolut Munich Sound, aber auch das Mirage/Am Kosttor 1985 oder die Bhagwandisco in Unterföhring oder der Occamstraße, die alte Alabamahalle oder der Pulverturm mit der Aftert Hour/High Noon, das Parkcafé vom Hansi Grandl und danach vom Consti Wahl, da habe ich übrigens mal Dieter Meier von Yello getroffen und ein paar Sätze mit ihm gequatscht, die Negerhalle vom Bonger Voges, das Babalu in der Ainmillerstraße, erst als Gast, dann auch kurz als Türsteher, das Nachtcafé von Wolfi Kornemann, die Muffathalle, der alte Flughafen Riem mit seinen Partys und legendären Konzerte und und und, ich war auf der Piste mit 15 (1978) bis ca. 2015.
Ich habe in den meisten der genannten Orte gearbeitet und/oder war exzessiver Gast, aber das, was mir als Erstes bei dem Namen Munich Sound einfiel, war die Firma Munich Sound, mit der ich in der alten Alabamahalle, aber auch in der Theaterfabrik gearbeitet habe, teils auch als örtlicher Veranstalter für zwei deutschlandweite Konzertagenturen. Für mich als Einheimischen gehören alle diese Läden mit der damals 80er bis 2000er gespielten Musik einfach zum Münchner Nachtleben oder einfach zu Munich Sound, denn »Nothing sounds better with you«, die Definition darüber überlasse ich dir, lieber Jens, oder dem geneigten Leser. Ich möchte nichts davon missen, denn alles gehört zusammen und macht das aus!

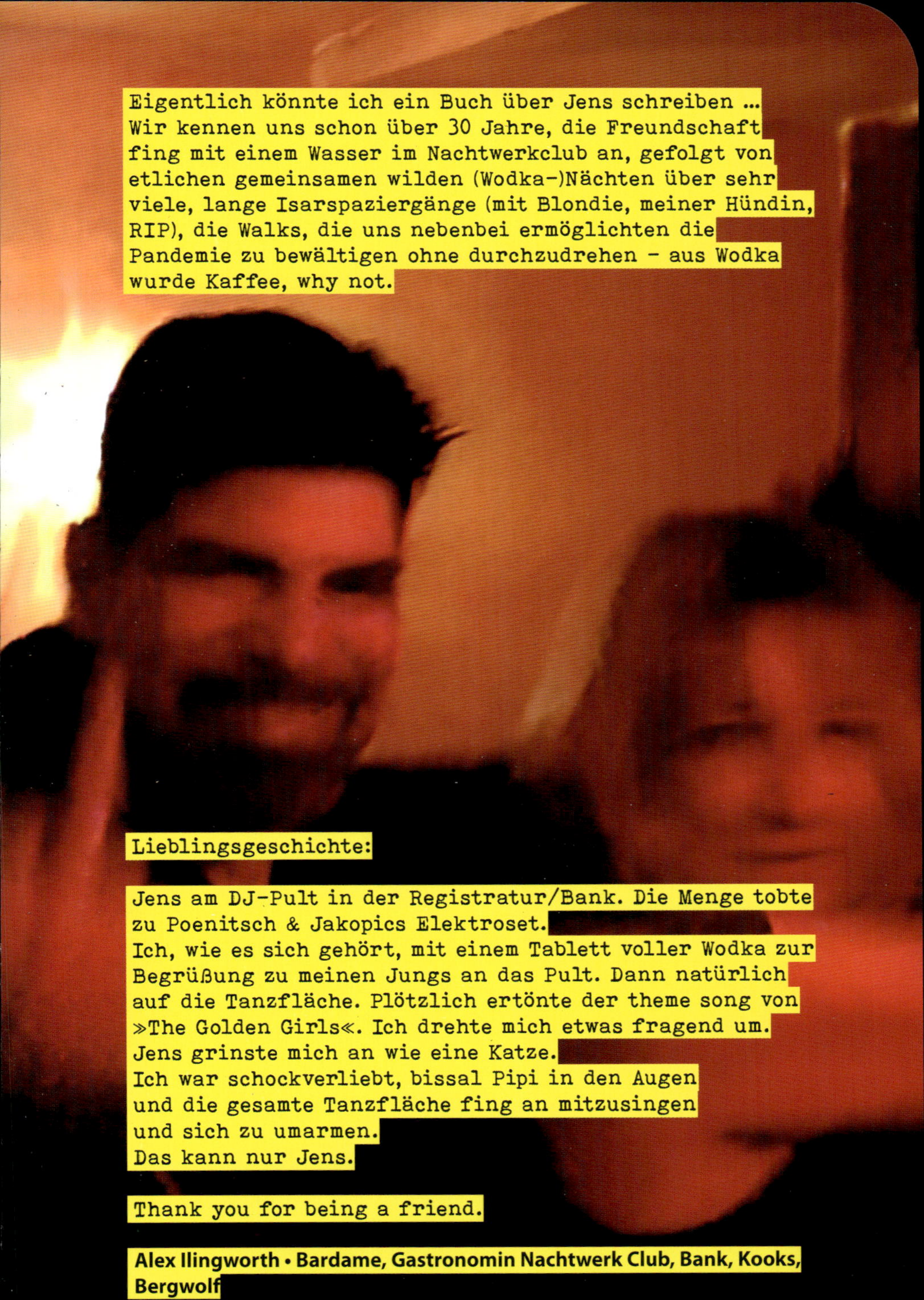

Eigentlich könnte ich ein Buch über Jens schreiben ... Wir kennen uns schon über 30 Jahre, die Freundschaft fing mit einem Wasser im Nachtwerkclub an, gefolgt von etlichen gemeinsamen wilden (Wodka-)Nächten über sehr viele, lange Isarspaziergänge (mit Blondie, meiner Hündin, RIP), die Walks, die uns nebenbei ermöglichten die Pandemie zu bewältigen ohne durchzudrehen – aus Wodka wurde Kaffee, why not.

Lieblingsgeschichte:

Jens am DJ-Pult in der Registratur/Bank. Die Menge tobte zu Poenitsch & Jakopics Elektroset.
Ich, wie es sich gehört, mit einem Tablett voller Wodka zur Begrüßung zu meinen Jungs an das Pult. Dann natürlich auf die Tanzfläche. Plötzlich ertönte der theme song von »The Golden Girls«. Ich drehte mich etwas fragend um. Jens grinste mich an wie eine Katze.
Ich war schockverliebt, bissal Pipi in den Augen und die gesamte Tanzfläche fing an mitzusingen und sich zu umarmen.
Das kann nur Jens.

Thank you for being a friend.

Alex Ilingworth • Bardame, Gastronomin Nachtwerk Club, Bank, Kooks, Bergwolf

Charmant, eng, sexy und wild

Andrea Fisser • Bardame Sugar Shack, altes P1, Rockstar-Assistentin, Zeitzeugin

1983 im Sugar Shack an der Bar angefangen. Queen kennengelernt, mit ihnen abgehangen. Videodrehs und Studioaufnahmen beigewohnt, viel zusammen gefeiert. Hatte eine kleine Liaison mit dem Drummer. Eines Tages feierten wir mit Freddie im New York, gingen danach in sein Hotelzimmer des Bayerischen Hofes, um mit Lüstern & Gardinen Tarzan & Jane zu spielen. Um danach unschuldig bei der Rezeption dringend um ein neues Zimmer zu bitten, weil die Gardinen hinüber waren und es viel zu hell zum Schlafen war. Im Sugar Shack war immer was los, der Club war charmant, eng, sexy & wild. Ich hatte illustre Gäste:

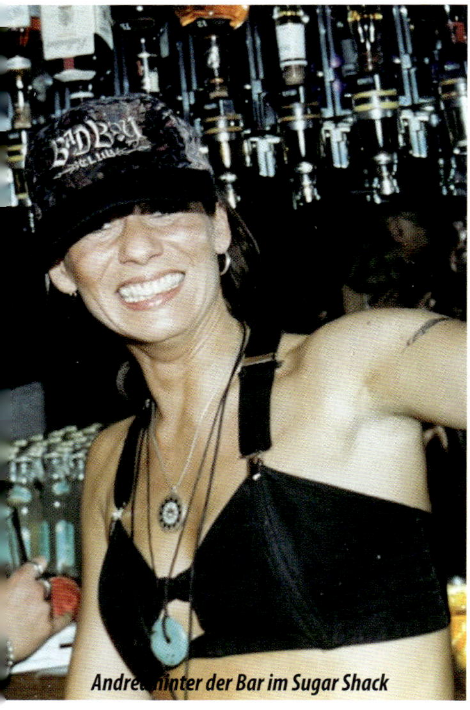

Andrea hinter der Bar im Sugar Shack

Roger Chapman, ein Riesen-Arschloch.
Helen Schneider, eine tolle Frau.
Tina Turner, die bei der Promo-Party ihres Comeback-Albums »Private Dancer« stolz mitten im Raum stand, ihre berühmte wilde Perücke blank zog, selbstbewusst mit Glatze das Publikum taxierte. Was für eine Erscheinung.
David Bowie erschien eines Tages, eine zahme Perserkatze um seinen schmalen Hals geschlungen wie einen lebenden Nerz. Ich schickte ihn sofort wütend nach Hause, er durfte erst ohne seinen pelzigen Gast wieder zurück an meine Bar.
Duran Duran schafften es, sich wild zu prügeln, inklusive blauer Augen, vor einem wichtigen »Live aus dem Alabama«-TV-Auftritt. Die Tour musste verschoben werden, weil sie so übel zugerichtet waren.
Bruce Springsteen schlief mitten im Lokal ein, musste sanft vor Ladenschluss ›entsorgt‹ werden. Damals konnte man betrunkene Rockstars noch ohne großes Theater vor einem Lokal in der Einfahrt abladen, obwohl es danach Ärger mit dem Management gab. Bruce hat es überlebt, das Sugar auch.

Ich wechselte wegen zerrissener Jeans, die dem Sugar Management nicht passten, einfach ins P1, damals noch auf der ›guten‹ Seite des Hauses der Kunst, mit dem glamourösen Norbert Schmitz als Aushängeschild.
Die Band Skid Row blockierte im Oansa mit exzessivem Trinkgelage erst mal die komplette Bar, dann die P1 Toilette, danach die gesamten Gänge ihrer Etage im Vier Jahreszeiten. Slash spazierte hinein und sah ohne Zylinder aus wie sein eigener Roadie. Er begann sofort, Tequila zu trinken wie Wasser, während ich Rekordumsätze mit ihm und seinem Bandkumpel Duff machte, der ohne Skrupel den DJ dauernd wegen Drogen anpumpte.
Langweilig war es also nie in meinem München der Achtziger.
(Text: Jens Poenitsch nach einem Interview mit Andrea Fisser)

Munich - City of Music

Alex Wulkow • Journalist, DJ und Macher des Portals »Munich – City of Music«

Beim Stichwort Munich Sound denke ich zuerst an die Disco-Spielart aus den 70ern, mit der Produzent Giorgio Moroder in seinen Musicland Studios im Arabella-Hochhaus die Welt eroberte. Also z. B. die Donna Summer-Nummern »I Feel Love« und »Love to Love You Baby«, die weltweit in den Clubs gespielt wurden. Nicht zu vergessen sind auch die Alben von Bands wie Queen, Electric Light Orchestra oder den Rolling Stones, die in genau diesem legendären Studio in München aufgenommen wurden. Die Top-Produktionsbedingungen dort, aber auch das ausschweifende Nachtleben in den 70ern und 80ern waren aus meiner Sicht ein guter Nährboden für den Munich Sound. Was mir beim Begriff Munich Sound auch noch einfällt, ist das Album »The Sound of Munich« von den Merricks. Auf dem Cover ist das quietschbunte Schwabylon abgebildet, das der Stadt architektonisch auch heute noch gut zu Gesicht stehen würde und mich an meine Kindheit erinnert.
Was für einen ganz persönlichen Bezug hast du zum Munich Sound?
Da fallen mir zwei Dinge ein: Zum einen hab ich fürs Internetradio Substanz FM vor Jahren mal mehrere DJ-Mixe angefertigt, die nur aus Musik von DJs, Bands und Sängerinnen und Sängern aus München bestanden. Ich war selber ein wenig überrascht, wie viel ich da zusammengetragen hatte. Und zum anderen haben wir 2021 das Portal »Munich – City of Music« gestartet. Darauf wollen wir Musikfans und Musikmacher aus München und Umgebung zusammenbringen und den hohen Stellenwert, den die Musik insgesamt in München hat, informativ und gut gebündelt hervorheben. Ein schönes, kleines Herzensprojekt, das mir viel Spaß macht.

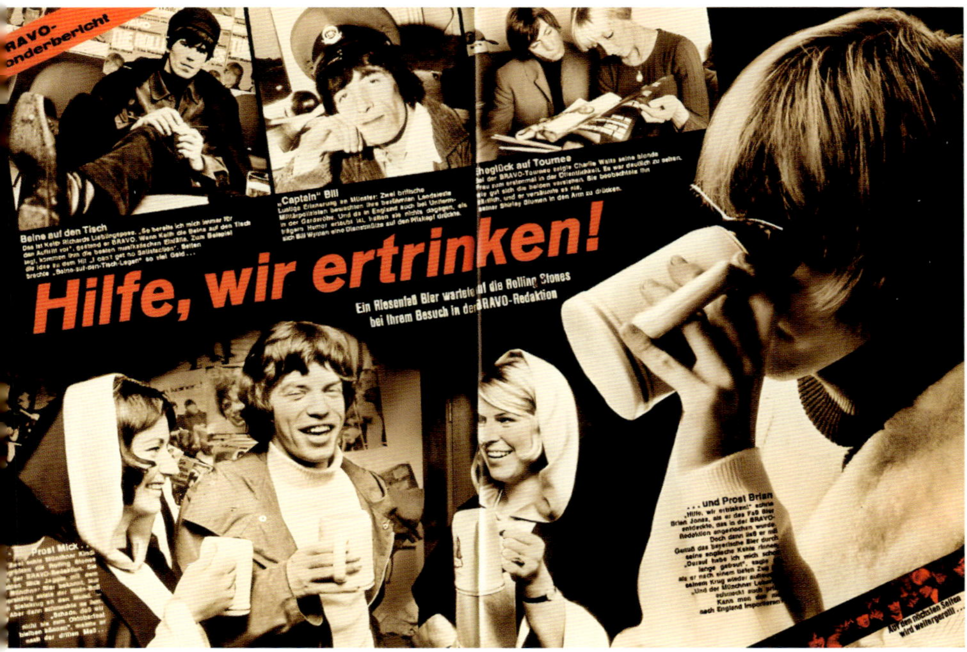

ne der Perlen der »Munich – City of Music«-Website ist dieser Bravo-Artikel über die Stones in München

Größenwahn

Thomas Bedall • Teilhaber Café Größenwahn, Tanzlokal Größenwahn, Wunderbar, Morizz

Bevor die Größenwahn-Projekte mein Leben dominierten, bestimmte Pop schon meinen Alltag. In den 60ern, 70ern gab es noch keinen so ausgeprägten Körperkult wie in den 80ern. Interessante Musik wurde im Radio nicht gespielt, außer im BR: »Schlager der Woche« jeden Freitag. In den Charts wechselten sich The Beatles mit Roy Black. Im TV gab es nur den Beat Club.

Als das Tanzlokal viele Jahre später begann zu explodieren, zeigte sich von Anfang an eine bunte Mischung. Es gab keine dominante Subkultur, als sich die 70er dem Ende neigten. Es entwickelten sich stattdessen Spezialisten, wie wir im Tanzlokal betrachten konnten: Ska, Beat, Rock, Punk, Rockabilly. New Wave, Disco, Electropop. Ein wildes Potpourri.

Dass aus dieser Ursuppe irgendwann Leute wie DJ Hell und Christian Prommer hervorgehen würden, war verrückt, aber realistisch. Zwanzig Jahre später sah ich beide im gut gefüllten Bob Beaman. Eine andere Welt: Alle zehn Minuten rissen gut gekleidete junge Leute die Arme in die Höhe, standen ansonsten dekadent herum, leises Hüftwackeln inklusive.

Zurück zum Tanzlokal: Wer sich danebenbenahm, bekam zwei Wochen Hausverbot, wurde aber danach wieder hineingelassen. Vor dem Café Größenwahn gab es in München noch kein einziges wirklich »cooles« Café.

Wir hatten schon früh Live Bands: Tony Titt and the Torpedos, Mythen in Tüten, Jens Poenitschs erste Band The Pictures, später Zero Zero. Illustre Leute bevölkerten unsere Lokale: Lorenz Lorenz, Rainald Goetz, Wolfgang Flatz, Lova Rimini. Ungefähr zeitgleich im Zeitgeist gab es noch das Damage, das Lipstick, später das Why Not.

Wir im Größenwahn hatten mit professioneller Gastro zunächst alle wenig am Hut. Leute wie Horst Schreck oder Franz Konrad kamen alle aus ganz anderen Ecken. Größenwahn war für uns keine normale Arbeit. Es war Lebensinhalt, Performance, Experiment, Lebenslust, soziales Umfeld, Familienersatz. Da sich das Personal aus fünf, sechs Wohngemeinschaften rekrutierte, gab es außerdem immer genügend Gäste. Anfangs gab es im Café keine DJs. Alle Mitarbeiter brachten ihre Punk- und New Wave-Platten mit. Viele machten auch Kassetten, die bald ziemlich begehrt waren. Später gaben im Tanzlokal Leute wie Rita Bastardo, Manuela Riva, Dorian, Ozzy, Peter, Franz und Horst den Ton an. DJs wie Hell, aber auch unser treuester und am längsten auflegender DJ Ernst Lanninger sowie Gerald Klepka, Jack oder Mathias Scheffel waren Taktgeber.

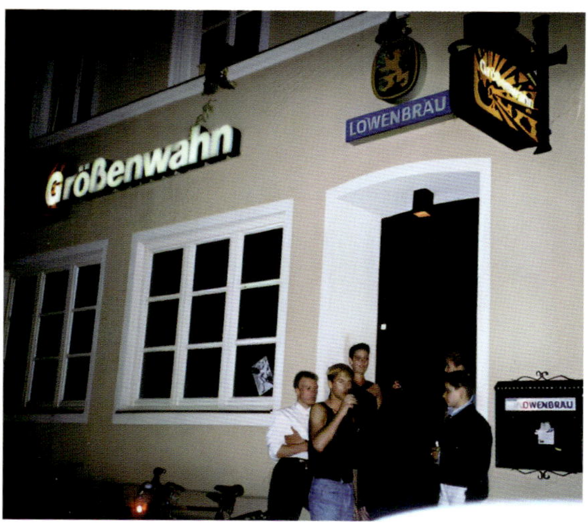

(Text: Jens Poenitsch nach einem Interview mit Thomas Bedall)

Von Cosmic bis Elaste

Michael Reinboth • DJ, Compost Records, Into Somethin', Elaste

Als ich 1982 aus Hannover nach München kam, war der Sound der Stadt anders. Hannover war und ist heute noch eine der Punk-Hochburgen Deutschlands mit den nach wie vor größten Punkertreffen Deutschlands. München war viel mehr Disco, New Wave. München war mehr soulful. Man sagte auch, München sei nicht mit anderen Städten in Deutschland zu vergleichen, München sei mediterraner, eher kompatibel zu Wien und Zürich. Ich fand ja, das stimmte, denke, das passt auch heute noch. Nicht zuletzt gab es in den späten Achtzigern den musikalischen ›Cosmic‹-Trend aus Norditalien, der voll nach München rüberschwappte und nie über die sogenannte Weißwurstgrenze hinauskam. Außer nach England! Jedenfalls ist es für München bezeichnend, dass Cosmic – also Disco/Clubmusik in Verbindung mit Ethno-, Worldmusik, Brasil, Afro-Disco in München ein Phänomen wurde. Ich habe diesen Sound selbst aufgelegt, angefangen im P1, dann Größenwahn, Negerhalle, Wolkenkratzer, Parkcafé und nicht zuletzt über 12 Jahre jeden Freitag bei meiner wöchentlichen Clubnacht ›Into Somethin'‹ (Babalu, Parkcafé, Muffathalle) einfließen lassen.

Als ich nach München kam, lief im Radio auch mehr Soul, schwarze Musik, Disco, dank Fritz Egner, Thomas Gottschalk und Fred Kogel.

Auch die großen Black Music-Konzertreihen mit Bands und Sängern wie Earth, Wind & Fire, Barry White, Zapp, Womack & Womack und vielen anderen waren im Gegensatz zu Norddeutschland regelmäßig ausverkauft. Hinzu kam, dass der Giorgio Moroder-Sound natürlich in der Stadt zu Hause und dominant in den Clubs war. Munich Disco Machine!

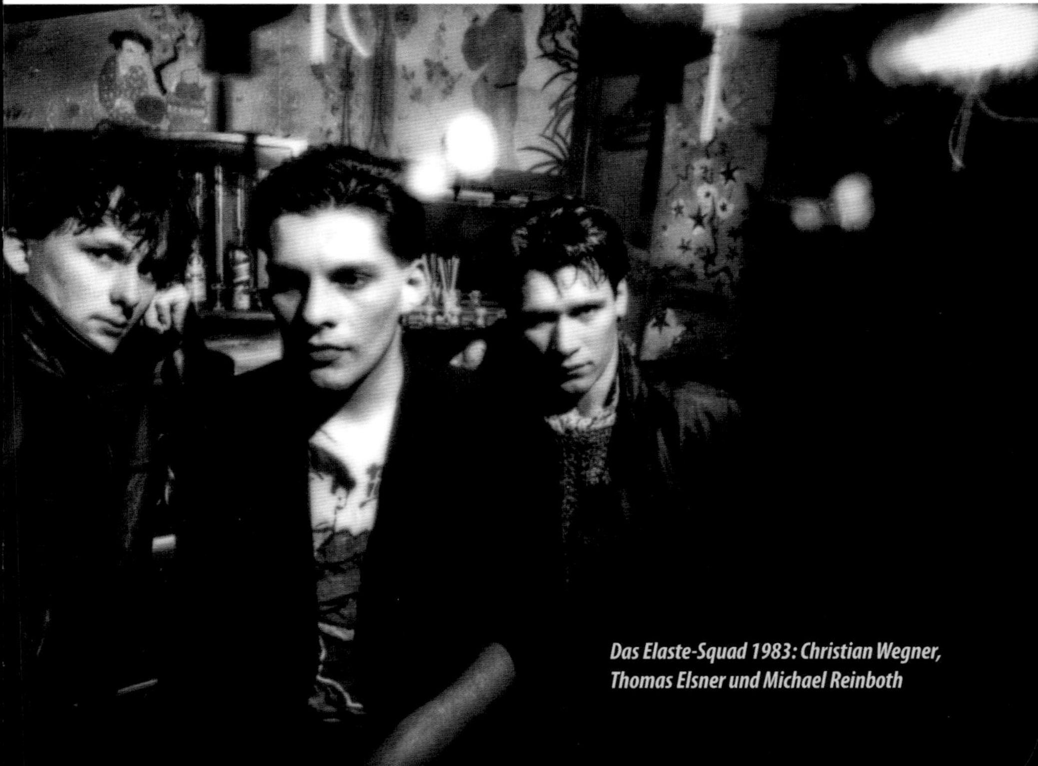

Das Elaste-Squad 1983: Christian Wegner, Thomas Elsner und Michael Reinboth

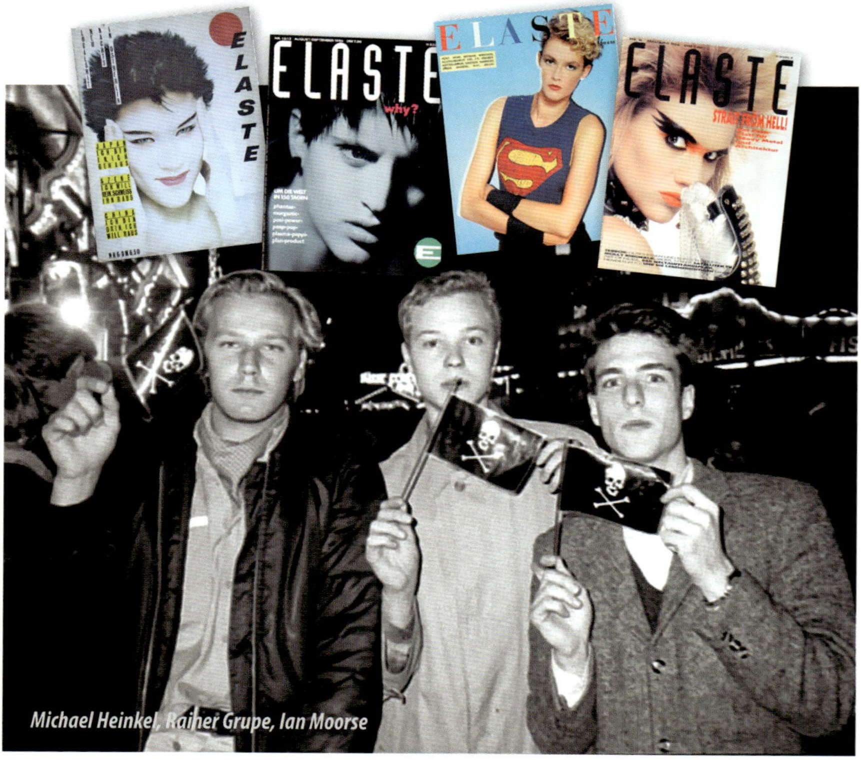

Michael Heinkel, Rainer Grupe, Ian Moorse

Neben Cosmic, Radiohören und meinen DJ-Tätigkeiten (am Anfang der 80er mindestens dreimal die Woche auflegen und zweimal die Woche noch ausgehen und Clubs, Konzerte besuchen) hat mich all das, was in München musikalisch dominierte, schon sehr beeinflusst, was dann 1993 zur Gründung meines Labels Compost Records führte. Ich denke, Compost und unser Einfluss weltweit auf Nu Jazz, Downbeat, Future Jazz und allgemein elektronische Clubmusik mit Seele (soulful) wäre so ohne München nicht entstanden. Einen direkten Bezug zu Munich Disco Machine und dem Moroder-Sound gab es auch: Composts Studioengineer, Hauptproduzent Jan Krause, mit dem ich 1993 Beanfield gründete, war Ende der 80er der Audio-Trainee, Auszubildender bei Jürgen Koppers im Mastermix Studio. Jürgen Koppers war der Toningenieur von Moroder und hat fast alle Moroder Produktionen aufgenommen und gemischt. Aus dem Grund besaß Jürgen Koppers den allerersten Prototyp der Linn Drummaschine, die Roger Linn im Auftrag für Moroder hergestellt hatte, und die sich optisch und durch Kleinigkeiten vom späteren Serienmodell unterscheidet. Die legendäre Drummaschine Linn LM-1 (benutzt Samples von akustischen Drums und ist programmierbar!) steht heute noch bei Jan Krause im Studio und wir haben sie von 1994 bis Ende der 90er oft bei Beanfield und anderen Produktionen eingesetzt.

Ein weiterer persönlicher Bezug heuer ist die Gründung von Elaste Records 2022. Elaste war eine Kultzeitschrift, die ich mit Thomas Elsner und Christian Wegner 1980 gegründet und bis 1986 herausgegeben habe. Mit Veröffentlichungen auf Elaste Records beziehen wir uns heute auf die Zeit damals und frönen unsere alte Liebe zu New Wave, Disco, Industrial Musik, Munich Disco.

We're lost in Munich ...

Justus Köhncke • DJ, Produzent, Popmusiker, Autor, Whirlpool Productions

»Den« Munich Sound – gibt es diesen Begriff eigentlich? – gibt es so ja nicht. Ich würde das, wenn, als diese weit über die reine Pop-Musik hinausreichende Kulturproduktion der inmitten von Bayern traditionell »Gallisches Dorf«-haft eher linksliberalen Isar-Idylle sehen, immer umwittert von einem speziellen, anderen deutschen Kulturproduktionsmetropolen abgehenden glamourös-tragischen Hauch von Geschichte. So schlimme Dinge wie die Wohnungstode der Camp-Königinnen Elisabeth Volkmann und Barbara Valentin, in besseren Tagen mit Freddie Mercury im Schlepptau auf der Piste, würde ich dazuzählen.

Nur hier konnten Fassbinder und Entourage in der Deutschen Eiche ihr Unwesen treiben – falls sie gerade mal kurz nicht arbeiten mussten –, nur hier konnten zeitgleich in des legendären Musicland Studios der späteren 1970er internationale Stars (Queen, ELO, Amanda Lear, Donna Summer, Moroder) ihre Produktionen zuverlässig marktkonform-elegant discofizieren, nur hier konnte ein Lothar Meid 1968 als Bassist der musikalisch weniger interessanten, dafür als linksradikale Politaktivisten mit der leichtbekleideten Tambourinistin Uschi Obermaier als Blickfang skandalträchtigen Kommunen-Combo Amon Düül wenigstens eine solide Bassgrundierung liefern, um dann in einer so schillernden wie manchmal auch tragischen Laufbahn – eine meiner Lieblingsgeschichten aus München in der Disco-Ära – in einer persönlichen Flaute vom damaligen Erfolgsproduzenten Michael Kunze gefragt wurde, ob er nicht Bass spielen könnte für ein neues Projekt. In der mir persönlich und aus erster Hand überlieferten, aber nicht belegbaren Geschichte erschien der klamme Meid dann im Studio, erfand und spielte die Bassline für »Fly, Robin, Fly« des neuen Kunze-Projekts Silver Convention, einer damals von Hippie-Ewiggestrigen als ›Retortengrupp‹ diffamierten Sache, und erhielt dafür 80 DM auf die Kralle. Bei »Get Up And Boogie«, der zweiten Single mit einer wirklich unfassbar schönen Bassline, geschah Ähnliches. Danach wurde Meid allerdings treffsicherer A&R-Manager in Hamburg, wo dereinst alle Plattenfirmen saßen, hatte sich berappelt, entdeckte viele tolle Künstler und führte ein langes, erfülltes Doppelleben. So was kann sich wirklich nur München ausdenken.

Dann kam die NDW-Ära, in der München weniger eine Rolle spielte als etwa Düsseldorf, Hamburg oder Westberlin, dafür aber ganz spezielle Bands und Künstler hervorbrachte wie Lorenz Lorenz, die Eintagsfliege mit dem legendären Drei-Minuten-Ei, auch der szenige Arzt und Autor Rainald Goetz strahlte aus, oder Freiwillige Selbstkontrolle, einst die besonderste der besonderen frühen deutschen Postpunkbands vor dem Kommerz-Kahlschlag, die bis heute aktiv ist.

Bei Munich Sound der späteren 1980er muss ich immer unwillkürlich an Fancy denken, dieses so schrille wie erfolgreiche Multitalent. Er wollte so was wie kurz zuvor Divine machen (»Shoot Your Shot« wurde zu »Slice Me Nice«) und nahm in Wirklichkeit den aufkommenden Italo-Trash und auch den Modern-Talking-Sound vorweg. Nebenbei schrieb und produzierte er Sachen für Schlager- und Discosternchen, ein unterschätzter Mann, der auch viel von Make-up verstand!

Ab der House-Explosion 1988 verlagerten sich die Kriegsschauplätze wie überall in die Clubszene. Ur-Punk-Aktivist Peter Wacha, bekannt als Upstart und umtriebig als Labelmacher, Plattenhändler und Clubbetreiber, erschuf unfreiwillig(?) ein lustiges

»FROM DISCO TO DISCO« AUF YOUTUBE

München-Dilemma mit seinem kleinen feinen Club Rote Sonne, in den ein Treppchen hinunterführte. Es gab erstklassige DJs und auch Konzerte zu erleben, auch wenn der Laden nicht besonders groß war. Der Sound war exquisit.

Typisch München gab es auch eine dicke Treppe am selben Abhang nach oben. Da ging es zum P1, Münchens wohl bekanntester Disco, berühmt für ihre strenge Tür, die allerdings jungen, aufgebrezelten Frauen offen stand, die dort manchmal erfolgreich ihr Glück bei den Stammgästen vom FC Bayern München suchten. So einen Kontrast in nächster Nähe, das kann wiederum nur München einfallen.

In den Nullern gab es einen gewissen Kahlschlag der Clubszene durch die Einhegung des Vergnügungsgewerbes in ein Party-Areal, sodass etwa eine Rote Sonne plötzlich neben einem riesigen Ballermann-Schuppen, weit weniger glamourös als das P1, weitermachen musste. Im Radius der Musikaktivisten um das Gomma-Label strahlten Weißwurst-Disco und Neo-Italo weiterhin weltweit aus und neue kleine, feine Orte wie das Harry Klein boten zeitgemäßes Tanzvergnügen. Die ziemlich riesige Registratur wurde als fast Großraum-Ort für zeitgemäßen Clubsound mit erstklassigem Booking zum Zufluchtsort. Verdiente, geschmackssichere Veranstalter schufen sich Standbeine mit Hip-Gastronomie oder Weinhandel, ohne von ihrer Musikbegeisterung abzulassen.

Um es mit Sister Sledge, das Wortspiel haben FSK vor Langem schon erfunden, zu sagen: »We're Lost In Munich/Caught In A Trap/No Turning Back/We're Lost In Munich«

München, die beste Kellerdisco der Welt

Sarah Jäckel • Zeitschriftenredakteurin, Personalerin fürs Brot, Content-Createrin für Herz und Kopf

Als Kind der Vorstadt waren mir Skandale im Sperrbezirk schon früh bekannt. Allerdings war die PEP-Disco noch nicht einmal für mein dreizehnjähriges Ich ein Magnet. Die Münchner Freiheit lockte, da muss es Fancy sein statt Lila Sterila wie in Neuperlach, so dachte ich. Die U-Bahn kam, mit ihr die große Stadt, die ersten Ausflüge in die Nacht. Ein Parabel-Flug mit der Mirage, doch kurz bevor man in den Größenwahn abdriftete, kam die schreckliche Nachricht: Gestern hams den Willi erschlagen.

In den 80ern mit dem Radl auf die Auer Düült, eine Stadt zwischen Hippie-Trail und Yuppie-Protz, rau und noch echt.

Die ersten United Balls in der Uni-Mensa, 13 Mark die Flasche süßer Blubber. Getanzt wie Marionetzen, dem ZSD lachend davongerannt. Irgendwie ins Oanser reingekommen, da hat's aber nur für eine Milli Vanilli gelangt.

Der Sound der Stadt, so verschieden wie die Viertel, hart wie Hasenbergl und schnell wie Schwabing, lahm wie Laim und geil wie Giesing. Großes ist hier entstanden, doch das Kleine, das hat mich geprägt.
Jede Generation hat ihre Tempel in der Stadt, die verklärt im milden Licht der Erinnerung strahlen. Was den einen das Big Apple und Blow Up, sind den anderen die Hallen – von der Alabama bis zum Ultraschall. Mein Tempel ist ein Doppelhaus-Keller in Lochhausen.
Wer in den Naughties nicht fußkrank war, gerade eine Spießer-Episode hatte oder dem exzessiven Yuppietum verfallen war, kennt das Bild: halb fünf auf dem Rave. Loop in der Alabama. Die Headliner sind fertig, die Barkeeper auch. Die Stunde der Resident-DJs, der kleinen Namen an den Turntables. Auf der Tanzfläche die Armee der Unersättlichen, die Luft so dick, dass der Lasertunnel Brocken rausschneidet. Die blaue Stunde beginnt, bei der einen Hälfte so blau, dass der Hörnerwhisky schon zu den Ohren rauskommt. Der Rest zwischen Ekstase und K-Hole. Ich dazwischen, halb im Job, der Flyer ist von mir designt – aber die Gage dafür noch nicht in der Tasche.
Der letzte Plattendreher des Abends, nennen wir ihn mal Luxus-Stephan, soll übernehmen. Würde er wahrscheinlich auch, wenn der 27. Erdbeerlimes nicht schlecht gewesen wäre. Oder irgendwas anderes. Unten stampfen zweitausend Paar Buffalos zum Hooligan-Mix, der schon zum dritten Mal läuft. So unwahrscheinlich es klingt: Sie werden es bald merken. Ein Partysan wäre keiner, wenn er nicht eine Lösung finden würde.
Mich.
Noch nie aufgelegt, musikalisch wie ein Oktoberfest-Gaul. Und dann stehe ich da und lege auf, was sein muss, muss sein. Irgendwelche Platten aus der Kiste von irgendwem. Cue ignoriert, die Beats ungezählt, Nadel drauf und dreimal Hardcore ins Micro gebrüllt. Weil, warum auch nicht. Unter mir die Menge. Glücklich im Tanz. Die ersten Sonnenstrahlen durch die Fenster. Ein transzendenter Zustand, außerhalb von Raum und Zeit. Mich zieht es zurück in die Kindheit.
Vor mir das strahlende Gesicht meiner viel zu früh gegangenen Tante Gunda, die mir in ihrem Keller in Lochhausen versucht, das Tanzen beizubringen. Ich stehe auf ihren Füßen und sie schiebt mich mit Whiskyfahne und einer HB im Mund zu »Fly, Robin, Fly« über die Fliesen. Und ich bin glücklich und spüre den einzig wahren Sound der Stadt.
München, du Millionendorf, du, meine Hassliebe – für mich wirst du immer Disco sein. Manchmal Studio 54, meistens eine Kellerdisco. Aber immer die beste Kellerdisco der Welt.

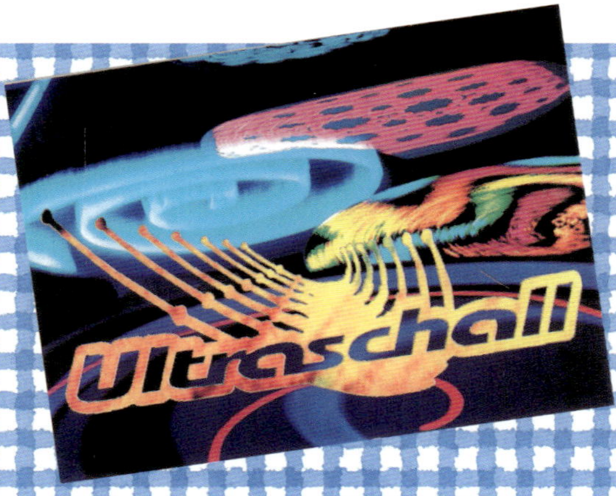

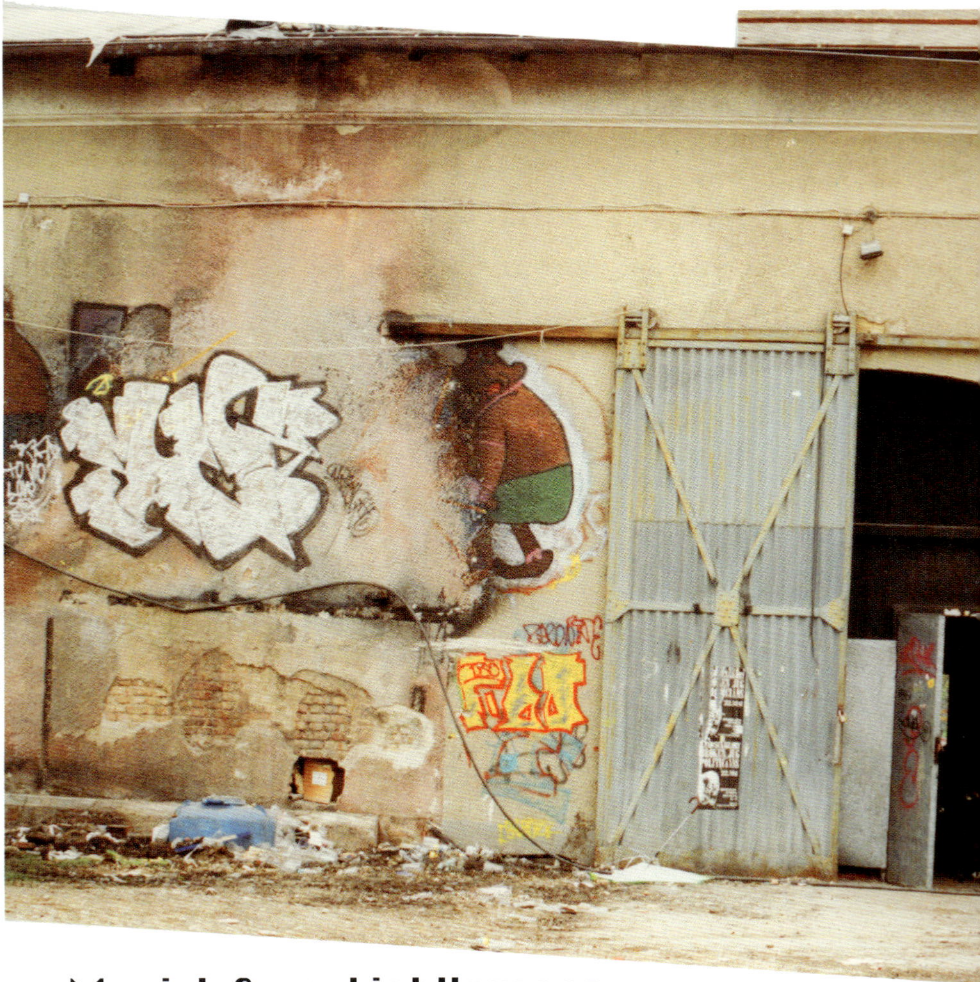

Munich Sound ist Versace

Superzandy • House-DJ all over Europe

Munich Sound begann für mich 1983 ausgerechnet in meiner evangelischen Jugendgruppe der Stephanuskirche in Nymphenburg. Dort wurde für uns ein Partyraum eingerichtet und dort sah ich dann zum ersten Mal Technics 1210er Plattenspieler, die wir dann nutzen konnten. Wer wollte, wurde DJ – ich wurde DJ. Es war der erste Kontakt mit Musik im Zusammenhang mit der Wirkung auf eine Gruppe – ich war stark beeindruckt. Besonders schön fand ich, dass jeder Musikgeschmack seinen eigenen Tag bekam. Samstags wurde Chart Musik gespielt für die Popper und Jugendlichen des angrenzenden Käthe-Kollwitz-Gymnasiums, auf das ich ging. Montags war Rock-Abend – für die mehr alternative Szene – ich ging auf alle Tanzveranstaltungen und zog mich auch immer passend an. Gruppendynamik fand ich ja besonders toll, das ging/geht nicht nur mit Musik, sondern auch über die Klamotte.

Das sollte sich in ähnlicher Weise Jahre später im Tanzlokal Größenwahn wiederholen. Meine Mitschülerinnen, die mit 13 schon wie 20-jährige Callgirls aussehen konnten wenn

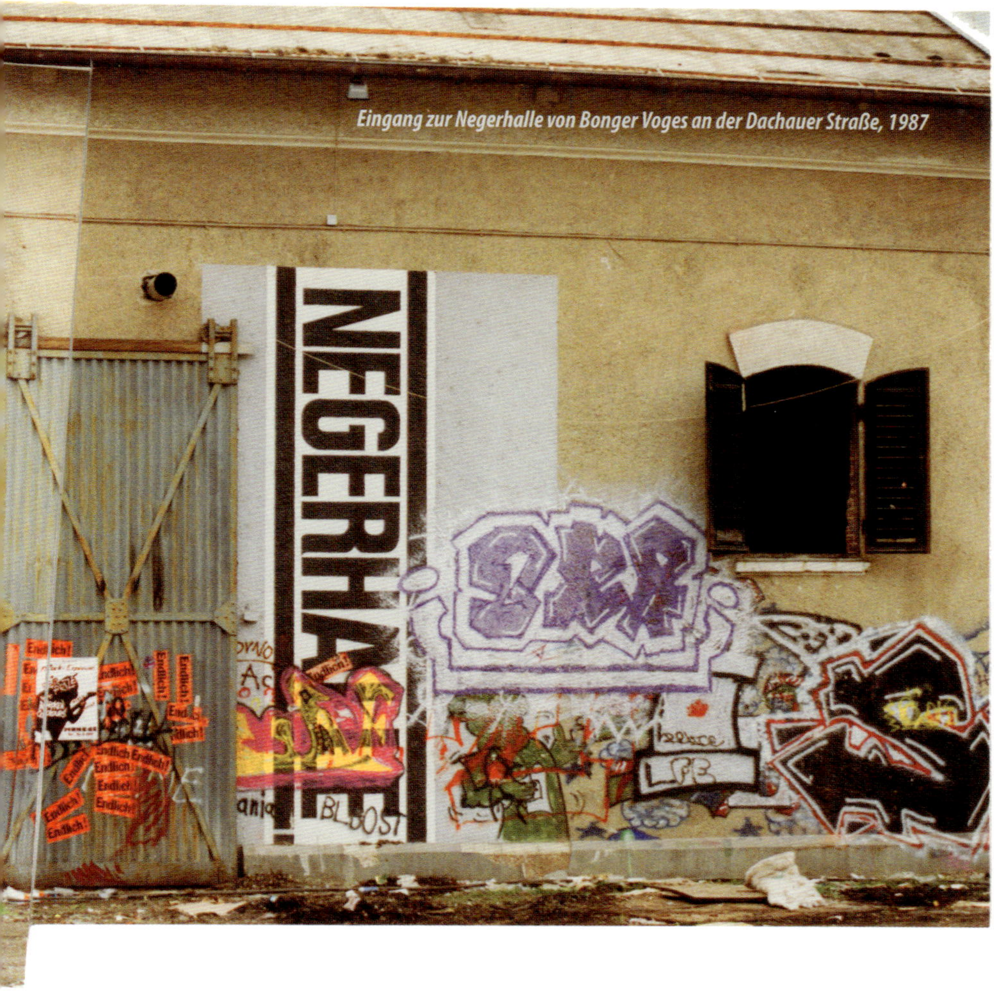

Eingang zur Negerhalle von Bonger Voges an der Dachauer Straße, 1987

sie wollten, waren schon längst im Mirage und California in der Occamstraße unterwegs, als ich 1986 mit 15 dann endlich überglücklich selber mal einen Club betreten konnte. Es war die unfassbare Tanzlocation Negerhalle – ein Übungsareal des Tanztheaters N.E.G.E.R., dass sich an Samstagen in ein extrem beliebtes Tanzlokal verwandelte. Einen Samstagabend dort zu verpassen, war damals das Schlimmste, was mir hätte passieren können. In den Urlaub fahren war einfach nicht mehr OK. Ich verpasste ja was viel viel Besseres! Denn: Cooler ging es einfach nicht – in einer von Hunderten alter Flughallen aus dem Zweiten Weltkrieg feiern, die zusammen die damals größte zusammenhängende Graffitifläche der Welt bildeten. Ein Traum von einem Gelände, auf dem auch an Sonntagen Flohmarkt XXL stattfand – für mich der Himmel auf Erden. Die Musik begann immer nach Mitternacht, nachdem man einer immer großartigen Kunstperformance beiwohnen konnte. Die Erinnerungen daran lassen Glückstränen auf meine Tastatur tropfen – Moment – i can't see no more … Es lief alles Tanzbare aus den 70ern – die 80er waren vertreten mit ausschließlich dem coolsten Sound aus London und allem Tanzbaren, das nicht im Radio auf heavy rotation lief.
Gegenüber eröffnete 1987 die ETA-Halle, die mit Acid Musik beschallt wurde – Stroboskop und Nebel, der aus dieser Halle blitzte und dampfte, fand ich damals albern, weil ich

so verliebt in die Negerhalle war, die ohne all den Schnickschnack auskam, sodass das ganze ACIIIIIIEEEEED-Geschreie und dazugehörige Rumgehopse und Armgewinke erst 1988 meine Zustimmung fand … dann aber so richtig – mit langen Haaren, Kopftuch, Smiley T-Shirt, Blingbling-Ketten und weiten Hosen von C-17 (ZEHDISETT gesprochen, da französisch).
Das Parkcafé und das P1 folgten dann … eine Zeit, die für mich die jeweiligen anwesenden DJs mit ihrem Können und Personality prägten. Richtig interessant wurde es dann in den 90ern, fand ich, als Techno die Welt eroberte. Der Babalu Club wurde meine neue Heimat und ich genoss stundenlanges Tanzen bis ins Delirium. Top DJs gaben sich da die Plattennadel in die Hand – es war alles nur vom Feinsten.
Munich Sound ist für mich, ums runterzukochen: Freddie Mercury, der in der Holzstraße wohnte und als Duschkopf eine Analduschsonde aufgeschraubt hatte, Donna Summer, die in der Feilitzschstraße Jeans verkaufte, bevor sie mit Giorgio Moroder Superstar wurde, DJ Hell, der im Größenwahn mittwochs Rave auflegte und dort sonntags sein Set für die schwule Tanzcrowd immer mit Kylie Minogues Hits aus der Zeit beendete, Tom Novy, der unter anderem am Ostbahnhof einen seiner vielen Plattenläden hatte und Mitte der 90er mit »Superstar« einen Welthit hatte – alledgedly mit einem Vocal, das ihm ein unbedarftes Mädchen als Bewerbung als Vokalistin gesendet hatte, ohne sich im Klaren zu sein, dass sie somit alle Rechte daran kostenfrei an ihn abgegeben hatte und Sabrynaah Pope – eine unfassbar begnadete Housevocalistin, die auf Norbert Schmitz'es Blub Club Veranstaltungen die Housemusic von DJ Cambis regelmäßig vergoldete.
Munich Sound ist wertig produziert, glamourös und wenig Underground – ich sag mal so: Munich Sound ist Versace – Berlin Sound ist Balenciaga 2021 (nicht 2022).

Das ehemalige Bundeswehrgelände mit Riesenflohmarkt, Neger- und ETA-Halle an der Dachauer Straße, war auch die größte Graffiti-Hall-of-Fame Europas

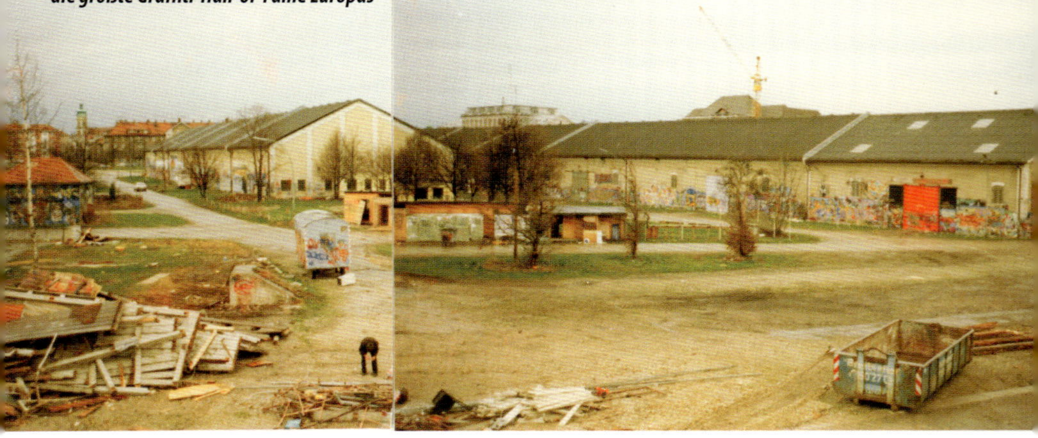

Haralds Reise durch die Münchner Musikszene

Harald Kümpfel • Musiker, Komponist

Als ich 1979 als junger Hippie mit langen Haaren und Schlaghosen mit dem Schlagzeug zu spielen begann, wollte ich das unbedingt beruflich machen. Nach ungefähr einem Jahr war mir klar, dass ich einen guten Schlagzeuglehrer brauchte. Zur damaligen Zeit zog ich mit meinem Bruder und Freunden nachts viel in den Live Clubs, Marienkäfer, Domicile, Rigan Club und der Diskothek Cadillac umher, um mir die angesagtesten Bands in der Stadt anzuschauen. Über dem Domicile in der Leopoldstraße gab es das fast Tag und Nacht geöffnete italienische Lokal Café Adria, welches in den unteren Kellerräumen mit dem Domicile verbunden war. Ich heuerte im Adria als Spüler an und verbrachte beim Kartoffelschälen meine Zeit damit, den Bands beim Soundcheck zuzuschauen. So fand ich Kontakt zu ein paar sehr guten Musikern von den Bands Head Heart and Hands, Patrick Gammon, Tax, Passport und vielen anderen. Ich lernte verschiedene sehr gute Schlagzeuger kennen, die mir Unterricht gaben. Da ich anscheinend gut Reggae und Funk Musik spielen konnte, engagierte mich eine neu zusammengestellte Reggae Cover Band mit dem Namen Del Davis' Magic, die hauptsächlich aus schwarzen Musikern bestand. Wir spielten fast jedes Wochenende freitags und samstags in dem Club Jukebox in der Feilitzschstraße in Schwabing, wo heute, glaube ich, ein McDonald's ist. In dieser Band sammelte ich wertvolle Erfahrungen, zum Beispiel, keinen Alkohol zu trinken und keine sonstigen Drogen zu nehmen, während man Musik macht. Manchmal gab es Konzerte, wo der betrunkene Keyboarder beim Spielen auf seinem Keyboard eingeschlafen ist, oder der Sänger nach der Pause nicht auf die Bühne kam, weil er in der Garderobentoilette eingeschlafen war. In den Jahren 1980 bis 1983 konnte ich mir durch viele Livekonzerte in unterschiedlichen Formationen schließlich ein gutes Praxisfundament zum Musikmachen aneignen. Trotzdem habe ich in dieser Zeit nebenbei noch eine Ausbildung als Grafikdesigner gemacht. Im dritten Jahr dieser Ausbildung arbeitete ich an meiner Vorstellungsmappe, um mich als Grafiker bewerben zu können. Diese Mappe lagerte ich immer in der Schule, wohingegen meine Mitstudenten ihre Mappe immer mit nach Hause nahmen. Als ich dann an einem der letzten Schultage in die Schule kam und mein Abschlusszertifikat entgegennehmen wollte, sah ich eine Menge Feuerwehr, die gerade fertig geworden war, einen über Nacht entstandenen Schwelbrand im Schulgebäude zu löschen. Mit meiner verkokelten Vorstellungsmappe in der Hand war mir nun klar, meine Musikerkarriere mit Vollgas voranzutreiben. Ein bekannter Keyboarder aus der Szene (nicht der, der immer eingeschlafen ist!) rief mich an, weil ein Sänger eine neue Band gründen wollte, die richtig durchstartet, und 1983 etwas Abwechslung zu dem Sound von Nena oder der angesagten Spider Murphy Gang bieten sollte. Die Zeit des 80er-Jahre New Wave war angebrochen. Unsere Band hieß Vitale (so hieß auch der Sänger) und der deutschsprachige Sound wurde als ›Powerpop mit Tiefgang‹ bezeichnet.

Wir spielten viel im Domicile und im Schwabinger Arena (heutiges Lustspielhaus) und durch den Kontakt des Sängers zu dem deutschen Schlagerstar Michael Holm, der uns irgendwie cool fand, konnten wir uns ausgiebig in dessen Demo-Tonstudio austoben, was letztendlich dazu führte, dass wir einen Vertrag bei einer großen Plattenfirma bekamen. Wir nahmen unsere Single in den damals sehr angesagten Weryton-Tonstudios in Unterföhring auf. Produziert wurden wir von dem zurzeit am meistgebuchten Studiodrummer

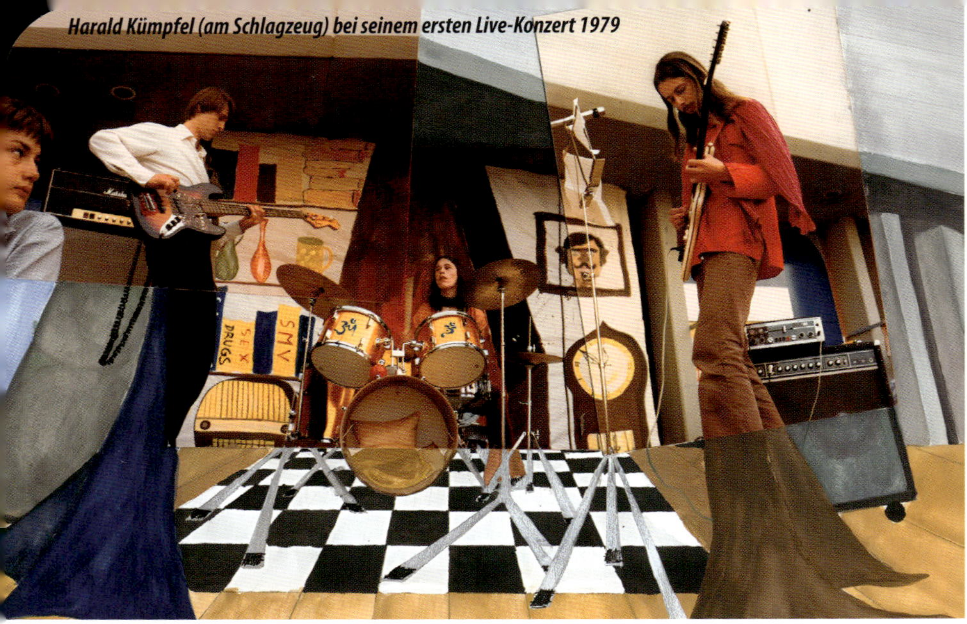

Harald Kümpfel (am Schlagzeug) bei seinem ersten Live-Konzert 1979

Deutschlands, Curt Cress, wodurch ich als junger Musiker einen super Einblick hinter die Kulissen genießen durfte. Trotz des ganzen Studioaufwands konnte ich eigentlich nur beobachten, dass die Plattenfirmen in den Tonstudios eine Menge Geld verbrannten. Für den perfekten Gesangstake wollte der Sänger unbedingt zwei Nächte lang immer und immer wieder alles neu einsingen. Irgendwann kam ein schmieriger Typ mit einem Aktenkoffer, vollgestopft mit den verschiedensten Drogen und Aufputschmitteln … für neue Inspiration. Der Toningenieur hatte an seinem riesigen Mischpult schon ab 10 Uhr vormittags immer ein genau halb gefülltes Glas mit Jack Daniel's und zwei Eiswürfeln stehen gehabt. Am Ende des Tages, oder einer Nacht, konnte ich neben seinem Platz drei bis vier leere Whiskeyflaschen zählen. Wir hatten also eine Single im Gepäck, die nicht annähernd so frisch war wie die ersten Demos, und wurden durch die Musik-TV-Shows von Thomas Gottschalk und Hape Kerkeling und »Live aus dem Alabama« geschickt.

Die Livekonzerte wurden auch immer problematischer, vor allen Dingen wurde es unsere Plattenpräsentation, da der Sänger sich immer mit dem Publikum angelegt hat, oder gegen mein Schlagzeug getreten hat, wenn er glaubte, ich würde wieder das Tempo anziehen. Bei einem Sommer Open Air Biker-Festival irgendwelcher Hells oder Munich Angels hatten wir Glück, dass wir wieder heil von der Bühne runterkamen. Wenn wir uns zum Proben trafen, haben am Ende der Probe mindestens zwei Bandmitglieder gesagt: »Ich steig aus …« Unser Gitarrist hat sogar Gelbsucht bekommen, was ihm ganz gelegen kam, da sich die Sache so von selbst erledigt hatte. Letztendlich hat sich die Band aufgelöst. 1984 konnte ich mit meinem Bruder Uli ein Studium an der Hamburger Musikhochschule im Rahmen des Modellversuchs Popularmusik (heute Pop-Kurs) absolvieren. Dort wurde ich von Gerry Brown, Udo Dahmen, Peter Weihe, Anselm Kluge u. v. a. am Instrument und in Musiktheorie ausgebildet. Nun hatte ich als Musiker gutes Handwerkszeug mitbekommen.

Zu dieser Zeit gab es in München nicht so viele studioerfahrene Drummer, denn die Drummaschine und der Atari Mega ST übernahmen klinisch die Macht in den Tonstudios. Es war also für Musiker eine extreme Herausforderung, mit der maschinellen Spielgenauigkeit mithalten zu können und trotzdem noch einen Hauch menschlichen Groove in eine Aufnahme zu bringen. Aber wir kennen ja alle das zackige Gehopse aus den späten 80er-Jahren.

Einmal hatte ich einen Studiojob in einem megagroßen Tonstudio in der Nähe von Nürnberg für eine Band, die den The Who-Klassiker »Substitute« neu beleben wollte. Dort war für gebuchte Musiker alles vorhanden. Hotelzimmer, Sauna, Schwimmbad, Kino … Als ich am Abend staunend durch die Studioräume irrte, stand plötzlich ein sehr schick gekleideter Mann vor mir. Ich erkannte ihn als Dieter Meier von Yello. Er mischte gerade eine neue Single von Yello ab, und fragte mich, ob ich mal reinhören möchte. Ich war natürlich beeindruckt, denn dieser Sound war damals gegenüber anderen computergenerierten Klängen immer einen Tick voraus. Er meinte, er könne gar nicht verstehen, warum sich Musiker abmühen, mit Drummaschinen und Computern mitspielen zu wollen. Entweder man macht alles mit Computern oder alles mit Menschen! Am nächsten Tag musste ich mich mit einer Drummaschine abmühen, um das Schlagzeug für »Substitute« aufzunehmen.

Als ich Anfang der 80er-Jahre allen möglichen Bands in den Liveclubs Domicile und Marienkäfer angehört habe, hat mir der Sound der Band TAX um den Bassisten, Sänger und Songwriter Wally Warning besonders gut gefallen. Er hatte 1983 sein Solo Album »Promises« rausgebracht, das in der Szene super ankam und sogar internationalen Erfolg versprach. 1985 wollte Wally dann eine neue Band mit noch mehr Power haben und so bin ich wieder von meinem Keyboarder-Freund angerufen worden. Da war ich schon sehr aufgeregt, dass ich jetzt mit jemandem spielen konnte, auf dessen Konzerte ich gegangen war, als ich noch nicht mal meine Stöcke richtig halten konnte. Ich hatte jetzt wirklich viel Spielerfahrung gesammelt, aber diese Wally Warning Band war für mich noch mal wie ein Brandbeschleuniger, der mein Schlagzeugspiel maßgeblich geprägt hat. Wir haben in dieser Formation viele Konzerte gespielt und auch im Münchner Umland gab es tolle Clubs, die immer bis zum Platzen gefüllt waren, wenn die Wally Warning Band angekündigt war. Im Januar 1986 konnten wir dann wieder in der BR-Sendung »Live aus dem Alabama« auftreten, was ein super Erfolg war, aber leider konnte sich das Album »Promises« dann doch nicht so durchsetzen, wie erhofft. Und so kam es, dass Wally mal wieder einen Tapetenwechsel mit seiner Band brauchte.

Die Livemusik-Szene in München war immer noch sehr lebhaft, aber ich konnte schon eine kleine Veränderung in den Clubs feststellen. Manche Bühnen wurden schon verkleinert, kleinere Soundanlagen installiert und alles wurde mehr auf Gastronomie als auf Live-Bands ausgerichtet.

Bei einem meiner Wally-Gigs in der Schwabinger Jukebox sprach mich ein Gitarrist an, der damals eine gut laufende Tanzband hatte und manchmal die Schlagersängerin Nicki begleitete. Er erzählte, dass sie gerade dabei war, in der Schlagerszene einen Hit nach dem anderen zu landen. Ich bemerkte, dass es ihm sichtlich peinlich war, mich zu fragen, ob ich Interesse hätte, mit ihm eine professionelle Backing-Band für Nicki zusammenzustellen. Da musste ich auch erst mal schlucken, aber nach etwas Bedenkzeit dachte ich mir, warum nicht auch mal in diese Szene reinschnuppern. Ich holte meinen Bruder Uli als Bassist mit ins Boot, und als Mitglieder der Tourneeband begleiteten wir Nicki von 1987 bis 1990 auf ihrer steilen Karriere. Und das war, obwohl das nicht gerade unsere Musik war, eine super Zeit, da wir sehr viele Freiheiten hatten und den Sound etwas rockiger gestalten konnten, was sehr gut ankam. So haben mein Bruder und ich im Rahmen der Show sogar ein langes Bass- und Schlagzeugsolo rausballern können und alle sind ausgeflippt. Oftmals hatten wir Doppelkonzerte auf Festivals mit der Spider Murphy Gang oder der Münchener Freiheit, mit denen wir uns auch den Backstagebereich teilen mussten. Wir waren ja eine superbrave Band, die vielleicht ab und an ein Bier oder Wein nach der Show getrunken hat, aber bei den Spiders und der Freiheit kamen regelmäßig Typen mit jeweils zwei Koffern in den Backstagebereich. Einer voll mit Geld und einer mit Koks, sonstigen Pulvern und Kräu-

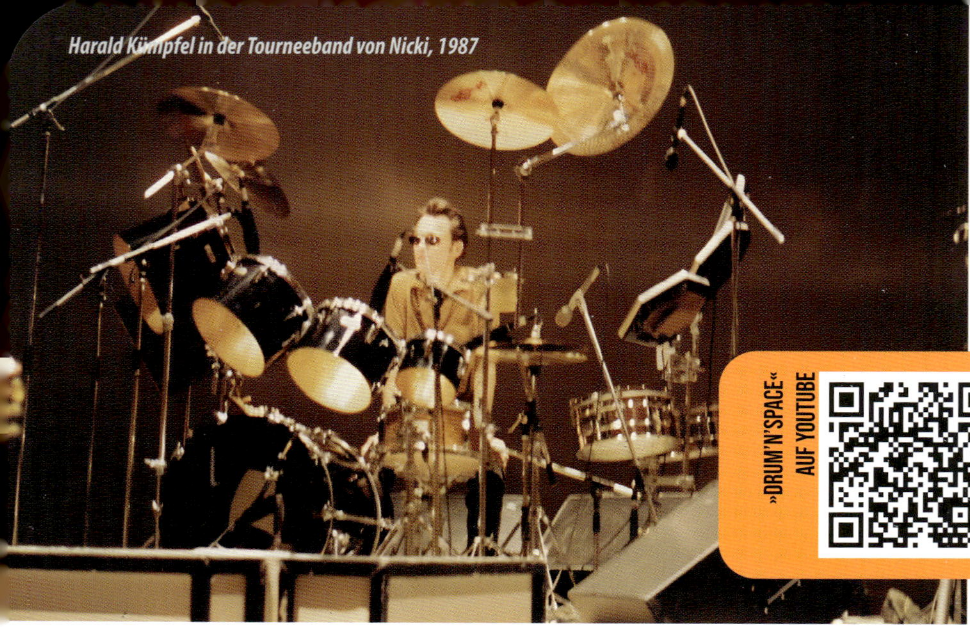

Harald Kümpfel in der Tourneeband von Nicki, 1987

»DRUM'N'SPACE« AUF YOUTUBE

tern und hartem Alkohol. Nach unserer Nicki-Zeit wurden wir noch als Tourneeband für ein paar Konzerte in die Klauen von Ralph Siegel und seiner Nicole weitergereicht. Da gab es ein Open-Air-Konzert in der ehemaligen DDR auf einer Freilichtbühne an einem sehr windigen Tag. Ungefähr in der Mitte der Show spielten wir gerade eine von Siegels opulenten Kompositionen für Nicole, die wir alle mit Unterstützung von Notenblättern vor unserer Nase zum Besten gaben. Als plötzlich ein starker Windstoß alle Notenblätter auf der ganzen Bühne verteilte, spielten alle gleichzeitig unterschiedliche Akkorde und falsche Töne, was wahrscheinlich eine Katze unter dem Tisch weggejagt hätte. Und so war es auch. Nicole drehte sich fassungslos um, während sie ebenfalls einen krass falschen Ton sang, und am äußeren Bühnenrand stand ein erst bleich und dann grün anlaufender cholerischer Ralph Siegel, dem seine wenigen Haare zu Berge standen. Nur ich versuchte am Schlagzeug meinen Rhythmus zu halten, während ich aber vor Lachen fast vom Hocker gekippt wäre. Nicole sang nun doch wieder lieber mit Playback, und die Tourneeband legten wir auf Eis, damit sich jeder mal wieder anderen Projekten widmen konnte.

Irgendwann kommt bei einem Musiker mal der Punkt, an dem man sich fragt, warum man denn immer nur die Musik der anderen spielt und nicht seine eigene. Nach den Schlagerausflügen war es Zeit für meinen Bruder und mich, mal das Hirn von der dumpfen Musik auszulüften. Also gründeten wir mit drei anderen Freunden ein kleines Label und nahmen alle erdenklichen Experimente in unserem eigenen Studio auf. 1990 brachten wir eine Konzept-Trilogie mit sehr abgefahrener Musik auf Vinyl raus. Durch diese wurden die ersten Filmregisseure auf uns aufmerksam und da wir als Söhne der berühmten Filmkritikerin Ponkie* sehr früh mit dem Medium Film und Fernsehen in Berührung gekommen waren, fanden wir schnell Zugang in die Welt der Filmmusikkomposition. 1993 entstand neben dieser Arbeit mein eigenes schlagzeugfokusiertes Projekt »Drum'n'Space«. Nun war ich der Bandleader und aktivierte meinen Bruder und alte Weggefährten aus Vitale-Zeiten. Wir spielten super Konzerte im Feierwerk in der Hansastraße und im legendären Münchner Theatron.

Mitte der 90er-Jahre waren die tollen Live Clubs längst verschwunden, oder zu Partyclubs

* Ponkie (Ilse Kümpfel-Schliekmann; 1926-2021) schrieb regelmäßig spitzzüngige Filmkritiken für die Abenzeitung, galt als bekannteste Filmkritikerin Deutschlands.

mit DJs, oder ganz in Gastro-Lokale umgewandelt worden. Live Musik gab es nur noch im Nachtclub des Bayerischen Hofs, wo ich noch ab und an mit Wally spielte. Aber es war einfach nicht mehr so spannend, wenn auf der Tanzfläche ein paar besoffene Hotelgäste herumtorkelten, die zur Bühne hochgrölten: »Hey, könnt ihr nicht ›Sexy Motherfucker‹ von Prince spielen?«

Neben all meinen Aktivitäten habe ich seit 1985 auch immer regelmäßig als Workshopleiter an einer damals sehr angesagten E-Gitarren-Schule mit amerikanischem Konzept unterrichtet. Die praxisorientierten Workshops für die angehenden Gitarristen fanden immer in verschiedenen Studios und Proberäumen in München statt. 1996 waren wir mit den Workshops in einem großen, gut ausgerüstetem Tonstudio in Freimann. Bei einer Unterrichtssession kam eines Tages der Studiobesitzer mit einem Kumpel zu uns und fragte, ob wir mit ihm einen Song aufnehmen könnten, weil er keine Musiker kannte. Der Song sollte eine Parodie auf »Help« von den Beatles sein. Der Kumpel stellte sich als Bully vor und seine Version sollte heißen: »Gelb, ist meine Farbe. Gelb …« So begann meine Zusammenarbeit mit Michael Bully Herbig, der für seine erste kleine Radioshow (»Bully's Late Light Show«) am Freitagabend auf Radio Energy auch eine Live Band im ca. 8 qm großen Senderaum haben wollte. Nach vielen Pilotsendungen entstand 1997 dann die »Bullyparade«, die bis 2002 in sechs Staffeln auf Pro7 ausgestrahlt wurde.

Für die Liveszene heute muss man leider ein Armutszeugnis ausstellen. Gefühlt scheint es ja wieder unglaublich viele Konzertangebote zu geben. Das stimmt, aber das sind meistens die alten Hasen oder Rock- und Pop-Dinosaurier, die Hallen und Stadien füllen, und mit Eintrittspreisen, mit denen man sich fast schon ein gebrauchtes Auto kaufen kann, noch mal richtig absahnen möchten, bevor sie ins Gras beißen. Das Zauberwort heißt hierbei ›Merchandising‹!

Eine große Frage für mich,ist auch: Welches Medium ist in Zukunft sinnlich genug, um seine Musik in die Welt zu tragen? Vinyl war in dieser Hinsicht ungeschlagen und ist auch wieder sehr angesagt, aber sehr kostspielig. Auf die CD konnte man sich einlassen, aber eigentlich war diese dämliche Plastikscheibe mit den immer brechenden Hardcovers und Inlets mit mikroskopisch klein geschriebenen Kredits und Lebensweisheiten so ungeil, dass man es meistens nicht geschafft hat, eine CD bis zum Titel Nr. 13 oder 14 durchzuhören. Die Audiodatei ist Segen und Fluch zugleich. Sehr praktisch beim Musikproduzieren, -verarbeiten und -verschicken. Aber kein Gegenstand, der mit einem mitaltert und abgenutzt wird, eigentlich immer gleich kalt. Und natürlich ein perfektes Medium, um eine rücksichtslose Geschäftsidee in Form eines Großunternehmens wie Spotify an den Start zu bringen. Alle verstehen, dass es da hinter den Kulissen für kleinere Künstler irgendwie nicht ganz gerecht zugeht, aber alle benutzen es. Für mittelgroß bekannte Bands ist es verdammt schwierig geworden, in der Bahn zu bleiben, ohne sein Leben mit Nebenjobs zu finanzieren. Die Gagen in den Gastro-Clubs mit Briefmarkenbühne und bestenfalls Mini-HiFi-Wohnzimmerbeschallung sind abartig in den Keller gerutscht. Oft ist der Deal »Ihr könnt ja dann noch den Hut rumgehen lassen« oder »Ihr könnt ganz auf Hut spielen, und dann habt ihr eine super Werbung für euer Facebook-Profil«! Leider gibt es viele junge Musiker, die das mit sich machen lassen. Ich weiß, wie sich das anfühlt. Man möchte ja gerne auf die Bühne und sich ausprobieren und vorwärtskommen. Aber auch wenn man gerade anfängt, seine Karriere zu meistern, sollte man doch immer wertgeschätzt werden für das, was man tut. Das ist jedenfalls der Grund für mich gewesen, in dem Bereich meine Liveaktivitäten einzustellen. Ich könnte wahrscheinlich auch bei irgendwelchen alten Hasen anheuern, so wie es ein paar meiner Mitstreiter gemacht haben, die mit Haindling, Howard Carpendale oder Gianna Nannini unterwegs sind. Aber ehrlich gesagt ist mir das mit 60 einfach zu albern, noch mal für eine Musik den Zappelmann zu machen, die mich einfach nicht vom Hocker haut.

Schlager in München

Petra Perle • Schlagersängerin, Komödiantin, Wirtin Valentinsmuseum

Soweit ich mich noch erinnern kann, ging die neue Schlagerbewegung damals los mit Ullos Tanzpalast im Domicile in der Leopoldstraße, neben der Pizzeria Adria. Die beliebten Schlagerabende mit den Hits unserer Kindheit: um Spaß zu haben, mal wieder Schlaghosen zu tragen und viele, bunte Hemden und um laut mitzusingen … und der Alkohol floss in Strömen.
Meine Idee war es allerdings, einen WIRKLICH alternativen Grand Prix für Schlagerautoren + Interpreten ins Leben zu rufen, denn die deutsche Vorentscheidung für den ESC war um 1990 herum schon unerträglich und zeichnete ein sehr belangloses Bild. Schnell war ein illustrer Haufen echter Schlagerfreunde gefunden, welche die Idee mittrugen. Selbstverständlich gaben WIR nur den neuen Schlagern mit einer herrlichen Dosis Ironie und Spaß an der Freude eine Chance – aber immer aus einem liebevollen Blickwinkel.
Der WAHRE GRAND PRIX fand dann fünf Jahre (immer nur ein Mal jährlich) in München statt. Wunderbare Titel wie: »Ich bekomme ein Baby«, »Ich bin verrückt«, »Wenn Gummistiefel träumen«, »Schnuckiputzimausi«, »Tornado der Liebe«, »Odyseuss«, »Wahnsinn«, »Mach die Tür zu, Baby!« u. v. m. Nicht zu vergessen die hervorragenden Interpreten wie Johnny Gold aus Amberg, Viktor Bergmann (Dieter Landuris), Generation 2000 (mit Thomas Hermanns), Elmar Natsch, Hilde Gard (Constanze Lindner), Vulkano, Bully und die Schlauen (Michael Bully Herbig), Trixi Tralala und viele mehr bereicherten diese kultigen Musikabende. Schon nach der ersten Veranstaltung kam ein kleines Musiklabel aus Icking mit an Bord und der Filmhochschule-Film »Flucht nach Schlagerland« entstand. Es wurden im Lauf der Jahre einige Alben und Singles auf CD veröffentlicht.
Der fünfte Wahre Grand Prix wurde sogar vom ZDF in voller Länge übertragen … Die Gewinner dieses letzten Wahren Grand Prix Cliff & Rexonah kamen danach auch noch in der damaligen ZDF-Hitparade auf Platz 1 mit ihrem Song »Ich fand das ganz große Glück mit dir im Zug nach Osnabrück«.
Zwischen den großen Events gab es von 1993 bis 1999 wöchentlich Schlagerveranstaltungen mit Rex (Thomas Nowak) & Petra (Perle) als Gastgeber im 7. Schlagerhimmel, und immer einem Stargast. Es gab neue Talente zu entdecken (das waren im Laufe der vielen Veranstaltungen Hunderte von potenziellen Schlagersängern!), Wettbewerbe (z. B. Roy Black-Ähnlichkeitswettbewerb), Schlagerquiz, Schlager-DJs, Modeschauen und einmal sogar eine recht lustige Radeltour zum Starnberger See … was für ein Spaß! Jahrelang kamen jeden Montag bis zu 1800 Besucher in die Veranstaltungen! Besonders beliebt war der singende Kinderarzt Christian Du Val. Wenn er seine selbst geschriebenen Lieder anstimmte, wie zum Beispiel »Ein Engel in Weiß«, dann leuchteten die Augen der anwesenden Krankenschwestern, die ihn immer in großer Zahl begleiteten.
Auch Rex & Petra waren gern gesehene Gäste in unzähligen TV-Shows: Zappenduster, 3 nach Neun, Riverboat, Biolek, Brisant und fast alle bekannten Talkshows und bei unzähligen Schlagersendungen, in denen Rex mit seinem fast lexikalischen Schlager- und Fußballwissen brillierte! Und das alles noch vor Google + Internet!
Auch kleinere Touren durch die Schweiz und Deutschland waren mit einigen der alternativen Schlagersänger möglich. Der Schlager brachte mich sogar, zusammen mit dem Schweizer Fernsehen, bis nach Dubai, wo ich im sengend heißen Wüstensand den Schlager »Heißer Sand« trällern musste. Doch man soll ja bekanntlich aufhören, wenn's am Schönsten ist!

Rückblickend wären fast alle Beiträge des WAHREN GRAND PRIX (ca. 50 Nummern) auch heute noch hörenswerter und spannender als die jetzige Vorentscheidung des deutschen ESC … Tja, manche Sachen ändern sich eben nicht!

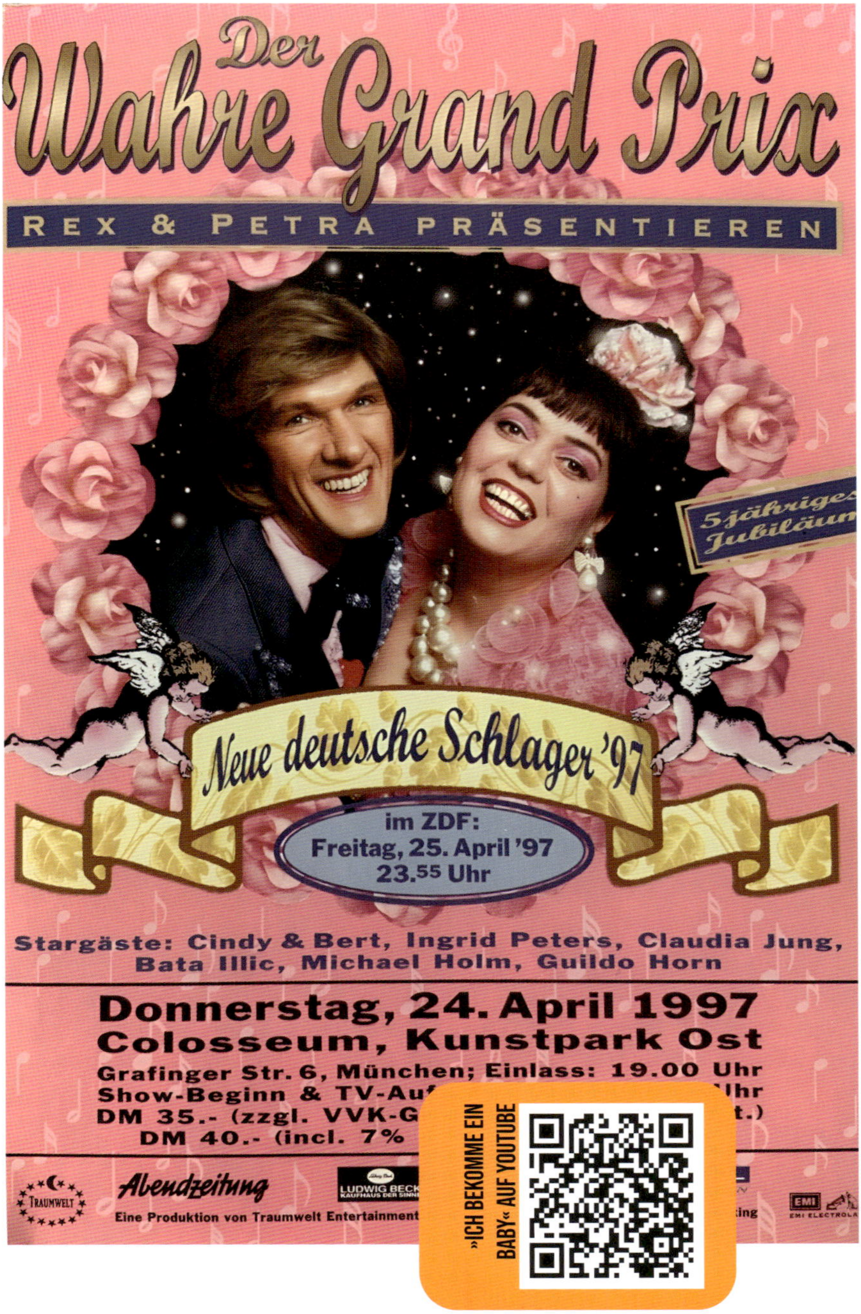

»ICH BEKOMME EIN BABY« AUF YOUTUBE

Die Mozarts des Munich Sound

Eckhard Schmidt • Regisseur, Autor und Fotograf

Mich interessierten Filme nie, die irgendeine Realität ›authentisch‹ abbildeten. Mich interessierte auch das sogenannte authentische Gitarrengerupfe nie. Auch das Klaviergeklimpere nicht oder das hölzerne Drummgestottere nicht. Mich interessierten immer nur Musiker, deren Instrument das Studio war.
Das war in ferner Vergangenheit vielleicht noch anders. Ich kam aus Ulm – in den 50ern dank der Hochschule für Gestaltung (die später von Kluge und Reitz gründlich ruiniert wurde) die Weltstadt der Innovation. Gruppen wie das Modern Jazz Quartet performten in Ulm. Uns allen ging es nie um das sogenannte Authentische, uns ging es um Konzepte. Und als ich nach München kam – wo ich nach ihren Konzerten Ella Fitzgerald, Oscar Peterson und Louis Armstrong kennenlernte – wurden Michael Kunze, Sylvester Levay und Ralph Siegel meine Freunde. Auch ihnen war das Authentische in der Musik egal. Sie kreierten mit den neuen Optionen im Studio eine artifizielle Musikwelt.
Ich war bei der Geburt von Silver Convention und ihrem Hit »Fly, Robin, Fly« dabei, einem Konzept-Projekt mit Synthesizer-Strings, manipulierten Stimmen und Konzept-Stil in PR und Performance. Auch Ralph Siegel kreierte total im Studio Dschinghis Khan. Mich – auf Konzept-Kunst in Ulm trainiert – überraschte der gigantische internationale Erfolg nicht, denn es war Zeit, die Musik endlich aus dem trostlosen Gerupfe und Geklimpere in eine neue Kunst-Welt zu entwickeln.

Eines Tages lernte ich einen jungen Musiker aus Südtirol kennen, der mit »Son of My Father« einen kleinen Hit gelandet hatte. Auch er hielt nichts vom altbackenen Authentischen, er träumte von den neuen Studiotechniken und von einer Musik der neuen Soundwelt: Giorgio Moroder. Ich brachte ihn mit Blacky Fuchsberger zusammen und wir integrierten ihn in unsere Samstagabend-Show »Auf los geht's los«, wo Giorgio vor zehn Millionen Zuschauern seinen Song zum Besten gab – und die Karriere des Giorgio Moroder begann. Und wir blieben Freunde über Jahrzehnte von München bis Los Angeles, wo wir so manchen schönen Geburtstag zusammen feierten.
Mitte der 60er-Jahre suchte ich Musik für meinen Film »Jet Generation«, der – wie die neue Konzept-Musik – nichts Authentisches an sich hatte, sondern Konzept total war, was mir damals die übelsten Verrisse einbrachte.
Ein Musiker namens Dafydd Llewelyn schleppte eine kleine Rock-Gruppe namens The Joint an und während wir im Domicile probten, war ich verzweifelt. Die Londoner malträtierten ihre Instrumente und ich wollte eine abgehobene, artifizielle Musik, wie sie sich später in Pink Floyds »See Emily Play« offenbarte.
Ich kannte den Tontechniker, der mit Karajan gearbeitet hatte und ich ging mit The Joint in das mit den modernsten Möglichkeiten ausgestattete Studio. The Joint spielte ihr trostloses Ding und ich manipulierte mit dem Tontechniker ihre Musik zu einem neuen Sound. Als sie nach der Session abhören wollten, was wir aufgenommen hatten, erkannten sie ihre Musik nicht wieder – ich hatte sie in einen innovativen Sound verwandelt. Sie erkannten ihre Musik nicht wieder, aber sie waren fasziniert von ›ihrer‹ neuen Musik – und aus The Joint wurde kurz darauf Supertramp*.

Mit dem philosophischen Überbau der neuen Konzept-Musik wurde ich dann Ende der 70er-Jahre konfrontiert. Ich gab eine Kultur-Zeitschrift namens S!A!U! heraus. Und meine neuen Freunde waren David Byrne von den Talking Heads, John Foxx von Ultravox und Devo. Sie alle kamen von den besten Art Schools der Welt. Keiner von ihnen rupfte irgendein Instrument. Ihre Musik reichte in eine Zukunft, die heute immer noch Zukunft ist. Hätte Mozart in den 60ern und 70ern gelebt, hätte er für das Studio komponiert – und den Rest in die Tonne geklopft. Und München wäre seine Stadt gewesen …

*Anm. d. Verlags: Die Geschichte von Supertramp ist nach den meisten Quellen eine andere: Die Gruppe Daddy sollte 1969 ein Konzert im PN hithouse in der Leopoldstraße spielen. Weil die Musiker nicht genug Material hatten, um einen ganzen Abend zu bestreiten (sie konnten nur vier Titel), sperrte Club-Chef Peter Naumann die Jungs einen Nachmittag lang ein, damit sie neue Songs einüben konnten. Mit in die Klausur ging der Filmemacher Haro Senft, der munter die Kamera laufen ließ. Das Konzert wurde ein Erfolg, nur wenig später nannten sich die Daddys um, um Verwechslungen mit der Gruppe Daddy Longlegs zu vermeiden – in Supertramp. Haro Senft veröffentlichte sein »Supertramp Portrait 1970«, die erste Filmdoku über die später legendäre Gruppe. Supertramp steuerte dann den Soundtrack zu Haro Senfts 1971 veröffentlichten Film »Fegefeuer« bei. Joint hieß eine berüchtigte Kneipe in Schwabing.

SUPERTRAMP IM PN HITHOUSE AUF YOUTUBE

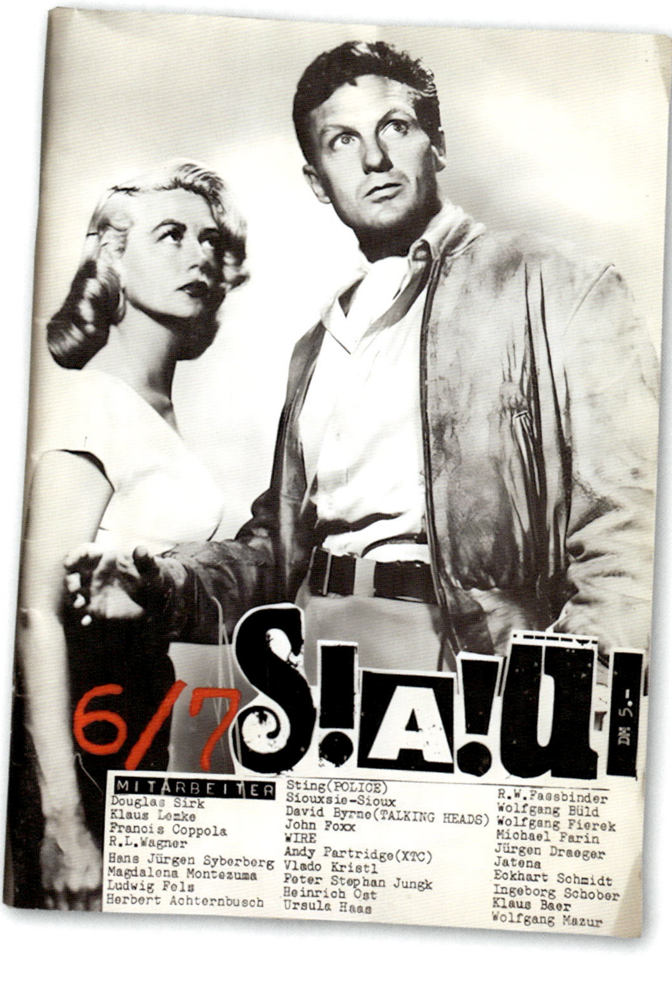

Alle Profis schätzten diese Stadt

Florian Anwander • Tontechniker, Redakteur, Synthesizer-Spezialist

Was ist der Sound einer Stadt? Was für einen Bezug habe ich dazu? Kann ich die zwei Fragen zusammen beantworten? Ich kann das eine nicht vom anderen trennen. Ich bin für ein paar Tage hier in Nizza. Im fünften Stock über der Stadt, Fenster sind offen über die Dächer in den Hinterhof hinaus. Was ist der Sound dieser Stadt?
Man hört:

- Menschengebrabbel in vermutlich 27 Sprachen.
- Die Straßenbahn, die vorm Haus vorbeifährt. Laut läutend, da sich zwar die Niçois nach 50 Jahren ohne Tram wieder dran gewöhnt haben, aber die Touristen immer zu trunken oder Selfie-versunken sind.
- Die künstliche Kaskade tost oben am Burgberg. Aberwitz! So einen monströsen künstlichen Wasserfall von der Spitze eines Berges mitten in der Stadt hätte sich nicht mal der Pop-König Ludwig Zwo getraut. Man hört sie über der halben Stadt.
- Die Lüftung der schwarzlichtgeschwängerten Disco im Nebenhaus. Und natürlich Cure, Depeche Mode, Front242; aber nur, wenn die freundlichen, schwarz gewandeten Gäste zum Rauchen vor die Tür kommen. Übrigens anders als in München Gäste jeden Alters (bei manchen hat man den Verdacht, dass selbst ihre Eltern nicht legalerweise in die Disco gedurft hätten, als die Cure-Songs neu waren).

Das ist also mein Sound-de-Nice für ein paar Tage. Was aber ist der Munich Sound für mich?

Ich bin in München geboren. Neunzehnhundertneunundfünfzig. Die ersten vier Jahre in der Gabelsbergerstraße hatten sicher auch ihren Sound für mich. Aber daran erinnere ich mich nicht.
Mein Sound of Munich beginnt Karlstraße Ecke Barer Straße. Damals ein wichtiger Knotenpunkt der Straßenbahn. Obgleich die Gleise sicher 80 Meter entfernt waren, hörte ich die Linie 6 oder 8 geradeaus über die vier Weichen fahren, oder die Linie 4 um die Kurven ächzen von der Karl in die Barer und dann gleich wieder in die ›Bernheimer Klamm‹ (hat die Straße eigentlich einen Namen? Ich schau auf Google-Maps: nein, zumindest dort hat sie keinen). M-Wagen konnte ich am Sound von P-Wagen unterscheiden. Straßenbahn ist mir ein Munich Sound.
Ende September konnte es sein, dass bei Föhn das Gejohle auf den Achterbahnen und Karussellen des Oktoberfests zu uns herübergetragen wurde. Sehnsuchtsklänge für den Siebenjährigen. Munich Sound.
Hinter der Haltestelle Ottostraße vom Stachus kommend ging es damals links zum Parkcafé. Meine Eltern gingen manchmal ins Parkcafé »zum Tanzen«. Die Großeltern passten an diesen Abenden auf uns auf, und meine Eltern kamen spät nachts glucksend und kichernd nach Hause. Elternglucksen-nach-Abend-im-Parkcafé ist Munich Sound.
Von der Haltestelle nach rechts waren es 30 Meter zum Reginahotel, in dessen Keller (da wo heute die Rote Sonne ist) sich das Why Not verbarg. Wusste ich nicht – na ja, mit sieben Jahren. Viele Jahre später sollte ich mit dem Geschäftsführer des Why Not in einer Band ungelenken New Wave spielen. Als Proberaum diente die Tanzfläche. Munich Sound.

FastForward ins Jahr 1976. Andi Schuhmann (sechzehneinhalb Jahre, Gitarrist der Schülerband, in der ich spielte) und mir war klar, dass wir mal Profimusiker werden. Wir stan-

den auf Genesis, Gentle Giant und King Crimson (Letztere er mehr, ich nicht so), und wir gedachten mit ähnlich großartiger Musik erfolgreich zu werden. Wir beschlossen zunächst ganz folgerichtig, dass wir die richtigen Leute kennenlernen mussten, und das tat man in einem Studio. Also suchte ich aus dem Branchentelefonbuch ein Tonstudio heraus, das an einer Buslinie lag (was für uns beide zwingende Notwendigkeit war). Dort sind wir nach der Schule hingefahren. Wir trauten uns rein und trugen der Empfangsdame (ja, damals hatte ein Studio eine Empfangsdame) unser Ansinnen vor, dass wir »gerne mal zukucken würden«. Die Empfangsdame ging dann in die eigentlichen Studios, um nachzufragen (bei dieser Gelegenheit habe ich das erste Mal in meinem Leben eine Frau mit feuerroten, kurzen (!) Haaren in engen schwarzen Lederhosen mit High-Heels und weißer, halb offener Seidenbluse mit schwarzer Spitzenwäsche drunter gesehen. Das hat mich für viele der folgenden Nächte »emotional« sehr beschäftigt, aber mich gleichzeitig darin bestärkt, dass die Tonstudiobranche ein guter Ort für mich sei … ich schweife ab). Jedenfalls ging die Empfangsdame in die Regie, fragte nach, kam mit einem in meiner Erinnerung wuschelköpfigen Typ zurück, und der meinte dann, dass wir für eine Stunde reinkommen könnten, und dass wir keinen Mucks machen sollten.
Wir gingen in das Studio rein (Kinnlade runterklapp …), setzten uns auf ein Sofa im hinteren Bereich des Raums, der Wuschelkopf und einer, der offensichtlich der Toningenieur war, setzten sich wieder ans Mischpult. Man konnte durch ein Fenster in den Aufnahmeraum sehen, und da saß ein Schlagzeuger vor einem Minimalschlagzeug: Bassdrum, Snare, Hi-Hat. Das Band wurde gestartet, eine schrecklich öde Bassfigur lief, und der Schlagzeuger begann noch dumpfer dazuzuspielen: Bumm, Zack, Bumm, Zack, Bumm, Zack … endlos, ständig das Gleiche, manchmal wurde die Aufnahme angehalten, weil angeblich was nicht »teit« war (der Wuschelkopf unterhielt sich mit dem Schlagzeuger auf Englisch. Ich hab das Wort dann später im Langenscheidt-Wörterbuch nachgesehen, aber die Übersetzung hatte dann wieder mehr mit der Lederhose der Empfangsdame zu tun). Das ging jedenfalls für mein Gefühl stundenlang so. Wir waren fassungslos. Wir wussten, dass das Studio 1000 Mark pro Tag zu mieten kostete, und dann nahmen die da Bummzack auf. Völlig verwirrt bedankten wir uns bei den Leuten und verschwanden wieder bedröppelt (die Empfangsdame war leider grade nicht da, als wir gingen), im Bus gestanden wir uns unser Entsetzen, und sprachen dann darüber, dass wir unser Ziel irgendwie anders erreichen mussten.
Es dauerte ungefähr weitere 20 Jahre, bis ich ein Bild des Schlagzeugers zusammen mit dem Wuschelkopftypen im damals noch recht jungen Web fand. Drunter stand: »left: Keith Forsey, right: Giorgio Moroder«. Vermutlich war der Toningenieur Jürgen Koppers und wir hatten wohl den Aufnahmen der Backingtracks für Donna Summers beigewohnt. Unwissend bei einer Sternstunde des Munich Sound.

Weiterspulen ins Jahr 1981. Genesis, Gentle Giant hatten bei mir ausgedient. Human League und Gary Numan hießen jetzt meine Vorbilder. Der Freund eines Freundes brauchte einen Keyboarder für seine Band Zero Zero. Und plötzlich war ich nicht mehr in irgendeiner Schülerband, sondern spielte bei einer Band mit richtigen Plattenveröffentlichungen und richtigen Auftritten mit. Bevor sich die Band in Unwohlgefallen auflöste (Jens erzählt bestimmt davon), gab es tatsächlich einige Auftritte. Meist in München, aber einer auch in Nürnberg oder Regensburg – ich weiß nicht mehr wo. In dieser anderen Stadt lernte ich vor dem Auftritt ein paar Leute in einem Café kennen: »Ach, toll, in einer Band spielst du. Woher kommt ihr?« – »Ach so, München. Nee, sorry, aber Munich Sound ist nicht so unser Ding.« Was hatte ich falsch gemacht? Ich sollte es an diesem Abend nicht erfahren. Erst viel später wurde mir klar, dass die Verknüpfung des Namens meiner Stadt mit dem Streichorchester-beladenen Discosound nicht gerade förderlich war für die restliche Musik aus dieser Stadt. Danke, Munich Sound.

Bald nach dieser Episode verschlug mich das Leben tatsächlich für zehn Jahre in die Tonstudios dieser Stadt. Avantgarde-Jazz, Schokoriegel-Reklame, Fernsehserien, Schlagerklassiker, Filmmusik-Welthits. Ich hatte mit vielen Menschen aus dem Musikproduktions-Umfeld zu tun. Alle Profis schätzten diese Stadt. Aber ich habe den Eindruck, niemand wollte zu dieser Zeit in der Öffentlichkeit mit der Herkunft der Musik Reklame machen. Die Rehabilitation meiner Stadt kam wenige Jahre später von zwei Franzosen: Guy-Manuel de Homem-Christo und Thomas Bangalter, besser bekannt als Daft Punk, gaben sich als Fans des Munich Sound zu erkennen. Danke, Frankreich!

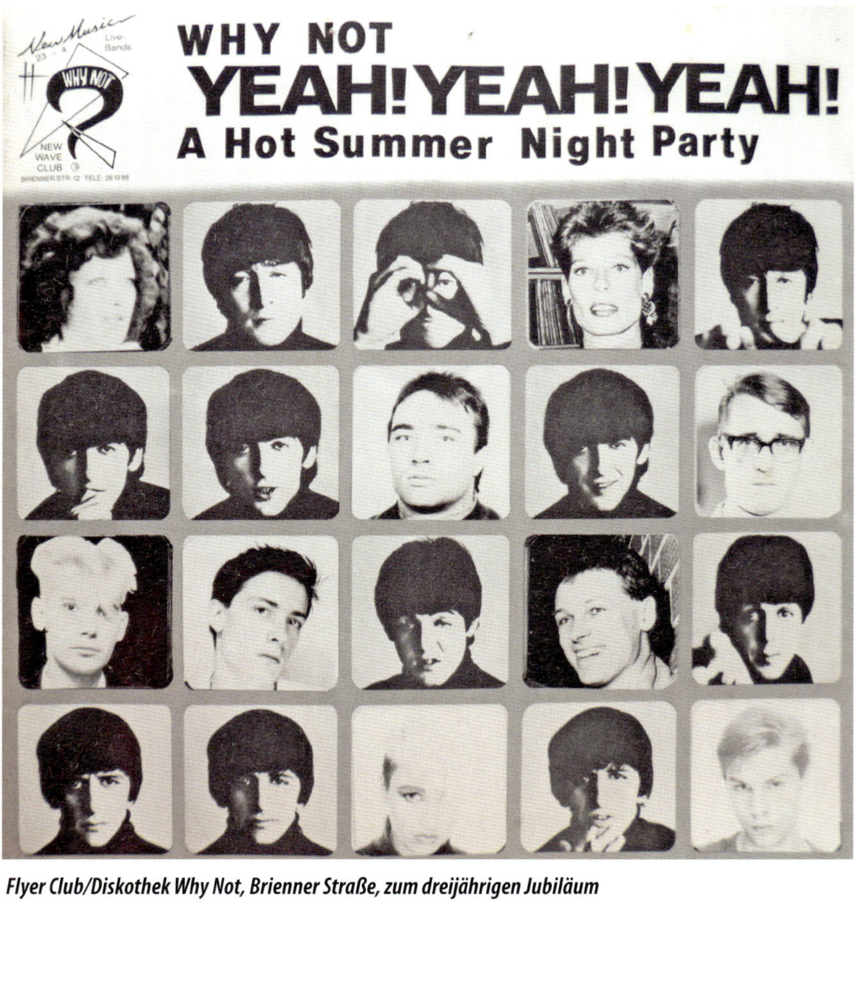

Flyer Club/Diskothek Why Not, Brienner Straße, zum dreijährigen Jubiläum

Nonchalante Weltoffenheit

Martin Arz • Künstler, Autor, Verleger

Munich Sound bedeutet für mich zu allererst: Freitagabend »Die Schlager der Woche« auf Bayern 3, ich als pickeliger Teenager mit zittrigen Fingern am Kassettenrekorder und dann kamen solche Skandalhits wie »I Feel Love« von Donna Summer oder »Queen of Chinatown« von Amanda Lear – schnell die rote und die Play-Taste gemeinsam drücken und aufnehmen und wehe, der Moderator quatschte rein. Wenn dann die Stars in der Sendung »Disco« auftraten, wurden immer die Autogrammadressen eingeblendet, fast immer Münchner Adressen. Dass das nur die Adressen der Agenturen waren, war uns damals nicht wirklich klar. Abends wurde dann »Pop nach 8« mit Thomas Gottschalk und manchmal als Ersatz Fritz Egner gehört. Und dann natürlich Electric Light Orchestra (ELO), die ich damals liebte – auch made in Munich! Nicht zu vergessen der skandalöse psychodelische Afri-Cola-Spot (in dem auch Donna Summer, Amanda Lear und Marianne Faithfull mitspielten)! Klar war, dass fast alle großen Stars und die geilste Mucke aus München kamen! Und auch heute noch war und ist der Begriff Munich Sound für mich das Schlagwort für die klassische Discomusik der 70er und frühen 80er, die dann in Eurodance überging. Wummernde Bässe, ölige Streicher und hemmungslose Synthesizer. Es ist müßig darüber zu theoretisieren, ob und wie sich die Tanz-Disco-Musik ohne München entwickelt hätte, denn es gab ja den wegweisenden Munich Sound, ohne den es wohl weder Hi-NRG noch Techno noch andere Formen der elektronischen Dance-Music gegeben hätte. Erstaunlicherweise und mit Kopfschütteln muss ich bis heute immer wieder feststellen, dass kaum jemand in dieser Stadt den Begriff kannte/kennt und viele heute noch große Augen kriegen, so als wäre München nie in riesigen Lettern auf der Weltkarte der Musik gestanden. Dabei war es DIE Musikstadt der Welt überhaupt in den späten 70ern. Bei meiner Stadtteilführung durch das Glockenbachviertel, wenn ich u. a. zeige, wo Freddie Mercury gewohnt hat, erkläre ich auch immer den Begriff Munich Sound und spiele etwas von Donna Summer vor. Breites Erstaunen. Ach so, das! Ja, Donna Summer kennen sie dann doch alle. Sofern sie über 30 sind. Wobei auch die Youngsters zwar nichts mit dem Namen anfangen können, aber immerhin das Lied kennen.

DER AFRI-COLA-SPOT AUF YOUTUBE

Einen persönlichen Bezug hatte ich dann lange nicht zum Munich Sound. Als ich 1983 nach München kam, hatte mich längst Nina Hagen auf die spannende Seite der Musik gezogen, ich war (softer) Waver, liebte NDW (echte, nicht so Schlagergedöns wie Nena) sowie die sogenannte Weltmusik, später auch Techno und Hi-NRG, und die Stars des Munich Sound haben mich nicht mehr groß interessiert. Dass Freddie Mercury hier lebte, quasi mit mir, war mir damals (leider) ziemlich wurscht. Meine Queen-Phase war bereits vorbei. In irgendeiner Schwabinger Disco (es war, glaube ich, einer der Nachfolge-Clubs in der Location des ehemaligen Big Apple) ist mir damals Farin Urlaub böse auf den Fuß gestiegen, ohne sich zu entschuldigen. Die Ärzte fand ich aber schon vorher voll doof, Kinder-Pseudo-Punk. Schwabing hat uns eh nicht angezogen. Wir sind ab und an ins Cadillac in der Theklastraße, da wurden Funk und Soul gespielt und schwarze GIs stellten das Hauptpublikum, ansonsten meist ins Tanzlokal Größenwahn, ins Far Out, der Bhagwan-Disco am Kosttor, und irgendwann bin ich nur noch in die Schwulenclubs: New York, Al-

Martin Arz, 1990

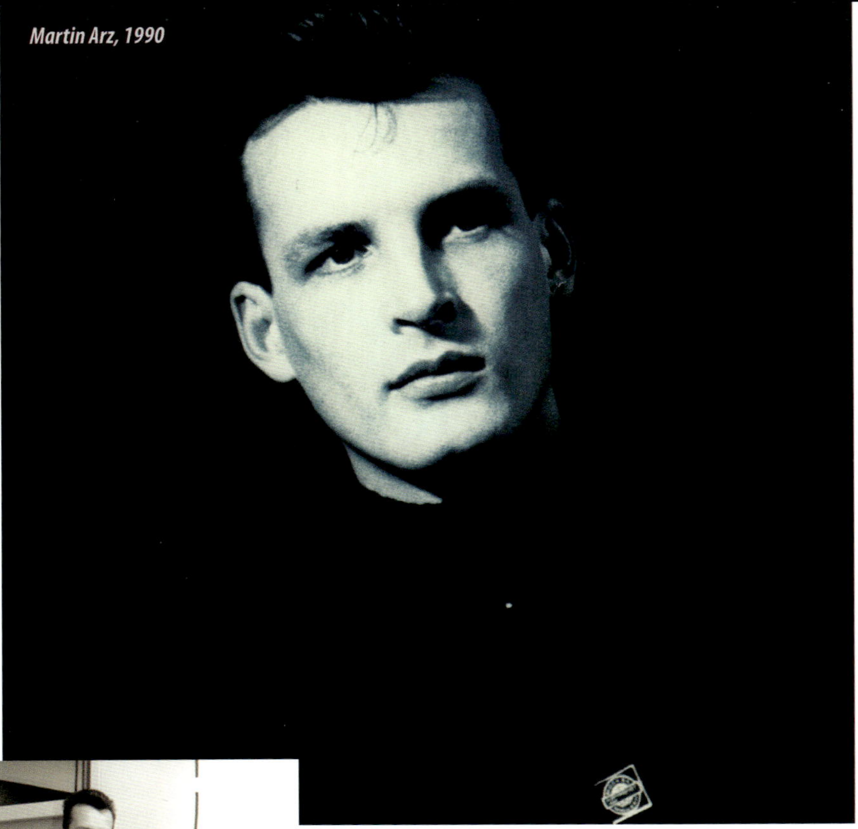

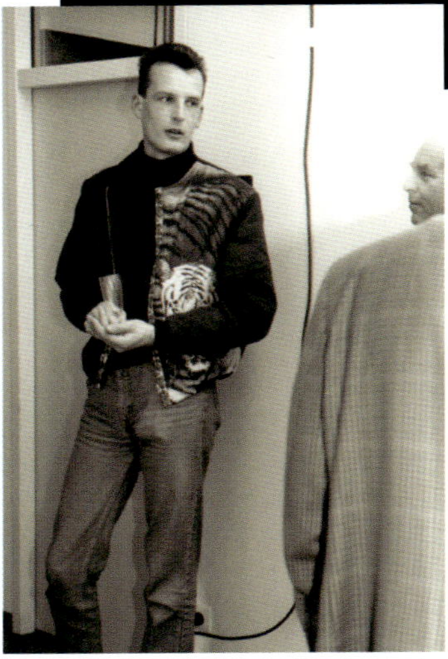

Martin Arz bei seiner ersten Vernissage in München, 1989

catraz, MPire, Together, Soul City und Mrs Hendersen, wobei in Letzterem die allerschlimmste Musik gespielt wurde (wie Ohrkrebsverursacher Modern Talking!), jedoch immer gute und lockere Stimmung war – anders als im supercoolen New York, wo zwar die geilste Musik aufgelegt wurde, jedoch die ganzen hübschen Kerle in ihrer narzistischen Selbstverliebtheit einen nicht mal mit dem Arsch angeschaut haben. München war, und auch das wissen leider nur noch wenige, in den 70ern und 80ern DIE deutsche Gay-Metropole, bis leider HIV kam, was Kreisverwaltungsreferent Peter Gauweiler zum Anlass nahm, die Szene (fast) zu zerstören und der dafür sorgte, dass durch den massenhaften Exodus vieler seitdem Köln und Berlin plötzlich als Gay-Metropolen gelten.

Ach ja, Musik und Tanzen und Leben: Nur ein einziges Mal in meinem Leben war ich im P1, hat mir dann auch gereicht. Natürlich las ich damals die Elaste und den Wiener (gelegentlich The Face), die Leitmedien für den modernen Großstadtmenschen. In einem der Blätter war ein großes Feature über einen sexy Typen namens Don Juan, der als der neue Popstar gehypt wurde – es war das erste Mal, dass ich Jens Poenitsch sah.

»TELEPHONE ARAB« AUF YOUTUBE

Dass eine meiner Lieblingsbands jener Zeit, die Dissidenten, auch ihre Wurzeln in München hatten, war mir damals nicht bekannt. Cosmic, also Weltmusik, war ein Musikding, das den Rest Deutschlands nie wirklich erreichte. Die Dissidenten hatten sich von der Münchner Weltmusikband Embryo abgespaltet und machten coole Dance-Hits mit arabischen und indischen Klängen (»Telephone Arab« spielte man selbst in den Discos meiner Heimatstadt Würzburg rauf und runter). Übrigens typisch München, diese nonchalante Weltoffenheit, die anderswo nur Lippenbekenntnis ist. Eh so ein München-Phänomen, dass hier auf das Dauer-Gebashe aus ganz Deutschland, vor allem aus Berlin, null reagiert wird. Während an Spree, Elbe und Rhein hysterische Hennen auf Speed bei jedem noch so kleinen Ei laut gackernd um internationale Anerkennung buhlen, liegt an der Isar eben ein schillernder, extrem gechillter Pracht-Gockel, der nur gelegentlich mal kräht und ansonsten von allen Hühnern um seine Position wutschnaubend beneidet wird.
Weil ich in den 80ern als Kabelhelfer beim BR arbeitete, war ich bei vielen Aufzeichnungen der Kultsendung (wie man heute sagen würde) »Live aus dem Alabama« und später »Live aus dem Schlachthof« dabei. Dort wurde ich dann nicht nur Zeuge der ersten Moderations-Gehversuche von Giovanni di Lorenzo, Günther Jauch, Sandra Maischberger, Barbara Stöckl oder Eisi Gulp, dort gaben auch viele Stars Konzerte – und ich kann mich leider an so gut wie keines mehr erinnern (dank Wikipedia weiß ich nun, dass ich da u. a. Trio, Eros Ramazzotti, Erste Allgemeine Verunsicherung, Billy Idol, Smashing Pumpkins, Hubert von Goisern und Marc Almond hören durfte).
Später dann, als die große Zeit des Kunstparks Ost mit den legendären Clubs Ultraschall, Natraj, Milchbar etc. kam, war ich schon ausgehmüde. Da ich im Kunstpark Ost mein Atelier hatte (über der Zündapphalle), hab ich oft genug am Vormittag die Clubleichen auf dem Gelände wie Zombies herumtorkeln oder im Delirium liegend gesehen, ebenso die Dealer, die blutjunge Teenies anquatschten … da hatte ich dann keinen Bock mehr auf Nachtleben.
Momentan, während dieses Buch entsteht, Ende 2023/Anfang 2024, ist der Munich Sound übrigens aktueller denn je. In mehreren Werbespots werden »I Feel Love« von Donna Summer (u. a. Perwoll) und »Follow Me« von Amanda Lear (Chanel für Coco Mademoiselle) verbraten. Ich persönlich habe den Sound für mich auch wiederentdeckt. »I Feel Love« ist selbst heute noch, selbst wenn man nicht genau hinhört, ein absolut avantgardistischer hochmoderner Sound. Und bei Amanda Lear hört man sich in so hübsche Perlen rein wie den bowieesken, unterschätzten Titel »I Am a Photograph«. Frau Lear wäre ich als einziger Munich-Sound-Legende beinahe mal persönlich begegnet. In einer Galerie, in der ich Ende der 90er ausstellte, hatte sie auch eine Ausstellung, zu der ich sogar den Flyer gebastelt habe. Und ausgerechnet zur Vernissage (the artist is present) war ich verhindert. Tja.

Ach, da fällt mir grad noch eine wahre Munich-Sound-Anekdote ein:
Ein damaliger Kumpel von mir ist in der Studentenzeit Taxi gefahren. Eines Nachts hatte er Divine als Gast (vom Auftritt im New York ins Hotel). Mein Kumpel, hetero, supersexy und so endhübsch, wie es eben nur Heten sein können, hatte keine Ahnung, wer Divine war. Divine – offensichtlich schockverliebt – fragte: »How old are you?« Er: »23« Divine: »Years or inches?« Fand mein Kumpel nicht witzig.

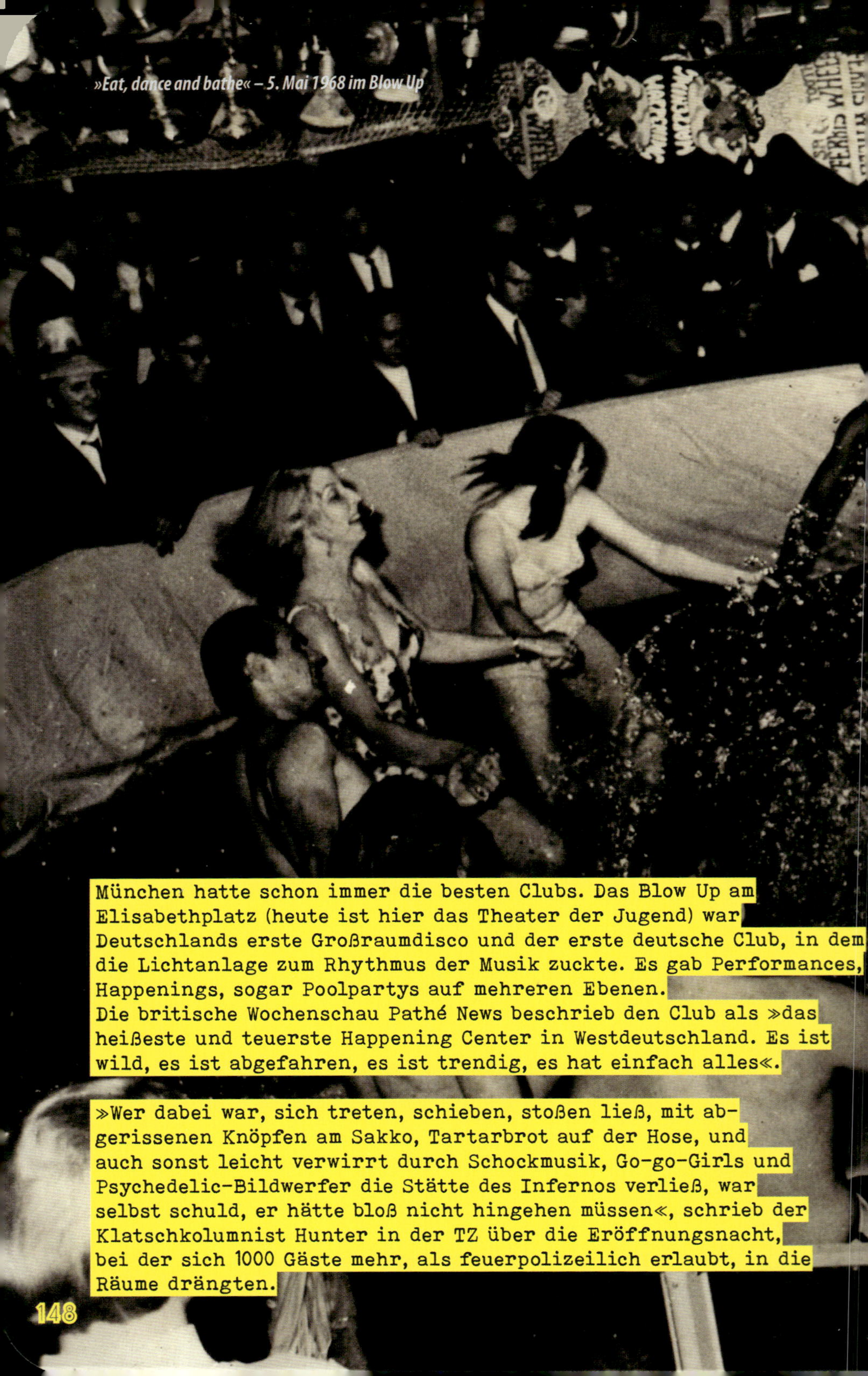

»Eat, dance and bathe« – 5. Mai 1968 im Blow Up

München hatte schon immer die besten Clubs. Das Blow Up am Elisabethplatz (heute ist hier das Theater der Jugend) war Deutschlands erste Großraumdisco und der erste deutsche Club, in dem die Lichtanlage zum Rhythmus der Musik zuckte. Es gab Performances, Happenings, sogar Poolpartys auf mehreren Ebenen.
Die britische Wochenschau Pathé News beschrieb den Club als »das heißeste und teuerste Happening Center in Westdeutschland. Es ist wild, es ist abgefahren, es ist trendig, es hat einfach alles«.

»Wer dabei war, sich treten, schieben, stoßen ließ, mit abgerissenen Knöpfen am Sakko, Tartarbrot auf der Hose, und auch sonst leicht verwirrt durch Schockmusik, Go-go-Girls und Psychedelic-Bildwerfer die Stätte des Infernos verließ, war selbst schuld, er hätte bloß nicht hingehen müssen«, schrieb der Klatschkolumnist Hunter in der TZ über die Eröffnungsnacht, bei der sich 1000 Gäste mehr, als feuerpolizeilich erlaubt, in die Räume drängten.

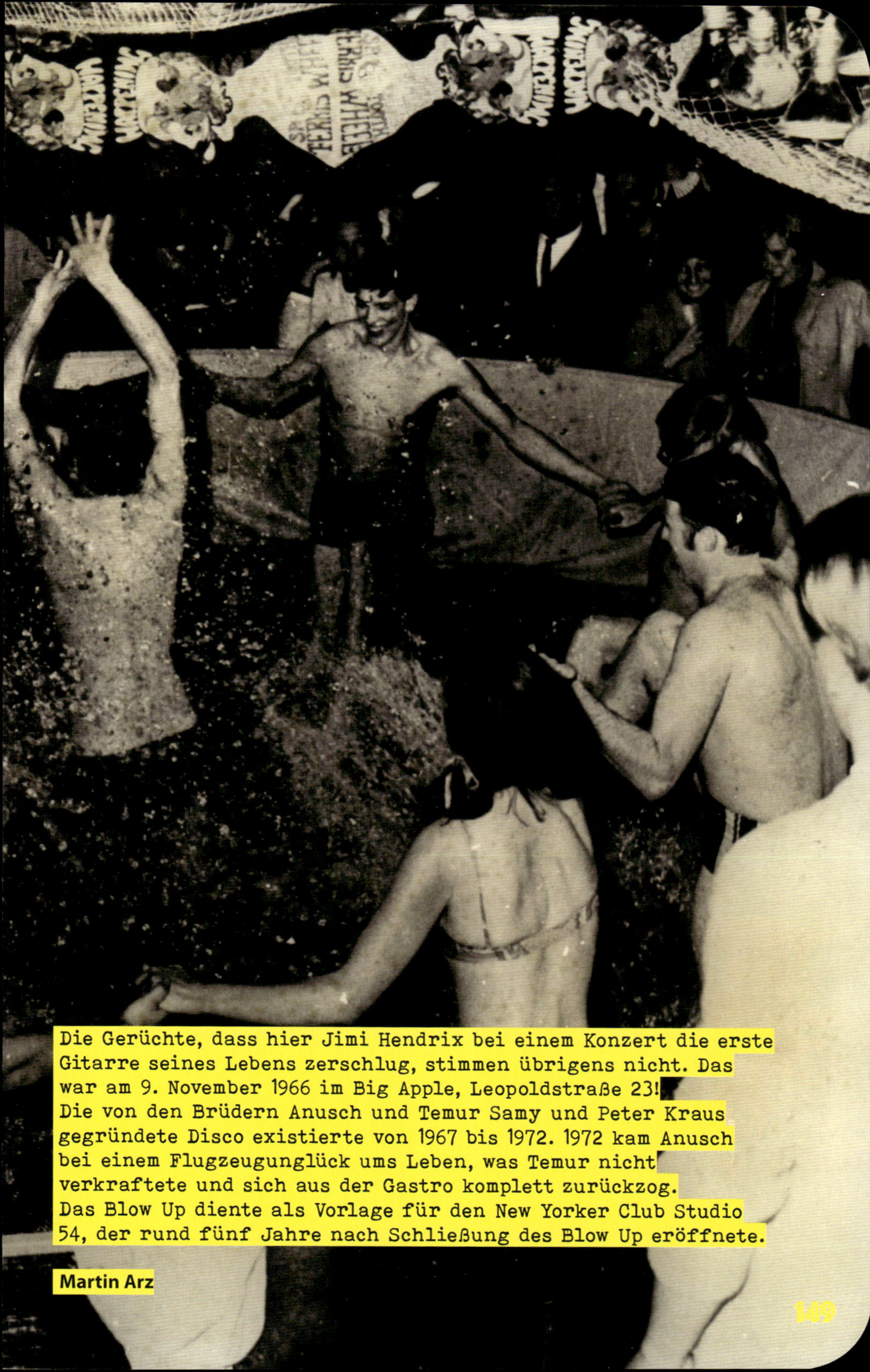

Die Gerüchte, dass hier Jimi Hendrix bei einem Konzert die erste Gitarre seines Lebens zerschlug, stimmen übrigens nicht. Das war am 9. November 1966 im Big Apple, Leopoldstraße 23!
Die von den Brüdern Anusch und Temur Samy und Peter Kraus gegründete Disco existierte von 1967 bis 1972. 1972 kam Anusch bei einem Flugzeugunglück ums Leben, was Temur nicht verkraftete und sich aus der Gastro komplett zurückzog.
Das Blow Up diente als Vorlage für den New Yorker Club Studio 54, der rund fünf Jahre nach Schließung des Blow Up eröffnete.

Martin Arz

Münchner Freiheit

Paul-Philipp Hanske • Autor, Journalist

Nirgends in Deutschland feierten die Schwulen in den 1980ern so wild wie in München. Erkundungen in einer Stadt, in der Homosexualität zur Tradition gehört

Später, in England, werden sie es »the mother of all parties« nennen. Am 5. September 1985 lädt Freddie Mercury zu seinem Geburtstag ins Mrs. Henderson. Es ist sein 39. Geburtstag, er ahnt, dass er den Gipfel seines Ruhms erreicht hat. Das wird gefeiert, und zwar so, dass es auch im protzerischen München für Aufsehen sorgt. Das Motto des Abends: »black and white«. Vor und in dem Club tummeln sich elegante Zebra-Mischwesen, kalkweiße Transvestiten und dunkle Königinnen der Nacht. Die Mitglieder der Gruppe Frankie goes to Hollywood, wie Mercury-Freunde der Lederkluft, kommen in Bikerhosen, die herzförmig ausgeschnitten sind und das blanke Gesäß präsentieren. Und Freddie selbst gibt den Impresario, eine Mischung aus Harlekin und General. Verspeist wird unter anderem eine Gänseleberpastete, die auf dem Bauch eines Kleinwüchsigen angerichtet ist, die Servicekräfte des Edelrestaurants Käfer (aus dem Mercury bei seinem ersten Besuch noch fast hinauskomplimentiert worden wäre, weil er im Feinripp-Unterhemd auftaucht) verteilen Kaviar aus Kilo-Dosen und der Dom Pérignon Rosé, die Flasche zu 300 Mark, wird nicht in Champagnergläsern, sondern gleich in Sektkühlern ausgeschenkt. 300 Flaschen* werden es insgesamt. Jahrzehnte später taucht die Rechnung für den gesamten Abend auf: 82 000 Mark waren es dann am Ende. Kurz bevor alle vollends ausflippen, bittet Freddie um Ruhe. Er zückt einen 2,5-karätigen Brillantring und steckt ihn Winnie Kirchberger, seinem Boyfriend, an den Finger (der ihn noch am selben Abend verliert). Die harmloseren Szenen des Abends kann man im Video zu Mercurys Hit »Living On My Own« bewundern. Sie sind aber immer noch so verrucht, dass die BBC sich jahrelang weigerte, den Clip auszustrahlen.

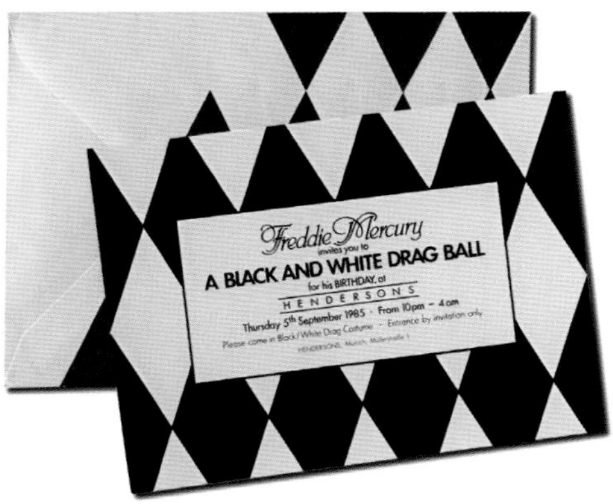

Die Einladung zur legendärsten aller Partys

Zunächst kommt Mercury, wie man so sagt, aus beruflichen Gründen nach München. Im Stadtteil Bogenhausen ist das Musicland, das Studio des legendären Produzenten Giorgio Moroder, das in den 1970ern und 80ern als eines der besten weltweit gilt. Queen spielt hier Klassiker-Alben wie »The Game« (1980), »Hot Space« (1982) oder »A Kind of Magic« (1987) ein. Und Mercury findet so sehr Gefallen an München, dass er von 1983 bis 1987 hauptsächlich hier wohnt. Vor allem tut es ihm die Münchner Schwulenszene an.

BMW, »mia san mia« und CSU – das sind die ersten Assoziationen, die einem zu München in den Sinn kommen. Aber schwul? Doch, in der Bayernmetropole gibt es eine auffällige Häufung berühmter Schwuler. Neben Mercury ist das natürlich Rainer Werner Fassbinder, der in den 1970er- und 80er-Jahren wohl bekannteste Schwule in Deutschland. Dann

*Anm. d. Verlags: Die Legende von den 300 Dom Pérignon-Flaschen zu je 300 DM kursiert seit Jahren (das wären schon 90 000 DM gewesen). Auf der Originalgetränkerechnung kann man nachlesen: 88 1,5 l Flaschen Roederer zu 390 DM und 218 0,7 l Flaschen Roederer zu 195 DM, macht 76 830 DM. Die Gesamtrechnung belief sich auf 92 101,50 DM, der Club reduzierte auf runde 82 500 DM.

gibt es all die, die es nicht wagen, öffentlich ein schwules Leben zu führen (an deren Sexualität oder Neigung die Öffentlichkeit aber trotzdem regen Anteil nimmt), wie den »Modezaren« Rudolph Moshammer, den Schauspieler Walter Sedlmayr oder Thomas Mann. Und natürlich gehört auch eine Figur wie der SA-Führer Ernst Röhm, der aus seiner Männerliebe nie einen Hehl machte, zur Geschichte des schwulen Münchens.

Vor allem aber hat München in den 1980er Jahren eine schwule Partyszene, die in Deutschland ihresgleichen sucht und Männer aus der ganzen Welt anlockt. Einer der Gäste von Mercurys Geburtstagsparty ist Jens Poenitsch. Er lernt Mercury kurz zuvor in den Musicland Studios kennen. Poenitsch ist ein junger Musiker und nimmt dort als ›Don Juan‹ eine Platte auf. »Ein Freund nahm mich damals mit«, erzählt er. »Das ganze schwule München war an dem Abend da. Was mich faszinierte: Freddie kannte mich nur flüchtig, aber er begrüßte mich herzlich. Für jeden Gast nahm er sich Zeit und plauderte mit ihm. Auch im Exzess war er die Höflichkeit in Person.« Heute ist Poenitsch 54, wirkt jedoch agiler als die meisten 30-Jährigen in München, was damit zu tun haben könnte, dass er immer noch Musik macht, zu der im Club geschwitzt wird. Mit seiner Band Poenitsch & Jakopic veröffentlicht er gerade das Album »Morgen«, das die goldenen Zeiten von Munich Disco elegant in die Gegenwart übersetzt. An jenem Abend 1985 aber hat er keinen Spaß. »Ich stand nur blöd in einer Ecke. Die maskierten alten Männer fand ich irgendwie peinlich. Nach etwa zehn Minuten ging ich wieder. Schön blöd, eine der besten Partys des Jahrhunderts verpasst zu haben«, sagt er und lacht. »Aber na ja. Ehrlich gesagt gab es damals jede Woche so ein Fest.«

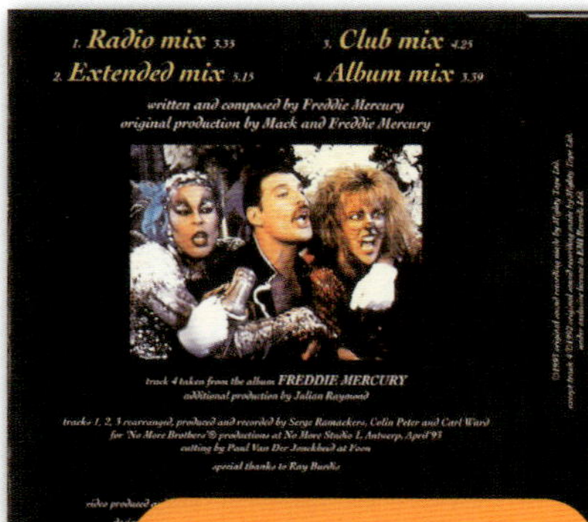

»LIVING ON MY OWN«
AUF YOUTUBE

Das Mrs. Henderson befindet sich am Rande des Münchner Gärtnerplatzviertels, dem Zentrum der Münchner Schwulenkultur. Eigentlich ist die Gegend ursprünglich ein Arbeiterviertel. Das 1865 eröffnete Gärtnerplatztheater aber sorgt für eine mondäne Stimmung. Ab den 1920er-Jahren etabliert sich die Deutsche Eiche in Sichtweite des Theaters nicht ganz, da müsste man um die Ecke schauen, als eine Art ausgelagerte Kantine. Schauspieler treffen sich hier, Künstler, Nachtschwärmer. Auch Hitler ist gern zu Gast, von 1921 bis 1923 ist die NSDAP-Zentrale in der nahe gelegenen Corneliusstraße. Vor allem aber treffen sich in der ›Eiche‹, wie sie genannt wird, die Münchner Schwulen. Will man darüber mehr erfahren, muss man Dietmar Holzapfel fragen. Zusammen mit seinem Lebensgefährten Sepp Sattler führt Holzapfel das Restaurant und Hotel Deutsche Eiche seit 1993. Neben seinem Job, oder besser gesagt als Teil davon, ist Holzapfel eine Art Privatgelehrter, der sich der Geschichte des schwulen Münchens widmet.

»Auf den ersten Blick ist Bayern konservativ, keine Frage«, sagt er. »Aber dann gibt es eben auch die andere Tradition, die Liberalitas Bavariae, das Leben und leben lassen. 1806 wird Bayern dank Napoleon ein Königreich. 1813 gibt der Aufklärer Maximilian von Montgelas Bayern eine sehr fortschrittliche Verfassung. Und erstmals in Deutschland wird einvernehmlicher Sex unter Männern aus dem Strafgesetzbuch gestrichen und ist also legal.« Das ändert sich erst mit der Gründung des Deutschen Reiches im Jahre 1871, als Bayern die restriktiven preußischen Sittengesetze übernimmt. Und trotzdem, das glaubt zumindest Holzapfel, überlebt in Bayern und vor allem in München etwas von der alten Bayerischen Freigeistigkeit. Das zeige schon die Figur Ludwig II. Bis heute gibt es nur Hin-

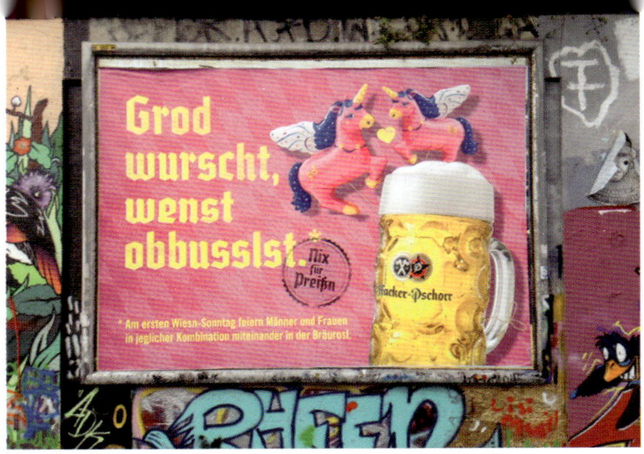

»Liberalitas Bavariae«: Auch Münchner Traditionsbrauereien feiern den Gay-Day am ersten Wiesnsonntag in der Bräurosl

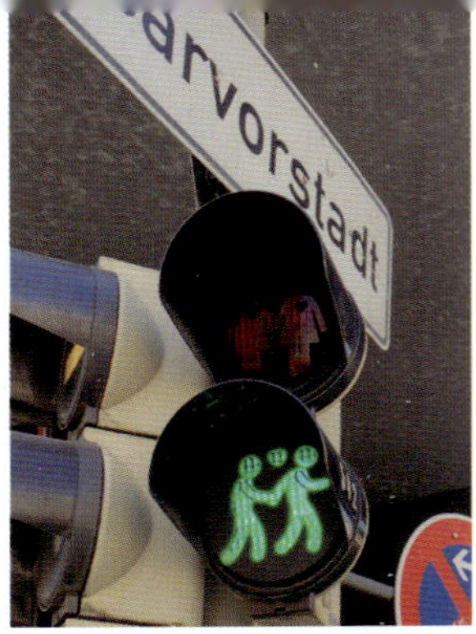

»Schwule« Ampelmännchen gibt es in München seit 2017

weise, dass der ›Kini‹ schwul war. Und doch ist er ein zentraler Bezugspunkt für Schwule weltweit. »Gut, Ludwig konnte seine Sexualität nicht offen leben – aber zur damaligen Zeit ist es üblich, dass Homosexuelle in diesem Rang Scheinehen eingingen, um Gerüchte kleinzuhalten«, sagt Holzapfel. »Dem Kini war das egal.« Für Holzapfel geht es dabei nicht nur um historische Kuriositäten. Für ihn ist es ein politischer Akt, dass in München das Andenken an den möglicherweise schwulen König gestärkt wird. So gibt es in der Eiche eine Art Ludwig-Altar, auch kämpft Holzapfel gerade darum, dass die von den Nazis eingeschmolzene König-Ludwig-Statue auf der nahen Corneliusbrücke wieder errichtet wird. Zum eindeutig schwulen Treffpunkt wird die Eiche nach 1945. Das gesamte Gärtnerplatzviertel ist damals ein Rotlichtviertel. »Auch bei uns im Haus gab es ein Bordell, geleitet von einer Puffmutter namens Napoleon«, sagt Holzapfel. »Das Viertel war billig, die Bessergestellten, also die Konservativen, mieden es und man wurde von der Polizei weitgehend in Ruhe gelassen.« Also ideale Bedingungen für eine Szene, die gern im Séparée feiert. »Jeder wusste, dass hier die Schwulen sind. Aber eine offene Szene auf der Straße gab es damals nicht. So weit war München noch nicht.« Die wildesten Zeiten der Eiche sind die späten 1970er- und frühen 1980er-Jahre. Rainer Werner Fassbinder hält hier regelmäßig Hof, umgeben von Zechbrüdern und Bewunderern, Filmstars und -sternchen. Holzapfel: »Aber er war auch eine Zumutung: schrie, suchte Streit, war besoffen, stank. Er und seine Bande fielen hier immer ein wie die Hunnen.« Spätestens mit dem unverkennbaren Genie Fassbinder aber wächst auch das Interesse des heterosexuellen Mainstreams an der exzessiven, schwulen Subkultur. Der Fasching in der Eiche, der wildeste und lustigste der Stadt, wird zu einer stadtbekannten Institution und doch billigt man den Schwulen zu, wenn sie lieber hinter verschlossenen Türen tanzen. Wie damals gefeiert wurde, ahnt man, wenn Holzapfel den prall gefüllten Schuhkarton holt, in dem Hunderte angegilbter Fotos stecken. Immer wieder zu sehen: Freddie Mercury, selig grinsend und umgeben von kräftigen Männern.

Was Mercury an München so gut gefällt, ist die typische Mischung aus Exzess und Diskretion. Hier kann er sich in einer Schwulenbar vergnügen und doch danach unbehelligt in seine Wohnung in der Pestalozzistraße nach Hause laufen. »Das ist typisch München«, sagt der Musiker Jens Poenitsch. »Die Leute flippen nicht aus, wenn der Schweinsteiger im Café neben ihnen sitzt. Genauso war es mit Mercury auch. Man stellt ihn sich ja immer als viriles Viech vor. Das war er auch. Aber trotzdem war er fast schüchtern.« In der Lederkneipe Ochsengarten stellt er sich einmal – in seinem Kauderwelsch aus Bayrisch und Englisch, das er in München sprach – als »türkischer Taxifahrer« vor und freut sich wie ein Kind, dass ihn niemand erkennt. Glaubt man seinen Weggefährten, verlebt Mercury in München seine glücklichsten Jahre. Das liegt vor allem an seinem Boyfriend Winnie Kirchberger. Der ist der Wirt der einschlägigen Kneipe Sebastianseck, ein gestandener Bayer mit buschigem Schnurrbart

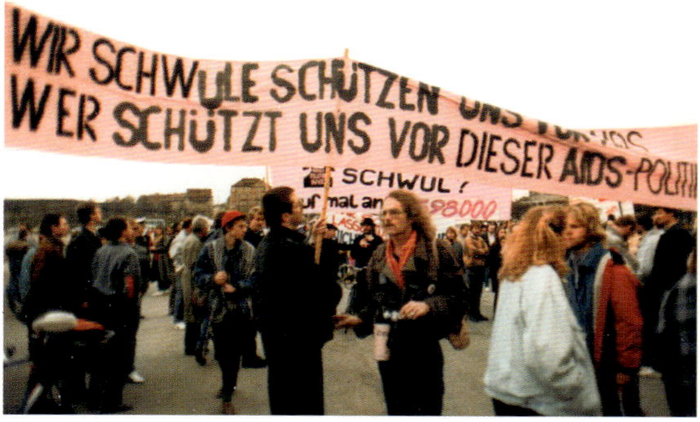

1987 fand eine Demo unter dem Motto »Wehrt euch« gegen die repressive Aids-Politik von Peter Gauweiler statt

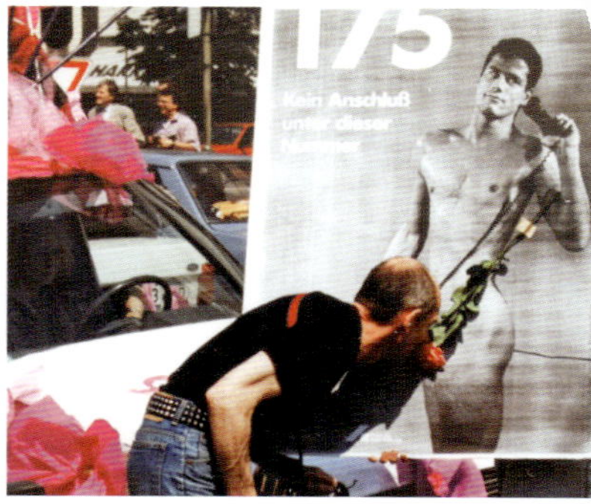

Forderung beim CSD 1990: Endgültige Streichung des § 175

und Mercurys große Liebe. Noch heute wird in der Szene davon erzählt, wie Freddie eines Nachts seinem Winnie Dutzende rote Rosen durch das offene Fenster in die Kneipe warf. Aber natürlich gibt es nicht nur diese sonnigen Seiten der Geschichte des schwulen Münchens. 1991 stirbt Mercury an AIDS, kurz nach Winnie Kirchberger. Auch in München wütet der Virus. »Alle Schwulen erlebten das als Katastrophe. Man verlor die Hälfte seines Freundeskreises. Und die Kranken liefen als lebende Leichen herum«, sagt Holzapfel. Und Poenitsch: »Fast jede Woche saß man am Sterbebett eines Mannes. Irgendwann konnte man auch nicht mehr weinen. Und doch ging die Feier irgendwie weiter.« Diese an sich schon schreckliche Situation wird in München dadurch unerträglich, dass der CSU-Politiker Peter Gauweiler ab 1982 Chef des Kreisverwaltungsreferats ist und in dieser Funktion über Sitte und Ordnung zu wachen hat. Auf die Bedrohung durch HIV reagiert er nicht nur mit verstärkten Polizeikontrollen in der Szene, eine völlig unsinnige Symbolhandlung. Vor allem will er das Bundesseuchengesetz auf die Immunschwächekrankheit anwenden, was zu Zwangstests und dem Wegsperren Aids-Kranker führen würde.

Es ist Mitte der 1980er, als Thomas Lechner, 54, zum ersten Mal den Christopher Street Day (CSD) in München besucht. Heute ist er ist Popbeauftragter der Stadt, nennt sich selbst »Hansdampf in allen Gassen« und steht seit Jahrzehnten für schwule Politik in München. »Der CSD damals ist eines der bedrückendsten Erlebnisse, an das ich mich erinnere. Viele Demonstranten waren maskiert, Passanten beschimpften uns, es war ein Trauermarsch.« 1993 steht die Eiche vor dem Ende, »was auch daran lag, dass viele Gäste einfach gestorben sind«, sagt Holzapfel. Die Wirtschaft ist nicht mehr rentabel, die Besitzerin, eine Brauerei, möchte verkaufen. »Da schlugen der Sepp und ich zu. Wir verschuldeten uns abenteuerlich, aber wir sagten uns: Die Eiche muss gerettet werden!« Es sollte der klügste Schachzug sein, den Holzapfel in seinem Leben gemacht hat.

HIV hängt wie eine düstere Wolke über der Stadt – und doch führt die Krankheit dazu, dass

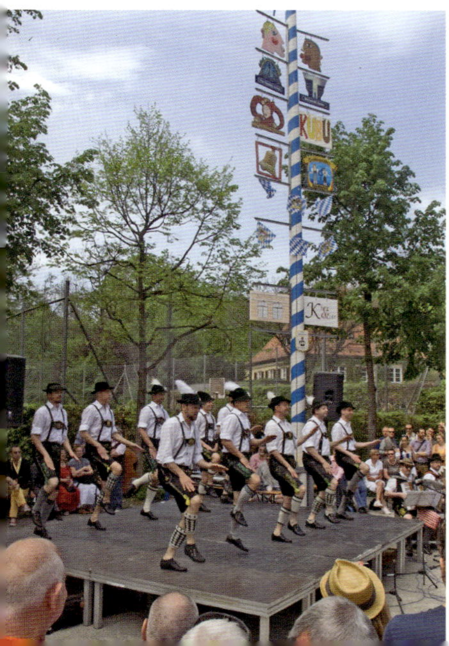

Beim Maibaumfest am Glockenbach sind die Schwuplattler (der Welt einzige schwule Plattlergruppe) immer dabei

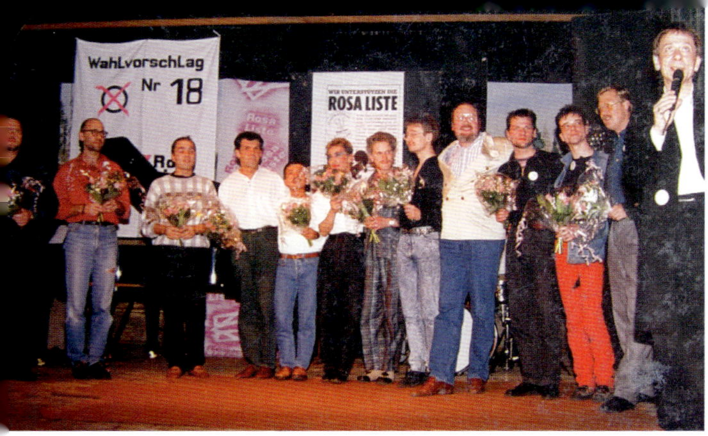

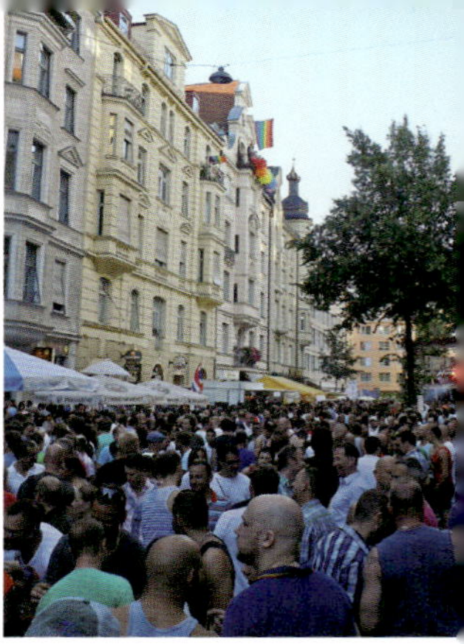

Gründung der Rosa Liste 1989 (o. l.)
Rappelvoll: Seit 1991 wird das schwule Hans-Sachs-Straßenfest veranstaltet (o. r.)

sich die Szene zusammenschließt. »Das Interessante am schwulen München ist, dass es hier so hedonistisch ist wie sonst nicht in Deutschland – aber eben auch sehr politisch«, erklärt Lechner.

1989 wird die Rosa Liste gegründet, die erste schwul-lesbische Wählerinnen-Initiative Deutschlands. Gemeinsam kämpft man gegen die Ausgrenzung. Ab 1993 ist Christian Ude Bürgermeister. Und der SPD-Politiker stellt sich demonstrativ hinter die Belange Homosexueller, »und zwar als es für Politiker noch nicht schick war, beim CSD mitzulaufen«, wie Holzapfel sagt. »Der Dank dafür ist, dass sich bis heute Gerüchte halten, Ude wäre schwul.«

»Spätestens seit Mitte der 1990er-Jahre wird in München mehr für Schwule, Lesben und Transgender getan als in allen anderen Städten Deutschlands«, sagt Thomas Lechner. So gibt es hier bei der Stadt eine ›Koordinierungsstelle für gleichgeschlechtliche Lebensarten‹, seit 2001 können Homosexuelle in München ihre Lebenspartnerschaft beim Standesamt eintragen und müssen dafür nicht extra zum teuren Notar, die Stadt wirbt offensiv um homosexuelle Touristen und gibt einen historisch fundierten homosexuellen Geschichtsführer heraus.

Natürlich ist das alles nicht ganz frei von Konflikten. Einer besteht zum Beispiel darin, dass der Anteil der Lesben an all diesen Errungenschaften gern vergessen wird. Rita Braaz ist Mitglied der Rosa Liste, arbeitet bei dem Lesben-Beratungszentrum LeTRa und sieht die Sache ganz abgeklärt: »Natürlich haben wir als Lesben nicht die Sichtbarkeit der Schwulen in München. Es gibt keinen lesbischen Star, der mit Freddie Mercury oder Rainer Werner Fassbinder vergleichbar wäre. Was mich aber wahnsinnig wütend macht, ist, wenn die lesbische Frau, die den CSD mitorganisiert und zwar ehrenamtlich, also im Gegensatz zu dem Mann, der das auch macht, kein Geld bekommt, wenn also diese Frau bei der Danksagung auf der Bühne schlicht vergessen wird.« Bei Thomas Lechner, der in seiner politischen Arbeit zu Beginn mehr mit Lesben zu tun hatte als mit Schwulen, rennt sie damit offene Türen ein. Und doch ist auch er stolz auf München: »Beim CSD dürfen die Münchner Lesben, Schwulen und Transgender eine Nacht lang im Rathaus tanzen – das ist einmalig in Deutschland.«

Die Münchner Schwulenszene betrachtet sich im Jahr 2015 mit gemischten Gefühlen. Auf der einen Seite ist Homosexualität hier so etabliert wie kaum einer anderen Stadt Deutschlands. Seit Jahren ist die lesbisch-schwule Rosa Liste im Stadtrat ,und im Glockenbachviertel reihen sich Szenetreffs wie der Ochsengarten, die Feuerwache, die Teddy-Bar, das Kraftwerk und eben die Deutsche Eiche quasi aneinander. Trotzdem überkommt viele ältere Schwule die Melancholie, wenn sie von den wilden, schrillen 1980ern sprechen. Heute hingegen sei man etabliert – aber müde, so die Klage. Aber vielleicht ist das nur das Problem von soignierten älteren Herren. Bis heute gibt es nämlich noch das andere schwule München. Das zum Beispiel, in dem sich hetero- und homosexuelle Subkultur ganz wie von selbst mischen. DJ Jens Poenitsch erklärt: »Das war schon in den 1980ern so und das schätzte auch Freddie Mercury hier: In München ging es immer erst darum, ob die Party gut und erst danach, ob sie schwul oder hetero ist. Mit den jungen Schwulen, die sich nicht mehr verstecken müssen, ist das heute mehr denn je der Fall.« Poenitsch sieht keinen Grund, sich über das langweilige München zu beklagen, was wohl auch daran liegt, dass er bis heute eine zentrale Figur im Münchner Nachtleben ist – dem homo- wie dem heterosexuellen.

Und noch eine andere Art von Brückenschlag wird in München gepflegt: die Versöhnung von Homosexualität und Brauchtum, ja sogar Katholizismus. Beim CSD 2006 stichelt Dietmar Holzapfel gegen die katholische Kirche und zeigt Papst Benedikt, bekanntlich nicht gerade tolerant in sexuellen Angelegenheiten, auf dem Umzugswagen in erotisch zweideutiger Pose. Es kommt zum Eklat, die Polizei beschlagnahmt Beweismaterial und kurz darauf setzt sich Holzapfel mit Rainer Maria Schießler, dem Pfarrer der nahe gelegenen Kirche St. Maximilian, zusammen. Man versteht sich, man trinkt ein Bier, Holzapfel zeigt Hochwürden die Sauna (es ist gerade Putzstunde) und alles ist wieder gut. Den nächsten Fronleichnams-Umzug hält der Pfarrer durch das Münchner Schwulenviertel. Vor dem NIL, einer der ältesten Schwulenkneipen in München, ist ein Stationsaltar aufgebaut. Und als der Weihrauch gen Himmel steigt, der Pfarrer das Lokal segnet, und der Wirt, dem die schlimmen Gauweiler-Jahre noch in den Knochen stecken, vor Rührung feuchte Augen hat, öffnen sich im ersten Stock die Fenster und die Schwulen lassen rote Rosenblätter auf die Betenden regnen.

Anm. d. Verlags: Der Text stammt von 2015, einiges hat sich geändert.

CSD Rathaus Clubbing (u. l.)
Auf Initiative von Thomas Zufall (Wirt München 72) und Martin Arz (Künstler, Autor) wurde das historische Pissoir am Holzplatz zum Memorial für Freddie Mercury sowie Fassbinder und Einstein (u. r.)

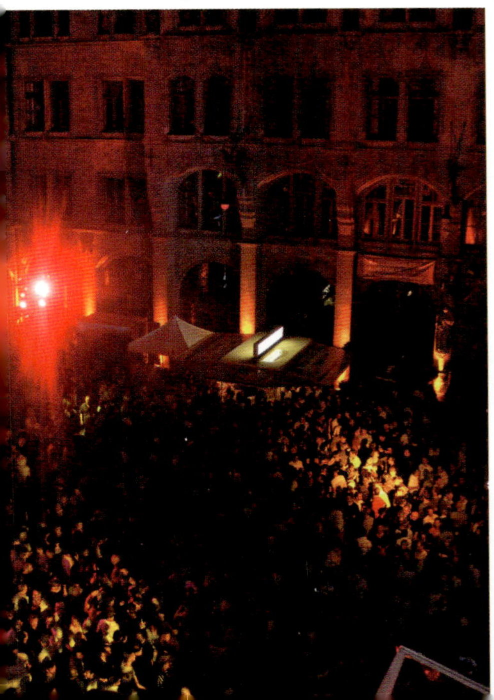

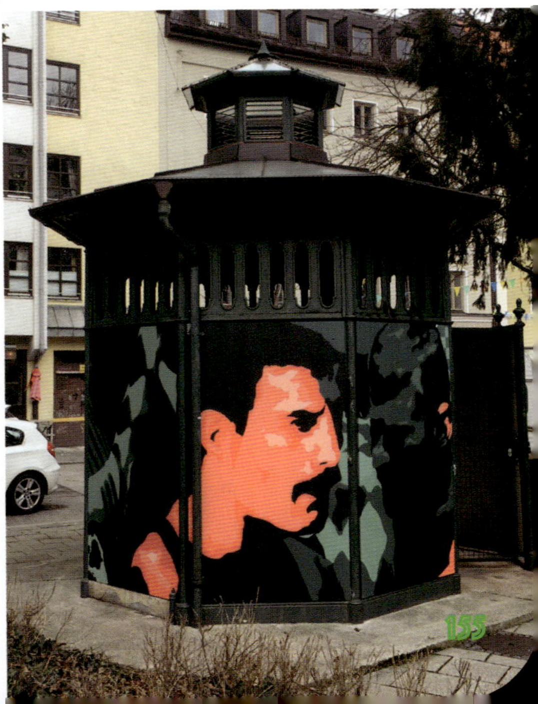

Es ist der Rap dieser Stadt!

Klaudie Drazdansky • Office Managerin Unternehmensberatung Sustainable, Rave Assistentin

Generell gilt bei mir schon mal: Ich brauche Musik und kann nicht ohne sie. Denn Musik ist mein Seelenwärmer, mein Stimmungsaufheller und meine erste große Liebe. Als Jugendliche habe ich meine Leidenschaft zu Hip Hop gefunden. Die Subkultur kam in den 1980er nach Deutschland. Hier geht es um Graffiti DJing, Rap und Breakdance. Damals klebte ich am Radio oder am TV-Gerät, wenn ich irgendwo einen Beitrag dazu gehört habe. So hing ich Ende der 80er-Jahre oft im WOM in der Kaufingerstraße ab und arbeitete dann auch dort. Hier konnte ich die neuesten Import-Scheiben aus den USA anhören. Die erste große Graffiti-Welle schlug in München auf und machte sich im Stadtbild breit. München gehörte zu den ersten Städten, die hier sehr aktiv war und bald auch international Aufmerksamkeit in dieser Szene erlangte.
Zeitgleich fanden auch der Sprechgesang und das DJing von Rap-Music in München eine große Fangemeinschaft. In den 1990er-Jahren entstanden die ersten Hip Hop-Jams, wo man sich als Fan oder Aktivist traf und gemeinsam und oft auch spontan dazu entschloss, aktiv zu werden. Die meisten dieser Veranstaltungen fanden in Freizeitheimen oder ähnlichen Jugendeinrichtungen statt. Ein paar Jahre später fanden viele Jams in der Kulturstation und im Backstage statt. Und hier konnte man bereits sehen, München hatte mittlerweile viele Sprechgesang-Talente.
1990 wurde die Band Main Concept gegründet. Diese Band blieb lange im Gedächtnis hängen, da David P und seine Jungs jede Jam rockten. Mittlerweile gab es auch in anderen Städten Jams und man ging mit dem Tramperticket der DB auf Reisen und tauschte sich aus. Ich war immer mit dabei, ob Heidelberg, Karlsruhe, Itzehoe oder Frankfurt. Dennoch waren es Münchens Bühnen, die mich faszinierten. Bei den regelmäßigen Freestyle-Sessions wurden mit Worten und Gesten Alltags-, Party- oder auch sozialkritische Themen erzählt. Das Storytelling war grenzenlos. Aber immer mit einer Portion Humor oder Ironie. Nach uns nach gab es weitere bekannte und weniger bekannte Bands aus München, die für Aufruhr und Aufmerksamkeit in der Landeshauptstadt sorgten: End Two, Echorausch, Feinkost Paranoia, Rio Lobo, Fiva MC und Da Blumentopf, um nur ein paar zu nennen.

Es muss ca. 1993/94 gewesen sein, als ich mal wieder auf einer Hip Hop-Jam in der Kulturstation war. Üblicherweise starten die Veranstaltungen bereits am Nachmittag: Graffiti-Aktion, nebenher wurde gebreakt (Breakdance), ein DJ legte auf. Zum Ende der Jam wurde wie immer gefreestylt, das ist eine spontane Battle-Session unter zwei oder mehreren Rappern. Und was ich da hörte, war … bääähm! Es war ein grandioses Freestyle, wild, fantasievoll und voller Humor. Die Jungs auf der Bühne haben alle verbal weggehauen. Ich konnte nicht anders und bin nach der Jam zu den Jungs und sagte ihnen, dass ich sehr beeindruckt war und wollte wissen, ob sie einen Namen haben. Die Jungs hießen Da Blumentopf (Blumentopf). Irgendwie wollte ich diese Jungs unterstützen und wir tauschten Festnetznummern aus.
Vorab: Da ich durch die vielen Besuche auf Jams eine Vielzahl an Freundschaften in ganz Deutschland hatte, besaß ich ein tolles Netzwerk und konnte beinah in jeder Stadt Unterschlupf finden, wenn wieder eine Jam dort stattfand. Einer der legendärsten Jams, die in Deutschland lange nachhallte und man sich bis heute erinnert, war die Spring Jam 1994 in Frankfurt. Hier versammelte sich die Creme de la Creme des Hip Hops der ganzen Welt. Es kamen Akteure und Artists wie z. B. Rock Steady Crew (Breakdancer aus USA), Mode2

(Writer aus Frankreich). Und hier bin ich erstmals persönlich mit den Fantastischen Vier ins Gespräch gekommen. Das war noch bevor die Fantas durch die Decke gingen. Wir tauschten Nummern aus und hatten dann immer wieder Kontakt.
Zurück zu Blumentopf – ich habe irgendwie ein großes Potential in der Band gesehen und wollte unterstützend helfen, dass die Jungs bekannter werden und die Möglichkeit haben, auf vielen Bühnen zu stehen. Es brauchte gutes Demomaterial, was damals schwierig und recht teuer herzustellen war. Die ersten Demos gab es auf Kassette und waren qualitativ ok, allerdings nicht genug für die Radiosender Münchens, die noch abgeneigt waren, »so was« zu spielen, da ja auch die Qualität nicht gut war. Blumentopf beschloss, gutes und professionelles Demomaterial zu produzieren. Und damit konnte die Band an die Plattenfirmen und Radiosender herantreten. 1996 gründeten Die Fantastischen Vier ein Label, Four Music, das ein Sub-Label von Sony Music war. Und ich konnte endlich erfolgreich vermitteln! Das erste Album »Kein Zufall« erschien 1997. Es folgte eine erfolgreiche Zeit mit vielen tollen Projekten.
In der deutschen Rap-Geschichte ist Blumentopf nicht wegzudenken. 2016 sagte der Topf Servus – die Band löste sich auf. Ich bin froh und dankbar, ein Teil davon gewesen zu sein.

Anm.: Derzeit feiert Hip Hop seinen 50. Geburtstag in Deutschland.

»MACH WAS« VON BLUMENTOPF AUF YOUTUBE

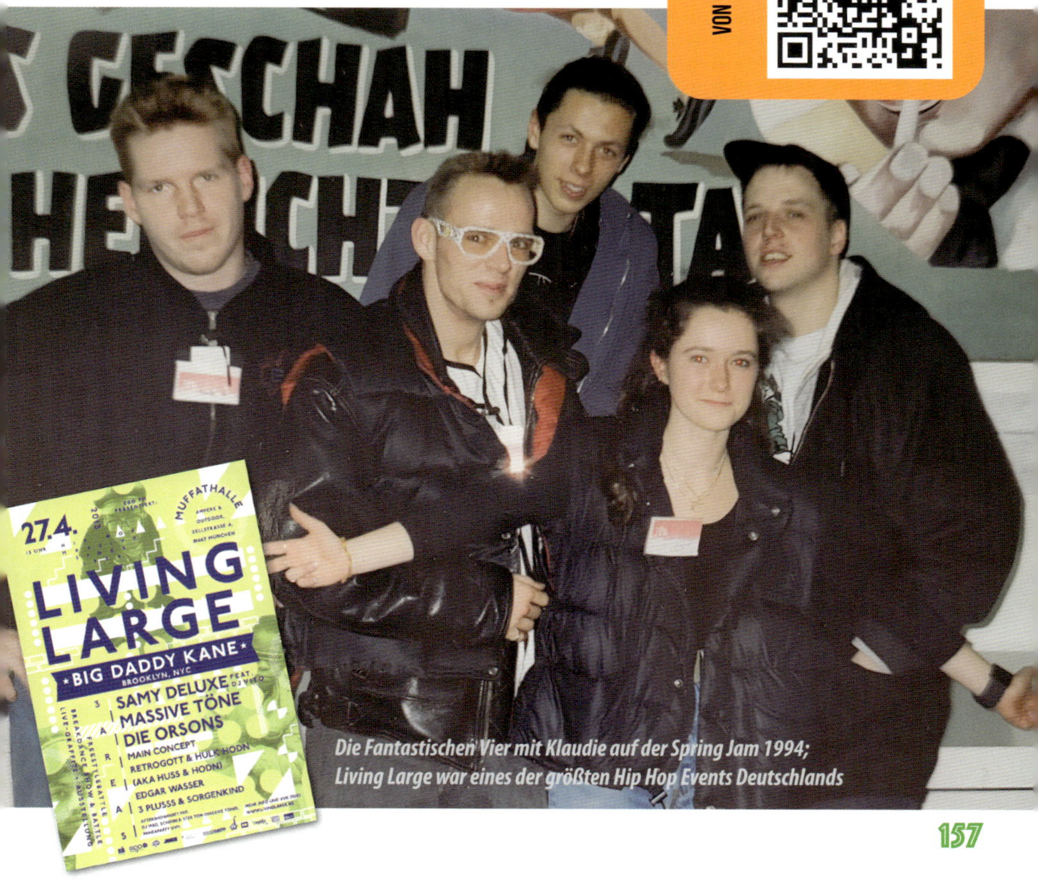

Die Fantastischen Vier mit Klaudie auf der Spring Jam 1994; Living Large war eines der größten Hip Hop Events Deutschlands

Grüße vom Yellow Submarine

Max Zeidler • Stadtaktivist, Stadtführer

Mit dem Zuschlag zu den Olympischen Spielen 1972 beginnt in München ab 1966 eine neue Zeit der Avantgarde. Giorgio Moroder arbeitet und lebt hier von ca. 1968 bis 1978 und es entsteht mit Donna Summers »I Feel Love« 1977 ein Hauptwerk des bis heute weltweit wirkenden Disco-Movements. Das Lied ist epochal, weil es den Übergang von der analogen zur elektronischen Tanzmusik markiert. Giorgio Moroder als einer der Produzenten mischt die Gesamtkomposition ab, gibt mit Synthesizern das Melodisch-Harmonisch-Groovige hinzu, bis auf die analog eingespielte Kick-Drum, und Donna Summer liefert mit ihrer Stimme das hymnische »I Feel Love«. Moroders und Reinhold Macks Musicland Studios in München-Bogenhausen, aber auch die Country Lane Studios von Harry Thumann in Germering, die Union Studios in München-Solln und die Trixi Tonstudios in München-Freimann waren die Orte, an denen die Tracks und Alben entstanden, die als Munich Sound ein Subgenre der Disco-Musik wurden. Diese Studios zogen aber auch Musikstars aus aller Welt an, die in anderen Musikrichtungen wie dem Rock aktiv waren, und die als Experiment oder für einen Karrierekick ein Album im Munich Sound aufnehmen wollten – wie Freddie Mercury und Queen. Der Schöpfungsreichtum dieser besonderen Münchner Zeit ist immens, wie große Musik-Journalist*innen oder -Expert*innen teils schon erforscht haben. Seine weltweite Bedeutung ist für mich nur leider immer noch zu wenig angekommen im allgemeinen Geschichtsbewusstsein von München. Als Stadtführer bin ich mit Einspielungen von »I Feel Love« oder »Fly, Robin, Fly« auf der Straße zu hören, wenn ich auf meiner Tour »Pop, Architektur, München in den 1970ern und das (traurige) Heute« in Nord-Schwabing sensationelle Betonbauten im sogenannten Brutalismus-Stil besuche – und damit einen begehbaren Mix aus Münchner Musik- und Architekturgeschichte gestalte.

Mein persönlicher Ort, den ich mit dem Munich Sound verbinde, ist der – wie ich es nenne – ›soziokulturelle Krater‹ der abgerissenen Diskothek Yellow Submarine in Nord-Schwabing, heute eine triste städtische Grünanlage vor der Leopoldstraße 202. Im April 1971 eröffnet, wurde sie Anfang 2013 abgerissen. Was für ein Fehler: ein Pop-Architektur-Denkmal, das man einfach hätte umnutzen können. Es fehlt bis heute in dem Quartier. Noch immer nicht ist hier wieder für einen spannenden, öffentlich zugänglichen, multifunktional nutzbaren Begegnungs-Ort gesorgt worden, obwohl hier mittlerweile mehr Menschen leben.

Doch von vorn: Das Yellow Submarine war eine Diskothek und wurde bekannt als der ›Haifisch-Nachtklub‹. Sein Architekt war Werner Eyerer (1937-2007). Sein Name kam vom gleichnamigen Beatles-Hit. Es war wie ein senkrecht gestelltes U-Boot, umgeben von einem Aquarium mit 600 000 Litern Salzwasser, in dem sich Haifische und andere Meerestiere tummelten. Die Stahlkonstruktion war dreistöckig, mit Tanzfläche und DJ-Pult am Boden, und zwei darüber umlaufenden Galeriestockwerken mit Bars und gelb-gepolsterten Sitzlandschaften. Mit Bullaugen und Sichtfenstern zum Aquarium, spartanisch gehalten im U-Boot-Look, mit gelb und rot gestrichenen Rohren zur Auflockerung, mit Licht- und Musikanlage. Etwa 250 Gäste konnten sich so mit Unterwasser-Gefühl amüsieren. Anfang der 1980er wurde es zum Aquarius umgestaltet – farblich alles weißer, das Wasser und die Fische verschwanden wohl ab dann. Um das leere Aquarium herum wurde weiterhin im Meeres-Stil dekoriert. Später folgten weitere Umbenennungen.

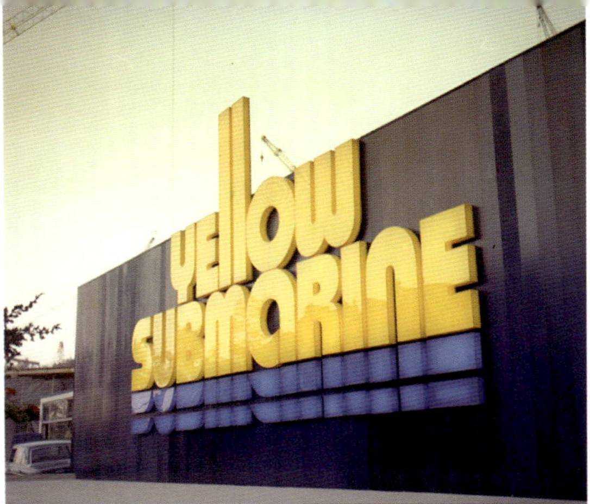

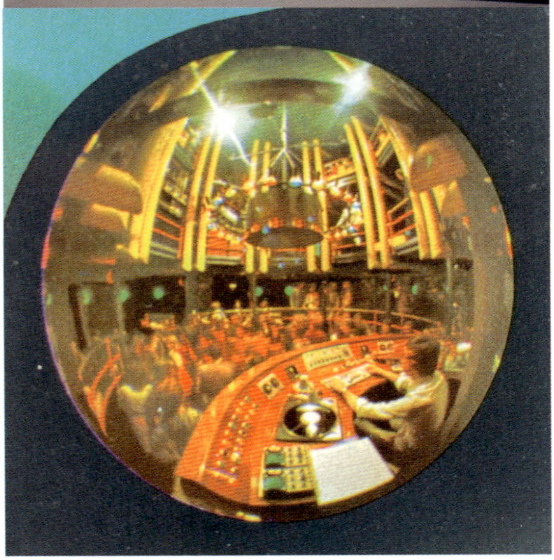

Das Yellow Submarine befand sich in einem Flachbau, der baulich an das Hotel Holiday Inn anschloss, von dem aus man/frau durch ein kurzes Tunnel-Entrée die Diskothek betrat.

Dieses Holiday Inn-Hotel wiederum war entstanden als ein Teil des Schwabylon-Quartier-Projekts, das bis 1973 unter Bauherr Otto Schnitzenbaumer (1922-2012) hochgezogen worden war. Zum Mythos wurde ein neben das Hotel gebautes, erst im November 1973 eröffnetes pyramidenförmiges, fensterloses Gebäude – der gelb-orange-rote ›Pop-Bunker‹ mit dem markanten Schriftzug ›Schwabylon‹ über dem Eingang und stilisierter Sonne auf der gesamten Fassade. Er sollte eine große Einkaufs- und Freizeitstadt für die Umgebung beherbergen, wurde aber mangels Erfolg bereits 1979 wieder abgerissen. Verwirrend ist, dass das Einzelgebäude wie auch das Gesamt-Projekt mit allen Gebäuden als ›Schwabylon‹ bezeichnet wurden. Bis heute stehen von dem Versuch, Schwabing städtebaulich in Richtung Norden weiterzuentwickeln, noch imposante Wohnhochhäuser auf einem großen Betonsockel (rund um die Leopoldstraße 206). Mein Vater (1937-2007) leitete das Team der PR-Agentur des Bauprojekts, und ich erhalte das ausführliche intervox-Agentur-Archiv aus Fotos, Verträgen, Marketing-Materialien, Schriftverkehr und Presseartikel-Sammlungen.

Zurück zum Yellow Submarine: Seit wir, eine lose Gruppe von Kulturschaffenden, 2011 von Abrissplänen hörten, kämpften wir für den Erhalt und die Umnutzung des Orts z. B. als Nachbarschaftstreff – leider ohne Erfolg. Abgerissen wurde das Yellow Submarine zusammen mit dem Hotel 2013 mit städtischer Genehmigung von der Jost Hurler GmbH. Dahinter steht eine Erbengemeinschaft (laut Wikipedia mit einem Vermögen von 800 Mio. €), die Immobilien entwickelt, und die unter dem Motto ›Talente, Teilen, Toleranz‹ die ›kreative Boheme‹ in ihr neues cleanes Quartier Schwabinger Tor ansiedeln möchte. Trotz großer Zeitungsartikel, die wir bewirkten, trotz Erhaltbarkeit laut Architekten-Einschätzung, trotz Unterschriftenlisten für den Erhalt, wurde das Yellow Submarine zerstört – mit Wissen der Stadtgesellschaft Münchens und ihrer gewählten politischen

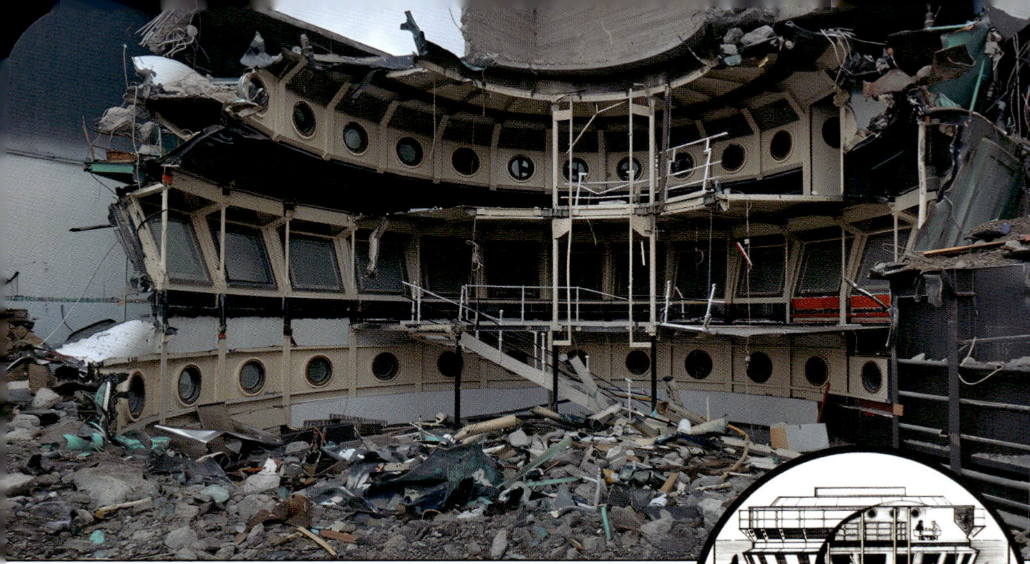

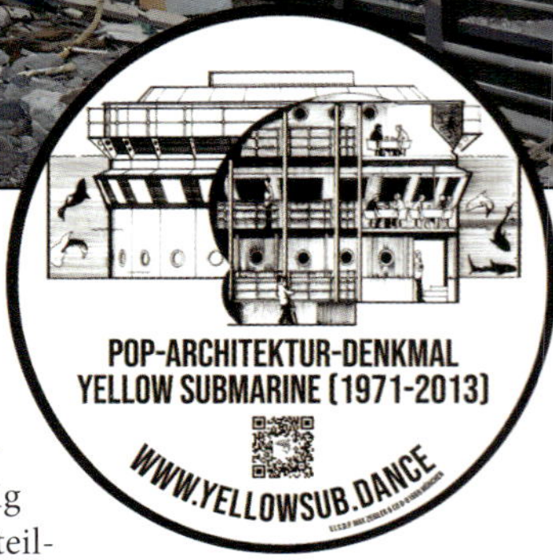

Foto vom Abriss, März 2013; rechts die inoffizielle Denkmal-Plakette von Juni 2022 für das Yellow Submarine mit historischer Querschnitt-Zeichnung

Vertreter*innen: damaliger OB Christian Ude, Stadtbaurätin Prof. Elisabeth Merk, damaliger Kultusminister Ludwig Spaenle (saß im BA), Kulturreferat, Denkmalschutz, Stadtteil-Parlament BA Schwabing-Freimann, v. a. damaliger Vorsitzender Werner Lederer-Piloty, die wir alle involvierten. Heute findet sich an seiner Stelle hinter dem Schwabinger Tor die triste städtische Grünanlage Berliner Straße, mit viel Steinpflaster und Betonbänken, und nur wenig Grün wie Rasen, Hecken und Bäume. Der Abriss ist nicht nur soziokulturell ein Desaster – im Sinne von immer knapper werdenden Räumen für Kultur von unten und Kultur für alle – und nicht sozial nachhaltig. Er war auch nicht ökologisch nachhaltig. 40 % der Energie, 50 % des Materialverbrauchs, 60 % des Abfalls weltweit gehen auf das Konto der Bauindustrie … so viel sogenannte graue Energie, die ganz greifbar in München durch die Umnutzung hätte erhalten werden können.
Die kreative Kraft der Menschen ist in Nord-Schwabing jedoch stärker als die Zerstörungswut des Kapitalismus. Unsere eintägige Demonstration ›Zukunft Disco – Gedenken Yellow Sub‹ am 2.06.2021 ist dokumentiert auf www.yellowsub.dance. Dort finden sich historische Hintergrund-Informationen wie auch Verlinkungen auf von der Demo inspirierte Aktivitäten. Immer wieder gibt es seither neue künstlerische Interventionen, die sich damit befassen … Seit 2022 klebt am Orginal-Standort eine ständige inoffizielle Denkmal-Plakette, und ich bin dran, mit der Stadtforscherin Dr. Simone Egger ein ausführliches Sachbuch zu gestalten zum Ort und seiner Geschichte. Es soll in den nächsten Jahren erscheinen.

Übrigens: Es ist belegt, dass Donna Summer in den 1970ern im Yellow Submarine tanzte. (Quelle: Haresh Shah).

Max Zeidler (*1975 in München) ist unterwegs als Stadtführer, Kommunikationsberater, Archivar. Er übernahm 2002 von seinem Vater die PR-Agentur intervox und führt diese bis heute weiter, mittlerweile mit Fokus auf strategischer Beratung für Soziale Nachhaltigkeit.

Wir mochten und mögen alle

Moses Wolff • Autor, Schauspieler, Komödiant, Musikant

Ich habe das große Glück, sehr kulturbegeisterte Eltern zu haben, sie nahmen mich, seit ich laufen kann, mit in Konzerte von großartigen Münchner Liedermachern, Bands und Chansonsängern, ich erlebte Theaterstücke, Live-Musik-Lokale und manchmal Proberäume, hörte daheim Schallplatten und Kassetten, später CDs, noch später MP3s. Heute befindet sich quasi meine gesamte Lieblingsmusik auf dem Smartphone, ich höre überwiegend zwei Playlisten: eine mit Hip Hop aus den 1990ern, die andere mit Musik aus München.
Meine erste musikalische Prägung war Konstantin Wecker, den mein Vater häufig auf seinem Dual-Plattenspieler laufen ließ. Meine Eltern waren stets über Weckers Tourdaten informiert, so verging seit den späten 1970ern kaum ein Sommer ohne ein Livekonzert dieses großartigen Künstlers, eine Bühnengewalt, ein musikalisches und sprachliches Genie, der mich zeitlebens begleitet und belebt hat. In unserer Sturm-und-Drang-Phase verbrachte ich mit Freunden viele Nächte mit Bier und Wecker, wir hörten »Heit schaung die Madln wia Äpfi aus«, »Es ist schon in Ordnung«, »In diesen Nächten« und »Wieder dort sein«, diskutierten, lachten, weinten und genossen die wunderbaren Welten, in die uns Wecker entführte. Später lernte ich dann einige Musiker seiner Band und ihn selbst kennen, war oft im Kaffee Giesing, wo ich fabelhafte Bühnenshows von Ringsgwandl und Hansi Franek sah, bei dem auch zwei Sängerinnen der Munich Voices mitwirkten, nämlich Renate Maurer und die rothaarige Sängerin Claudia Schwarz, mit der ich bis zu ihrem Tod fast vierzig Jahre gut befreundet war. Sie lebte in Pasing und war eine Live- und Studiosängerin, Ensemblemitglied der Les Humphries Singers, sang 1968 bei der deutschen Uraufführung von »Hair« (»Haare«) im Münchner Theater mit Reiner Schöne, Ron Williams, Jürgen Marcus und Donna Summer. Claudias Stimme war in den 1980er-Jahren dem Fernsehpublikum im deutschsprachigen Raum bekannt für den Werbe-Song »Rama macht das Frühstück gut«.

»DIE KINDER VOM HORT«
AUF YOUTUBE

Eine weitere Band, die mir meine Eltern nahebrachten, war die bis heute auftretende Ska-Band Lila Sterila, bestehend aus der bildschönen, strahlenden Petra am Gesang, Armin auf der Gitarre, Tommi am Bass, Helmut an den Tasten und diversen Burschen am Schlagwerk. Sie verströmten die pure Lebensfreude, hatten sagenhafte Songs wie »Da kommt der Wahnsinn«, »Wahre Liebe« und »Die Kinder vom Hort«. Wir haben Lila Sterila an sehr vielen verschiedenen Orten live erlebt, im Rigan Club, betrieben und bespielt vom legendären Richard Rigan, im Schwabinger Bräu, auf Festivals, im Fraunhofer und in der Alabamahalle. Wir sangen mit, tanzten Pogo und die Lebensfreude war riesig.

»POGO IN TOGO«
AUF YOUTUBE

Etwa zur gleichen Zeit entdeckte ich eine andere Lieblingsband: die United Balls. Unfassbar tolle Live-Stimmung. Ich habe vermutlich in meinem Leben kein Album öfter gehört als »Pogo in Togo«. Ein Jahrhundertwerk. Der legendäre Frontmann heißt Harry Kulzer. Alles, was dieser Mann anpackt, ist fantastisch. »Table for Two« beispielsweise. Echt ein Wahnsinn.
Ich bin ja in Pasing aufgewachsen, da gab es feine Bands wie Rockdorf, Keine Ahnung und Big Nose Cathy. Aus diesem Umfeld kenne ich Calle Dürr,

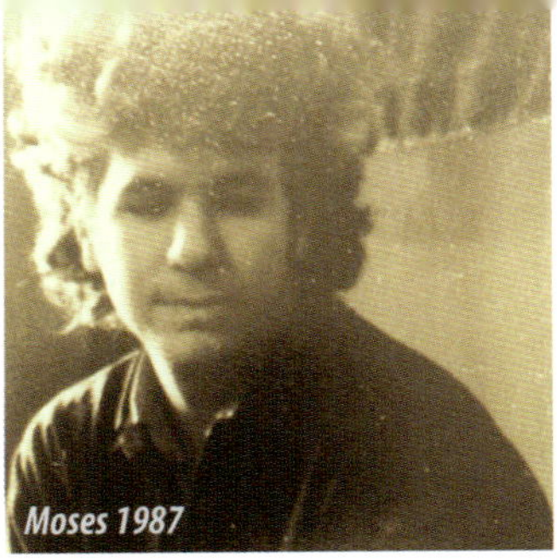

Moses 1987

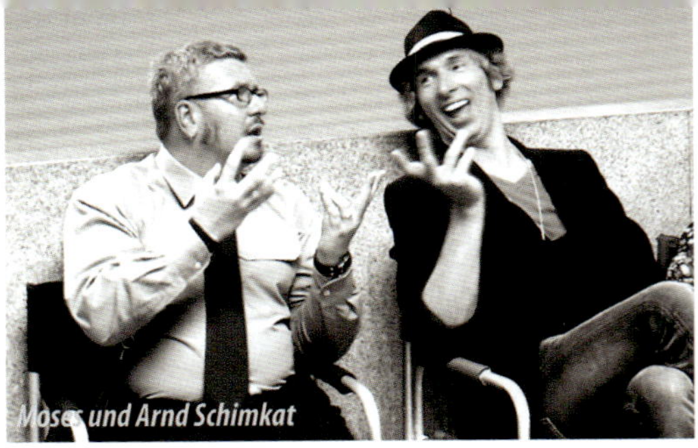

Moses und Arnd Schimkat

Stefan und Achim Erz, Uli Linsen, Hans von Chelius, Martin Preininger, Georg Spindler, Wolf Wolff (mit dem ich nicht verwandt bin) und meinen langjährigen Rap-Bühnenpartner Meister Slix.
München in den frühen 1980ern war Punk Rock pur. Überall schossen saugeile Bands aus der Erde, man kam kaum hinterher. Weil wir wenig Geld hatten, nahm die Person, die eine coole Schallplatte besaß, allen anderen ein Tape davon auf. Wir waren damals ja noch recht jung. Als ich das erste Mal Zero Zero und Lustfinger hörte, war ich in der siebten Klasse. Im Sommer saßen wir im Theatron und hörten Musik der Marionetz mit Michi Sailer, Sigi Pop, Gussy Germann und vielen anderen. Der Toningenieur war Stefan Zauner, der später mit der Münchener Freiheit Weltruhm erlangte. Dass sich mit manchen dieser Legenden eines Tages meine Wege kreuzen würden, war mir damals freilich noch unklar. Irgendwann wurde mir bewusst, was für ein Geschenk es doch ist, in solch einer schönen Stadt leben zu dürfen und dadurch mit einem dermaßen großen musikalischen Kosmos gesegnet zu sein. Und wir mochten und mögen alle, von bairischer Rock 'n' Roll-Band über Hip Hop bis Jazz: Hermann und Carolyn Breuer, Orchester Bürger Kreitmeier, Monostars, Harold Faltermeyer, Weiherer, Michi Dietmayr, die Isarrider, Les Derhosn, Christin Henkel, die Spider Murphy Gang, die Cagey Strings, die Emil Bulls, Heinrich Beats the Drum, Nick Woodland, die Midnight Walkers (heute Krohn-Band), Feinkost Paranoia, Freaky Fukin Weirdoz, Heinrich Beats the Drum, ZSD, Beyond Pleasure und Les Babacools und Kupfer. GOTT schütze und erhalte die Münchner Musikszene!

Unsere erste Band gründeten wir zunächst nur in Gedanken. Wir waren damals zwölf. Mein Schulfreund Björn übte täglich auf seinem E-Bass, meine Lebensfreundin Mimo, mit der ich in der Krabbelgruppe und im von unseren Eltern mitgestalteten Unikindergarten schon als Baby gern Unfug trieb, war ohnehin mit ihrem Saxofon verwachsen und ich trommelte wie wild auf meinem orangefarbenen Maxwell-Schlagzeug rum. Unterricht bekam ich auf der Jugendmusikschule Gräfelfing bei der wunderhübschen Percussionistin Elisabeth Amandi, die sogar schon mal bei »Wetten, dass …?« auf der Marimba den Hummelflug gespielt hatte.
Unsere fiktive Kapelle nannten wir ›Negativ‹ und natürlich waren wir eine Punkband. Das Ganze fand ja schließlich im Jahre 1981 statt. Björn und ich zeichneten täglich neue Plattencover und legten bereits fest, welches das erste, das zweite und das dritte Album werden sollte, ohne auch nur eine Sekunde an Texten oder Kompositionen gearbeitet zu haben. Auch Singles entwarfen wir und tüftelten anhand aktueller Charts-Listen über günstige Platzierungsmöglichkeiten.
Da mein Schlagzeug in meinem 30 qm großen Zimmer stand, trafen wir uns einmal in vollständiger Anzahl bei mir. Dieses Treffen sollte übrigens das einzige bleiben. Mimo hatte ihr Instrument dabei und auch Björn das seine, nur hatten wir keinen Verstärker und man hörte neben Schlagzeug und Saxofonspiel den Bass nur sehr undeutlich. Ich musste neben dem Trommeln auch singen – logischerweise ohne Mikro –, sodass man auch da-

von nicht viel vernehmen konnte. Wir entwickelten in diesen Stunden das Fragment für den Song »Großstadt«. Den Text hatten Björn und ich in mühevoller Kleinarbeit erdacht:

Ich gehe durch die Straßen
fühle mich so leer
in den Seitengassen
hasten Leute hin und her

Die Häuserblöcke
sind so grau
so furchtbar grau
so grau, so grau

Großstadt
Großstadt, Horrorstadt
Großstadt
Großstadt, Horrorstadt

Ich gehe über Plätze
fühle mich so leer
Angst, dass ich mich verletze
mein Herz, es schlägt nicht mehr

und dann an einer Ecke
da treff ich plötzlich dich
das wundert mich, denn eigentlich
übersieht man sich

in jeder
Großstadt
Großstadt, Horrorstadt, Betonstadt
Großstadt
Großstadt, Horrorstadt

Es war uns ernst: Wir wollten unsere Zuhörerschaft aufrütteln. Vielleicht gibt es Kassettenaufnahmen von diesem denkwürdigen Nachmittag, ich habe es leider noch immer nicht geschafft, die ca. 500 MCs durchzuhören, die sich in meinem Besitz befinden. Ich erinnere mich jedoch dunkel, dass wir zu jener Zeit ausschließlich Ampex und Maxell-Kassetten verwendeten, jeder, der anderes kaufte, wurde von uns ins Reich der Unwissenheit und Qualitätsarmut verwiesen. Nach unserem einmaligen Treffen mit allen drei Bandmitgliedern ebbte die Energie ab und wir trafen uns lieber zum Musikvideoschauen. Mimo heißt übrigens Carolyn Breuer und ist heute eine Weltklasse-Jazz-Saxofonistin. Ihr Vater Hermann Breuer zählt zu den Münchner Jazz-Urgesteinen, früher Posaune, heute Piano und Gesang. Wenn ich Mimo besuchte, hörten wir ihn immer üben, manchmal nur mit Mundstück, dann wieder mit Posaune. Eine wunderschöne Kindheitserinnerung.

Bei mir daheim lief die ganze Zeit Musik. Reggae, Led Zeppelin, Ton Steine Scherben, Schroeder Roadshow, Konstantin Wecker. Mein Elternhaus war voller Musikinstrumente: Panflöten, Triangeln, Rasseln, Schellen, je nach Untermieter diverse elektrische oder akustische Gitarren, Blockflöten, zwei Klaviere und ein Flügel, kleine Trommeln, Xylofone und ein Jagdhorn. Meine Mutter spielte klassisches Klavier und mein Vater sang zur Gitarre. Ich versuchte mich mehr schlecht als recht am Schlagzeug und konnte zwei, drei Lieder klimpern. Einmal brachte meine Mutter ein merkwürdiges orientalisches Instrument mit nur einer Saite vom Tollwood Festival mit nach Hause, aus dem ich Jahre später die surreale Bühnenfigur Moses Shanti entwickelte.

Mit 12 war ich dann in Starnberg Gründungsmitglied der Band Lost Paranoias, auch hier am Schlagzeug. Damals war die Punkband A&P sehr populär, außerdem Idylmüll, mit denen wir uns Bandräume im Starnberger Jugendzentrum teilten. Doch unser Bassist hatte wohl mal nicht vernünftig abgeschlossen, so wurde unser halbes Equipment und mein gesamtes Schlagzeug geklaut, was dann auch das Ende der Band bedeutete.

Von Christian Prommer kaufte mir mein Vater ein cooles Tama-Schlagzeug, danach gründeten wir die Band Monocystis agilis mit dem Frontmann Urs. Es war ein feines Projekt, allerdings schmeckte uns damals das Bier schon ausgesprochen gut, dass wir immer häufiger lieber feierten als übten. Urs ist dann in die Schweiz gezogen und Pferdeflüsterer geworden.

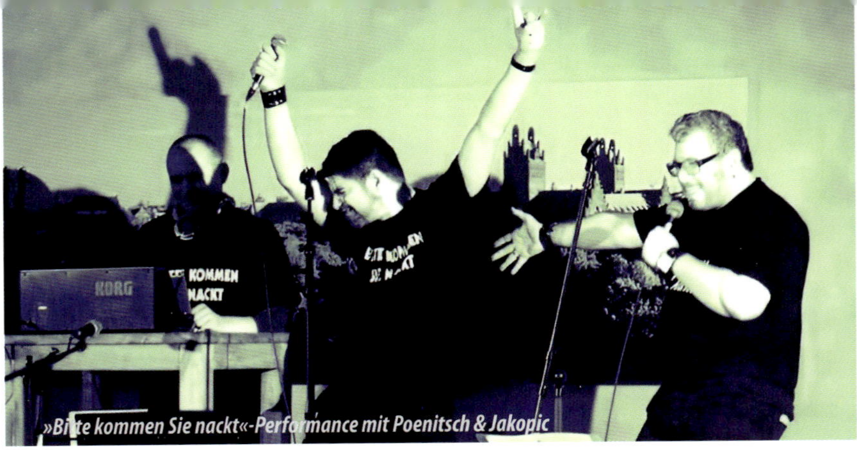

»Bitte kommen Sie nackt«-Performance mit Poenitsch & Jakopic

Kurz nach meinem sechzehnten Geburtstag begann meine erste längere Beziehung mit einer schönen jungen Frau im gleichen Alter. Später gründete ich mit ihrem lustigen und lässigen Bruder Felix das Flying Mookoos Quartet. Frontmann war der Franzose Bruno (»Brüüno«), der hohe Ansprüche hatte und laufend an Fusion- und Spacerock-Stücken nach dem Vorbild der französischen Progressive-Band Gong arbeitete. Er war ein Genie, aber auch etwas wahnsinnig, irgendwann ist er glaub ich ins Ausland gegangen oder in eine Psychiatrie eingewiesen worden. Unsere Musik war wirklich toll, aber ich merkte, dass mein Talent für das Schlagzeug sich in Grenzen hielt und ich lieber rappen wollte. Wir fanden dann einen WIRKLICH guten Schlagzeuger namens Michi, ich schrieb deutsche und englische Rap-Texte. Einmal hatten wir einen Gig im Feierwerk und überlegten uns als Konzept, Wohnzimmeratmosphäre zu schaffen. Also sind wir mit dem Band-Bus unseres speziell für das Konzert dazugebuchten, sehr exzentrischen Pianisten Marckus [sic] zum Sperrmüll gefahren und haben Sessel, Beistelltische und Stehlampen geholt, um die Bühne zu dekorieren. Damit es noch gemütlicher rüberkommt, hatte jedes Bandmitglied eine Flasche Jack Daniel's neben sich stehen, die wir dann während des Konzertes terminiert haben. Resultat: Filmriss auf ganzer Ebene. Ich erinnere mich noch schemenhaft, dass ich eine wüste Diskussion mit dem Publikum hatte und es irgendwie Ärger gab. Wir haben das Konzert Hals über Kopf und rabendicht verlassen. Selbstverständlich waren am nächsten Tag fast alle Instrumente weg. Das Prinzip »Maximal ein Konzert pro Bandprojekt und ständig alle Instrumente gestohlen« verfolgte mich bis zu diesem Zeitpunkt.
Weil ich ja auch immer gerne Kabarett machen wollte und mit dem Trio Farfadet auftrat, zu dem auch mein Uralt-Kindergartenfreund Arnd Schimkat gehörte, tat ich mich parallel zu unserer Truppe mit Meister Slix zusammen, mit dem ich das Hip-Hop und Comedy-Duo ›Ächz‹ gründete. Wir traten nach alter Tradition am liebsten mit DJs auf und rappten herrliche Songs auf allen Bühnen, die sich uns boten. Einmal auch als Vorband von Amon Düül 2, die vor Progressive Rock-Fans spielten. Diese Leute wollten alles, aber ganz bestimmt keinen Hip Hop hören. Wir wurden nach spätestens einer Minute ausgebuht, hielten aber wacker eine weitere halbe Stunde durch. Kurz bevor sie uns lynchten, zogen wir von dannen. Unsere Mikros konnten wir retten, was eine neue Erfahrung für mich war. Ab dieser Zeit schrieben wir nur noch deutsche und bairische Rap-Songs und waren so ziemlich die ersten bairischsprachigen Rapper weit und breit, auch, weil das damals so überhaupt nicht angesagt war und Mundartrap seinerzeit als rückständig galt. Das hat sich dann zum Glück nach ein paar Jahren geändert und ich brachte mit einem Produzenten die Single »Pasing is guad« auf den Markt, die rund um den Pasinger Bahnhof ein Verkaufsschlager wurde. Also fast. Noch heute stehen ca. 300 Exemplare der CD-Single in meinem Schrank.

»BITTE KOMMEN SIE NACKT« AUF YOUTUBE

Aber um chronologisch zu bleiben: Nach meiner Zeit mit Ächz traf ich den Produzenten Klaus M., der mir den jungen Schauspieler und Synchronsprecher Johannes vorstellte, mit dem ich mich sofort dick anfreundete. Wir legten los. Hierbei entstanden die frechen Rap-Songs »Shame and Scandal« und »Jugend forscht«. Später engagierte Klaus M. mich für den Pro7-Fußball-Song »Die Spielfilm 11« mit Spitting Image-nachempfundenen Puppen wie Arnold Schwarzenegger. Der Inhalt des Songs war: Pro7 zeigt keine Fußballspiele, sondern kickt in der Spielfilmliga. Ich schrieb und rappte den Text. Der Jingle lief zur WM 1998 mehrmals täglich rauf und runter, mit meiner Stimme und meinem Text. Der Produzent bezahlte mir 100 DM und sagte, das sei ein übliches Honorar. Damals befasste ich mich noch nicht mit Verwertungs- oder Urheberrechten wie der Gema oder der GVL und dachte, das wäre schon in Ordnung so. Schwamm drüber, viel Geld habe ich dabei wohl nicht verloren, mehr als der Gegenwert eines Einfamilienhauses wird es schon nicht gewesen sein. 2002 traf ich Sal Ban, Pianist, Komponist, Studiobetreiber und Hip Hop-Fan. Seither produzieren wir in regelmäßigen Abständen Songs. Hierbei entstand mein erstes eigenes Hiphop-Album »Verbissenlos«. Im Kinderzimmer von Sal Bans Tochter drehten wir mit hunderttausend Spielsachen das Video des mit Bina Birawsky entstandenen Songs »Irritieridi«. Mit Bina und Carolyn habe ich übrigens einen Song für meinen Verein 1860 München im Studio aufgenommen. Er heißt »Auf die Löwen«, der Stadionsprecher spielt ihn gern bei Toren der Blauen.

Mein alter Freund Richard Westermaier, mit dem ich die Webserie »Der Wildbach-Toni« für das Satiremagazin Titanic und die Süddeutsche Zeitung produzierte, nahm mit mir und anderen die Single »Von Berg am Laim nach Agadir« und den »Biergartenfunk« auf. Ein paar Jahre später entstanden zwei Kinder-Musik-CDs meiner Freunde Carolyn Breuer und Sabine Bohlmann: das Jazzalbum »Der kleine Erdbär« und das Rap-Album »Ich rap mir die Welt«. Haupt-Protagonistin war Sabine Bohlmanns Tochter Paulina Rümmelein. Die beiden Alben sind sehr schön geworden, ich durfte ein wenig mitmischen, bin unter anderem als Bär im »Grashüpfer-Rap« zu hören. Mein toller Bühnenpartner Christian Sudendorf hatte ebenfalls seine Finger im Spiel.

Dann lernte ich Hansi Krohn und seine Band kennen. Wir arbeiteten einige Jahre erfolgreich auf Bühnen und im Studio und nahmen das Album »Perlen vor die Säue« auf, das auf Konstantin Weckers Label Laut und Luise erschien. Mit Poenitsch & Jakopic entstanden die Songs »Bitte kommen Sie nackt«, »Mein Schatz« und »Hitze«, drei einwandfreie House-Tracks mit dem einzigartigen Gesang von Jens Poenitsch und mir selbst. Kurz vor der Pandemie traf ich die Formation Schmu und Schmäh und Robin Felder. Wir entwickelten den Song »Augenblicklich Depression« und produzierten mit Michi Reithmeier ein ausgezeichnetes Video, geschnitten von Izzy Film. Auch mit Christoph Theussl entstanden einige Songs und Musikvideos, unter anderem das Wolfgang-Ambros-Cover »Inselwitz« und den satirischen Corona-Song »Loss die Mundschutzmaskn auf beim Liebesspiel«. Für Lustfinger schrieb ich den Text »Jeder Tag«. Der charismatische Schwarzwald-Rapper Psycomatic lud mich in sein Offenburger Studio ein. An einem einzigen Tag entstand das Lied »Hinter den Masken«, ein gesellschaftskritischer und satirischer Rap. Michaila Kühnemann drehte gemeinsam mit Synchronschwimmerinnen der Münchner Isarnixen das ganz hervorragende Video. Die meisten hier erwähnten Songs findet man auf Dailymotion oder YouTube. Und ich hab noch längst nicht alle Musikprojekte erwähnt, bei denen ich dabei sein durfte.

»HINTER DEN MASKEN« AUF YOUTUBE

Musik war mein Lebensinhalt

Suat Günes • BamBam Recordstore, DJ, Isar Plan

Generell gesagt: Musik verschafft dem Lebensgefühl einen Ausdruck. Das ist der Grund warum wir uns über Musik definieren und warum wir regelmäßig in Nostalgie schwelgen. Musik prägt und repräsentiert uns, unser Ich aus der Vergangenheit und in der Gegenwart und spielt dabei eine gewichtige Rolle in unserer Identitätsentwicklung. Wir definieren uns über unserem Musikgeschmack und über das jeweilige Milieu.

Ich habe als 7-Jähriger die 70er wahrgenommen, in den 80ern war es für mich die Hip-Hop-Kultur, in den 90ern faszinierte mich die House -und Techobewegung.

Mit 13 Jahren habe ich mir meinen ersten Plattenspieler auf dem Flohmarkt gekauft und mit 19 das Mixing und Scratching erlernt. Mit 20 war ich fasziniert von der Babalu After Hour, damals noch mit Michi Kern an der Tür, wie liberal, respektvoll und gemeinsam auf die neue Technobewegung gefeiert wurde, alle waren gleich, alle haben dadurch ein ›wir‹ erzeugt.

Ich hatte dann Anfang der 90er meine Residency in der Wunderbar. Tom Novy stand plötzlich vor mir bei meinem allerersten Gig und redete auf mich ein. Ich war nervös wie Zitterpappel und habe erst mal zwei bis drei Übergänge vergeigt, die Akustik ist natürlich eine ganz andere als im elterlichen Kinderzimmer ;-))

Das Schöne an München war, wer seinen Beitrag leisten wollte, hat seine Chance bekommen, wer sich engagiert hat, wurde auch aufgenommen. Ich habe dann den Plattenladen BamBam Records geführt, habe selbst ein kleines Label gegründet, an den Wochenenden in allen möglichen Clubs gespielt. Die Musik war mein Lebensinhalt, und so konnte ich in den 2000ern in München Electro-Pop mit etablieren. Wir hatten Events wie Atari Pop, Sexy Robot im Palais, Turnhalle Grooves mit 2raumwohnung usw., das war schon eine besondere Erfahrung, eine Musikrichtung, eine Sparte selbst zu prägen.

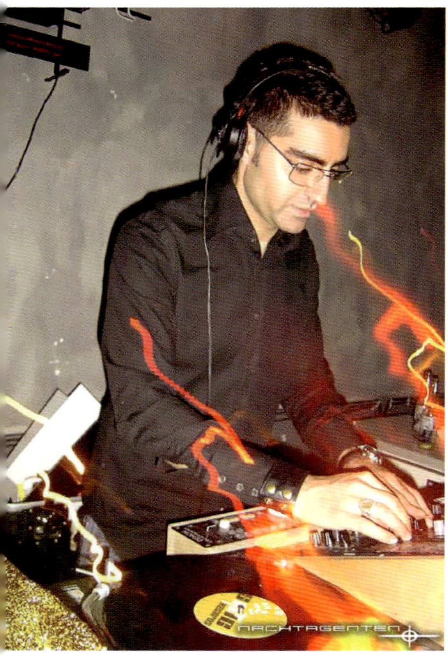

Ich habe trotzdem immer eine große Bandbreite bespielt, ohne Schubladendenken, von P1 und 8seasons bis hin zu KW, Pulverturm, Ed Moses, große wie kleine Events, wie auch After Hours, wollte ich kein Genre allein bespielen. Musik ist zu vielschichtig und vielseitig, warum sollte ich mich nur auf eine Note beschränken? Vornehmlich elektronische Musik, hier aber von Deep-House, über Electro bis hin zu Techno.

Zu den Highlights gehörten u. a. der Abend mit Andrew Fletcher von Depeche Mode. Fletcher selbst konnte selbst so gut wie gar nicht mixen, er hatte einen Techniker/DJ mit dabei, der ihm alles eingestellt hatte und über die Schulter immer wieder Hilfe gab. R.I.P.

Ganz besonders waren die Jahre 1999 und 2000, als wir mit unserer Münchner Truppe um Charles Ladmiral nach Sarajevo geflogen sind, um zwischen den Trümmern des Krieges den Menschen Ablenkung zu verschaffen, nach all dem erlebten Leid. Die Musik

hat ihnen geholfen, wieder Normalität zu erlangen. Vor ca 9 000 kriegsgebeutelten jungen Menschen am Flughafen von Sarajevo zu spielen, das war für mich eines der größten Highlights meiner Karriere.
Auf einem Wagen auf der Loveparade in Berlin zu spielen, inmitten von einer Million Menschen, ist etwas ganz Außergewöhnliches, und ein Maximum an Publikum, mit dem man seine Leidenschaft teilen kann. Ich bin glücklich, diese Zeit miterlebt zu haben. Eine Zeit, wo es noch keine Smartphones gab und wir selbst Teil einer großen Bewegung waren.

Discographie:
Resident Wunderbar 1995-1999
Resident Pulverturm 1996-2008
Resident 2001-03 KW München
Resident 2003-04 P1 Munich
Resident 2004-05 8seasons München
Resident 2006: P1 Munich
Pacha Berlin@Felix/ Pacha Munich
Python (Kitzbühel)
Geheime Gesellschaft Munich
Resident since 2007: Ed Moses
Resident 2010: V-528 Hvar

Guest bookings:
New York at Crobar
New York at Pink Elephant
New York at NA
London/Ministry of Sound
Cube with Andrew Fletcher of Depeche Mode
GQ Men of the Year Award 2003/Dj Hell
Wyclef Jean Special P1
Rolling Stones After Show/Nektar
KM 5, Ibiza
ZOO, Zurich
Kaispeicher Hamburg with Turntable Rocker
Particular, Ibiza
190east Frankfurt
Ultraschall (Laurent Garnier Tour)
Nachtwerk with Richi Hawtin
Lenbach, Parkcafé, Bubbles
Love Parade 99-02
Planet Sarajevo and Sloga, Sarajevo
Moog and Octopussy Barcelona
Bassment and Tittos Mallorca a.m.m.
Carpe Diem Croatia 2003/2004/2006
Kraftwerk Resident Munich
Felix Berlin Pacha-Nights 2004-2006
Garden/Munich

Alt und neu, hip und bieder

Titus Waldenfels • Gitarrist, Komponist, Musikant

Munich Sound ist für mich ein Lebensgefühl, das sich in Musik wiederfindet, die gleichzeitig alt und neu, gleichzeitig hip und bieder ist. Kein Grund, Tradition zu belächeln oder abzulehnen, aber natürlich existiert der Wunsch, auf dem Wellenkamm der Zeit zu surfen. Seit ich mich für Musik interessiere, also seit Mitte der 70er, meiner Grundschulzeit, sehe ich Bands und Konzerte verschiedenster Art, in denen sich musikalische Repräsentanten eigentlich ganz entgegengesetzter Genres mischen. Bierzeltmusik und Undergroundrock, klassische Musik und Punk, Jazz und Disco – was zu Verkaufszwecken fein säuberlich getrennt wird, erregt in der Realität keinerlei gegenseitigen Anstoß. Es ist wie die Surferwelle am Eisbach: Umsonst und draußen neben einer Nobeldisco, sommerlich im Charakter, kalt in der Ausführung, nur für Eingeweihte, offen für Zaungäste.

Ich bin in Altschwabing aufgewachsen. Eine meiner frühesten Erinnerungen sind, neben denen der Gänse vom Kleinhesseloher See, die über unser Haus flogen, die Geräusche von, wie ich später herausfand, Dixieland Jazz, die aus dem Schwabinger Podium drangen, wenn Gäste durch die Tür gingen.
Schon vor Schulalter entdeckte ich den Music Shop in der Siegesstraße, damals nicht nur oder vielleicht auch fast gar nicht Laden zur Gewinnschöpfung, sondern Treffpunkt royale. Es wurde im Geschäft geraucht, abgehangen, geredet und ausprobiert, die neuesten Instrumente der Zeit waren dort zu finden, wie auch die neuesten Bands.

Ich durfte, weil ich vorsichtig war, auf den Gitarren meine ersten Griffe erproben und sah anderen mit großen Augen über die Schulter. Nick Woodland, Bimey Oberreit, Jack Barry, Willy Ray Ingram, Rüder Helbig (der dort arbeitete), und vielen mehr, von denen einige, was ich nicht wusste, auf im Radio laufenden Songs von z. B. Boney M. oder Donna Summer zu hören waren. In der Tomate next door hörte ich sonntagmorgens die Puderband oder jedenfalls eine Inkarnation dieser Band, in der u. a. Skip Thaller eine deutsche Version von »Play With Fire« sang, was für mich beängstigend klang. Dem Namen der Band konnte ich nichts abgewinnen, der Bluesrockmusik voller Gitarrenfeedback und lässiger Perfektion umso mehr.

Auf dem Straßenfest am Nikolaiplatz spielte, es muss wohl 1976 gewesen sein, eine Gruppe Rock 'n' Roll, mit Fender Rhodes, Music Man Verstärker, Fender Gitarren und ein paar Dynacordboxen. Sie sangen u. a. »Rock 'n' Roll Music«, was ich für einen Beatlessong hielt, jedenfalls viel auf Englisch. Der Gitarrist lief mit einem langen Kabel durch das Publikum. Ich war sofort und für immer infiziert mit dieser Musik und als wenige Jahre später meine Schulkameraden von »Skandal im Sperrbezirk« schwärmten, kannte ich die Band schon immer.

Am Theatron im Olympiapark spielten Schlagzeuger George Greeene, mit Jimmy Jackson an der Hammond, Roykey Whyd an der sehr sehr elektrischen Gitarre, Eddie Taylor am Saxofon, Sänger und Keyboarder Patrick Gammon, Willy Michl.

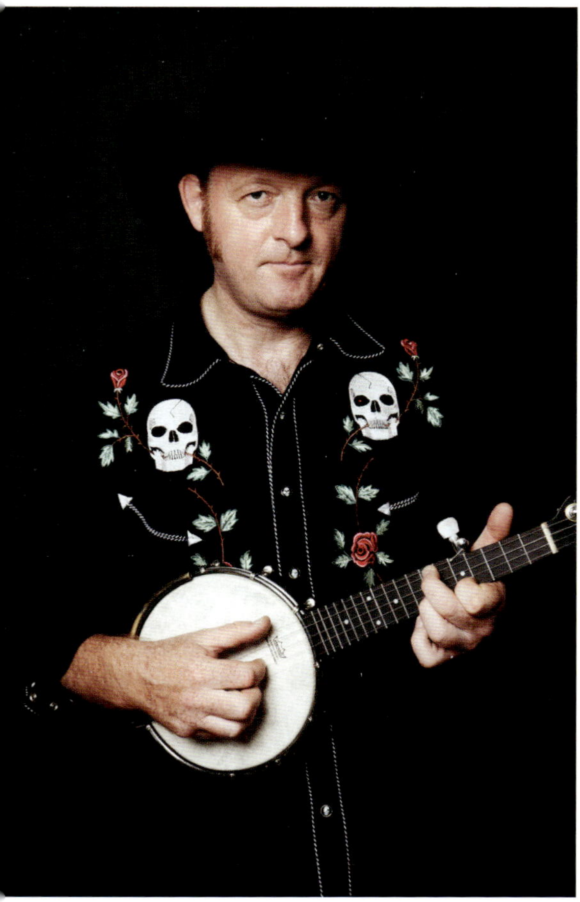

Ohne es zu wissen, hörte ich so an heißen Sommernachmittagen umsonst und nach 40-minütigem Fußmarsch, weil mein Fahrrad dauernd platt war, die Sidemen von Westernhagen, Doldinger, Tina Turner, hörte die halben Ammon Düül, Embryo, Haindling, hörte echten Funk. Genauso gerne mochte ich aber die Hot Dogs und andere Stimmungskapellen in Biergärten – sogar den Gitarristen des Akkordeon-Duos, das am Kleinhesseloher See spielte, der mich unfreundlich anraunzte, weil ich mit meinem Fahrradreifen seine schwarze Trevirahose schmutzig machte – so nahe wollte ich heran an die Bühne.

Die Sache mit Brian May

Willy Klüter • Musiker, Produzent u. a. Prince Damien

Beim Begriff Munich Sound denke ich ganz klar an die zweite Hälfte der 1970er-Jahre, Silver Covention »Fly, Robin, Fly«, Donna Summer »Love to Love You Baby« etc. Discosound mit wenig Text, meistens nur ein Refrain, keine Strophen, dafür lange Instrumentalpassagen mit markanten Streicherlinien.

Ich war Keyboarder/Sänger in der Münchner Band Gold und wir produzierten 1977-1979 vier Singles für Ariola, die größtenteils auch im typischen Munich Sound waren. Wir arbeiteten im gleichen Studio wie Anthony Monn (Produzent von Amanda Lear). Interessant war zu dieser Zeit die Art der Schlagzeugaufnahmen. Es gab eine Clickspur (Drumbox, genannt »Japaner«) und der Drummer spielte dazu zunächst die Bassdrum ein, waren ohnehin immer Viertel, also er klopfte 4 Minuten lang seinen Part möglichst exakt auf den Beat ein. Das Gleiche mit der Snare und der Hi-Hat, alles separat. Bei langen Versionen (»Love to Love You Baby« war z. B. eine ganze LP-Seite lang, 16:50) muss das ganz schön in die Arme und Beine gegangen sein, denn das musste durchgespielt werden, Sampling und Loops gab es damals höchstens in Form von Bandschleifen, und die waren für solche Zwecke ungeeignet. Keith Forsey (später Produzent von Simple Minds und Icehouse) war der King für die Drum-Jobs in dieser Zeit in München. War der Drum-Part dann fertig, kam die restliche Rhythmusgruppe, Bass, Gitarre und Keyboards dazu. Alles wurde einzeln eingespielt. Zum Schluss kamen noch die Streicher und eventuell Bläser dazu. Und natürlich die Vocals.

Die Musicland Studios von Giorgio Moroder und Pete Bellotte im Arabellahaus waren die Top-Adresse in München. Hier gaben sich internationale Superstars die Klinke in die Hand: Deep Purple, die Rolling Stones, ELO, Meat Loaf und natürlich Queen. Der Meister an den Reglern war Reinhold Mack, der 1984 auch einen jungen Künstler namens Don Juan alias Jens Poenitsch produzierte. Bei der Produktion von »You Can« schneite dann plötzlich Brian May von Queen ins Studio rein, ihm gefiel, was er hörte und er wollte spontan auf dem Track mitspielen. Jens allerdings sagte ihm »Sei mir nicht böse, aber ich möchte alle Instrumente selbst spielen!« Brian May daraufhin: »Ok!«

Ich glaube, im Nachhinein hat sich Jens deswegen ein paar Mal in den Allerwertesten gebissen …

Willy Klüter und die Band Gold

Lost in Munich - über das Raven in den 1990er-Jahren in München

Kerstin Greiner • Partysanin

Ein Bus in Richtung Berge, 60 Leute, drei DJs. Das war der erste Rave on Snow, 1993 – das Jahr, in dem wir auch Die Partysanen in München gegründet hatten. Wir Partysanen veranstalteten Raves, gaben das Techno-Magazin Der Partysan heraus, gründeten eine der ersten Rave-DJ-Booking-Agenturen des Landes. Und dann hatten wir die Idee mit dem Bus und den Bergen. Das war die Idee hinter Rave on Snow, und damit auch die einer der ersten »Destination Raves« überhaupt, von denen wir in den nächsten 30 Jahren noch viele verwirklichen würden: Raves auf Kreuzfahrtschiffen, Segelbooten, auf thailändischen Inseln, in Sonnenblumenfeldern. Im Dezember 2023 feierten wir bei Rave on Snow Jubiläum: 30 Jahre Rave on Snow, 10 000 Besucher, über 80 DJs, Raves auf mehreren Berggipfeln, auf Hütten, in Clubs, auf dem Dorfplatz des österreichischen Dorfes Saalbach Hinterglemm. Rave on Snow ist heute einer der beliebtesten Raves des Landes.

Und alles ging in München los, Anfang der 1990er-Jahre, in denen wir – nicht nur wir Partysanen, sondern wir als Generation – Techno miterfunden haben. Wir waren hungrig, nach allem, was die Zukunft versprach. Wir liebten alles, was piepste, blinkte und mit viel Bass daherkam. Gerade war die Mauer gefallen und der Sozialismus zu Ende - eine neue Weltordnung nahm ihren Anfang und versprach Wohlstand, Freiheit, Frieden, Glück und viele leere Locations zur Zwischennutzung. Es herrschte Aufbruchsstimmung im neuen jungen Deutschland der Nachwendezeit. Helmut Kohl hatte dem frisch wiedervereinten jungen Deutschland blühende Landschaften versprochen – und auch wir in München pflanzten die Blumen dazu. Die Globalisierung und die Digitalisierung der Welt ließen sich schon erahnen, obwohl – in der Zeit vor Handy und Internet – vorerst nur das Fax piepste. Und die Synthesizer. Technikbegeistert, hedonistisch, glücklich stürzten wir uns auf die neue Musik, die sich in nur ein paar Jahren entwickelt hatte. Wir bastelten an Samplern herum, damit fiepsenden Töne herauskamen, kloppten an kleinen Apple Macintosh-Würfeln schaurige 3D-Grafiken zusammen, schnippelten unsere Rave Klamotten aus Alufolie, Federboas und wie zu Wolkenkratzern aufgebockten Schuhen zurecht. Im Nachhinein betrachtet machte ein ganzes Jahrzehnt einen vergnügten Hopser. Und das alles auch im sonst so aufgeräumten München – dieser Stadt, in der Musik immer eine besondere Stellung hatte, nicht erst, seitdem Freddie Mercury hier gelebt und gefeiert hatte.

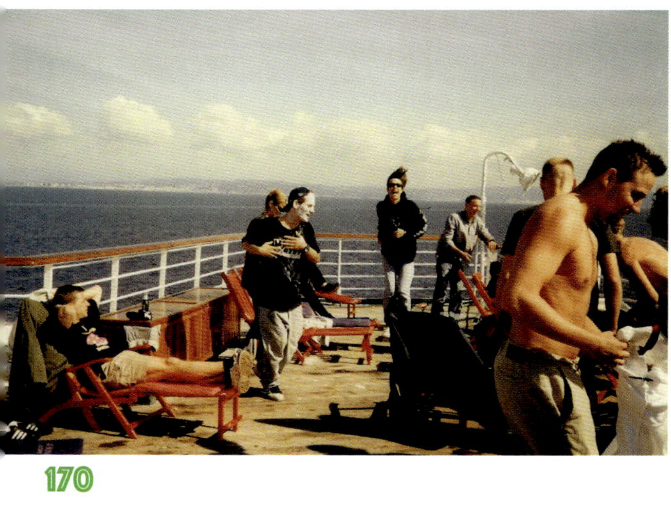

Der Abzug der Alliierten Anfang der 1990er-Jahre und die Truppenreduzierung der Bundeswehr hatten auch in München viele leere Hallen und Kasernen hinterlassen. In der ehemaligen Funkkaserne in der Domagkstraße, ganz hinten im nicht so schicken Nordschwabing, eröffneten die Alabamahalle und die Hallelulia Halle, die später Tempel hieß. Ich hatte gerade mein Abitur gemacht und begann mit einem Praktikum im Büro der Leitung dieser Hallen, machte Pressearbeit, Booking, solche Sachen. Im gleichen Gebäude hatten auch die wilden Jungs der Partysanen ihr erstes Kabuff angemietet, Thomas, Bob, Daniel, die dort ihre ersten Raves planten. Als ich während meines Praktikums einmal an ihrer offen stehenden Tür vorbeigegangen war, aus der immer lautes Techno Bum Tschak dröhnte, fragte mich der Lockenkopf mit dem übernächtigten Gesicht, der hinter seinem Mac-Würfel hervorlugte: »Du kannst doch schreiben, oder? Kannst du mir helfen? Ich will ein Techno-Magazin machen, in dem alle Flyer eines Monats gedruckt werden, mit Infos und Fotos dazu!« »Klar!«, sagte ich, setzte mich neben ihn, wir schrieben »Boing, Boing!« auf das erste Titelbild des Partysan-Magazins, wählten sieben verschiedene Schrifttypen und entwarfen das Partysan-Logo, ein Männchen mit sehr großen, schwarzen Augen. Ich blieb die nächsten zehn Jahre neben dem Typen sitzen. So lernte ich Bob Shahrestani kennen, Urgestein der Münchner Raveszene, und die anderen beiden Partysanen Thomas Kleutgen und Daniel Dietzmann, und wurde selbst zur Partysanin. Wir bezogen unser eigenes kleines Partysanen-Bürohaus gegenüber der Alabamahalle, veranstalteten Raves und Techno-Festivals, gaben das Partysan-Magazin in sechs deutschen Regionalausgaben und acht im Ausland heraus und bedruckten unzählige bunte T-Shirts mit wilder Grafik. Zu Beginn der 1990er-Jahre kam Techno nicht nur auf die Welt, sondern lernte auch sprechen und bekam schöne Kleider.

Das Gefühl, losgelöst von den Zwängen der Wirtschaft und ohne das Einverständnis von wem auch immer alles, aber auch wirklich alles selbst herstellen zu können – Musik, Grafik, Magazine, Mode, Kunst, Design – prägte unsere Generation. Die Aufbruchsstimmung der Nachwendezeit und die neuen technischen Möglichkeiten hatten uns auch in München in einen Zukunftsmodus versetzt. Wir waren wie unter Strom. Alles schien richtig, leicht, selbsterklärend. Wir brauchten keine Plattenverträge der großen Major-Labels mehr, weil wir unsere Musik und Magazine selbst zusammenbauten und gründeten eigene Vertriebe für Platten, CDs, Flyer. Die Techno-Szene wuchs nicht nur in München wie ein quirliger Ameisenhaufen und wir ravten, als gäbe es kein Morgen, Übermorgen und vor allem keinen Montag mehr.

Einige Jahre davor, in den späten 1980ern, ich war noch auf dem Gymnasium, hatte ich mir schon T-Shirts mit bunten Smileys bemalt, um auf die ersten Acid House Partys eingelassen zu werden, die damals Gery Winter in der ETA-Halle in der Dachauer Straße veranstaltete: Für unseren späteren Rave Techno war Acid der direkte Vorläufer, eine fiepende, zirpende Musikrichtung, die britische Jugendliche in den späten 1980er erfunden hatten: Sie warfen auf Ibiza zu Chicagoer House-Musik ordentlich Ecstasy ein, um dann begleitet von Hippie-Chic und dem Smiley-Zeichen in den Jahren 1988 und 1989 zurück

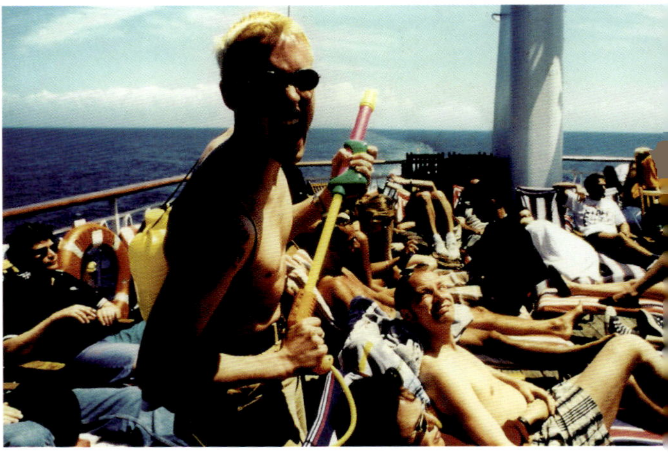

in ihrer Heimat den »Second Summer of Love« zu feiern. Acid schwappte nach Deutschland und vermischte sich mit dem, was die Vordenker der elektronischen Klangerzeugung wie Kraftwerk oder Tangerine Dream schon jahrelang vorbereitet hatten, besonders aber auch mit den harten elektronischen Sounds der Techno-Urväter aus Detroit. Was dabei herauskam, nannten wir erst »Technohouse«, dann nur noch »Techno«, zärtlich-weich oder mit hartem K in der Mitte ausgesprochen, je nachdem, ob man sich den weicheren oder härteren Stilrichtungen zugetan fühlte. Auch in München entwickelte sich der neue Sound: Musikalisch stilprägend waren und sind bis heute DJ Hell und sein Label Gigolo Records, Monika Kruse, Tobi Neumann, Funkstörung, Marcel Krieg, Jerome Isma-Ae, Eniac, Tomcraft, Jens Poenitsch, Michael Kronenberger (DJ Hitchhiker) und Steffen Harning alias Milk & Sugar, Domenic D'Agnelli. Tom Novy und DJ Linus stehen für die housigere Richtung, wie auch René Vaitl, der ebenso mit seinen Clubs Kraftwerk und Pacha stilprägend für München war. Der Club Ultraschall von DJ Upstart und sein Label Disko B wurde weit über Münchens Grenzen hinaus bekannt und mit ihm die DJs der minimalistischen, intelligenteren Techno Richtung, für die auch Acid Maria und Richard Bartz standen. Michi Reinboths Compost Records erfand mit Christian Prommer, Roland Appel, Rainer Trüby den elektronischen Techno-Jazz. Konsti Wahl veranstaltete im Parkcafé, er war wohl der Erste, der mit seiner Technomania einen Rave nach München brachte. Die ersten After Hours wurden im Babalu gefeiert, initiiert von den Nachtleben Urvätern Michi Kern und Bob Shahrestani, später auch im legendären Pulverturm. Und zwischendrin auch immer Rainald Götz, von uns allen schwer verehrter Schriftsteller, der mit einem Notizblock durch die Clubs zog für sein späteres Buch Rave, in dem wir auch alle einmal durchs Bild laufen.

Es gab und gibt viele legendäre Clubs in München, die sich in die Techno-Geschichte eingeschrieben haben, der ehemalige Flughafen mit dem Ultraschall, das Domagkgelände, später die Feiermeile im Kunstpark Ost, Pulverturm, Rote Sonne, Harry Klein, später Dafne van der Zees Prinzip, viel später die Erste Liga, das Bob Beaman oder Sandra Forsters und DJ Muallems Blitz und Forsters und Benny Röders Club Charlie. Es gibt so viele Menschen, die Techno in München geprägt haben, alle mit ihrer Handschrift, aber immer münchnerisch nonchalant.

Dabei war München zwar immer geprägt von mehr Geld, mehr Wohlstand, aber auch den strengsten Auflagen und einer »Null Toleranz«-Politik von Polizei und Obrigkeiten. Hier war es viel schwieriger, zu veranstalten, eine freie Szene zu entwickeln, und kein Münchner, der nicht von Razzien, Gerichtsverfahren wegen Verstößen gegen das Betäubungsmittelgesetz oder Leibesvisitationen berichten kann. Ich erinnere mich noch gut, als Bob und ich in einem Sommer Mitte der 1990er-Jahre eines Mittags von der Domagkstraße kommend über die Leopoldstraße fuhren – wir wollten Mittag essen – und am helllichten Tag angehalten und mit den Armen an der Wand durchsucht wurden. Einfach so. Anfang der 90er, als Bob Shahrestani mit Michi Kern die erste After Hour nach München ins Babalu gebracht hatte, erfanden sie deswegen auch die »erste Münchener Fummeltür«: Leibesvisitationen – das kannte vorher niemand. Ich habe noch ein T-Shirt von damals mit dieser Aufschrift.

Auch für uns Münchner wurde in den 1990er-Jahren die Welt kleiner. Durch den zunehmenden Flugverkehr und die ersten Billigflüge konnten wir andere Städte schneller erreichen: man konnte zur After Hour nach Köln, Frankfurt, Berlin fliegen. Die Rave Community liebte es, sich zu besuchen und an ungewöhnlichen Orten zu feiern, immer weiter, höher, schneller, denn: mehr ist mehr. Das DJ Booking wurde zur Kunst, Flugumbuchungen, DJ Schedules und der Austausch mit anderen Städten zum Blutkreislauf von Techno. Einmal, es muss nach unserem Rave The Loop in der Alabamahalle und im

Tempel gewesen sein, fragte ein DJ nach seinem Gig in die Runde der Leute, die nach Raveschluss noch in unserem Partysanen-Büro herumhingen: »Habt ihr nicht alle Lust, nach Köln ins Warehouse zu fliegen? Ich muss da ab 12 Uhr auflegen!« Hatten wir natürlich, er legte seine Gage in sechs Flugtickets an und so flogen wir mit der ersten Maschine der damals noch existierenden Deutschen Britisch Airways nach Köln.

München hatte im Gegensatz zu anderen Städten auch kaum Berührungsängste mit Sponsor-Geldern, die in den 1990er-Jahren bald reichlich flossen - auch das ein Umstand, dass die Szene schnell und oft an ungewöhnliche Orte pilgerte und wir Partysanen bald ganze Kreuzfahrtschiffe für unsere Raves mieteten: 1996 flogen wir für unsere Rave & Cruise von München los und schipperten das erste Mal über die Meere nach Ibiza, Mallorca, Menorca, Genua. Die anderen Schiffe auf dem Meer konnten unsere Licht-, Ton- und Nebelsignale nicht deuten: Sie fragten über Funk, ob wir in Seenot seien.

Die Entwicklung des Münchner Techno, die Art, wie wir hier feierten, hatte immer viel mit München zu tun: denn München war proper, ein wohlgenährtes, ein bisschen zu verwöhntes, aber lustig freches Ding. Wir konnten vieles, was in anderen Städten nicht so einfach möglich war. In München ging Konservativismus und Revoluzzertum immer schon zusammen.

Ich glaube fest daran, dass München die schönste aller Technostädte der 1990er war. Man konnte gar nicht anders, als München zu verfallen, sich in München zu verlieren. Die Sonnenaufgänge auf der Leopoldstraße, wenn wir mit fahlen Gesichtern vor dem Babalu neben den raschelnden Pappeln standen, die losgelösten After Hours im Garten des Pulverturms unter blau-weißem Prachthimmel, die Industrieromantik am ehemaligen Münchner Flughafen Riem oder auf dem Domagkgelände – in München sind sogar die Abrissbauten schön.

Viele von den alten Münchner Ravern der 1990er-Jahre sind heute immer noch gut miteinander befreundet, auch wenn wir in der Welt verstreut leben. Auch ich wohne mittlerweile in Berlin. Viele von uns gehen auch immer noch aus, ich auch. Egal aber in welchem Club, auf welchem Festival, auf welchem Rave ich in Berlin, Tulum, Ibiza tanze: mein Raverherz schlägt immer noch in München.

Thank you for the Music, Munich.

Die Autorin:

Kerstin Greiner ist 1993 Mitbegründerin der ›Partysanen‹, einer Münchner Techno Veranstaltungs- und DJ-Booking Agentur und gab ab 1994 das Techno Fanzine »Der Partysan« mit heraus. »Der Partysan« war das erste Techno Fanzine im A 6 Format in Deutschland. Über ein Franchise System weiteten die Partysanen die Auflage des Fanzines auf 14 Ausgaben in 10 Ländern aus. Kerstin Greiner war über viele Jahre Redaktionsleiterin der Münchner »Der Partysan«-Ausgabe. Die Partysanen veranstalten Raves wie Rave on Snow, Rave & Cruise, Sunflower Festival, Thaibreak und erfanden damit das Genre des Destination Raves. Zeitgleich studierte sie Kommunikationswissenschaften, Soziologie und Psychologie an der Ludwig-Maximilian-Universität München und beendete mit der Magisterarbeit: »Fanzines in der Techno-Szene – Markt, Produktion, Publikum.« Sie wirkte bei diversen Techno-Anthologien wie Localizer 1.0 – The Techno House Book des Berliner Gestalten Verlages mit. Zwischen 1992 und 1998 arbeitete sie zusätzlich als Artist Managerin für deutsche Großraves wie Loveparade und Mayday. Die wichtigste Techno Fanzine des Landes »Frontpage« kürte sie 1995 zur »Raverin des Jahres«. Heute ist sie Redakteurin beim Magazin der Süddeutschen Zeitung und lebt in Berlin. Ihre Reportagen wurden unter anderem mit dem Deutschen Journalistenpreis, dem Deutschen Sozialpreis, dem Ravensburger Medienpreis, dem Dietmar-Heeg Medienpreis, dem Emma-Journalistinnenpreis ausgezeichnet. 2020 erschien ihr Buch »In den Iran. Zu Fuß. Ohne Pass.«, die Geschichte eines jungen Mannes, der nach Iran lief, um seine Mutter zu finden und zum Bestseller wurde. 2021 kuratierte sie den Mode- und Magazinteil der Kunstausstellung »Techno Worlds« des Goethe-Instituts. Die Ausstellung wird über fünf Jahre weltweit gezeigt. Das gleichnamige Buch «Techno Worlds« zur Ausstellung mit dem Text »Tanzen ist die wärmste Jacke« von Greiner erschien 2022. In der 2023 erschienenen dreiteiligen TV-Dokumentation »Techno Rush« (RTL Plus) berichtet sie von den Anfängen von Techno in den 90ern.

MICHI POENITSCH

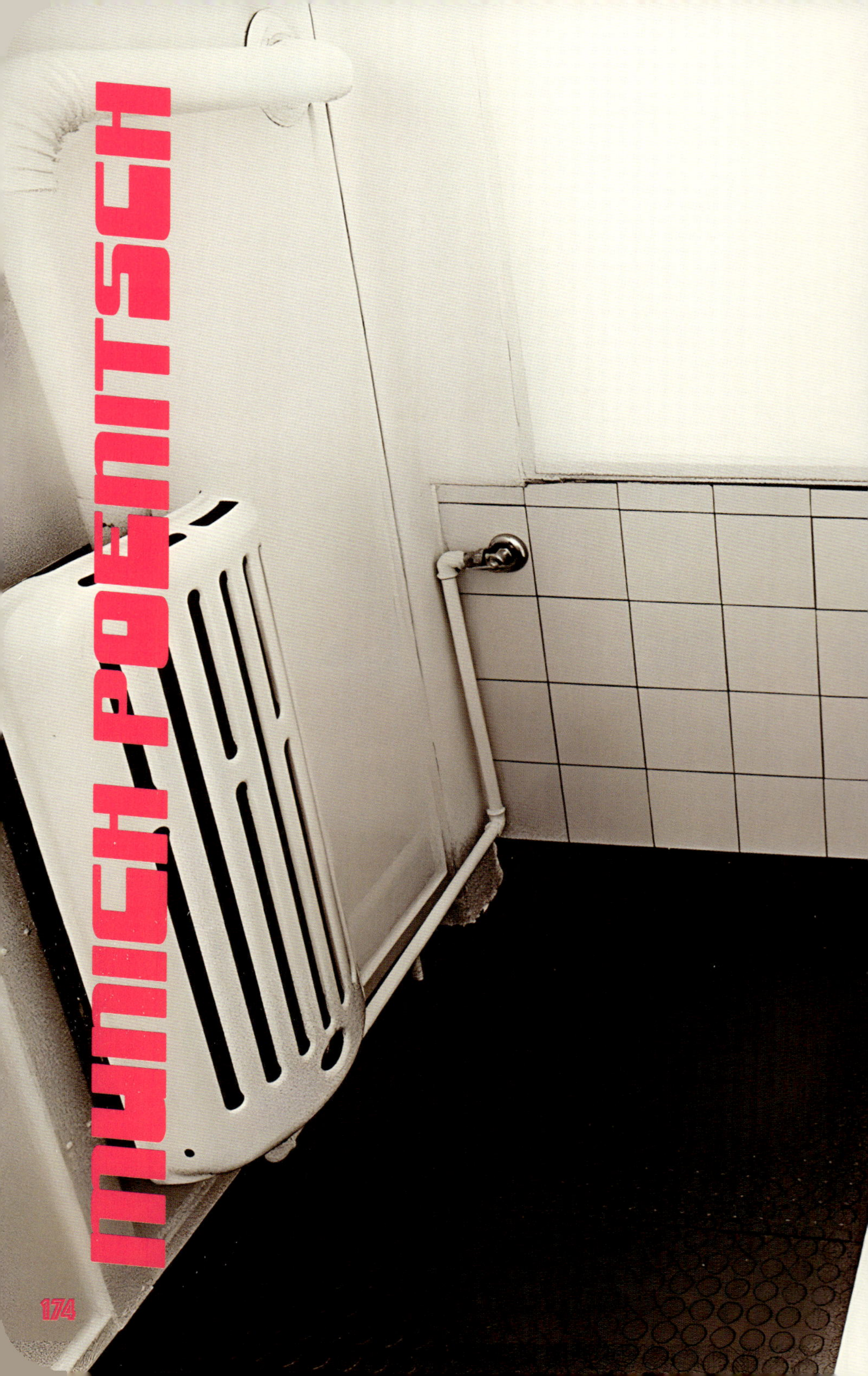

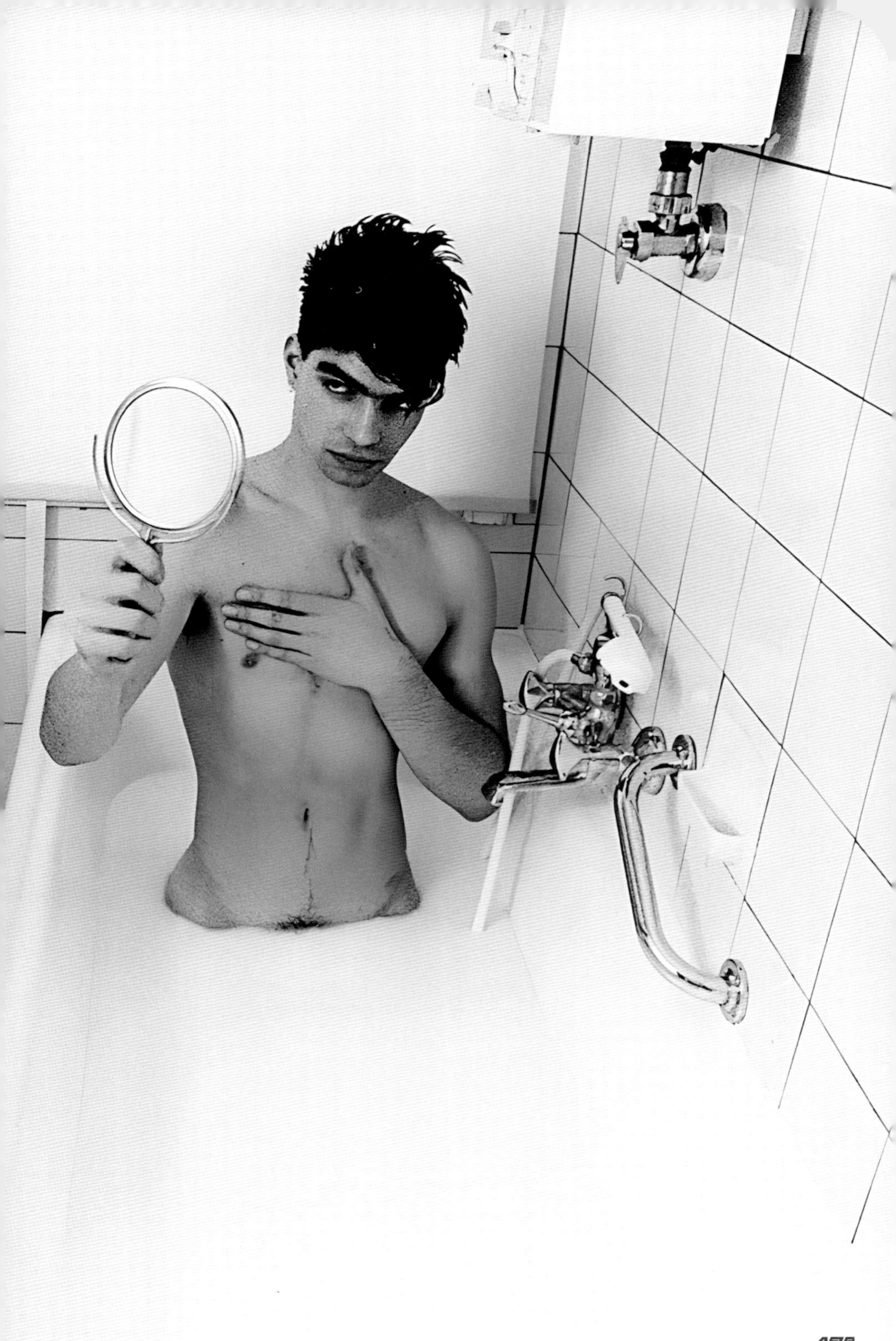

Digitales Tagebuch

Digitales Tagebuch, vor allem während Corona, Gedankendisco, Geschichten, Gossips & Anekdoten in unregelmäßiger, spontaner Abfolge:

Oktober 2015
Lieber Musikpartner Bernd Jakopic – danke für die ersten 15 Jahre Poenitsch & Jakopic, Seite an Seite Musikmachen, Auflegen, Produzieren und Live Acten (und das Aushalten meines hyperaktiven Zappelphilipp Egos) – als Duo und darüberhinaus mit weiteren tollen Partnern wie Moses Wolff, Zoe Mazah, Harold Faltermeyer, DJ Linus, Supamario, DJ Enne etc., Co-Ops und Featurings sowie Label-, Vertriebs-, Club- und Bookingpartnern vom Allerfeinsten. Möge die Show und die Reise so famos weitergehen. Die tolle Torte entstammt dem Münchner Café Schuntner, das Design zauberte Eli. Danke, sagt Jens Poenitsch.

Gedankendisco dazu
Als ich Bernd zum 15-Jährigen eine Torte im Café Schuntner machen ließ, wollte ich das edle Stück mit dem Rad ins Studio hieven. 20 Meter vor dem Ziel kreuzte ein Senior auf einem Klapprad meinen Weg, mitten am Glockenbach, kurz nach dem Bioladen Schmatz, fast Schrittgeschwindigkeit haltend. Ich radelte ihm zügig entgegen, eine Hand in der Luft, die Jubiläumstorte jonglierend. Jedes noch so kleine verkehrsbedingte Manöver wäre jetzt eine ernsthafte Gefahr für die Leckerei gewesen. Als klar war, dass der grantige Greis nicht willens war, mich vorbeizulassen, griff ich instinktiv zur letzten Rettung: Ich schrie aus Leibeskräften »OPA!« und blickte ihm während der Fahrt sekundenlang starr ins Antlitz. Er zuckte zusammen, duckte sich und radelte in plötzlicher Blitzgeschwindigkeit mitten ins nächste dicke Gebüsch, während ich, die Torte triumphierend in den Himmel stemmend, an ihm vorbeiraste. Von Opa ragte nur noch Hemdzipfel und Rücklicht aus dem Dickicht. Torte gerettet. Danke.

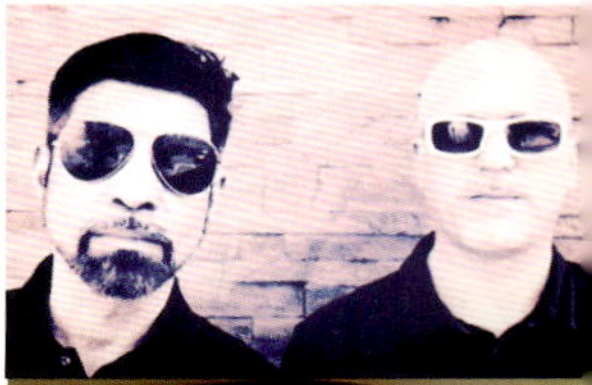

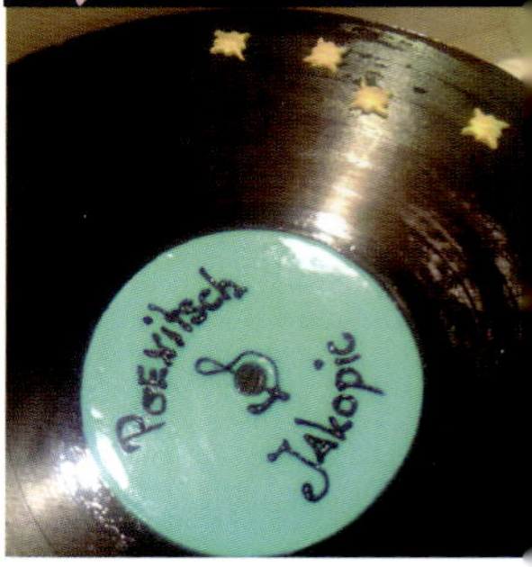

April 2016
Gestern Prince, heute vor 400 Jahren Shakespeare
»Bedenke ich, wie alles hier im Leben
Nur kurze Weile im Zenite kreist,
Wie in der Sterne unerforschtem Weben
Nur Schatten diese große Bühne weist;
Seh' ich der Pflanze gleich den Mensch erstehn,
Genährt vom gleichen Himmel und zerstört,
Im Vollbesitz der Jugendkraft vergehn,
Bis alles der Vergessenheit gehört;
Dann bei der Ahnung der Vergänglichkeit
Erscheinst du mir in jugendlicher Pracht,
Mit dem Verfall seh' ich im Kampf die Zeit,
Die deinen Tag versenkt in düstre Nacht.
Doch biet' ich Trotz ihr, ganz in Liebe dein,

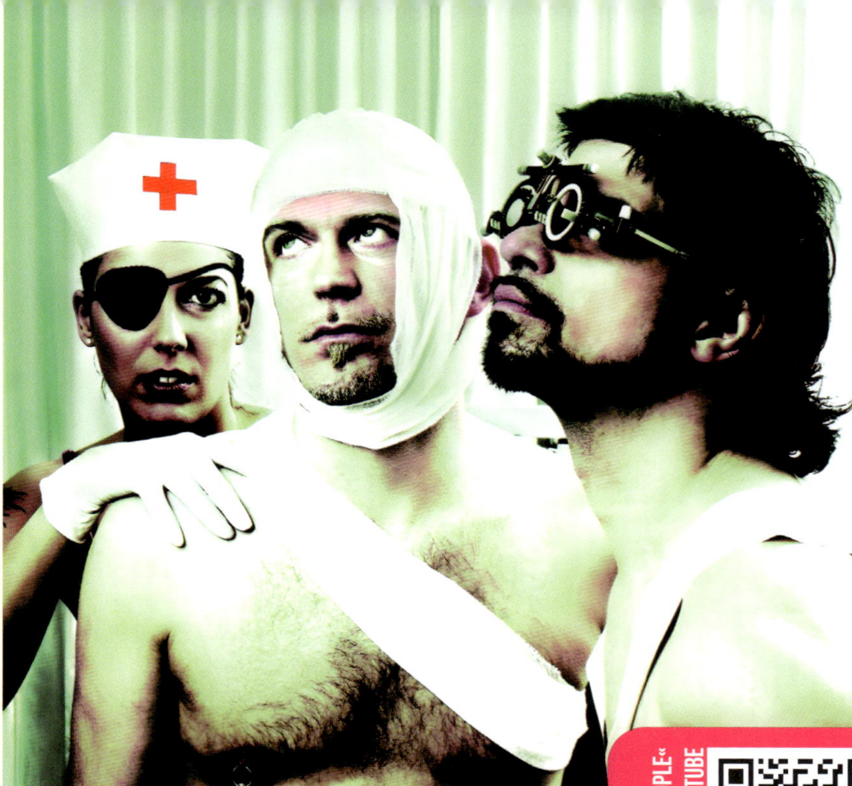

»TWO PEOPLE«
AUF YOUTUBE

Was sie dir nimmt, will ich dir neu verleihn.«
W. Shakespeare, Sonett 15
PS: Danke, Norbert Pluto.

26.Dezember 2016
Abschiedsbrief an George Michael

Lieber George. David wartet schon mit red shoes am Clubeingang. Prince steht bereits nackt unten an der Bar und schenkt in High Heels dein Lieblingsgetränk ein. Freddie, John und Michael sitzen schmunzelnd im Büro und erwarten deinen Besuch. Sie wollen wissen, wie du jetzt aussiehst, wie du dich fühlst, aber wollen dir auch sagen, dass ab jetzt alles anders sein wird, dennoch alles in Ordnung ist. Lemmy wird dich verarschen wegen deiner auffälligen Schuhe. Whitney wird dich bei der Hand nehmen und dir die Örtlichkeiten zeigen. Später werdet ihr alle runtergehen, während Frankie die wirklich zwingenden House Scheiben raussuchen wird für dich, die Stücke, die selbst guilty feet zum Tanzen bringen. Danke für alles.

Januar 2017
Gedankendisco
Tod im Pop

Wir müssen die alten Helden ziehen lassen. Und nach vorne schauen. Man betrauert auch den Verlust der eigenen Jugend und spürt: Man kann der Nächste sein. Wir kommen aus einer Zeit, in der Pop sehr stark sozialisierte. Nun ist es so, als ob nahe Verwandte oder Freunde sterben. Bowies Tod war furchtbar, er hatte mich die ganzen Seventies und die frühen Eighties begleitet und musikalisch erzogen, zusammen mit Queen, Kraftwerk, Led

Zeppelin, Chic und Roxy Music. Als Prince starb, riss es mir das Herz raus. George Michaels Ableben traf mich bis ins Mark – was für eine Stimme. Sie und die anderen, die gingen, gehörten untrennbar zu unserem Leben. Todays Popstars are functional & here only for a short period of time. Sie sind ausgestattet mit oft erstaunlichem handwerklichem Können, Stimmen, die kaum Studiotechnik bedürfen, aber sie trotzdem nutzen, Tonnen an Co-Songwritern und PR-Teams – aber die wenigsten haben interessante Lebensentwürfe, die wenigsten vermögen es, uns so zu berühren wie die oben genannten Popstars, die wenigsten haben wirklich etwas zu erzählen, obwohl sie oft täglich, stündlich auf Facebook, Instagram, Twitter etc. in unser Leben glitzern. Wir waren in den Golden Years, nun sind wir in dem Post Pop Zeitalter. Gott sei Dank sind wir House DJs, da ist man Bibliothekar und kein Oberlehrer. Ein super 2017 euch allen & keep stayin' alive.

7. Februar 2017

Habe neulich geträumt, dass ich Bowie in der Münchner Fußgängerzone an einem Samstag unter all den gestressten Hausfrauen gesehen habe. Er sah aus wie zu seiner Aladdin Sane/ Pinups Phase. Sehr dünn, wunderschön, verschlossen und entrückt. Ein bisschen genervt. Und – im Gegensatz zu den Seventies, in denen er eher bunt und grell auftrat – ganz in Schwarz, mit diesem außerirdisch anmutenden Symbol mitten auf der Stirn. Er grüßte mich, ich grüßte zurück. Er sagte: Musst keine Angst haben, ich bins nur. Ich: Du siehst sauer aus und plötzlich wieder genauso wie in den Seventies. Was ist passiert, du bist doch tot? Er: Nein, ich bin nicht tot. Ich wollte einfach nur zurück auf meinen Heimatplaneten, also habe ich meinen vermeintlichen Tod eingefädelt und flog zurück. Tja, und dann hatte ich wieder ein bisschen Heimweh nach Mutter Erde, so nach einem Jahr. Und wie's der Teufel will, hab ich wieder mein UFO nach Hause verpasst, wie in dem verdammten Scheißfilm. (ich vermute, er meinte den Roeg Film) Und jetzt hänge ich hier fest in dem Scheißfummel. Crazy, innit? Er sagte das so direkt, dass ich dachte: Das darf nicht wahr sein, jetzt treffe ich im Traum Bowie und er redet auch noch genauso, wie ich es aus Dokus kenne. Aber er sah großartig aus – selbst in Träumen gibt er sich alle Mühe, gut auszusehen.

Mai 2018
Ich lasse Johnny Cash erklären, warum ich gerne Schwarz trage.

»Ah, I'd love to wear a rainbow every day,
And tell the world that everything's OK,
But I'll try to carry off a little darkness on my back,
'till things are brighter, I'm the Man In Black.«

August 2019
Heroes: Happy Birthday, Robert Plant

Du warst mein erster ›Gesangslehrer‹ vor allen anderen Idolen – stimmliche Höhenangst gab es bei dir jedenfalls nicht. Ich meine natürlich deinen männlichen Mut zum extrem hohen Falsett. Seit Deinen Gesangsstunden (ich lernte das Led Zeppelin Album »Houses Of The Holy« als Jugendlicher quasi auswendig) gab und gibt es für mich keine Grenzen mehr nach oben. The sky is the limit.
Danke.

August 2019
Gedankendisco

Wenn ich musikarbeitend im Ausland (US/UK/Schweden/Schweiz/Ungarn/Slowenien/ Österreich) wirkte, sah ich unter meinen Musikerkollegen deutscher, englischer, jüdischer,

»SON OF MY FATHER« AUF YOUTUBE

amerikanischer, afroamerikanischer, liberian-bavarian, österreichischer, schweizer, asiatischer, russischer, indischer, persischer, türkischer, skandinavischer, ungarischer und slawischer Abstammung immer das Gleiche: Es gab viele Menschenfreunde, es gab abgehobene Egozentriker und es gab auch ein paar Mistviecher.
Wie überall.
Mit Orientalen, denen ich zuerst mit interkultureller Unsicherheit und Unkenntnis begegnete, machte ich als Musiker nur positive Erfahrungen, was Gastfreundschaft und Toleranz anbelangte.
Das schlimmste Erlebnis hatte ich ausgerechnet 1988 in London, das ich liebte und immer noch liebe – in einem Vorort, Chiswick, in dem ich damals wohnte, unter jungen Viertelbewohnern, die mich für einen Paki/Inder hielten, mich auf der Straße Nähe U-Bahn angreifen wollten, und sich dann kaputtlachten, als sie erfuhren, dass ich aus Deutschland kam und als Musiker in London in einem Studio für Zeus B. Held an Demos arbeitete.
Plötzlich kam die Ansage: »Wahnsinn. Du sprichst gutes Englisch, aber siehst aus wie ein Paki. Und kommst aus Germany. HAHAHAHA. Du Paki-Nazi. Dürfen wir vielleicht mal kommen und zuschauen?«
Auf einmal war ich der Buddy. Plötzlich musste ich auch über den absurden Twist lachen, der Druck war raus. Aber so erfuhr ich, was passieren kann, wenn dich jemand im Ausland nicht einordnen kann und glaubt, du seist der Feind, der ihnen Partner und Job wegnehmen will … denn die lustigen Nachbarn wollten mich eigentlich vermöbeln.
Meine Rettung war, dass ich mich lautstark zu Wehr setzte und die Hools in meiner Aufregung zuerst auf Deutsch/Bairisch, dann auf Englisch beschimpfte.
Dann nahm Situationskomik überhand … hätte auch anders ausgehen können.

20. Dezember 2019
History 3

Disco, New Wave, Punk und Electropop lagen in der Luft.
Das Cover-Bild von Fotograf Ingolf Thiel für das Album »Herzklopfen« mit dem kleinen Gassenhauer »Irrenanstalt« unserer ersten Band Zero Zero mit Gerald Klepka und Heinz Stieglitz – und Wolfgang Dorsch (Amon Düül, Grauzone, Shaggy) als Producer/Manager/Verleger, bis zum heutigen Tage mein Mentor und Co-Verleger. Wir hatten gerade erste Demos im Münchner Musicland aufgenommen, wo ich später mit Mack (Queen, Mercury) ein paar Solo-Tracks als Don Juan aufnehmen sollte. Später bekam der Fotograf Preise – auch mit den Solobildern von mir in Milch

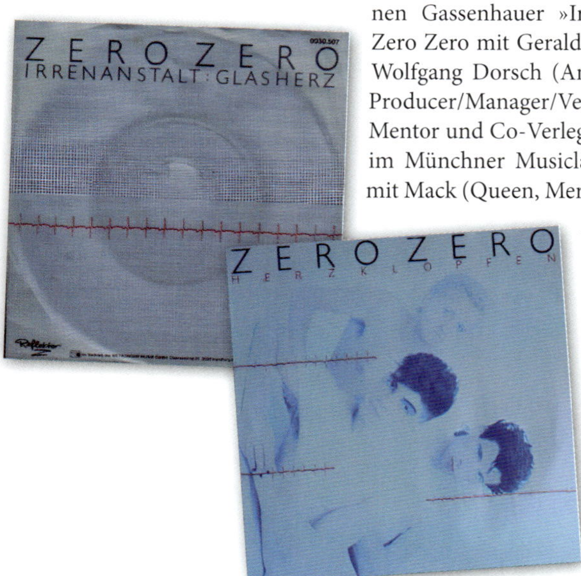

»IRRENANSTALT« AUF YOUTUBE

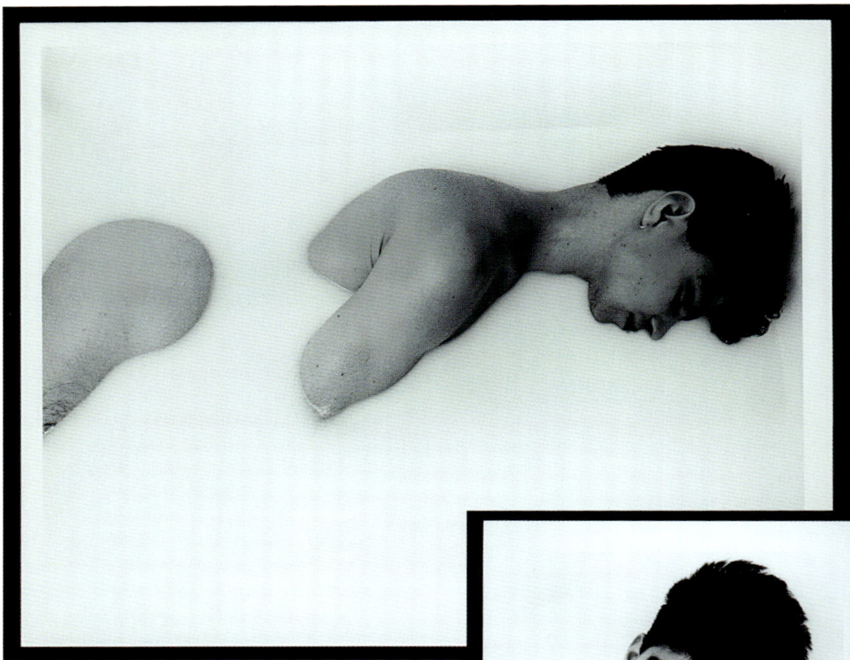

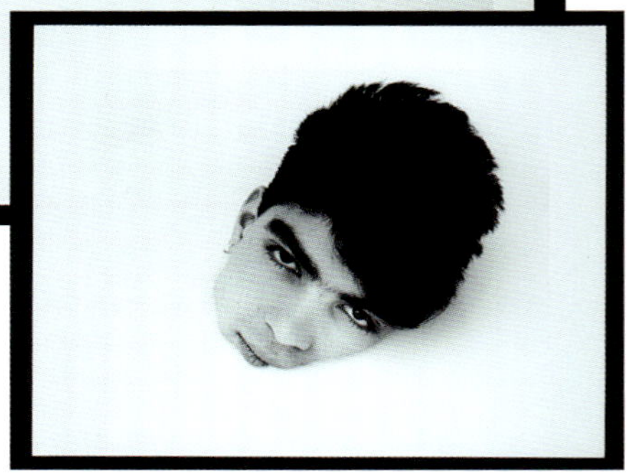

zur Hauptzeit des New Wave. Mein Zero Zero-Musikkumpel Gerald Klepka entdeckte diese Bilder zufällig.

30. Januar 2020
Dear Amigo Supamario.
Dieses Jahr haben Poenitsch & Jakopic 20-Jähriges.
Du und ich 10-jähriges.
Ich und music business 40-Jähriges.
Und Jens und planet earth 60-Jähriges.
Werden wir alles auch mit dir im Sommer beim Boot der Liebe feiern!

5. März 2020
»When I despair, I remember that all through history the way of truth and love have always won. There have been tyrants and murderers, and for a time, they can seem invincible, but in the end, they always fall.« Mahatma Gandhi

9. April 2020
»Man muss mit allem rechnen. Auch mit dem Guten!«
Poenitsch & Jakopic (damals Blauephase) live in einer frühen Glashausdisse im Eisbach.
Muss 2003 gewesen sein.
Wir entdeckten eine Wundertüte der neuen Möglichkeiten.
An den Decks arbeiten, mitten im Publikum.
Platten auflegen, gleichzeitig sporadisch live mit Instrumenten und Gesang arbeiten.
Publikum miteinbeziehen.
Helligkeit statt Düsternis.
Keine Gästeliste – wenn es voll war, war es eben voll.

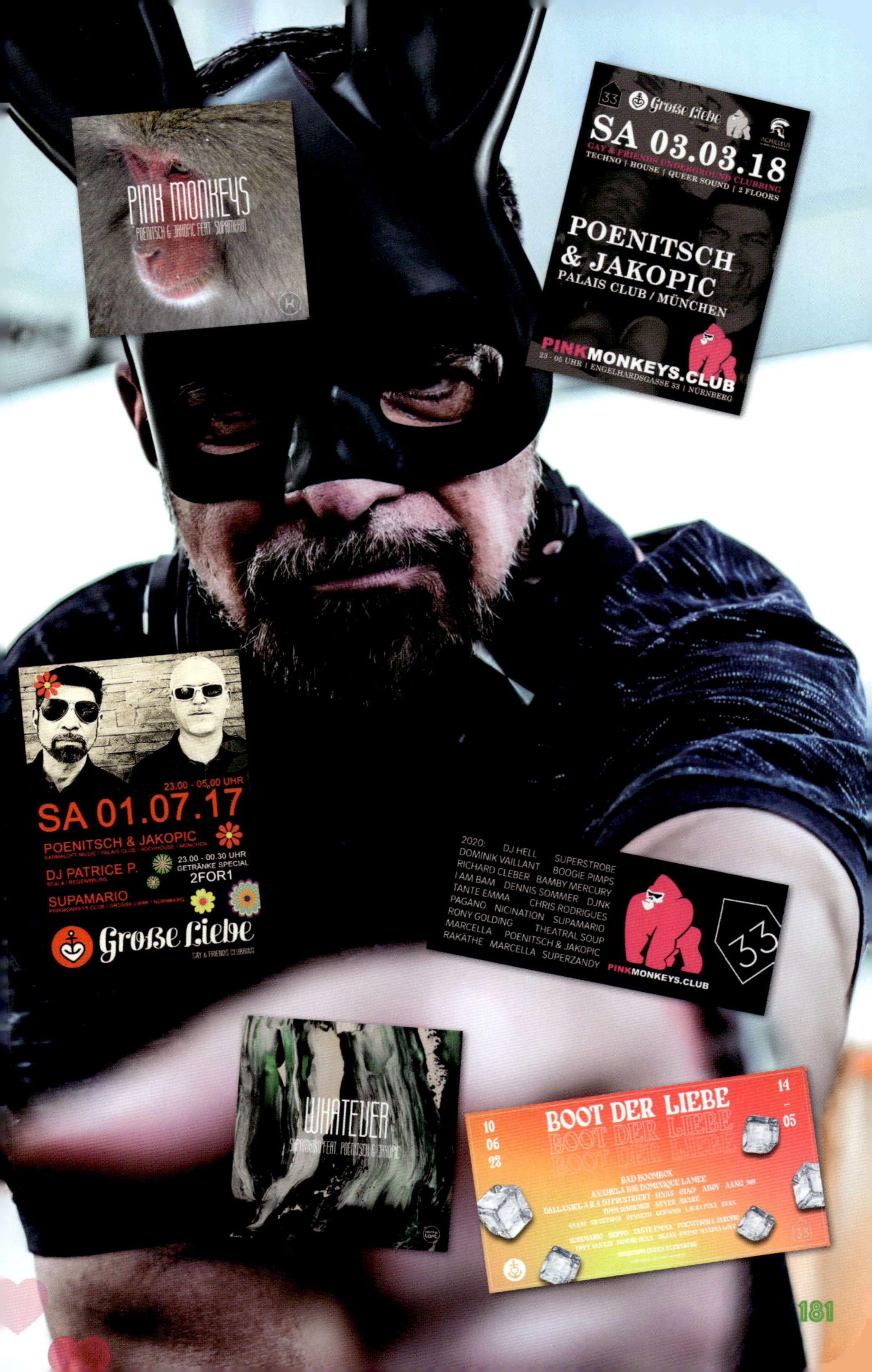
PINK MONKEYS
POENITSCH & JAKOPIC FEAT. SUPAMARIO
Große Liebe
SA 03.03.18
GAY & FRIENDS UNDERGROUND CLUBBING
TECHNO | HOUSE | QUEER SOUND | 2 FLOORS
POENITSCH & JAKOPIC
PALAIS CLUB / MÜNCHEN
PINKMONKEYS.CLUB
23 - 05 UHR | ENGELHARDSGASSE 33 | NÜRNBERG
23.00 - 05.00 UHR
SA 01.07.17
POENITSCH & JAKOPIC
DJ PATRICE P.
23.00 - 00.30 UHR
GETRÄNKE SPECIAL
2FOR1
SUPAMARIO
Große Liebe
GAY & FRIENDS CLUBBING
2020: DJ HELL SUPERSTROBE
DOMINIK VAILLANT BOOGIE PIMPS
RICHARD CLEBER BAMBY MERCURY
I AM BAM DENNIS SOMMER DJNK
TANTE EMMA CHRIS RODRIGUES
PAGANO NICINATION SUPAMARIO
RONY GOLDING THEATRAL SOUP
MARCELLA POENITSCH & JAKOPIC
RAKÄTHE MARCELLA SUPERZANDY
PINKMONKEYS.CLUB
33
WHATEVER
SUPAMARIO FEAT. POENITSCH & JAKOPIC
BOOT DER LIEBE
10 06 23
14 – 05
BAD BOOMBOX

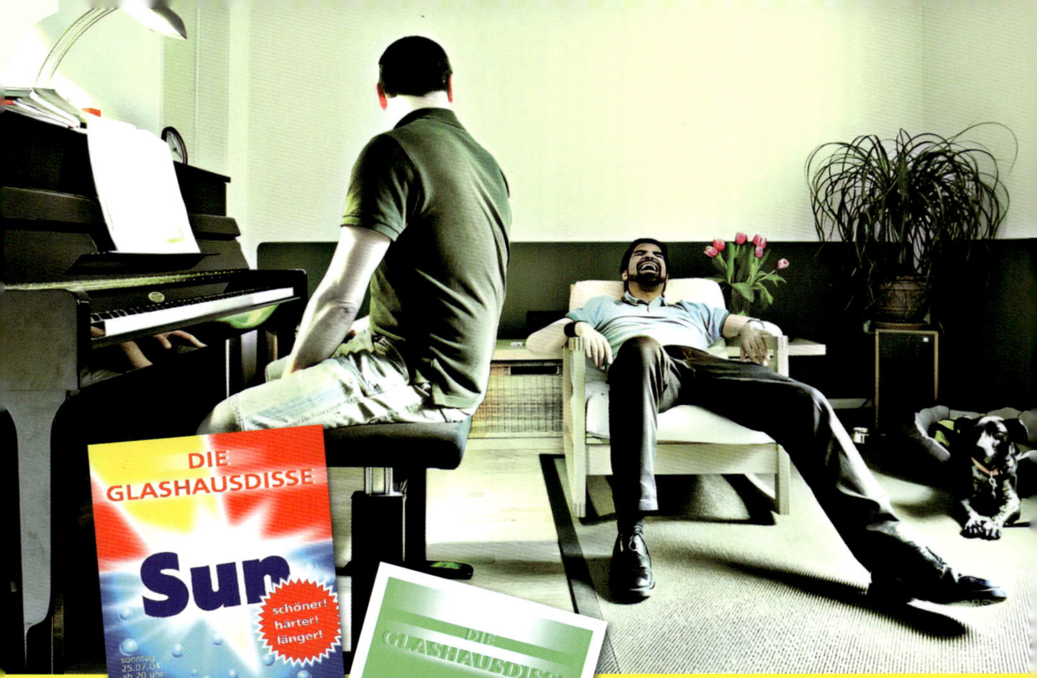
DIE
GLASHAUSDISSE
Sun
schöner!
härter!
länger!
sonntag
25.07.04
ab 20 uhr
8 seasons
maximilianstraße 2
eingang im innenhof
80539 münchen
hosted by eisbach crew
clubsounds by blauephase dj team
www.blauephase.de
DIE
GLASHAUSDISSE
Zieht um!
DONNERSTAG
11.03.2004 | 22:00 H
+++ PENTHAUS
OBERANGER 37 | 1. STOCK
80331 MÜNCHEN
NEBEN BP-TANKSTELLE
CLUBSOUNDS BY
BLAUEPHASE DJ TEAM
WWW.BLAUEPHASE.DE

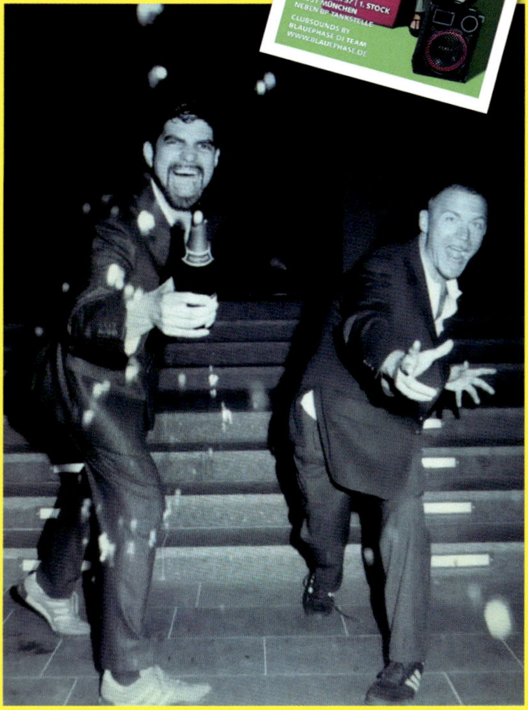

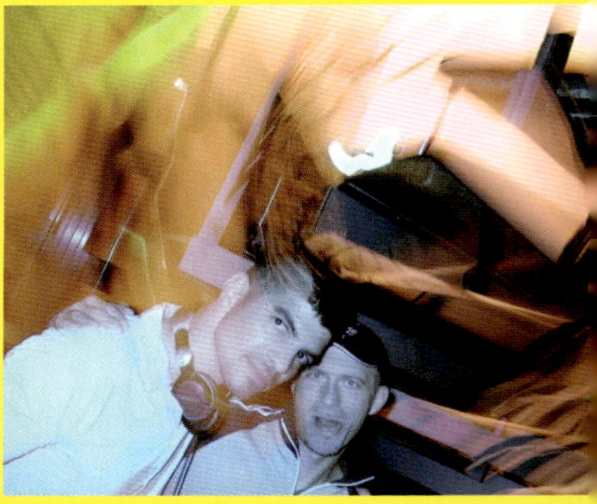

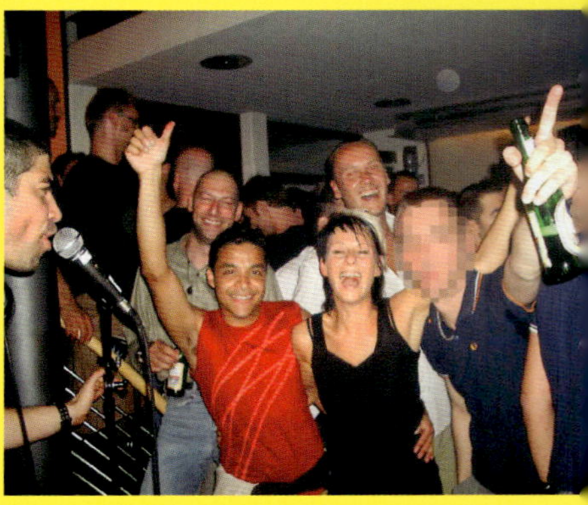

House, Techno, Disco und auch Rock (Electroclash!) wild kreuzen und in Clubs bis dato Unerhörtes spielen – niemals Langeweile.
Die Geburt des Schlampenkoffers.
Fröhliches Miteinander von Straight & Queer.
Einiges – eigentlich fast alles – machen wir noch heute so.
Danach öffneten sich sämtliche Türen.
Was für herrliche Feste!
Viele Veröffentlichungen, Bookings, Residencies, Plattenproduktionen (u. a. mit Faltermeyer), Touren, Labelarbeit, Abenteuer und Co-Ops sollten folgen.
Danke allen für alles.

»GOOD VIBRATION« AUF YOUTUBE

10. April 2020
Die Abenteuer von Poenitsch & Jakopic
Kapitel Co-Ops.
Eine tolle Zusammenarbeit mit DJ Enne/ENNE/Robert Ennemoser. Sein Kontakt brachte uns auch zu einem unserer beiden Stammlabels Karmaloft Recordings. Vielen Dank dafür!
»Allein« ist ein Remake eines feinen Eighties Classics und erschien in abgewandelter Form auch auf unserem »Herzton«-Album. Have fun & stay safe.

»ALLEIN« AUF YOUTUBE

April 2020
Die Abenteuer von Poenitsch & Jakopic
Die Zeit unseres Wirkens im Café am Hochhaus.
Als Residents – Booker – Enfants terribles – Society Darlings – Bad Guys – PR- und Discoschlampen – House-Hallodris – Techno-Typen – Trouble Shooters und Anstandswauwaus.
Was für ein herrliches Remmidemmi! Es war immer lustig, bunt, fröhlich, chaotisch, voll,

»LA RITOURNELLE DEEP MIX« AUF YOUTUBE

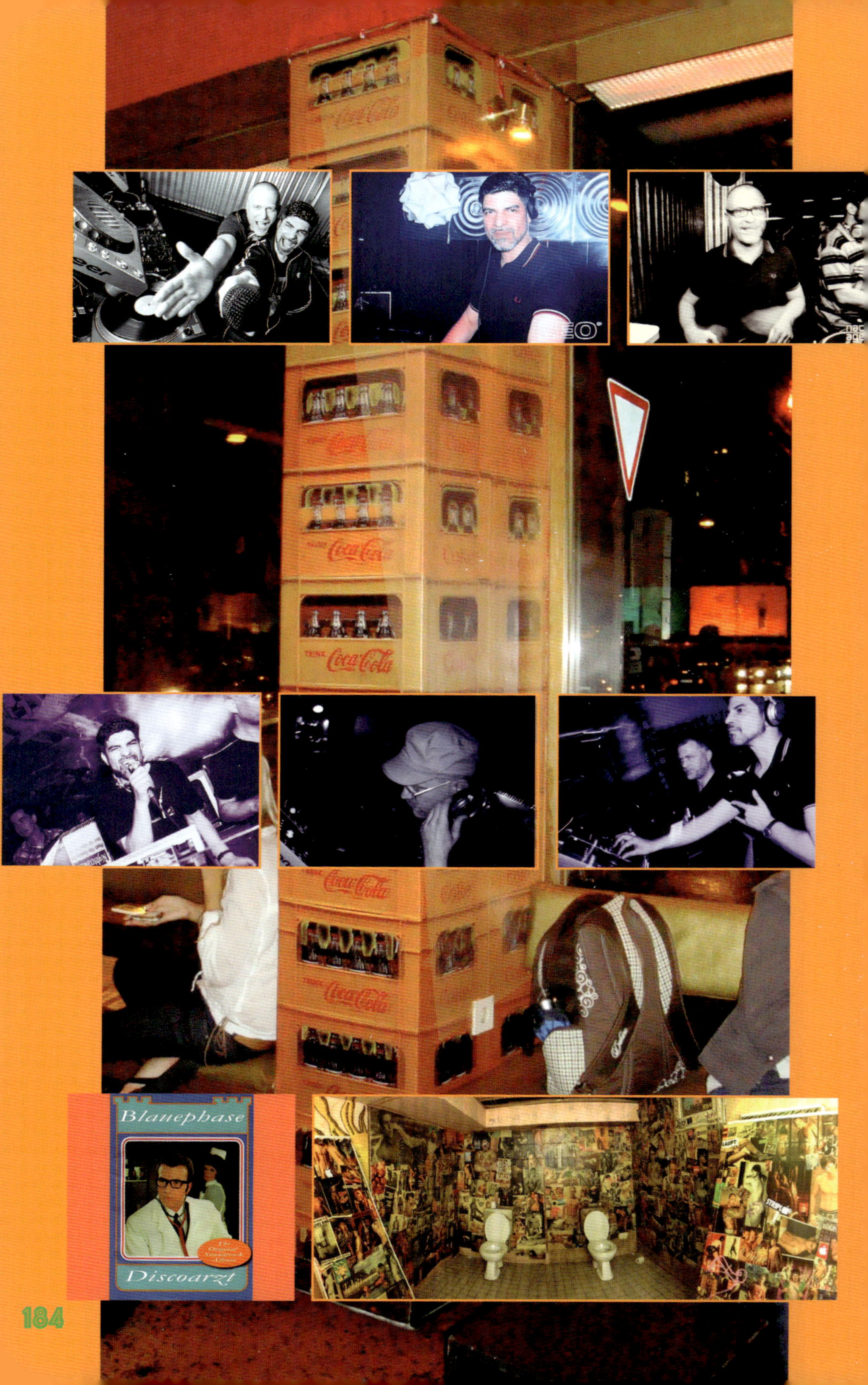
TRINK Coca-Cola
Blauephase
Discoarzt

laut, krachert und lang. Habe dort einige Menschen kennengelernt, mit denen mich bis heute Freundschaft und Kollegialität verbindet.
Danke allen Dabeigewesenen, Mitwirkenden und Weggefährten.
Besonders Bernd, Lio & Michi Dietzel, DJ Enne, Supamario, #1 Pistola, Zoran Imsirovic, Mitch, Anita, Peter Fleming, Fredo Axmann, Stefan Stamboulidis, Anette Party, Maxim von Terentjev, Florian Reith, Annie & vielen anderen.

April 2020
Die Abenteuer von Poenitsch & Jakopic

2016 & 2017 fuhren wir eine kleine, feine Ernte ein, nach Jahren der Arbeit und des Feierns.

2016 gewannen wir die Munich Nightlife Awards der Kategorie DJs (Techno, House, Electro).

2017 besetzen wir ein halbes Jahr lang den ersten Platz der Traxsource Electronica Charts mit »The Last Unicorn« (DJ Linus Mix/Le Linus/Sujet Musique).

Wieder öffneten sich Türen. Wir schafften es danach noch zweimal in die Munich Nightlife Awards Top 5 und enterten mehrmals mit Veröffentlichungen auf den kleinen Indie-Houselabels Karmaloft & Sujet vordere Ränge der Traxsource Charts.
Thanks, dear friends & supporters, Anja Nipply, DJ Linus, Sujet, Zündfunk, Supamario, Joris Dee, Tom Appl, our very own Royal Family, Karmaloft, all our supportive clubs (Palais, Hochhouse, Harry Klein, Bank, Registratur Bar) and all other venues having us onstage over the years, as well as dear colleagues, guests and companions ...

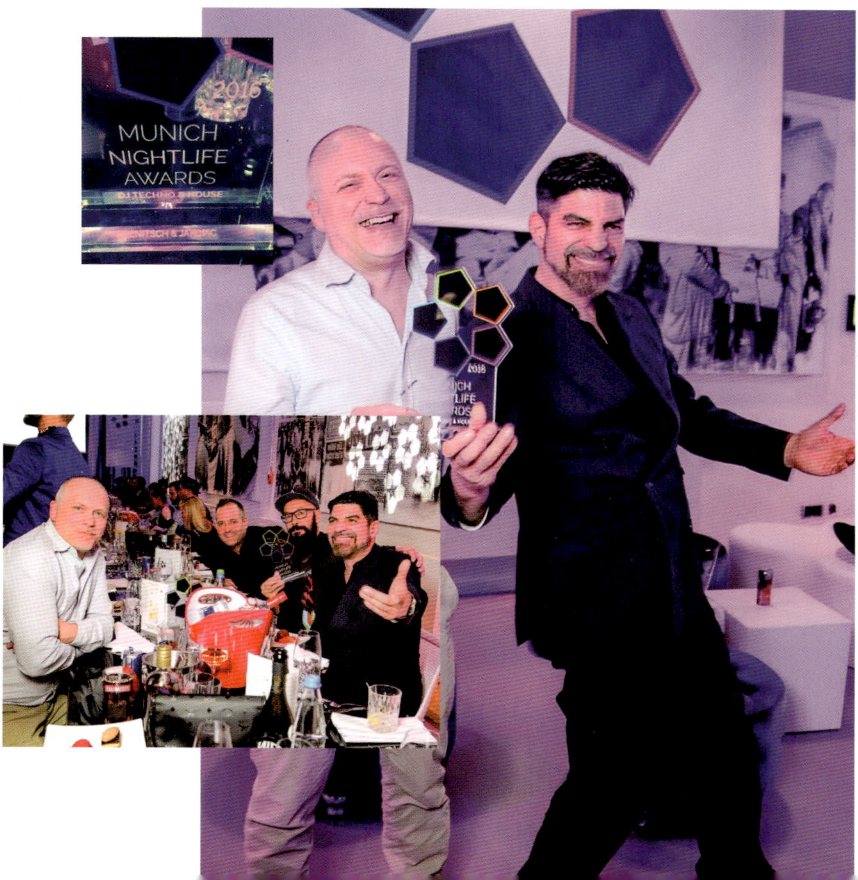

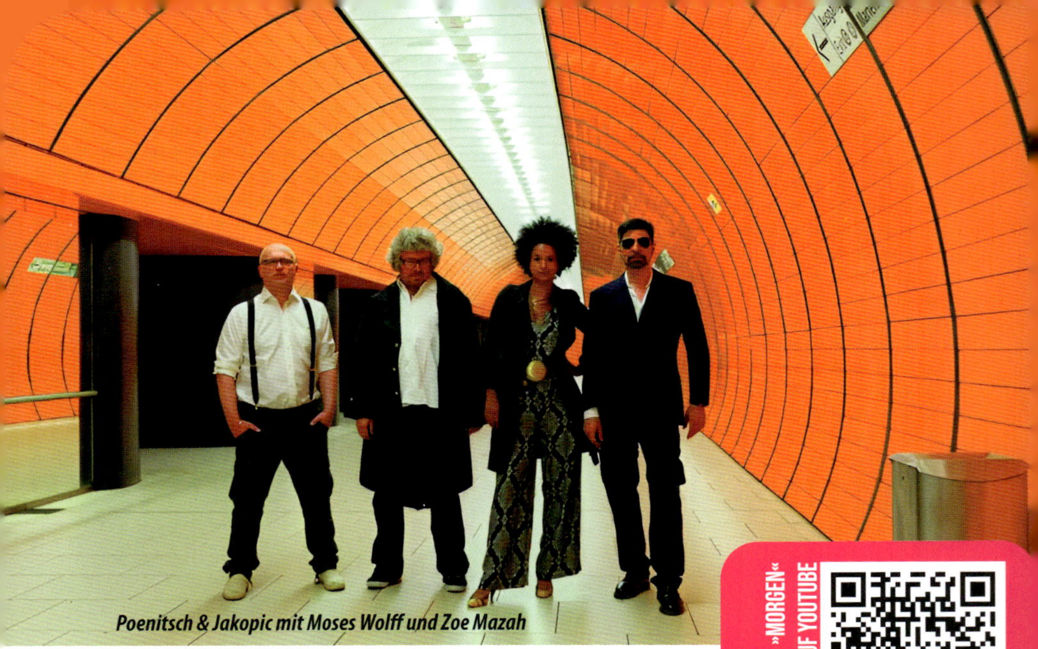

Poenitsch & Jakopic mit Moses Wolff und Zoe Mazah

»MORGEN« AUF YOUTUBE

16. April 2020
Die Abenteuer von Poenitsch & Jakopic

»Bitte kommen Sie nackt« feat. Moses Wolff.
»Morgen« feat. Zoe Mazah.
Nach unserer kühlen, klaren Autorentechno-Phase experimentierten Poenitsch & Jakopic 2014/2015 erneut mit Disco. Moses inspirierte uns mit seinem Claim »Bitte kommen Sie nackt« zu einem Disco-Matra mit Motiven aus Munich Disco, Hair, Studio 54 und Bergpredigt. Wir schätzen uns seit Jahren, also war das Projekt längst fällig. In Windeseile stellte er ein paar Nackerte auf und los ging der Video-Dreh im Separée des Harry Klein.
Der Song »Morgen« mit der bezaubernden Zoe entstand, weil wir uns oft auf dem Radl am Glockenbach trafen und anlächelten, wenn ich auf dem Weg zu Bernd Jakopic ins Studio war. Wir kannten uns ewig seit ihren Kosmo- und meinen Blauephase-Zeiten. Eines Tages nahm ich sie einfach mit ins Studio und Bernd meinte gleich: »Die Sonne geht auf!«
Zusammen traten wir, Poenitsch & Jakopic feat. Zoe & Moses, live im Milla/Milla Nächte auf, hatten viel Freude im Studio – mit Moses spielten wir im Parkcafé, mit Zoe spielte ich Unplugged im Studio Garage 56, in dem auch das »Morgen«-Video entstand. Wir planten ein Album, aber es kam anders.
Bernd und ich kehrten 2016 zu Rave, Techno, House und Electropop zurück, in die Clubs, gingen zu den Labels Sujet und Karmaloft und machten wieder die Musik, die wir auch als DJs auflegten. Ein neues Kapitel.

16. April 2020
Die Abenteuer von Poenitsch & Jakopic

»Bitte kommen Sie nackt«: Unsere Munich Disco Phase mit Moses Wolff.
Bei der Studioproduktion brachen wir oft unter Lachkrämpfen zusammen. Während des Tages-Videodrehs im Harry Klein ebenfalls. Die gleichzeitig anwesenden Handwerker fielen fast in Ohnmacht, weil immer wieder mal komplett nackte Menschen wie selbstverständlich im Club herumrannten.

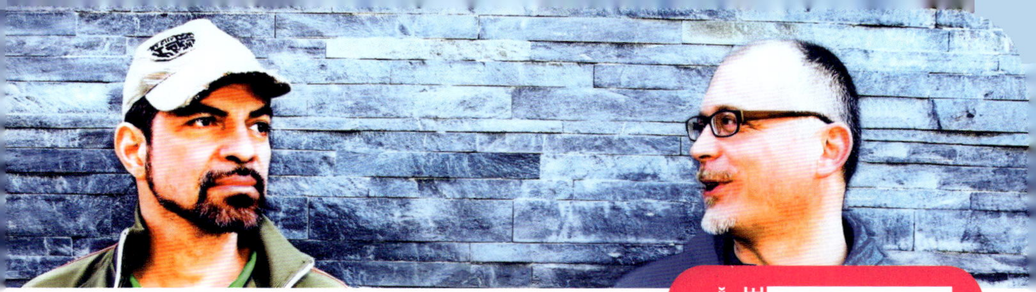

»THE LAST UNICORN« AUF YOUTUBE

April 2020

Die Abenteuer von Poenitsch & Jakopic

Nach jahrelangem, nicht unergiebigem Gründeln im strikten Underground auf unserem eigenen, immer noch existierenden Label Disco Art Recordings hatten wir 2017 plötzlich auf Sujet Musique richtige Traxsource Hits, (»The Last Unicorn« #1, »Fly, Robin, Fly« #9), Chart-Tracks auf Karmaloft sollten folgen.

27. April 2020

Die Abenteuer von Poenitsch & Jakopic:

2014, kurz nach unseren Kraut-Techno Experimenten mit dem »Herzton«-Projekt und kurz vor unserem kleinen Flirt mit Munich Disco verneigten wir uns vor einer unserer vielen Quellen und Inspirationen. DAF war ein großer Einfluss. Gabi Delgado war ein Räuber und ein Prinz. We miss you!
Hier hieven wir das zeitlose Thema in den modernen House Club.

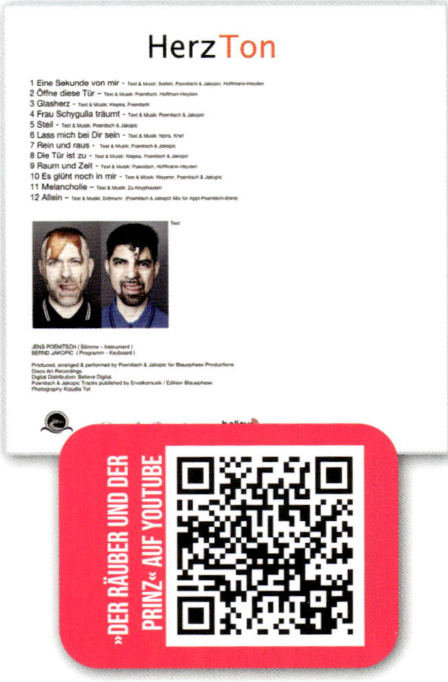

»DER RÄUBER UND DER PRINZ« AUF YOUTUBE

28. April 2020

Die Abenteuer von Poenitsch & Jakopic

Ihr werdet noch einige Episoden, Stories, Bilder, Videos und Tracks von Bernd und mir aushalten müssen.
Unsere lange und spannende Residency im Palais mit Frau Schygulla Träumt, Animal Club und vielen hochkarätigen Guests. Unsere Nürnberger Residency bei Pink Monkeys mit Amigo Supamario. Meine Residency im Kooks. Unser neues Wirken im NY.Club mit dem Sunday Club. Unser früheres Schaffen in Clubs wie Harry Klein/Registratur Bar/Bank/Hotter/Pimpernel etc. Unsere erste, längere Tournee. Unsere stabile Arbeit für das Label Karmaloft. Unser erstes Album, damals Blauephase, mit Hochkarätern wie Harold Faltermeyer als Guest. Die bereits erzählten Episoden wie Hochhaus, Glashausdisse, Sujet, Trendcharts, »Herzton«, Munich Nightlife Awards, »Bitte kommen Sie nackt«, »Morgen« etc. hatten wir schon.
Aber es gibt heute Spoileralarm, wenn unsere Duo-Retrospektive fertig ist.
Meine Zeit davor. Mit Jugendfotos, vergriffenen Plattencovers, irren Bildern, guten und schlechten alten Songs und tollen Reminiszenzen. Erste Schritte als Musiker. Frühe High-

lights mit der Punk/Wave Band Zero Zero und dem Disco Studioprojekt Don Juan. Die Zeit im Musicland Munich und die Arbeit mit Mack (Queen/Moroder) und als kurzzeitiger Deko-Guest mit Falco.
Bitte Anschnallen, die Damen und Herren.

19. Mai 2020
Gedankendisco
Während die momentane Weltpolitik sich mit den Welt-Klimaveränderungen ein dunkles Wettrennen zu liefern scheint, was denn nun schmutziger und ungesünder sei, gefällt mir zum ersten Mal seit Äonen der ESC. Alles wie immer, nur noch übertriebener, noch kitschiger, noch pathetischer, noch süßer oder noch krasser – alles ohne anstrengende Tiefe, alles 5-Minuten-Terrine. Sauteuer. Amüsant. Morgen vergessen. So muss das sein – wer Tiefe will, kann in die Oper, den Jazz Keller oder den House Club. Oder TV off. Dass Madonna ein reiner Show Act ist, der nicht zwingend live singen muss, dürfte einigen plötzlich Erschrockenen nicht erst seit gestern aufgefallen sein. Madonna war und ist, (wie übrigens Marilyn Manson oder Peaches auch), eine Musikstylistin, die allerhöchstens ihre Videos onstage nachproduziert und manchmal ganz ordentlich live singt und gelegentlich die Töne versemmelt, wenn die Choreografie ihr den Atem raubt. Gestern klappte das mit dem Versemmeln auch ohne Tanzen. Deswegen schätze ich sie immer noch als Eighties-Maschine, die es schaffte, ohne große Stimme, aber mit tausend Ideen, Frechheit, Eiern aus Stahl und manchmal wirklich großartigen Songs, (die sie übrigens fast immer zumindest mitschrieb) Popgeschichte zu schreiben. Ihre Taktik: Gigantisches Image, leichte Provokation, Avantgarde, Fashion, große Videos, Trendsetting, indem sie den neuesten heißen Scheiß aus den Underground Clubs klaute und optimal für sich einsetzte, Remixes der jeweiligen Tages-Hipsters wie Mirwais, Paul Oakenfold etc., bewusstes Bedienen des queeren Publikums, theatralische Live Acts, die »A Chorus Line« wie eine Indie Produktion aussehen ließen, und Lust an Selbstdarstellung. Jetzt ist sie eben ein altes Material Girl und will immer noch mitmischen. Mancher Nachwuchsact macht Kirmes-Show wie sie früher, kann aber im Gegensatz zu ihr gleichzeitig 1A live singen und auch noch anständig tanzen. Why not? Get over it – sie wird uns bis zum Schluss unterhalten, so wie die Knef oder

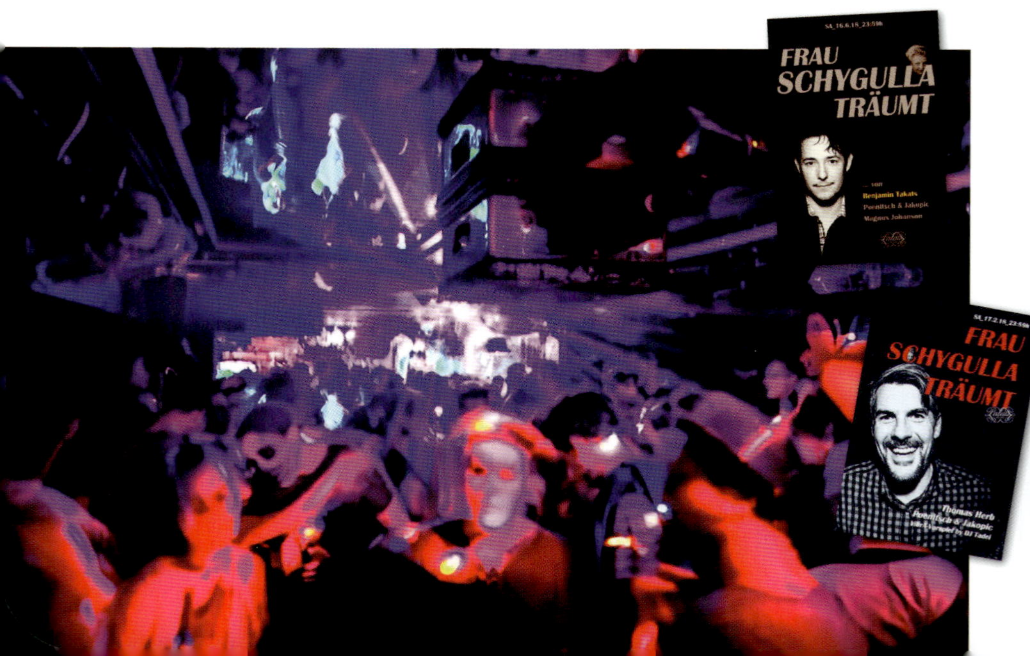

eine Marika Rökk. Je älter und schräger sie wird, desto mehr mag ich sie plötzlich. Wie eine geschätzte, langweilige Tante, die jetzt ein bisschen komisch, aber interessant wird. See you at Sunday Club – life goes on.

25. Mai 2020
Die Abenteuer von Poenitsch & Jakopic
Nach unseren Ursprüngen, musikalischen Stationen, Touren, Freunden, Videos und Highlights wenden wir uns unseren ehemaligen und momentanen Residencies sowie den dazugehörigen Geschichten zu.
Heute: Das Palais.
Als wir 2003 unser erstes Blauephase-Album »Freaks In Munique« herausbrachten, spielten wir zuerst Tags live im Kare Landhaus, wurden dabei von RTL gefilmt und spielten in derselben Nacht zu später Stunde zum ersten Mal im Palais.
Wir waren auf alles gefasst, hatten Gerüchte über wildeste After Hours gehört und waren überrascht, wie aufgeräumt und fröhlich alles in Wirklichkeit vonstattenging, obwohl es für uns – als damals klassische Nicht-After-Hour-DJs – eine ungewohnte Arbeitszeit war.
Unser Gig lief von 4 Uhr bis zum hellem Mittag. Wir waren sofort verliebt und diese Liebe wurde offensichtlich erwidert.
Über die Jahre wurden wir öfter gebucht, u. a. mit der »Frau Schygulla Träumt«-Partyreihe, vielen wunderbaren Guests – Supamario, Sandra Gold, Chew Solo, Appl & Appl, Christian Prommer, Thomas Herb, Zoe Mazah, DJ Linus etc. – und spielen bis heute als Residents immer wieder gerne in unserem geliebten Wohnzimmer, seit Neuestem mit unserem Animal Club.

»PINK MONKEYS (FEAT. SUPAMARIO)« AUF YOUTUBE

27. Mai 2020
Die Abenteuer von Poenitsch & Jakopic
Diesmal: Der NY.Club.
Diese Station gab es immer schon in unserem Leben. Dieser queere, für alle offene Club ist nicht nur Kult, sondern der einzige Münchner Disco- und House-Club, der im Prinzip seit

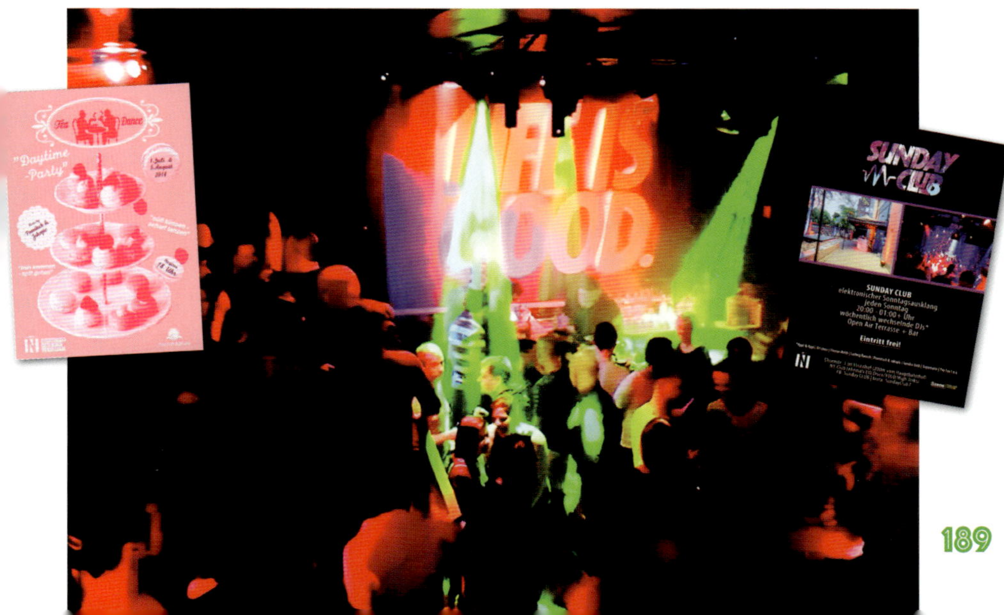

vierzig Jahren durchgehend existiert und sich regelmäßig an immer anderen Orten selbst erneuert. Als Ken Koch vor zwei Jahren auf uns zukam, um gemeinsam etwas Innovatives, Regelmäßiges zu kreieren – zuerst den Tea Dance, dann den Sunday Club – freuten wir uns, da man sich eigentlich seit Jahrzehnten kennt und wertschätzt.
Der Zeitpunkt war perfekt, da Ken sich immer stärker dem Techno & Underground zuwandte, während wir live als auch produktionstechnisch wieder verstärkt mit Vocal & Song-Elementen arbeiteten. Ein scheinbarer Widerspruch, der für smarte Clubgänger kein Problem darstellen dürfte. Siehe Disco! Indie! House Music! Electropop! Sogar EDM!
Der Tea Dance war ein gelegentlich stattfindendes Freudenfest. Keine düstere After Hour, sondern etwas Farbenfrohes, Helles voller Süßigkeiten und selbst kreierter Tee-Sorten und Cocktails, erfunden und kredenzt von Matthias Haaf & Monaco Bua. Das unregelmäßig stattfindende Fest morphte sich allmählich in den Sunday Club, der regelmäßig wechselnde Münchner/überregionale DJ-Größen unseres Umfeldes ans Pult ließ.
Eine entspannte musikalische Umarmung nach einem Wochenende voller Techno, House und Chill-Out-Atmosphäre mit wunderschöner Außenterrasse, der nur noch Strand, Meer oder im Winter eine Skihütte fehlte.

1. Juni 2020
Heute geht es um ein Soloprojekt
Meine DJ- und Live-Gigs im Kooks unter dem Namen Animal Disco.
Als Alex Illingworth begann, mich 2015 in die charmante Bar zu buchen, wollte sie eigentlich was Elektronisches, da sie – und auch Partner Matt – mich noch aus der Bank, dem Café am Hochhaus, Registratur, Harry, Palais, Hotter, Pimpernel etc. zusammen mit Bernd als House-DJ kannte.
Schnell stellte sich heraus, dass Zeitreisen mit Disco, Electropop, Indie, Grunge, Punk, Wave, Folk, Glam Rock, Rock 'n' Roll, Easy Listening, Soundtracks bis hin zu neuem Pop sowie gelegentliche Akustik-Solo-Live-Auftritte im Kooks viel besser funktionierten. Abgesehen davon, dass das Kooks eine der letzten originellen und freien Bars München ohne glatten Style-Overkill und Hipster-Alarm ist, war jeder Abend bisher anders und voller Überraschungen. Die Wahrscheinlichkeit, Spaß mit gemischtem Publikum aller Alters- und Zielgruppen zu haben und manchmal zu später Stunde mit Matt krasse Duette hinzulegen war bisher ziemlich groß.
Ich bezeichnete die langen Abende im Kooks immer als Urlaub vom Techno und eine Art Seminar in Rock 'n' Roll- und Disco-History, quick audience analysis, spontaneous live action – kein echter Popsong ist länger als 3,5 Minuten (außer »Bohemian Rhapsody«) und auf Leute-Langweilen steht die Höchststrafe: Rumstehen und Gähnen!

»RETURN TO YOU« AUF YOUTUBE

2. Juni 2020
Die Abenteuer von Poenitsch & Jakopic
»Return To You«. Unser erster 2016 Release auf dem jungen und umtriebigen Münchner Indie/Electronica/Chill Out Label Karmaloft.
Bernd und ich entwickelten uns nach dieser Allianz, die ungefähr zeitgleich mit unserer Zusammenarbeit mit dem Techno- und House Label Sujet Musique begann, rasant weiter. Bis heute arbeiten wir regelmäßig mit beiden Labels. Plötzlich kam die strapazierte Stimme wieder, die Produktionen und Songs wurden besser, unsere Remix- und Labelpartner gaben Gas. Next level!

Juni 2020

Nachdem während der letzten Wochen der Sensenmann besonders umtriebig in den Reihen von Musikanten herumspazierte und Kollegen und Kolleginnen in andere Gefilde führte, hielt ich mich eher zurück mit posthumem Getöse.

Die Nachricht von Steve Priests Tod bewegte mich jedoch stärker, als ich dachte. Steve Priest war Bassist, Songschreiber, Co-Sänger sowie Stil-Ikone und Komödiant der britischen Glam Rock-Gruppe The Sweet. Als ich sie das erste Mal im TV (Ilja Richters »Disco 74«) sah, war meine Familie aus dem Häuschen. Priest sah onstage aus wie eine gut aussehende, rothaarige Frau. Perfektes Make-up, irre Seventies Damenfummel und Heels. Mit dem Body eines irischen Bikers, dazu charismatische Mimik und Situationskomik, die ich noch nie bei den damals eher trübsinnig bis macho-agierenden Rockbands gesehen hatte.

Ich war verwirrt, weil sein Gesicht meinem ersten weiblichen Nachbarschafts-Schwarm ähnlich sah, aber mit athletischem Körperbau … die klassische Verkleidung des Glam Rock. Den krachigen, harten, aber melodischen Prä-Punk-Sound fand ich unwiderstehlich, allein schon weil meine coolen Eltern zum ersten Mal eine Gruppe schrecklich fanden.

Endlich meins!

»THE BALLROOM BLITZ« VON SWEET AUF YOUTUBE

Steve Priest (und auch die anderen Sweet Musiker) hatten einen Sound und – viel wichtiger – einen Look, der unerhört war, der Jungs und Mädchen gleichermaßen gefiel und nur uns gehörte. Plötzlich trugen viele Jungs Kajal und die Shirts ihrer Mama, manchmal auch Nagellack und Lipgloss – und die Mädchen standen Schlange!

T. Rex, Slade und auch die gewitzteren Queen, Roxy Music und natürlich der unsterbliche Bowie kamen alle erst einen kleinen Tick später mit Fummel, Plateau-Sohlen und Make-up auf die Bühne – aber diesen Spaß, diese Aufregung, diese Energie und diese kleine Rebellion werde ich – trotz späterem Disco-, Techno-, House-Exzess und der sexuellen Freiheit der Eighties oder der frühen Raves – nie vergessen.

Danke für den guten Job!

8. Juni 2020

Die Abenteuer von Poenitsch & Jakopic

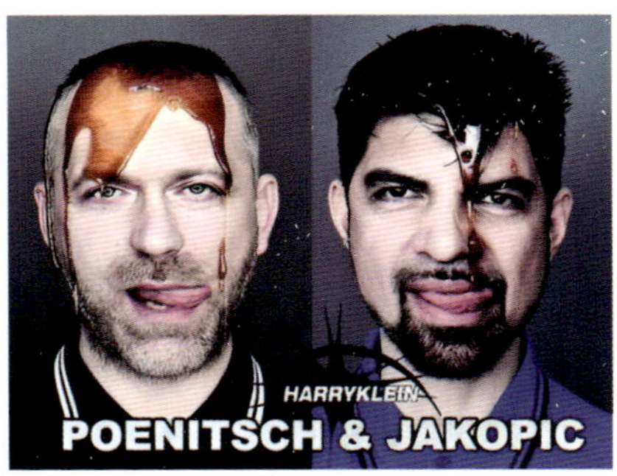

Wir und das Harry Klein:

Eine verrückte Geschichte, denn wir waren nie offizielle Residents, aber die heimlichen Geliebten, denn von 2004 bis 2016 waren wir unregelmäßig, aber doch steady in den heiligen Harry-Hallen als DJs und Live-Act gebucht. Wir waren und sind anders als die üblichen Festen, da wir die Grenzen zwischen House & Techno, Disco & Rave, Underground & Pop, Gestern & Morgen, DJ-Team & Live Act, Vocal & Instrumental, Deutsch & Englisch nie einhielten und uns bis heute nicht festlegen.

Wir sind Techno-Entertainer, keine Disco-Dozenten. Wir waren lange vernarrt ins Harry, aber unsere Bindung war nie fix. Für beide Seiten perfekt.

Mit Booker Peter verband mich eine innige déteste l'amour, mit einer ähnlichen musikalischen und subkulturellen Sozialisation, Eighties, Queerness, Disco, New Wave, Funk, Knef, DAF, Detroit, Chicago, Ultraschall, Love Parade, Kunstpark, Boazn – wir hatten jedesmal Spaß bis in die Puppen.

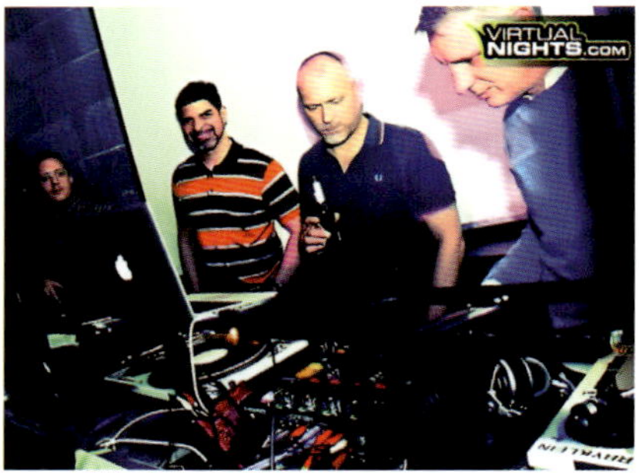

Wenn wir im Harry/Garry auflegten, waren die gemeinsamen After-Show-Partys sportlich – oft zogen wir noch tagelang mit Freunden lachend From Disco To Disco, annektierten sofort die fremden Musikanlagen und landeten manchmal zu guter Letzt in meinem kleinen Heimstudio, um fröhlich weiterzufeiern mit Techno & Disco, Vinyls, Mikro und Gitarre und Frühstück, bis alle grinsend umfielen.

Alles begann in den Optimolwerken mit dem gemeinsam erfundenen Discoarsch, Auftritten mit Louie Austen, Julietta oder Justus Köhncke, dann folgte unser Umzug zum Discoarzt ins Café am Hochhaus und bald darauf der erste Auftritt im Garry Klein. Wir spielten unser »Herzton«-Album live im Harry Klein, lange bevor wir es in der Roten Sonne offiziell präsentierten, wir experimentierten mit einem Mix aus Techno & Munich Disco (drehten das Video zu »Bitte kommen Sie nackt« mit Moses Wolff im legendären Harry-Separée) und entdeckten 2016 unsere House Roots komplett neu mit einem knackigen Live Act.

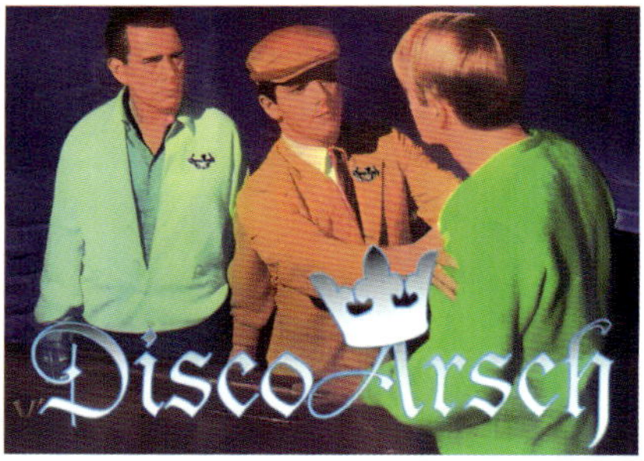

Was für eine Reise.

DANKE ALLEN FÜR ALLES!

Non! Je ne regrette rien.

Juli 2020

Offener Brief an Herrn Söder, postete ihn auf seiner Facebook-Seite.

Danach wurde er unzählige Male re-posted, von Kolleginnen & Kollegen. Es erfolgte keine Antwort.

»Make it go viral, my dears! Ihr könnt meinen Text gerne teilen.

Sehr geehrter Herr Markus Söder !

Sie haben während der Anfangsphase der Pandemie vieles richtig gemacht. Jetzt sollten Sie vielleicht über Ihren Schatten springen und auch Kultur und ganz besonders die Clubkultur ins Visier nehmen.

Ich weiß, dass den Obrigkeiten Autoindustrie, Airlines und Fußball systemrelevanter erscheinen, obwohl Kultur und alles, was dazugehört (Hochkultur, Unterhaltungsindustrie, Subkultur, Clubkultur, Produzenten, Verleger, Gastronomen, Veranstalter, Booker, Manager, Coaches etc.) jährlich gigantische Umsätze erwirtschaften.

Durch Ihre eher ironische Bemerkung, man solle eben erst mal daheim mit der Partnerin tanzen, bis alles wieder öffnet, erzeugen Sie eher Unwillen als Zustimmung – es sei denn, Sie glauben, dass jüngere Leute das Temperament unserer Großeltern besitzen oder wir Musikschaffenden die Leidensfähigkeit eines Engels.

Falls Sie glauben, dass das dennoch eine gute Idee sei, komme ich gerne höchstpersönlich bei Ihnen daheim vorbei und tanze mit Ihnen eine Runde gepflegten zeitgenössischen House & Techno. Danach werden Sie (entweder vor Begeisterung oder um mich schnell wieder loszuwerden) mit Freuden die Clubs (natürlich zu vernünftigen Bedingungen) öff-

nen, damit für uns die Geschichte wieder weitergeht, wir wieder arbeiten und uns des Lebens freuen können.
Mit freundlichen und friedlichen Grüßen,
Ihr Jens Poenitsch (DJ, Producer, Texter, Sänger),
Mario Kuhlmann + Ken Koch (Club-Betreiber, DJ)«

September 2020
Geburtstag Freddie Mercury
Du konntest nie abwarten.
Also verfolge ich deine Tradition der Ungeduld und wünsche dir einfach ein paar Stunden zu früh einen Knaller-Geburtstag, wo auch immer du dich gerade rumtreibst. Vielleicht ist auch dein Ziehsohn George Michael dabei oder der Mann, auf den du ein bisschen neidisch warst, weil er besser in Heels laufen und höher singen konnte als du, nämlich Prince. Vielleicht auch dein Pate und Lieblingsrivale Bowie. Vielleicht ist auch Montsy (Caballé) zugegen oder dein Gesangsidol Aretha und sie feiern mit dir, am Flügel oder was auch immer auf Wolke Sieben an Instrumenten gerade rumsteht.
Und reiß die anderen Langweiler morgen gleich mit, wie du es schon immer gut konntest. Feier ein Loch ins Paradies und schau, dass sich Petrus wegen der Lautstärke beschwert – wie jedes Jahr seit 1991!

15. September 2020
Wer etwas aufpasste, bekam mit, dass ich die ersten Monate der Covid-19-Pause dazu nutzte, um meine und unsere (Poenitsch & Jakopic) lange und farbenfrohe Geschichte zu erzählen. Unsere Residencies, Labels, Abenteuer, Inkarnationen, Co-Ops, Touren, Releases, Chart-Action und Studio- sowie Live-Projekte. Mit Flyern, Fotos, Presse, Links und Videos. Nun neigt sich diese DJ- Rückschau nach einer kleinen Pause dem Ende – mit diesem Post und noch einem weiteren, zukünftigen mit meinen frühen Jahren als Sänger und Musiker. Neben den früheren (Glashausdisse/Harry/Hochhaus) und augenblicklichen getakteten Wirkungsstätten (Palais/NY.Club/Kooks) gab es auch einige tolle Clubs, Partyreihen und Locations, die wir auch mehr oder weniger spontan oder manchmal auch regulär bespielten.

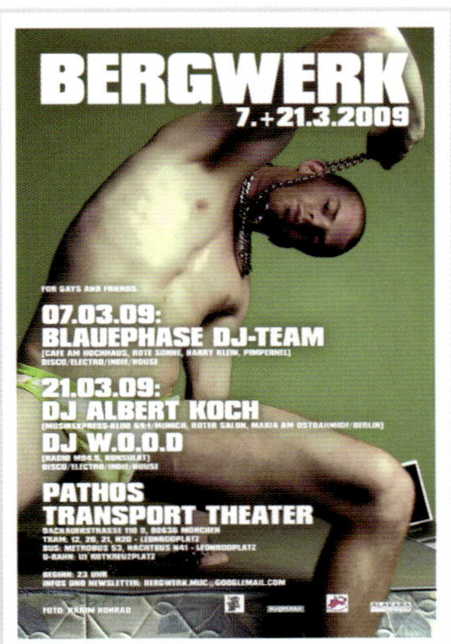

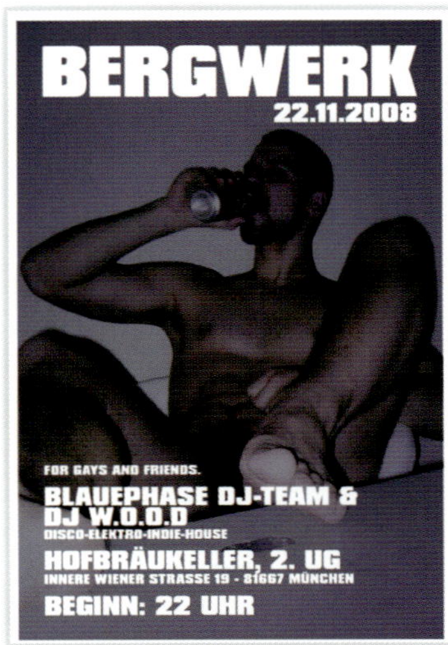

Die Bank, Registratur Bar, Pimpernel, Hotter, Techno Transport Theater, Hung King, Bergwerk, zweimal Rote Sonne, das alte und neue Parkcafé, The Bubble, um nur einige zu nennen. K4/Ljubljana und – immer noch aktuell – Haus 33/Pink Monkeys/Nbg. gehören

auch dazu. Wir waren dabei und mittendrin, als die Stadt vor kreativer, subkultureller Kraft fast zu bersten drohte, jede gefühlte Woche eine neue (Off-)Location öffnete und optimistische Aufbruchsstimmung in der Luft lag.
Wir beobachteten, wie die Regeln strenger, die Mieten höher, die Laune gedämpfter und der Zeitgeist gezügelter wurde und andere Interessen als künstlerische Freiheit und purer Hedonismus stärker in den Vordergrund rückten. Wir begannen als wilde Wanderer zwischen den Welten und Stilen, sind mittlerweile ein klares Techno, House & Rave DJ-Team mit Live-Act-Ausflügen zu Retro-, electronic pop und Singer-Songwriter-Skills.
Wir blieben im Spiel, weil wir uns immer künstlerische Freiheiten rausnahmen, aber auch durch unsere Partner dazu inspirieren ließen. Weil wir auf Karmaloft & Sujet immer wieder neue, clubtaugliche und eigenständige Musik rausbrachten, auf die Tanzflächen und teilweise hoch in die Trendcharts. Trotz schwieriger Zeiten bleibt es jetzt spannend, unter neuen Bedingungen zu spielen, aufzunehmen und zu produzieren.
Und live bei euch zu sein, denn zaghaft und hygieneregelkonform geht es allmählich wieder los. Unsere Lebenslust, Schaffenskraft und Spielfreude blieb Gott sei Dank weiterhin – bis heute – ungebrochen. Danke euch allen Mitwirkenden für alles Vergangene und danke für alles noch Kommende!
LIFEISGOOD!

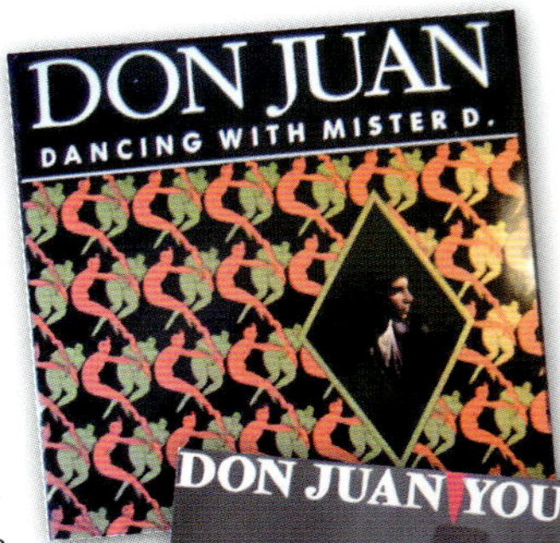

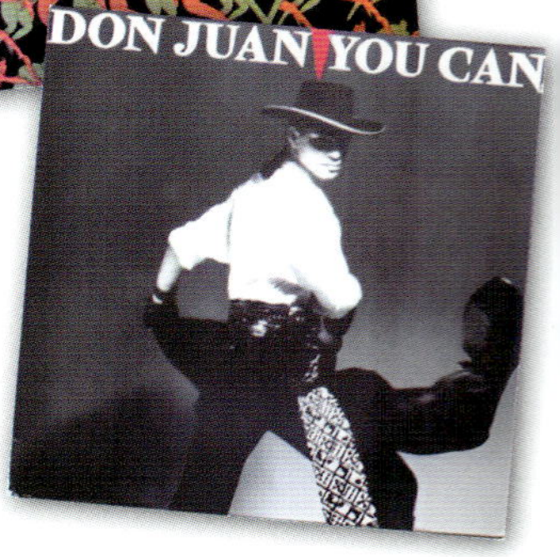

September 2020
Exorzismus?
Jurassic Park?
Dorian Gray?
Punk-, Disco- & Rave-Vampire?
Ich lass nun die Hosen runter und teile Teile meiner bewegten prä-POENITSCH & JAKOPIC Vergangenheit. Etwas Text, etwas Bild, nicht zu nostalgisch, weil vieles durch den gnädigen Schimmer der Vergangenheit gülden glitzert. Eine Vergangenheit, die ich bisher zwar nie verbarg, aber auch nicht wie eine Monstranz vor mir hertrug wie so viele andere DJ-Langstrecken-Kollegen. Denn mein/unser Überlebensprinzip war und ist immer: Nach vorn blicken. Ballast abwerfen, sobald sie erdrückt. Neues ausprobieren, solange es uns und unserem Publikum Spaß macht. Auch jetzt erspare ich euch und mir eine minutiöse Liste der zahlreichen vergangenen Helden- und Schandtaten als Sänger, Musiker, Liveact und Studiomacker, pop worker & underground artist.
Relativ kurz die Speerspitzen:

1.) Erste Station war nach ein, zwei Schüler- und Wave-Bands (The Pictures u. a. mit Henning Hoffmann-Heyden waren ziemlich professionell) die Punk/Wave/NDW-Band Zero Zero.
Wir waren die Zwischenstufe kurz nach DAF/Palais Schaumburg und kurz vor Falco & Trio, kommerzieller als die Ersten und schräger als die Letzteren. Unsere Zeit war frei und herrlich, wir waren ein Jahr underground hot property und hatten das nächste Jahr sogar einen kleinen Hit auf dem Indie Label Reflektor, den wir in zehn Minuten in den Münchner Musicland Studios in Eigenregie live aufnahmen: »Irrenanstalt« schoss bis in die kalifornischen Dance Charts in die Top 5, Nummer 3, vor Trio, hinter Falco. Als wir im dritten Jahr anfingen, in NY und London aufzunehmen, um immer besser

und elektronischer zu werden, flaute die musikalische Bewegung ab und wir lösten uns – in aller Freundschaft – auf. Jahre später wurde uns erst klar, was wir für ein tolles Zeitfenster zusammen genießen durften. »Irrenanstalt« wurde viel später sogar von Nineties Rave DJs gecovert – als ich die Nummer längst vergessen wähnte.

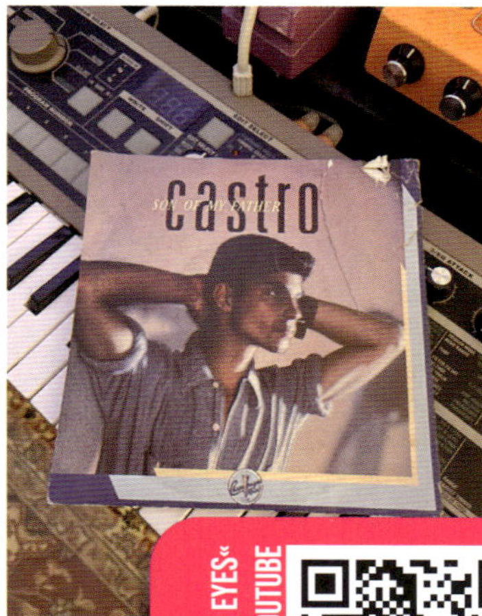

»IN YOUR EYES«
DON JUAN AUF YOUTUBE

2.) Der Spaß war noch nicht zu Ende, denn fast übergangslos bekam ich einen Solo Deal bei Virgin, nachdem Queen-Producer Mack im Musicland meine eigenen Demos – produziert zusammen mit Florian Anwander in Willy Klüters damaligem Studio – hörte und trocken meinte: »Ach so, du kannst ja singen.«
Im Zeitalter der größenwahnsinnigen Pop-Namen war ich plötzlich Don Juan und durfte meine neuromantisch verkleideten Feierfreunde aus dem Tanzlokal Größenwahn als Entourage und Unterstützung mit zu Mack und den Superprofis nehmen. Unsere kleine Masterarbeit war ein Giorgio Moroder-Stück, das ich vor Aufregung schwitzend im Schüttelfrost einsang, weil in der Küche nebenan Freddie Mercury gleichzeitig in einer Pause Tee – oder war es Bier? – trank. Wir arbeiteten nämlich – ein Privileg – Tür an Tür mit Queen und Mercury Solo, freundlichen und fleißigen Kollegen, die niemals auch nur annähernd Launen oder Arroganz zeigten, stattdessen durch Kollegialität und freundliche Neugier glänzten. Mit diesem Projekt gab es für mich keine nennenswerten Hits, aber jede Menge anerkennende, journalistische Aufmerksamkeit und durch diese Exposure über Nacht zahlreiche Studiomusiker-, Livesession-, Videostatisten- und Songautoren-Jobs für andere Musiker. Es waren viele und ich habe jeden einzelnen genossen, alles gegeben und schritt sofort weiter, sobald es langweilig oder zu gemütlich wurde.

3.) Unter den vielen Projekten für mich und für andere, live oder im Studio, war meine zwei Jahre währende on-and-off-Tätigkeit als erst Video-, dann einmaliger Live-Side-Man als Falco-Gitarrist die spannendste, einträglichste und bemerkenswerteste. Ähnlich wie vorher Freddie Mercury näherte er sich mir, nach außen aufgedrehter, innen aber schüchterner Jungspund, mit großer Freundlichkeit und Kollegialität. Unvergesslich.

Alles, was ich später mit Bernd richtig machte, habe ich eigentlich in dieser Zeit gelernt.
Danke allen Begleiterinnen & Begleitern dieser Epoche. Als Ende der Achtziger bis Mitte der Neunziger diese Phase sich dem Ende neigte, begann übergangslos meine bis heute währende Liebesaffäre mit der DJ-Welt, der Raves, der Clubs, der Discos, der Elektronik und der Studio- und Live-Arbeit für Poenitsch & Jakopic.
Servus, Vergangenheit, hallo Gegenwart.

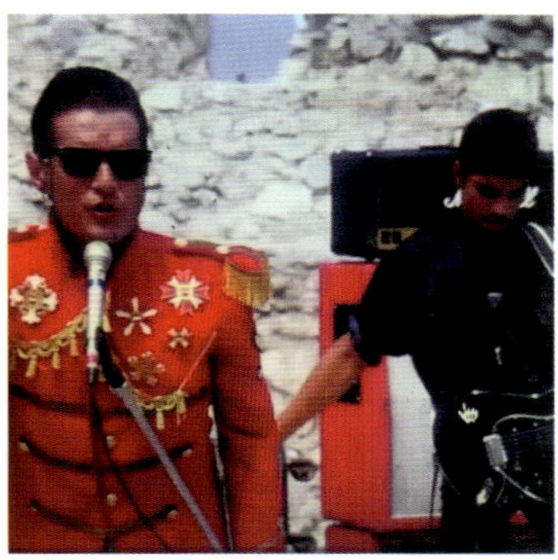

Screenshot aus dem Film »Geld oder Leber«, 1986, mit Falco und Jens an der Gitarre

Random

Pop history.

Die drei ganz großen Missverständnisse des Pop. Die drei Songs, die gerne bei Hochzeiten, Jubiläen & Begräbnissen gespielt werden & genau das Gegenteil dessen meinen, was sie auf den ersten Blick darstellen.

1. »Every Breath You Take« The Police.
   Lieblicher Kuschelsong, ewige Liebe? Nein. In Wirklichkeit gehts um düsteres Stalking.
2. »Hallelujah« Leonard Cohen.
   Lobpreisung Gottes, innere Einkehr? Nein. In Wirklichkeit wird hier rasender Sex zu einer religiösen Erfahrung.
3. »Perfect Day« Lou Reed.
   Sanfter Sonntag im Kreise der Lieben, Harmonie & Frieden? Nein. In Wirklichkeit nur eine sehr giftige After Hour.

9. Januar 2021

So eine Kompaktanlage – so hieß es damals – hatten meine Eltern während der 70er auch im Wohnzimmer. Mit Radio und Plattenspieler. Er war aus edlem Kirschholz, das Design sah aus wie aus Star Trek – very Seventies – und die Anlage roch faszinierend gut. Das Vintagebild hier gibt die Eleganz unserer damaligen Anlage nur entfernt wieder.

Sie roch nach neuen Schallplatten, nach frischem Holz, frischem Plastik und jeder Menge Statik. Wir Kids belagerten die Anlage zumindest tags nach den Hausaufgaben und nach dem Klavierunterricht fast unablässig und die Eltern hielten es augenrollend, aber liebevoll lächelnd aus.

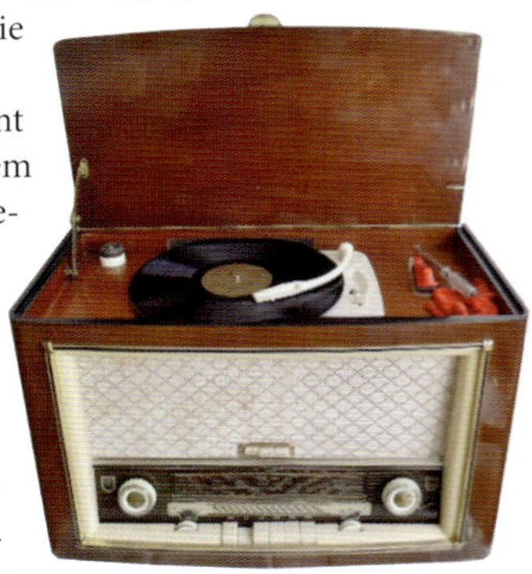

Ich hatte später das Gleiche, nur kleiner, ausgeflippter designt (amorphes Design, Clockwork-Orange-artig) aus orangem Plastik in meinem Jugendzimmer. Heute weiß ich, wie behütet ich aufwuchs und was meine lieben Eltern aushalten mussten.

Bis heute empfinde ich den Geruch von großen Musikanlagen mit jeder Menge statischer Aufladung als erotisch. Die letzten Wallungen dieser Art hatte ich im Harry Klein, in der Registratur, im NY.Club (neue Anlage und ja, sie riecht wie die damalige Anlage bei meinen Eltern in Baldham/Vaterstetten) – und natürlich im Palais (neues Mischpult, Allen & Heath) – das riecht auch immer noch sexy aufgeladen. Und der CD-Player im Kooks riecht auch antistatisch, wenn er sechs Stunden plus läuft!

März 2021

For a global DJ forum:

How and why did House music become so popular?

Because it's the perfect soundtrack for a modern, global, work-driven & restless world. It's positive, uplifting, but still relaxed. If there are vocals involved, they deal with love, spiritual topics, something hedonistic or humorous. House music is not fundamentalistic like rock, hip hop, R & B or country. House is musically open to other styles & can be produced in small, affordable home studios as well as in big production facilities.

House parties are held in luxurious, huge clubs, small bars & warehouses alike. House music is the perfect marriage of the energy of techno/electro with the happiness of disco/soul & the uplifting power of rock.

House music originated from the underground club scene during the very early Nineties, embracing minorities, mainly influenced by the black & queer community but started to gain worldwide momentum during the mid/late Nineties, with acts like Daft Punk having huge chart hits.
During the last years, many mainstream pop acts drew their influences from house music. Ironically, house, after trying in vain for decades, actually managed to conquer America big time in the shape of EDM.

8. April 2021
Heute fahre ich fort mit unserer Poenitsch & Jakopic History
Tracks, Mixes, Co-Ops, Videos, Pics & Interviews.
Die Reise zwischen Underground & Pop, Vocal & Instrumental, cool & camp, German & International, House & Techno, old school & new shoes, deep & high, Disco & Dispo, Gestern & Morgen!
Hier das Video zu »Eine Sekunde von mir«, einem Track unseres 2012 »Herzton« Albums, das wir ein einziges Mal in der Roten Sonne komplett und im Harry Klein in mehreren Sequenzen live aufführten. Wir nannten den Stil, den wir ein paar Jahre – bis 2015 – als recording artists durchzogen, Autoren-Techno. Mehr Infos dazu unter dem YouTube-Video.
Danke allen Mitwirkenden und Beteiligten herzlichst.

»EINE SEKUNDE VON MIR« AUF YOUTUBE

August 2021
BRAVO wird 65
Ist aber offenbar weit von der Rente entfernt. Hat 600 000 Instagram Follower. Hand auf's Herz: Wer hat gerne BRAVO gelesen? Und, viel interessanter: Liest jemand noch BRAVO oder kennt jemanden?
Heutzutage liest kein Teenie mehr ein echtes Heft komplett durch oder täusche ich mich da? Ich hab's geliebt & habe sie sogar heimlich weitergelesen, als ich schon längst zu alt dafür war & schon Sounds, Musikexpress & Spex las. Ich fand es toll, dass Leute, die gestern noch ›Underground‹ waren, plötzlich auch groß & bunt mitten im Heft waren. Die frühen, damals noch völlig unbekannten Queen. The Cure. Bowie. DAF. Soft Cell. Prince. Adam Ant. Frankie Goes To Hollywood. Sogar WestBam war öfter drin.
Und die unfassbaren Starschnitte. Diese quietschenden Bonbonfarben.
Mit Zero Zero gelang es uns ein paarmal, mit kleineren oder auch größeren Fitzeln im Heft zu sein. Als Don Juan schaffte ich es ebenfalls – die Artikel habe ich alle nicht mehr … es ist einfach viel zu lange her. Ich bin froh, noch ein paar Artikel von Poenitsch & Jakopic zu haben – allerdings nicht in BRAVO, sondern in Lifestyle Mags, DJ-Mags oder Stadtmagazinen. Heute ist doch alles im Netz.

6. November 2021
ABBA
Sie waren mir immer ein bisschen latte. Zu bieder. Zu wenig Rock & Roll. Zu wenig Soul. Zu wenig Disco. Zu wenig Testosteron. Zu wenig Party. Erst später erkannte ich das Genie, die Versöhnlichkeit, das Übergeordnete, das Makellose. Denn ihre echten Überhits, besonders die späteren, waren & sind einfach unwiderstehlich & wahnsinnig gut geschrieben, gespielt, getextet & gesungen. Sie gehören zur absoluten Pop-Elite, was Hits, Verkäufe, Erfolg, Drama, Historie, Mysterium, Superlative, Tragödie & Triumph anbelangt, zusammen mit Beatles, Queen, Michael Jackson, Elvis & Madonna & den anderen alten Top Biggies.

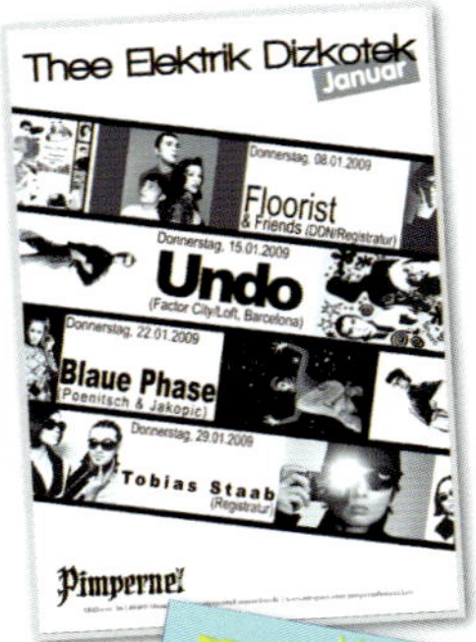

ABBA machen die Welt zu einem besseren Platz. Die letzten beiden Singles (»Faith In You«/»Don't Shut Me Down«) rühren sofort zu Tränen des Glücks. Das neue Album ganz durchzuhören, ist mir jetzt zu anstrengend, aber es wird bestimmt gut sein. Ich geh lieber heute Abend in Nürnberg im Haus 33 zu »12 Years Pink Monkeys« zusammen mit Bernd raven …

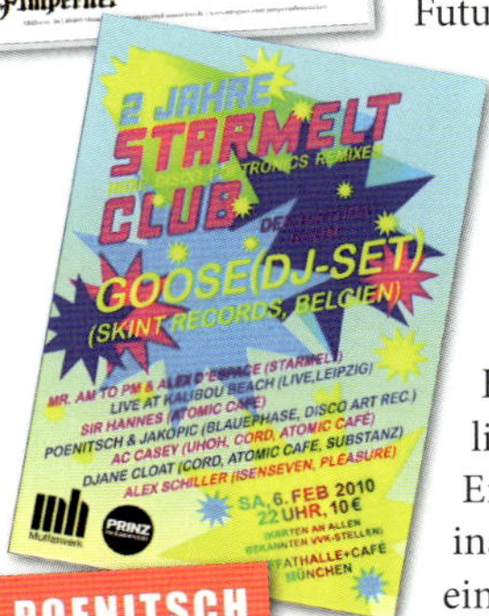

November 2021

Die 80er waren das Jahrzehnt des Aufbruchs, der Innovation, des Futurismus, der ganz großen, weltweiten, modernen Pop-Ästhetik. Wie schon in den 50ern war Hollywood & die Popwelt in den Eighties stilprägend als modernes Weltbild. Diesmal mit Sci-Fi-Filmen & Zukunftsvisionen, futuristischen Videos, Images & Plattencovers. Filme wie »Blade Runner«, »Terminator« & »Mad Max«, Popikonen wie Grace Jones, Kraftwerk & David Bowie ließen uns mit ihrer Kunst einen Blick in die Zukunft werfen. Viele dieser Visionen sind tatsächlich komplett eingetreten.

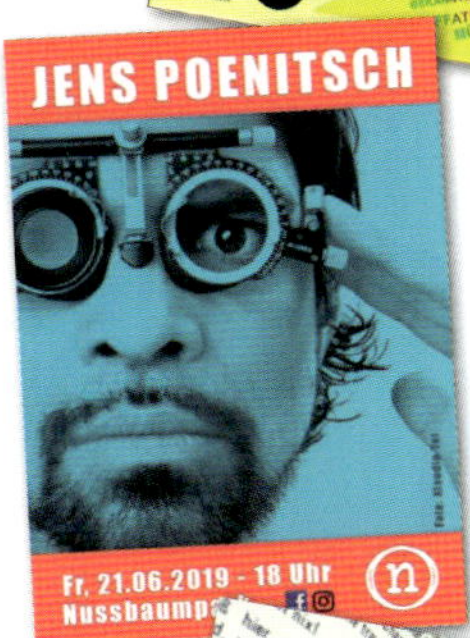

Ein anderer Punkt ist die Tatsache, dass die Welt momentan instabil & unsicher wirkt. Viele Menschen sehnen sich nach einem heilen Gestern zurück. Das hat absurderweise zur Folge, dass unsere augenblickliche Lieblingszukunftsvision ein bisschen nostalgisch 80er-mäßig daherkommt. Die 80er schienen perfekt & sorgenfrei im Vergleich zur heutigen Welt. Diese Sehnsucht nach den Eighties zeigt sich immer wieder in neuen Pop-Hits (Weeknd, Coldplay, Calvin Harris), in neuen Club-Produktionen (Purple Disco Machine, Koze, Roosevelt), in der Mode (neonfarben, schwarz, eng) & in neuen Filmen (»Dune«, »House Of Gucci«, »A Star Is Born«). Es bleibt spannend, was die Zukunft tatsächlich bringt … oder ob wir tatsächlich – no future – zurück in die Zukunft wandern. Oder etwas komplett Neues auf uns wartet.

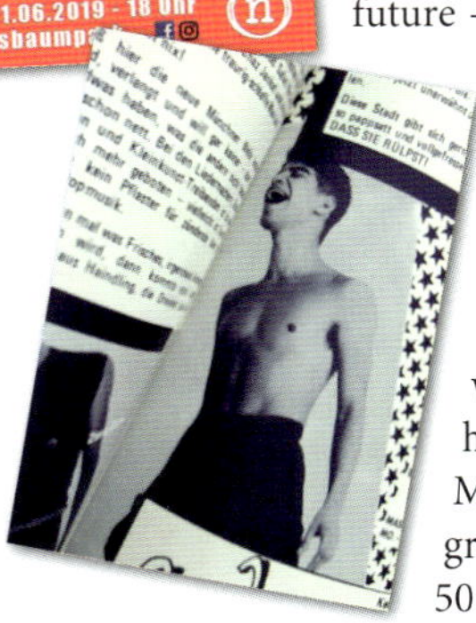

Dezember 2021

War heute mal wieder in Hellabrunn

War gut besucht. Das neue Elefantenhaus sieht super aus. An einem neuen Wolfswald & einem geräumigeren Löwengehege wird gerade gebaut. Die vielen Besucher verhielten sich trotz hoher Frequenz cool & rücksichtsvoll. In den Häusern trug man Maske & hielt Abstand. Das Hellabrunner Artenschutz-Programm stellt sich über die Jahre als sinnvoll heraus. Mindestens 50 % der hier artgerecht gehaltenen Tiere sind in freier Wildbahn gefährdet bis fast ausgerottet wie z. B. Waldbison, Eisbär, großer Ameisenbär, Hartmann-Bergzebra, Netzgiraffe, indisches Panzernashorn, roter Panda, Przewalski-Urwildpferd oder indischer Elefant. Lauter Tiere, die die Erde noch vor einem halben Jahrhundert in angemessener Zahl bevölkerten. Die klugen Schutzmaßnahmen & Wiederauswilderungsprojekte der mittlerweile weltweit vernetzen Zoos & Reservate verhindern das

»SIGN« VON ROOSEVELT
AUF YOUTUBE

endgültige Aussterben dieser schönen Lebewesen. Möge 2022 diesen Tieren weitere Überlebensmöglichkeiten bieten. Gönnt euch auch mal wieder einen Besuch, die Anlage ist beeindruckend & den Tieren geht es gut.

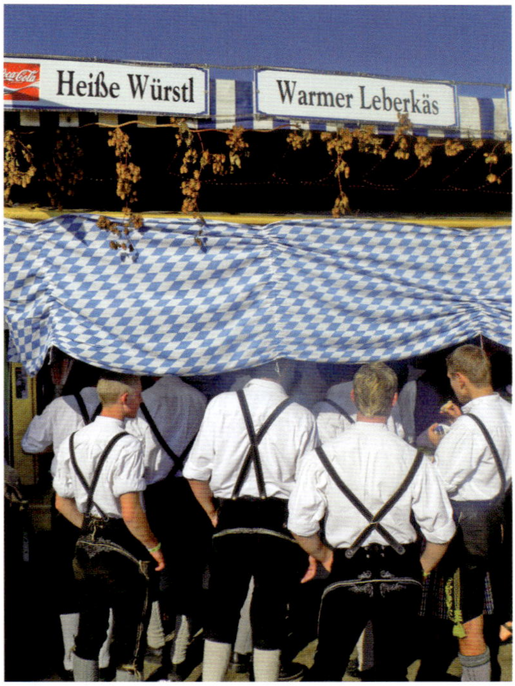

Gedankendisco
Tracht

Speziell in Bayern gibt es Leute, seien es echte Eingeborene, sympathisierende Beobachter oder Zugezogene, die gerne Tracht tragen. Die einen als Statussymbol, andere als Herzensangelegenheit, wieder andere als saloppe Verkleidung.
Was auffällig ist: Bin selbst Bayer, gehöre noch einer Generation an, die Tracht entweder als Kind auf dem Land trug, beim Spielen & Rumsauen auf Bauernhöfen oder in der Natur oder zu Anlässen wie Dorffesten. Diese Tracht sah toll aus, war schmucklos, praktisch, grob & schnell zu reinigen. Als Erwachsener fand meine Generation echter Landkinder es noch extrem uncool, Tracht zu tragen. Tracht war ein Privileg, aber auch ein Tick älterer, konservativer Leute. Das ist lange her.
Heute lieben Hinz & Kunz aufwendige Tracht, schon länger ist das eine unumstößliche Tatsache. Es liegt auch an etwas Charmantem, was ich nie selbst sehen wollte: Tracht betont einfach die primären Geschlechtsteile. Jede Dame sieht im adretten Dirndl aus, als hätte sie eine üppige Oberweite & eine schmale Taille. Jeder Mann sieht in der Lederhose aus, als hätte er ein großes Gemächt, ein breites Kreuz & dicke Waden. Die alpenländischen Trachten sehen einfach so aus, als ob die Leute dauernd damit beschäftigt wären, sich zum Liebemachen möglichst schnell aus- & wieder anzuziehen. Ist doch nicht schlimm.
Die meisten ›modernen‹ Leute haben ja auch nur Spaß mit der Tracht. Die wenigsten sind echte Eingeborene oder tragen absichtlich eine jahrhundertalte, teure, traditionelle Chiemseetracht. In München ist das fast immer eine Kreuzfahrt zwischen Fasching, Lodenfrey & Schickimicki und zwar seit Jahrzehnten. Aber ich erteile hier keinen Geschichtsunterricht. Live & let live. Have fun.
Das ist das Vulgäre, aber auch das Geniale daran – in der Tracht ist jeder gleich geil, gleich bled & gleich sexy. Herrlich! Das ist eigentlich Punk.

2. November 2022
Ein früher PR Shot

Don Juan (Virgin) war mein 1984 Solo Projekt, teilweise aufgenommen im Musicland, Producer war Mack von Queen & neben eigenen Nummern war auch ein Moroder-Cover am Start. Es gab etwas Wind & gute Reviews & leichte Turbulenzen in spanischen Clubs.

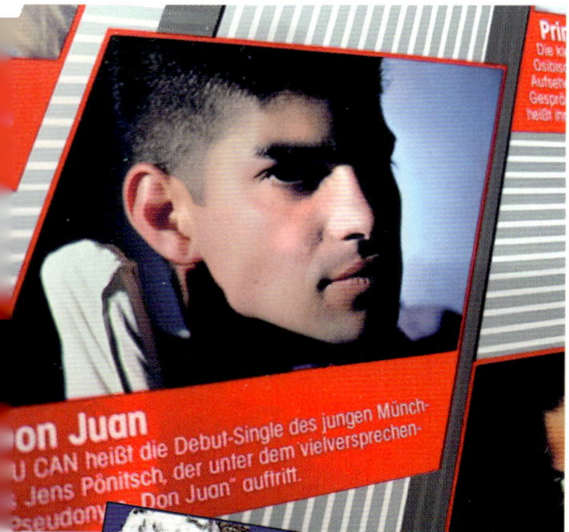

Die Produktion hat Spaß gemacht. Ich war gefordert & ab & zu schauten auch die Nachbarn Queen vorbei. Überraschend nette, völlig bodenständige Leute.
Was soll ich sagen: Meine erste nennenswerte Band Zero Zero (alles von uns selbst (co)produziert & geschrieben, teilweise auch im Musicland recorded) war im direkten Vergleich stabiler. Langstreckenläufer DJ Team Poenitsch & Jakopic sowieso.
Next station new band 2023: Two Men And A Machine.

November 2022

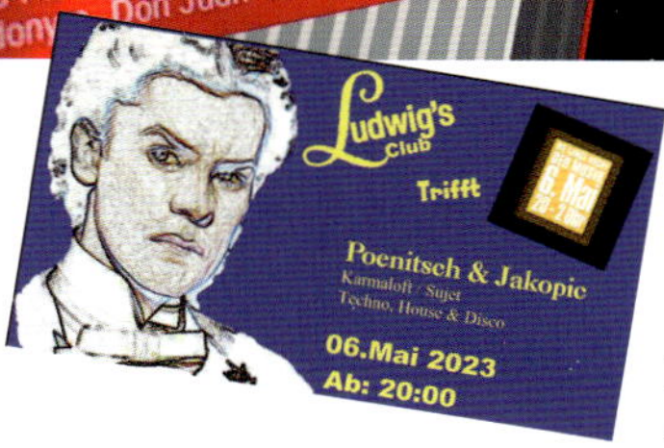

Poenitsch & Jakopic, die bereits die Glashausdisse (Eisbach), den Discoarzt (Café am Hochhaus), das Garry Klein, das Pimpernel, die Bank, die Registratur Bar, das Techno Transport Theater, die Elli Disco, das Bergwerk, das Hotter, den Sunday Club (NY.Club) & unfassbar viele Jahre das Wohnzimmer Palais (Frau Schygulla Träumt, Animal Club) bespielten, haben eine weitere neue Spielwiese für Techno, House & Disco: den Ludwig's Club.

Februar 2023
So, jetzt mache ich auch mit.
Schon 2020 gab es die Frage. Konzerte, die mir nachhaltig in Erinnerung blieben:

10cc
ABC
Abwärts
AC/DC
Adam & The Ants
Aerosmith
Air
Alexander O'Neal
Andreas Dorau
Armand Van Helden
The B-52's
The Black Crowes
Blondie
Bob Marley
Boston
Boy George
Cameo
Caribou
Cher
The Clash
Cockney Rebel
Culture Club
The Cure
DAF
Daft Punk
Dave Stewart & The Spiritual Cowboys
David Bowie
Deep Purple
Depeche Mode
Divine
Einstürzende Neubauten
Eurythmics
Everything But The Girl
Faith No More
Faithless
Falco
Frankie Goes To Hollywood
Frankie Knuckles
Genesis
George Clinton.
George Michael
Goldie
Grace Jones
Guns N' Roses
Gus Gus
Heaven 17
Human League
Ian Dury
Iggy Pop
Inxs
Jan Delay
Japan
Joe Jackson
Johnny Thunders
Joris Voorn
Junior Vasquez
Kate Bush
Kevin Yost
Kraftwerk
LaBrassBanda
Laurent Garnier
Lenny Kravitz
Liaisons Dangereuses
LTJ Bukem
Madness
Madonna
Manic Street Preachers
Marionettes
Massive Attack
Michael Boublé
Michael Jackson
Mötorhead
Nazareth
Nina Hagen
Nina Simone
Page & Plant
Palais Schaumburg
Patti LaBelle
Patti Smith
Pet Shop Boys
Peter Gabriel
Pink Floyd
Placebo
The Plasmatics
The Police
The Pretenders
Prince
Queen
The Ramones
Rolling Stones
Roxy Music
Seal
Shakespears Sister
Simple Minds
Siouxsie & The Banshees
The Sisters Of Mercy
SOS Band
The Specials
Spizzenergi
Stephan Eicher
Stereo MCs
Stereo Total
Suicide
Super Discount
Supertramp
Suzi Quatro
Sven Väth
The Sweet
T. Rex
Talking Heads
Tangerine Dream
Thompson Twins
Tina Turner
Tricky
U2
Ultravox
Uriah Heep
Van Halen
Whitney Houston
The Who
Yes

Was für ein Segen, das alles live gesehen zu haben.

7. März 2023
Das Thema Insekten ist offensichtlich bei einigen Leuten immer noch ein großer, populistischer Aufreger. Erstens müssen sie gesetzlich gekennzeichnet sein, sofern in Lebens-

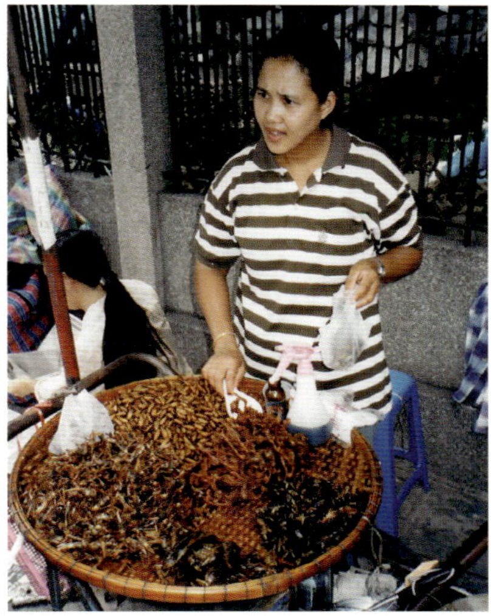

mitteln vorhanden. Zweitens sind sie logischerweise trotz vieler Gerüchte niemals in veganen Speisen enthalten. Ich persönlich habe bereits vor vielen Jahren in der Schule während des Unterrichts Insekten gegessen. Wir hatten einen sehr fortschrittlichen, humorvollen Lehrer. Er brachte uns zu unser aller Amusement gegrillte Heuschrecken & geröstete Ameisen aus dem fernen Osten mit. Aus der Dose. Und in der Form schon längst nicht mehr als Insekten erkennbar.
Die Mutigsten probierten: Es schmeckte tatsächlich ganz lecker. Wie würzige Chips mit Honig-Aroma.

März 2023
Gedankendisco

Wir, also Leute zwischen 50 minus & 70 plus, sind die erste Generation, die so cool bzw. so uncool alt werden darf. Wir sind nicht dazu verdammt, in Beige gekleidet am Rollator Boulevardtheater & Big Band Swing zu erdulden & wenn, ist es auch ok. Wir dürfen bis ins hohe Alter Popmusik & Underground unserer Wahl hören & machen & uns anziehen wie unsere Enkel – wenn wir Lust haben & noch reinpassen. Und wenn nicht, ist es auch ok.
Wir müssen nicht in feinem Gewand in die Oper, und wenn, ist es auch in Ordnung.
Wir können mit dem nötigen Selbstbewusstsein immer noch in Clubs, Bars & zu Livebühnen gehen & Spaß haben, ohne beäugt zu werden. Können selbstverständlich weiterhin zu den Schaffenden, zu den Kreativen gehören, wenn wir es draufhaben.
Wir können noch Sport machen in quietschbunter Kleidung oder uns in der Natur bewegen, wenn der Körper noch Lust darauf hat. Wir dürfen schlafen, mit wem wir wollen – bis wir umfallen, ohne uns wegen der Nachbarschaft oder gesellschaftlicher Norm Gedanken zu machen.
Die Einzigen, die manchmal nerven können, sind Altersgenossen & -genossinnen, die diese neue, schöne Form der Freiheit unbedingt hinterfragen müssen, weil sie sonst nicht einschlafen können oder weil sie sie nicht mehr wollen ….

7. Oktober 2023
Ich freue mich

- Bin mit der neuen Band Two Men And A Machine als Sänger im Proberaum, weil wir im November das erste Mal live – privat – auftreten. Mehr davon öffentlich 2024. Unser Album »Star Walk« steht schon ab dem 23.10. digital & etwas später auf Vinyl in den Startlöchern …
- Werde zusammen mit Gerald Klepka unsere erste Formation Zero Zero nach 40 Jahren für ein paar brandneue Songs reanimieren, höchstwahrscheinlich behalten wir einfach den Namen, denn es sind ja dieselben Leute.
- Werde mit Bernd unseren reichhaltigen Poenitsch & Jakopic Studio House Fundus durchstöbern & den einen oder anderen hidden Track sichten & polieren, releasen.
- Arbeite zusammen mit Sandra Gold & Chew Solo an einem neuen House-Brett.
- Sitze weiterhin an der Recherche für mein Buch »Munich Sounds Better With You«, das voraussichtlich Sommer 2024 im Hirschkäfer-Verlag erscheinen wird. Ende 2023 & 2024 wird einiges im Karton rappeln.

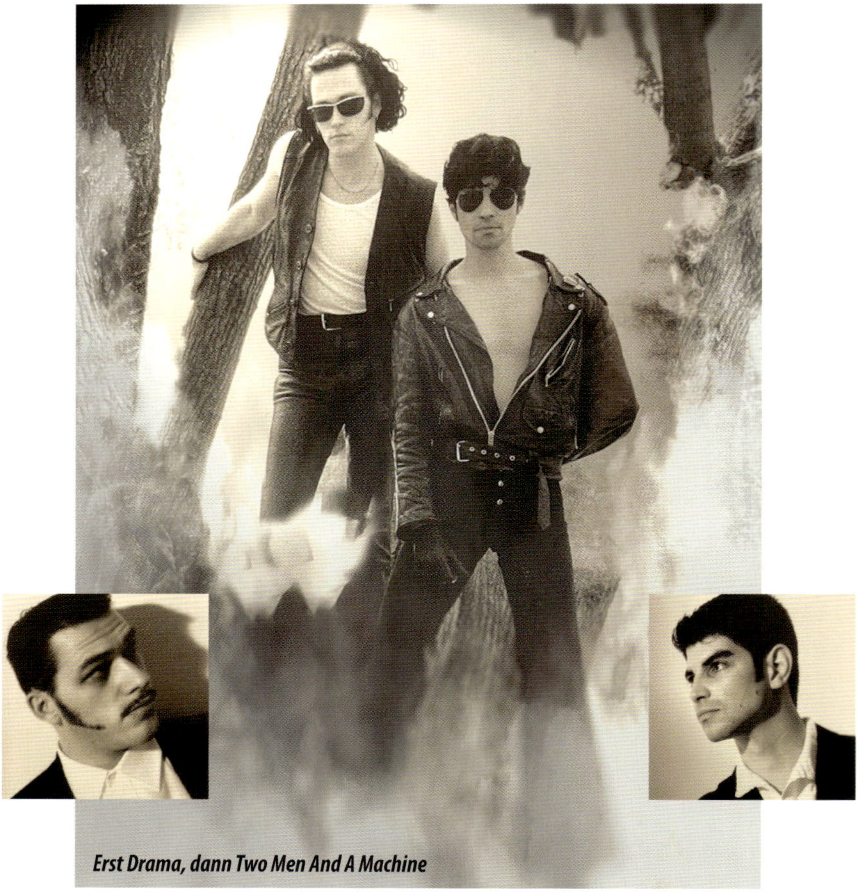

Erst Drama, dann Two Men And A Machine

Januar 2023
Two Men And A Machine

History repeating. Vor über 30 Jahren hatten wir schon einmal das Vergnügen. Damals hieß unsere Band noch Drama. Wir spielten einen irren Mix aus bombastischem Electropop, Goth-Grunge & Disco-Rave.

»MY TOWN« VON TWO MEN AND A MACHINE AUF YOUTUBE

März 2023

Vor genau 40 Jahren erschien eine Vinyl-Maxi-Single mit einem schlichten, schwarzen Cover mit minimalistischen, kleinen Farbmustern am Rande.
Innerhalb kürzester Zeit wurde das Werk das meistgespielte Stück in allen Diskotheken weltweit. Die Gruppe New Order, frisch geboren aus den Trümmern der Post-Punk-Band Joy Division, wollte sich eigentlich nur mal an Funk & Disco versuchen & hatte mit diesem geglückten Experiment gleich den ganz großen Wurf.
Dieser außerordentlich fette Track bringt selbst heute noch alle Gesäße in Wallung. New Order – »Blue Monday«.

»BLUE MONDAY« VON NEW ORDER AUF YOUTUBE

April 2023
Manchmal kommen sie wieder.
In der Kunst, im Zeitgeist, in der Mode, im Pop.
Heute: S & M-Fashion. Fetisch. Lack, Leder.
Beinahe wohltuend in Zeiten des neuen fluffigen Biedermeiers, voller Rüschen, Tracht & Pastell. Eigentlich war kinky längst ein bisschen durch, aber offensichtlich sehen das ein paar Novizen jetzt anders. Als ich noch Student war (frühe Eighties) & das Größenwahn, das alte New York, möglichst viele andere abenteuerliche Clubs entdeckte, trug man gelegentlich Lack & Leder, möglichst eng & freizügig, um verpönte Hippies, Eltern & Autoritäten zu schocken. Mit Erfolg.
Oft trugen besonders wohlsituierte junge Leute die wildeste Kleidung. Echte Prostituierte oder Arbeiterjugendliche waren vergleichsweise konservativ gekleidet. Natürlich gab es Ausnahmen. Richtige Fetisch-Mode kam eigentlich erst zu Techno-Zeiten ziemlich breitflächig in die immer selbstverständlichere, diversere Clubszene. Zu Zeiten der Love Parade waren gefühlt an die 50 % der Tänzer im Fetisch-Outfit, die anderen in Camouflage oder gleich High Fashion.

Mai 2023
ESC
Ich habe das Spektakel nicht gesehen, arbeitete – aber alle Wehklagenden treffen den Nagel wahrscheinlich auf den Kopf: Der ESC ist bestens zum Lästern geeignet. Das liegt in der Natur der Sache, denn Queere quälen & kritisieren liebend gerne andere Queere. Ich liebe es. In kleinen Portionen.
Manchmal rutschen auch ordentliche Musikstücke, tolle Künstler oder anständige Kostüme durch. Prinzipiell gibt es onstage mehr Windmaschinen als Mikrofone. Frauen sehen entweder aus wie Puppen, Prostituierte oder Schaustellerinnen, Männer wie Mangas, Gangster oder Banker. Die paar Leute, die ohne eine Tonne Tänzer, Talk & Tüll auftreten, rutschen wahrscheinlich aus Versehen vorher durch den Lattenrost & landen als Proviant in den Cateringtöpfen.
Aber eines muss man ihnen lassen: Sie machen sich jedesmal unfassbar viel Arbeit & die Künstler performen sich einen Wolf, obwohl die meisten genau wissen, dass sie nach dem riesigen Auftritt im popmusikalischen Orbit verglühen wie Eintagsfliegen.
Falls sich die Möglichkeit ergibt, dürfte sich kein noch so cooler Artist die Möglichkeit entgehen lassen, beim ESC mitzumachen. Unter all den wackeligen Eintags-Wanderpokalen gibt es immer wieder mal eine waghalsige Wurst, die nach dem Sieg nicht verschwindet & einfach weiter ihr Ding macht. Save ESC, bevor die Welt noch grauer, praktischer, freudloser, geiziger, verzagter, uniformer & unkreativer wird.

8. Oktober 2023
Was für ein schöner Tag.
Geht zur Wahl.
Noch habt Ihr sie, ganz selbstverständlich! Falls ihr tatsächlich noch Inspiration braucht: Macht das Kreuzerl am besten bei Parteien, die nicht laut schreien müssen, die menschenfreundlich sind, die die Welt nach vorne bringen & nicht zurück. Genießt den Sonntag.

22. Januar 2024
Random Gedankendisco
New Romantics
Online Brief für ein englisches Popmag
The new romantics were a heavy relief after two, three years of real three-chord-fun, monotone but inspiring songwriting, intentionally bad singers, cheap record production, trash-fashion, agitatory rants from upper class fashionistas & the colors black, grey & swastikas as ugly anti-bourgeoise-teasers. Suddenly people rediscovered fashion as theatre, colors, shows, musical abilities, complex songwriting, vocals, disco, krautrock, opera, avantgarde & good vibration. While not forgetting the intensity & the realness of punk.

3. Februar 2024
Random Gedankendisco
Sid Vicious
Punk war ca. ein, zwei Jahre lang die Definition von Rebellion, Spaß & überbordender Kreativität. Danach war es nur noch – bis heute – Proll-Fasching mit drei Akkorden, Gröl-Refrains, Sicherheitsnadeln, buntem Iro & Flaschenbier. Sid stand für den Abgesang. Er war der dumme, aber hübsche Posterboy der Zuspätgekommenen, als Musiker & Mensch mit Fame & Fortune völlig überfordert.

16.02.2024
Random Gedankendisco
Disco
Online letter for dance magazine
What is the reason for disco's ongoing success in spite of falling out of critical favour compared to other genres? Simple: Although conservative old rockers & modern purists will still try to ignore the relevance of disco, the genre still sticks around successfully – for decades: As steady underground influence for many modern artists. As crowd-pleasers in discos & clubs, even the most boring dark electro underground party can be spiced up with a great disco original or remix. Every professional DJ will agree. Many outstanding disco tracks still popular today are examples of great songwriting skills, great mixing & production, great instrumental & vocal performances, great arrangements. A lot of them require high technical standards, higher than most standard rock…. Disco is as relevant as punk, at least. It was the very first popular music style that actively embraced all ethnic groups, all genders, all social classes, all kinds of people – to this day. Finally, disco is not only modern entertainment, its smart. Behind many simple hooks there lie some deeper meanings without being too preachy. It's fun!

18.02.2024
Random Gedankendisco
Botox
Meistens machen künstliche Manipulationen älter, nicht jünger. Außerdem finde ich es sexy, wenn man älteren Leuten ansieht, dass sie gelebt haben, dass sie echte Freude & Schmerz empfanden. Dieser Ausdruck ist dann das, was wir als schön empfinden. Solche Leute gibt es nicht nur in Hollywood, sondern sie sitzen auch in winzigen Dörfern oder in kleinen Regionalzügen. Man erkennt sie sofort. Oft lächeln sie einfach so.

Familie

Ich hatte eine schöne Kindheit in Gauting & Vaterstetten, den behüteten Outskirts Münchens. Ich durfte so viele kleine Haustiere haben, wie ich wollte, durfte Reiten lernen in Ingelsberg, hatte Klavier- & Gitarrenunterricht, bis ich das Gefühl hatte, meine Lieblingsplatten ordentlich nachspielen zu können, durfte zum duldsamen, aber liebevollen Entsetzen meiner Familie im Jugendzimmer laut E-Gitarre üben, Punk-& Wave-Platten in Dauerschleife hören & in fürchterlichen PVC-Klamotten in den Leistungskurs Kunst. Zwei Geschwister, Schwester, Bruder, bin der Älteste. Meine sanfte, organisierte, musische Mutter war Physiotherapeutin, entstammt einer Lehrer- & Kirchenmusiker-Familie, mein Vater war emsiger Werbefachmann, Texter, Fotograf, Grafiker, Powerpaket – wir beide hatten oft konstruktiven Krach unter Hyperaktiven, dafür danke ich ihm: Er brachte mir bei, wie man sich als Kreativer durchsetzt. Anbei ein paar Bilder, die er in den freizügigen Seventies in original Munich-Disco-Ästhetik für Stock produzierte. Wir reisten viel, Israel, England, Frankreich, Russland, Osteuropa, Italien. Unser Haus war ein freies Haus – wir Kids genossen ein weltoffenes, liberales Elternhaus. Danke! Wir waren die Kinder aus dem Deichkind-Song »Remmidemmi«!

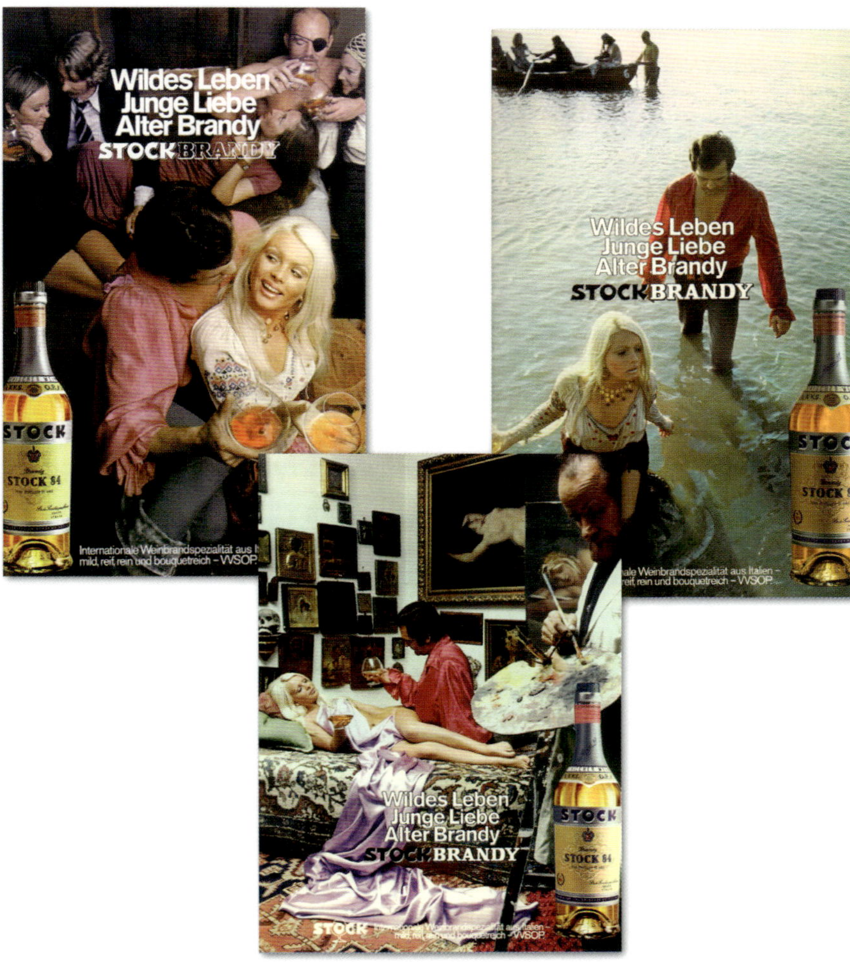

Die Rückkehr der Rebellen

Vor einigen Monaten, als nach der Pandemie eine Art Aufbruchsstimmung in der Münchner Luft lag, verspürte der Komponist Andreas Helmle den tiefen Wunsch, die musikalischen Einflüsse seiner Jugend mit der heutigen Zeit zu verbinden, in dem er einige musikalische Schätze aus der Schublade holte, um sie mit neuem Leben zu füllen. Sein Wunsch-Projektpartner stand für ihn längst fest: Tausendsassa Jens Poenitsch, mit dem er Anfang der 1990er mit der Formation DRAMA unterwegs gewesen war. Als Jens den Sound hörte, spürte er eine unfassbare Lebensfreude und war sofort wieder Feuer und Flamme, der alte anarchische Geist war wieder da. Sie nannten sich aufgrund ihrer Konstellation folgerichtig »Two Men and a Machine« und arbeiteten einige Monate im Studio an den neuen Songs, zitierten und zelebrierten hierbei große Vorbilder wie Roxy Music, Bowie, Queen und The Cure.

Der aus einem philosophischen Münchner Hippie-Haushalt stammende Sänger Jens Poenitsch, der einst als Frontman von Zero Zero die Hallen füllte, mit Falco durch die Welt tourte, die Nächte mit Freddy Mercury durchfeierte und bis heute Teil des namhaften DJ-Duos »Poenitsch & Jakopic« ist, glänzt auf dem Debut-Album »Star Walk«, das gerade frisch auf Vinyl erschienen ist, ausnahmsweise »nur« als Sänger, was früher für ihn undenkbar gewesen wäre, wollte er doch dem Publikum veranschaulichen, wie viele Instrumente er spielen kann und dass er als oberste Rampensau von allen während jedem Solo halbnackt mindestens durch drei brennende Reifen springen kann.

Herausgekommen ist ein großartiges Album mit eigenem Label samt Verlag und Management. So können sich alle Fans elektronischer Musik freuen, im Zeitalter vom MP3 und Streamingdiensten eine Schallplatte auszupacken, das Design und die Credits zu studieren, das Auflegen der schwarzen Scheibe auf den Plattenteller zu zelebrieren, um schließlich die Nadel in die Rille gleiten zu lassen und sich in den Lauschgenuss voller Disco, Wave, Punk, Kitsch und Soul fallen zu lassen.

Text: Moses Wolff, Erstveröffentlichung in der Abendzeitung, 9. März 2024

Anm. d. Verlags: Poenitsch entstammt keinem philosophischen Hippie-Haushalt, sondern einer bürgerlich-liberalen Familie. Aber Moses hat recht – es klingt einfach besser.

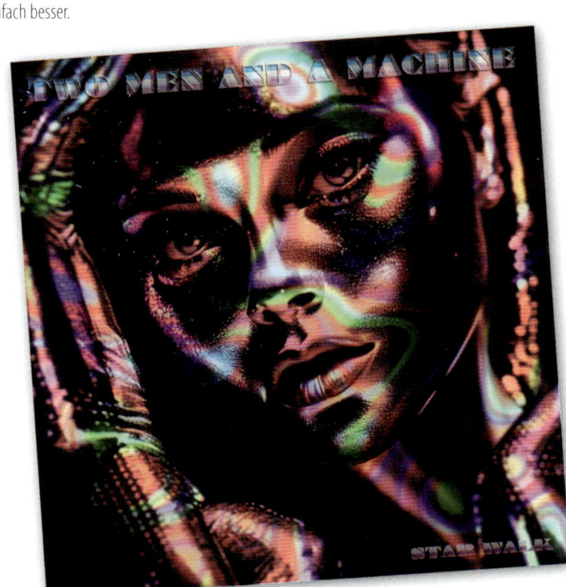

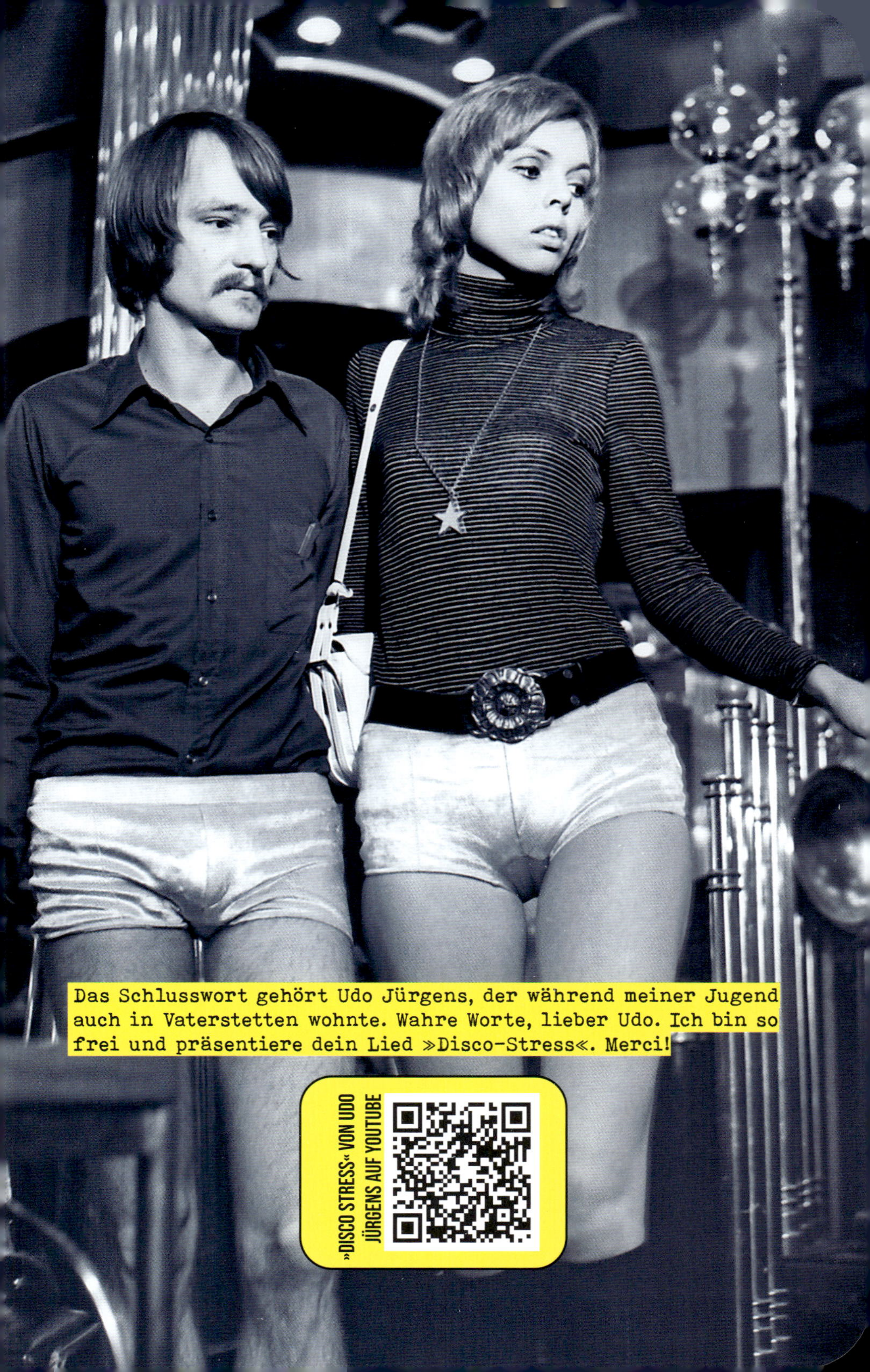

Das Schlusswort gehört Udo Jürgens, der während meiner Jugend auch in Vaterstetten wohnte. Wahre Worte, lieber Udo. Ich bin so frei und präsentiere dein Lied »Disco-Stress«. Merci!

»DISCO STRESS« VON UDO JÜRGENS AUF YOUTUBE

BILDNACHWEIS

Abaca Press / Alamy Stock Photo 72 l.
Florian Anwander 144
Ariola 91
Martin Arz 15 u., 16 u., 17 o. l., 23, 104, 105, 116 o., 117, 146, 152, 153 u., 154 r., 155, 199, 201
Manny Bachinger 9 o., 40-41, 77
Thomas Bedall 15 o., 124
Stefan Bogner 81, 82
Tibor Bozi 168
Gabriel Büchelmeier 182 o.+ Mi. r.
Deutsches Museum München / Reinhard Krause 74
Matt Devereux 94
Michael u. Lio Dietzel 18, 184 hinten + u. r.
DJ Linus 79
Klaudie Dradzansky 157 o.
David Englert 114-115
Andrea Fisser 122
Peter Fleming 192
Hary Fürst 91-93
Grüne Stadtratsfraktion 108 Mi.
Suat Günes 166
Ralf Hartjes 110, 111
Andreas Helmle 19, 96, 106, 107 o. r.+u. l.
Hirschkäfer Verlag Archiv / Al Herb 7, 29, 75, 207
Historic Collection / Alamy Stock Photo 43
Tim Hübner 27, 28, 112-113, 188 u.
Alex Illingworth 121
Interfoto 9, 53, 63, 65
Intervox 159 u., 160 r.
Marcus Kanzler 17 u., 86-88
Florian Keller 90
Keystone Press / Alamy Stock Photo 39, 47, 66, 148-149
Willy Klüter 14, 169
Ken Koch 189
Harald Kümpfel 134, 136
Norbert Lampe 160 u.
Lebrecht Music 37 l.
Zoe Mazah 85
Horst Middelhoff 153 o., 154 l.
Karl Niedermeier 176 o., 187 o.
Partysanen 170
Sina Pehar 171
Petra Perle 139
Photo 12 / Alamy Stock Photo 68 r.
Pictorial Press Ltd / Alamy Stock Photo 48
Jens Poenitsch 4-5, 16 o., 26 u., 164, 176 u., 179, 181, 182 u. r., 183, 187 u., 188 r., 193, 194, 195, 197, 198 außer 2. v. u., 200, 202, 206
Markus Poenitsch 186
Privatsammlungen 11, 21 r., 22, 24, 26 o., 32, 33 u., 34, 36, 37 r., 54, 55, 56, 60, 68 l., 70, 72 r., 73, 126 o., 141, 150, 151, 157 u., 196
Heike Reich 78
Michael Reinboth 125, 126 u.
Götz Scheffel 116 u.
Niels Schittenhelm 120
Norbert Schmitz 101
Stefan Stamboulidis 184 o. + Mi. + u.
Stock Spirits 205
Oliver Stephan 103-103
David Süß 108 l. u. r., 129
Ingolf Thiel 174-175, 180
Klaudia Tot 176 o., 177, 182 u. l., 191, 198 2. v. u.
United Archives GmbH / Alamy Stock Photo 21, 33 o., 69
Norbert Michael Wagner 50
Stefan Weiss 100
WENN Rights Ltd / Alamy Stock Photo 31
Wikimedia 159; **Wikimedia/rufus46** 9 u.
Moses Wolff 162
Alex Wulkow 123, 185
Jack Zander 17 o., 107 o. l., 130-131, 132

Alle in diesem Buch enthaltenen Links führten bei Redaktionsschluss zu den entsprechenden Videos. Mögliche spätere Änderungen können leider nicht berücksichtigt werden.

IMPRESSUM

2. Auflage, August 2024

Konzept und Gestaltung: Martin Arz/Coriander Pinxit

Gefördert durch eine der »Verlagsprämien des Freistaats Bayern 2022«.

ISBN 978-3-940839-91-6

Besuchen Sie uns im Netz:
www.hirschkaefer-verlag.de

Mit Liebe gemacht.